100 Jahre Deutsche Röntgengesellschaft

100 Jahre Deutsche Röntgengesellschaft

1905 – 2005

X²

herausgegeben von
Werner Bautz, Erlangen
Uwe Busch, Remscheid

Thieme Verlag, Stuttgart

6	**Grußwort**
	Bernd Hamm, Berlin
8	**Von Röntgens Entdeckung zur Gründung der DRG –**
	Notwendige Konsequenz einer sich rapide entwickelnden neuen medizinischen Fachdisziplin
	Uwe Busch, Remscheid
12	**Die Bedeutung der RöFo zur Entwicklung der Radiologie in Deutschland**
	Christian Staehr, Stuttgart
16	**Magie der Strahlen – Medizinhistorische Anmerkungen zur Radiologie**
	Heinz Schott, Bonn
20	**Von der Radiographie zur Radiologie:**
	Zur Technik- und Wissenschaftsgeschichte einer Profession
	Monika Dommann, Zürich
24	**Entwicklung der Krankenhausradiologie – Ein Essay**
	Kurt G. Hering, Dortmund
28	**Röntgen im Krankenhaus –**
	Die Entwicklung der Röntgenabteilung der Charité von den Anfängen bis heute
	Walter Reisinger, Berlin
32	**Das Albers-Schönberg Strahleninstitut in Hamburg St. Georg**
	Hermann Vogel, Hamburg
36	**100 Jahre „universitäre" Radiologie**
	Claus D. Claussen, Tübingen
40	**Radiologische Forschung –**
	Rückblick und Ausblick auf eine faszinierende angewandte wissenschaftliche Disziplin
	Wolfhard Semmler, Heidelberg
46	**Industrielle Forschung in der Radiologie**
	Erich R. Reinhardt, Erlangen
50	**Entwicklung des Faches – Niedergelassene Radiologie**
	Karina Hofmann-Preiss, Erlangen; Wolfgang Langlouis, Lauf
54	**Ephemere Körperbilder in Metallsalzen, Gelatine, flüssigen Kristallen, logischen Gattern**
	Claudia Reiche, Hamburg
58	**Geschichte der Gesellschaft für medizinische Radiologie der DDR**
	Wilfried Angerstein, Berlin; Achim Stargardt †, Aachen
62	**Internationale Beziehungen in der Radiologie**
	Rolf W. Günther, Aachen

66	Phantomfotografie – Zyklus Prosecuritas Jürgen Klauke, Köln; Peter Weibel, Karlsruhe
72	Vom Film zum Bit – Entwicklung der Digitalen Radiographie Karl-Friedrich Kamm, Hamburg
76	Was haben die Beatles mit der Computertomographie zu tun? Werner Bautz, Erlangen; Will Kalender, Erlangen
80	Dosisbewusstsein und Dosisreduktion in der Computertomographie Michael Galanski, Hannover; Hans-Dieter Nagel, Hamburg
84	Kontrastmittelforschung – Geschichte und Perspektive Ulrich Speck, Berlin
88	Informations- und Kommunikationstechnologie in der Radiologie – Ein unpopuläres Essay Heinz Lemke, Berlin
90	Computer Aided Diagnosis – Probleme und Chancen Klaus-Jochen Klose, Marburg; Heinz-Otto Peitgen, Bremen
94	Entwicklung, Bedeutung und Perspektiven der Mammographie Rüdiger Schultz-Wendtland, Erlangen
98	Was hat Ultraschall zum Wohle des Patienten beigetragen? Alfred Kratochwil, Wien
102	Entwicklung und Bedeutung der Interventionellen Radiologie in Deutschland Dierk Vorwerk, Ingolstadt; Rolf W. Günther, Aachen
106	Bedeutung der MRT in der Radiologie – Verdankt die moderne MRT ihr Gesicht den klinischen Bedürfnissen der Radiologie? Maximilian Reiser, Olaf Dietrich, Michael Peller; München
110	Nuklearmedizin und Radiologie – Rückblick und Ausblick Ulrich Feine, Tübingen
116	Geschichte der Neuroradiologie in Deutschland Friedhelm E. Zanella, Frankfurt
120	Helfen PET und fMRI das philosophische Leib-Seele-Problem zu lösen? Ansgar Beckermann, Bielefeld
124	Nur einen Tag lang – Ephemera aus der Radiologie Adrian M. K. Thomas, London; Uwe Busch, Remscheid; Bernd Tombach, Münster
128	Pädiatrische Radiologie Gabriele Benz-Bohm, Köln; Ernst Richter, Hamburg

132	**MTA in der Radiologie** Anke Ohmstede, Oldenburg; Ulla Roth, Mainz
136	**Das Geschlechterverhältnis zur Zeit der Rationalisierung der Röntgenologie** Arne Hessenbruch, Cambridge
140	**Röntgenverfolgung – Radiologie im Dritten Reich** Ernst Klee, Frankfurt
144	**Zur Rolle der Medizinphysik** Horst Lenzen, Münster; Achim Stargardt †, Aachen
148	**Strahlentherapie in Deutschland – Der Kampf der kleinen Schwester** Hans-Peter Heilmann, Hamburg
152	**Strahlung – Ein zweischneidiges Schwert** Horst Jung, Hamburg
156	**50 Jahre Faszination molekularer und zellulärer Strahlenforschung** Christian Streffer, Essen
160	**Aus der Praxis für die Praxis –** **Ein Jahrhundert Normierungsarbeit in der Deutschen Röntgengesellschaft** Bernd Seidel, Erlangen; Gerhard Kütterer, Erlangen
164	**Unsichtbare Körper – Röntgenstrahlen und die literarische Imagination** Gunnar Schmidt, Hamburg
168	**Eine Akademie für Radiologie** Jürgen Freyschmidt, Bremen
174	**The mindset is the message – Zur Neukonzeption des Deutschen Röntgen-Museums** Peter Bürger, Wuppertal
180	Informationen zur beigefügten CD-ROM
182	Autoren
184	Anhang
188	Ehrenmitglieder der DRG
190	Impressum

Grußwort

Bernd Hamm, Präsident der DRG

Liebe Kolleginnen und Kollegen,
liebe Freunde der Deutschen Röntgengesellschaft,

die Entdeckung der X-Strahlen, wie Wilhelm Conrad Röntgen sie selber stets nannte, hat die Medizin so tiefgehend verändert wie kaum eine andere Entdeckung.

Die Beiträge dieses Essaybandes haben sich der Geschichte unseres Faches verschrieben, seinen vielfältigen Weiterentwicklungen und dem Einfluss, den die Radiologie auf die Medizin der letzten 100 Jahre genommen hat.

Am 8. November 1895 sah Röntgen bei einem Experiment Licht, wo eigentlich kein Licht sein durfte, und er entdeckte neuartige Strahlen, die erstmals den Blick in und durch den Menschen erlaubten. Damit eröffnete er uns bis dahin ungeahnte Möglichkeiten, Krankheiten aufzuspüren und damit auch die Heilungsmöglichkeiten wesentlich zu verbessern. Nachdem sich bereits am 18. März 1898 in Berlin eine Röntgengesellschaft etabliert hatte, wurde hier beim ersten deutschen Röntgenkongress am 2. Mai 1905 die Deutsche Röntgengesellschaft gegründet. Seit 100 Jahren widmet sich unsere Gesellschaft nun der Förderung der Radiologie in allen ihren wissenschaftlichen und klinischen Bereichen, einschließlich der radiologischen Grundlagenforschung.

Wie kaum ein anderes medizinisches Fach hat die Radiologie eine überaus eindrucksvolle Entwicklung genommen. Voraussetzung hierfür war der naturwissenschaftlich technische Fortschritt, verbunden mit einer konsequenten Umsetzung für die Patienten, ohne den die Entwicklung u. a. der Computertomographie, der Sonographie und der Magnetresonanztomographie sowie der Einsatz der Informationstechnologie in der Radiologie undenkbar wäre. Hinzu kam die Entwicklung und Verbesserung neuer radiologischer Methoden in Diagnostik und Therapie. Mit der Gefäßdarstellung eröffnete sich auch der segensreiche Bereich der Interventionellen Radiologie nicht nur bei Gefäßerkrankungen. Radiologie ist heute mehr denn je eine wichtige Schnittstelle in der Versorgung der Patienten, sie bahnt den Weg zu einer schonenden, nichtinvasiven Diagnostik bis hin zur minimal-invasiven bildgesteuerten Therapie.

„Wer die Vergangenheit nicht kennt, bekommt die Zukunft nicht in den Griff", heißt es bei Golo Mann. Ein Rückblick auf die Errungenschaften unseres Faches kann also durchaus dazu beitragen, die zahlreichen noch vor uns liegenden Aufgaben und Herausforderungen zu bewältigen. Fakten und Widersprüche, eigene neue Visionen und Perspektiven genauso wie Analysen, Ansichten und Meinungen von außerhalb helfen den Blick dafür zu schärfen.

„Das Staunen und Sichwundern
hat die Menschen früher und noch jetzt
zum Philosophieren veranlasst, indem sie
zuerst über die offenkundigen Rätsel
sich verwunderten und dann,
allmählich weiter vordringend,
auch auf tiefere Probleme stießen."

Aristoteles, 384-322 v. Chr.

Insofern danke ich besonders den „fachfremden" Autoren aus Philosophie, Germanistik, Historie und Kunst, die den vorliegenden Essayband durch ihre eigene Sichtweisen bereichern.

Die Geschichte der DRG erschöpft sich nicht in der Darstellung von Erlebtem und Geschehenem, sie ist vor allem auch die Geschichte der Menschen, die unsere Gesellschaft und ihre Arbeit geprägt haben. 100 Jahre Deutsche Röntgengesellschaft verkörpern deshalb zahlreiche Aktivitäten, die unser Fach in der Medizin und der Gesellschaft etablieren halfen. Kooperation statt Konfrontation, Integration statt Isolation waren und sind bedeutende Leitmotive für unser Handeln. Sie sind auch ein Grund dafür, dass unsere wissenschaftliche Gesellschaft zu den traditionsreichen und bedeutenden medizinischen Organisationen in Deutschland und in der Welt gehört.

Die neuen Medien erlauben uns, Informationen in besonders eindrücklicher Weise erlebbar zu machen. Wir haben in der Multimedia CD-ROM, welche ein wesentlicher Bestandteil des Essaybandes ist, Ausschnitte von Videointerviews mit herausragenden Persönlichkeiten, Lehrern, Kollegen und Weggefährten aufgenommen, die maßgeblich zur Entwicklung der Deutschen Röntgengesellschaft und der Radiologie in Deutschland beigetragen haben. Gerade diese Interviews zeigen, wie lebendig unser Fach ist und auch in Zukunft sein wird.

Den Herausgebern dieses essayistischen Kaleidoskops,
Herrn Prof. Dr. Werner Bautz und Herrn Dr. Uwe Busch und den zahlreichen Autoren gilt mein besonderer Dank. Es ist ihnen gelungen, Buch und Multimedia CD-ROM so zu gestalten, dass man sich gern darin festliest.
Herrn Jens Albrecht vom Designbüro bap+ und dem Thieme-Verlag gilt meine Bewunderung für die hervorragende Ausstattung und Gestaltung dieses ansprechenden Werkes. Dem Thieme-Verlag, insbesondere seinem Gesellschafter Herrn Albrecht Hauff, darf ich im Namen der Deutschen Röntgengesellschaft für die großzügige Unterstützung bei der Realisierung dieses festlichen Bandes ganz herzlich danken.

Ich wünsche Ihnen bei der Lektüre dieser „einmaligen Geschichte" viele Anregungen und ein besonderes Vergnügen.

Zeitleiste

Daten,
Fakten,
Ereignisse,
Personen von 1895 – 2005

Von Röntgens Entdeckung zur Gründung der DRG – Notwendige Konsequenz einer sich rapide entwickelnden neuen medizinischen Fachdisziplin

Uwe Busch, Remscheid

„Ach, wenn es doch ein Mittel gäbe, den Menschen durchsichtig zu machen wie eine Qualle!" so träumt ein junger Landarzt in der Hoffnung um Bestätigung seiner Diagnose bei einem anspruchsvollen Patienten. Den Wunsch kaum ausgesprochen, erscheint dem Arzt die weibliche Lichtgestalt „Elektra" und übergibt ihm „zum Heile der Menschheit" eine Büchse, deren magisches Licht den Körper gänzlich durchsichtig macht. Mit dessen Hilfe kann die Diagnose geklärt werden und der junge Arzt erhält seine Anerkennung. Er erforscht und analysiert das Agens, stellt es künstlich her und übergibt es als Geschenk der gesamten Menschheit. „Eine neue glorreiche Zeit für uns Mediziner ist nun angebrochen."

Das unter dem Pseudonym Philander von Ludwig Hopf 1892 publizierte medizinisch-diagnostische Märchen „Elektra" wurde nur drei Jahre später tatsächlich zur Realität. Am 8. November 1895 entdeckte der in Lennep geborene Physiker Wilhelm Conrad Röntgen bei seinen Forschungen zu elektrischen Entladungen in verdünnten Gasen eine den Physikern bis dato unbekannte Sorte sehr durchdringungsfähiger unsichtbarer Strahlung.

Die Medizin wurde durch das neue diagnostische Mittel tatsächlich revolutioniert und es gelang, den menschlichen Körper unblutig zu öffnen und der Erforschung der Anatomie und der Funktion lebender Organe zugänglich zu machen. Ein Sturm der Begeisterung brach los und euphorisch wurde das neue Zeitalter der Medizin gefeiert. Schnell gelang es den Ärzten, sich auf dem zuerst von Physikern, Röntgentechnikern und Ingenieuren beherrschten Feld als die wahren Experten zu etablieren. Die neu definierten Röntgenärzte wurden jedoch ebenso schnell wieder von ihrem Alltag eingeholt. Zwar gelang es, in zeitweise langwierigen Durchleuchtungsuntersuchungen, insbesondere Frakturen, Fremdkörper und Veränderungen des Skeletts zu diagnostizieren. Die Aufklärung aller Pathologien blieb ihnen jedoch vorerst noch verborgen. So mussten für die Untersuchung von Organen zuerst die technischen und methodischen Voraussetzungen geschaffen werden. Im Vordergrund stand hier die Verbesserung der Röntgenröhren und -apparate zur Erzeugung intensiverer Röntgenstrahlung und zur Reduktion der langen Belichtungszeiten.

Neue Untersuchungsmethoden mussten erdacht werden und häufig stellte sich die Frage nach der Identifizierung und Begründung des diagnostischen Befundes. Röntgenwissenschaft wurde zur Empirie. Röntgenärzte mussten zuerst lernen, ihre Röntgenbilder auch richtig zu lesen und medizinisch zu deuten. Es gab aber zu Anfang keine Lehrer oder Literatur, die ein Nachlesen oder Befragen hätten ermöglichen können. Diagnostische Befunde konnten nur in Operationen oder Obduktion verifiziert werden. Die hierbei gewonnenen Erkenntnisse wurde retrospektiv genutzt, um die vorab gestellte Auswertung des Röntgenbildes letztendlich abzusichern oder zu verwerfen. Die neuen Erkenntnisse wurden sodann niedergeschrieben.

Betrachtet man die Geschichte der Radiologie, so nimmt das Jahr 1896 durch seine wegweisenden Entdeckungen, Erfindungen und neuen medizinisch-methodischen Ansätzen für die Röntgendiagnostik und die Strahlen-

01

1895
S. Freud veröffentlicht seine Studien zur Hysterie und macht den menschlichen Geist und die Seele für die Wissenschaft erforschbar.

8. November 1895
W. C. Röntgen entdeckt die Röntgenstrahlen und macht den menschlichen Körper unblutig für die Wissenschaft erforschbar.

therapie eine besondere Rolle ein. Im ersten Jahr nach der Entdeckung der Röntgenstrahlen wurden insgesamt 49 Bücher und Broschüren sowie 1044 wissenschaftliche Abhandlungen über naturwissenschaftliche Aspekte sowie die Anwendungsmöglichkeiten der neu entdeckten Strahlen verfasst. Eine Vielzahl dieser Publikationen beschäftigte sich speziell mit medizinischen Anwendungen. So führte zum Beispiel das von Röntgen hervorgehobene unterschiedliche Absorptionsverhalten von Stoffen zur Untersuchung von geeigneten Kontrastmitteln für die Organdiagnostik und Angiographie. Der Ideenreichtum war groß. Zur radiologischen Darstellung der großen Kurvatur wurden zum Beispiel peroral metallummantelte Schläuche appliziert. Erste Erkenntnisse dermatologischer Wirkungen der neuen Strahlen wie zum Beispiel der „Röntgensonnenbrand", „Röntgenkater" und „lokale Alopezien" führten zu ersten Anwendungen im therapeutischen Bereich.

Zum Austausch der neu gewonnenen Informationen sollten spezielle Fachzeitschriften und wissenschaftliche Vereinigungen dienen. Bei Diskussionen anlässlich des deutschen Chirurgenkongresses und des Kongresses für innere Medizin im Jahr 1897 wurde einhellig die zukünftige Bedeutung der Röntgenstrahlen als „unentbehrliches Werkzeug medizinischer Forschung" hervorgehoben. Am 4. Februar 1897 erhielt Wilhelm Conrad Röntgen dann ein Schreiben der beiden Hamburger Röntgenärzte Drs. Deycke und Albers-Schönberg, in dem über erste Aktivitäten der „Begründung einer Zeitschrift, betreffend die Fortschritte auf dem Gebiete der Röntgenstrahlen" berichtet wurde. In zwangloser Reihenfolge sollte diese Zeitschrift „in jeder No etwa 2 oder 3 Originalarbeiten mit guten Reproduktionen bringen, ferner Referate über die gesamte einschlägige Literatur, sowie technische Mitteilungen." Die Zeitschrift sollte dabei einem „sich immermehr, namentlich in medizinischen Kreisen geltend gemachten Bedürfnis entgegenkommen", Ärzte, Physiker und Techniker über aktuelle Ergebnisse der Forschung und Anwendung von Röntgenstrahlen zu informieren und die Weiterentwicklung der Röntgen'schen Entdeckung fördern. Die erste Ausgabe der „Fortschritte" wurde bei Lucas, Gräfe und Sillem in Hamburg verlegt und zu Beginn der 69. Versammlung Deutscher Naturforscher und Ärzte in Braunschweig vom 20. bis 25. September 1897 präsentiert. Nach der Herausgabe der ersten periodisch erscheinenden radiologischen Fachzeitschrift „Archives of Clinical Skiagraphy" durch den britischen Röntgenpionier Sydney Rowlands im Mai 1896 in London und die Veröffentlichung des „American X-ray Journal" durch Herber Robarts in St. Louis im Mai 1897 wurden die „Fortschritte" zur ersten Fachzeitschrift ihrer Art auf dem europäischen Festland. Nach dem Tode von Albers-Schönberg im Jahr 1921 wurde Rudolf Grashey neuer Herausgeber. Vom folgenden Jahr an wurde die Zeitschrift Publikationsorgan der Deutschen Röntgengesellschaft (DRG) und ab 1926 erschien sie beim Georg Thieme Verlag in Leipzig. Nach dem Zweiten Weltkrieg vereinigt mit der „Röntgenpraxis", blieb sie ein Organ der DRG, seit 1976 ist sie zusätzlich auch Organ der Österreichischen Röntgengesellschaft.

Der zweite bedeutende Schritt zur Verbreitung, Diskussion und Qualifizierung neuer Erkenntnisse auf dem Gebiet der Röntgenstrahlen wurde durch die Gründung von Röntgen-Vereinigungen mit ihren periodischen Konferenzen und Kongressen erreicht. In Berlin brachte Max Immelmann „den Stein ins Rollen", als er am 18. März 1898 zur konstituierenden Sitzung der Röntgenvereinigung zu Berlin 14 Begründer in sein Röntgeninstitut im Blumenhof 9 einlud. Die Vereinigung sollte zunächst in Berlin „alle, welche die Röntgenkunst treiben und fördern wollten, zusammenfassen, damit von Person zu Person Aussprache gehalten und damit lehrreiche Demonstrationen stattfinden könnten." Ziel war die „wissenschaftliche Vervollkommnung der durch die Röntgensche Entdeckung erschlossenen Beobachtungsmethode."

Der Boden für diese frühen Berliner Aktivitäten wurde durch die sofortige Übersendung der Vorabdrucke der „Vorläufigen Mitteilung – Über eine neue Art von Strahlen" an Röntgens Berliner Kollegen Otto Lummer und Emil Warburg bereitet. Nachdem Lummer in erster und später korrigierter Reaktion geäußert hatte, „Der Röntgen war doch sonst immer ein vernünftiger Mensch, und Fastnacht ist auch noch nicht", nutzte Emil Warburg die Gelegenheit und präsentierte die der Sendung beigegebenen neun Röntgenfotografien anlässlich der 50-jährigen Feier der Stiftung der Physikalischen Gesellschaft am Sonnabend, dem 4. Januar 1896. Anders als vielleicht gehofft, wurde die Bedeutung der Fotografien jedoch von den meisten Anwesenden nicht wahrgenommen. Erst im Druck der vom Vorsitzenden Wilhelm von Bezold gehaltenen Festrede wurde eine Huldigung nachträglich beigefügt.

Nicht alle waren jedoch uninteressiert an den ausgelegten Fotografien. Der Berliner Sanitätsrat Moritz Jastrowitz hatte durch seinen Bekannten, den Physiker Eugen Goldstein, Professor und Assistent an der Berliner Sternwarte, von Röntgens Entdeckung erfahren. Jastrowitz war von der Durchleuchtungsaufnahme der Hand von Frau Röntgen dermaßen fasziniert, dass er sich diese von Warburg am folgenden Tag auslieh und am 6. und 20. Januar 1896 im Berliner Verein für innere Medizin Vorträge über „Die Roentgen'schen Experimente mit Kathodenstrahlen und ihre diagnostische Verwerthung" präsentierte.

Diese für die medizinische Anwendung wegweisenden Vorträge wurden in der am 30. Januar 1896 erschienenen Nummer 22 der Deutschen Medizinischen Wochenschrift abgedruckt. Poetisch beschrieb Jastrowitz das in seinem Beisein von dem Physiker Paul Spies vom Vorstand der Physikalischen Abteilung der Urania aufgenommene Röntgenbild einer Damenhand. „Ein Finger ist mit einem Ringe versehen, welcher noch dunkler als die Fingerknochen erscheint. Der Ring schwebt über dem Knochen der betreffenden Phalanx gleichsam wie der Ring über dem Saturn. Wenn ich Ihnen sage, dass diese Knochen nicht von einem Skelett, sondern am lebenden Menschen photographirt sind, so wird es fast wie ein Scherz und märchenhaft klingen." Vorausschauend erläuterte Jastrowitz die zukünftige medizinische Anwendung. „Die Chirurgie dürfte daraus jedenfalls Vortheil durch Knochenphotographien am Lebenden ziehen. Fracturen, Luxationen, Auftreibungen, Fremdkörper wird man gut erkennen […] Es ist auch möglich, dass wir im Innern des Körpers, in den Leibeshöhlen, falls die Strahlen deren Decken passiren, manche Veränderung erkennen werden, vielleicht dichtere Tumoren, welche für die X-Strahlen weniger durchlässig sind, z.B. bei Darmverschluss die Kothstauungen, wodurch die Stelle des Verschlusses dem Auge deutlich würde."

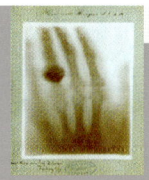

22. Dezember 1895

W. C. Röntgen fertigt ein Durchleuchtungsbild der Hand seiner Frau Anna Bertha an. Dieser Tag wird zum Geburtstag der Radiologie.

28. Dezember 1895

W. C. Röntgen übergibt sein Manuskript dem Sekretär der Physikalisch-Medizinischen Gesellschaft zu Würzburg.

Fasziniert berichtet Jastrowitz von der sich nun eröffnenden Möglichkeit, mit Hilfe der Röntgenstrahlen diagnostische Befunde unabhängig von den eher subjektiven Aussagen der Patienten zu verifizieren und damit zu objektivieren. Als Beispiel nennt er einen Urania-Arbeiter, bei dem nach Zerbrechen einer Flasche an der ersten Phalanx des Mittelfingers in die Haut ein Glassplitter eingedrungen und dort in Gelenknähe eingeheilt war. Nicht direkt tastbar musste der behandelnde Arzt sich auf die subjektiven Angaben des Patienten verlassen. Das ebenfalls von Paul Spies aufgenommene Röntgenbild ermöglichte schließlich die objektive Diagnose. Den Kreis zu Philanders Märchen von Elektra schließend, wurde der Patient nicht mehr nur im metaphorischen sondern jetzt auch im wörtlichen Sinne des Wortes transparent. Ebenso wie der junger Arzt Dr. Redlich in „Elektra" war nun jeder Arzt in der Lage, Krankheiten sicher zu erkennen und Huldigung und Anerkennung seiner Patienten entgegenzunehmen.

Die Berliner „Vossische Zeitung" verfasste eine kurze Notiz in ihrer Morgenausgabe am 8. Januar 1896 und zitierte anschließend den von Ernst Lechner für die Wiener Zeitung „Die Presse" am 5. Januar 1896 verfassten Artikel über die sensationelle Entdeckung Röntgens.
Der Wiener Artikel wurde Ausgangspunkt für die Weitergabe durch Nachrichtenagenturen wie Reuters. Ebenfalls, aber eher unbemerkt, wurde auch am 5. Januar in dem in Berlin verlegten Zentralorgan der sozialdemokratischen Partei Deutschlands „Vorwärts" ein Fachbericht von Leo Arons veröffentlicht. Arons war zu dieser Zeit Privatdozent am Physikalischen Institut der Universität Berlin.

„Im Jahre 1905 werden es zehn Jahre, dass Herr Geheimrat Prof. Dr. Röntgen mit seiner epochemachenden Entdeckung der X-Strahlen in die Öffentlichkeit trat. Wenn auch damals an diese Entdeckung die weitgehenden Hoffnungen geknüpft waren, so konnte man doch nicht annehmen, dass die neuen Strahlen für die Wissenschaft, insbesondere für alle Zweige der Heilkunde, sowohl auf dem Gebiete der Diagnose als auch neuerdings der Therapie eine derartige Bedeutung erlangen würden. Mit außerordentlichem Eifer und ungeahntem Erfolge hat die Wissenschaft und Technik an der wissenschaftlichen Ergründung und Vervollkommnung der Radiologie gearbeitet. In allen Spezialfächern der Menschenheilkunde, wie in der Tierheilkunde und Zahnheilkunde, sind daher heute die Röntgenstrahlen ein unersetzliches Hilfsmittel geworden. Wohl dürfte es deshalb angezeigt sein, nach Verlauf von zehn Jahren einen kritischen Rückblick auf die Errungenschaften der verflossenen Zeit zu werfen, sowie eine Aussprache über den derzeitigen Stand der Radiologie und darüber herbeizuführen, in welcher Weise die weitere Entwicklung dieser Spezialwissenschaft für die Zukunft den weitgehendsten Erfolg verspricht. Die Röntgen-Vereinigung zu Berlin hat daher beschlossen, anlässlich der zehnjährigen Wiederkehr der Entdeckung der Röntgenstrahlen „Ostern 1905" in Berlin im Anschluss an die Tagung der deutschen Gesellschaften für Chirurgie und für orthopädische Chirurgie einen Röntgen-Kongress verbunden mit einer Röntgenausstellung zu veranstalten. Die Leitung des Kongresses liegt in der Hand der Röntgen-Vereinigung zu Berlin. Dieselbe gibt sich die Ehre, zur Teilnahme an dem Kongresse ergebenst einzuladen."
So zu lesen in den „Fortschritten" des Jahrgangs 7 von 1903/04.

01 Wilhelm Conrad Röntgen (1845-1923)
02 Heinrich Albers-Schönberg (1865-1921)
03 Walter Cowl (1854-1908)
04 Richard Eberlein (1869-1921)
05 Hermann Gocht (1869-1938)
05 Rudolf Grashey (1876-1950)
06 Max Immelmann (1864-1923)
07 Alban Köhler (1874-1947)
08 Hermann Rieder (1858-1932)
09 Bernhard Walter (1861-1950)

Durch die erfolgreiche und anerkannte Arbeit inspiriert, wurde in der Sitzung der Berliner Röntgen-Vereinigung am 30. Oktober 1903 der Beschluss gefasst, anlässlich der zehnjährigen Wiederkehr der Entdeckung der Röntgenstrahlen im Jahr 1905 zu einem Röntgen-Kongress nach Berlin einzuladen. Neben wissenschaftlichen Vorträgen sollten Röntgenfachleute des In- und Auslandes dabei auch die Möglichkeit erhalten, sich in einer Ausstellung über aktuelle Entwicklungen der medizinischen Röntgentechnik zu informieren.

Der erste Deutsche Röntgen-Kongress fand, organisiert durch die Berliner Röntgenvereinigung, von Sonntag 30. April bis Mittwoch 3. Mai 1905 in den Räumen der „Ressource" in der Oranienburger Straße 18 in Berlin statt. Den Vorsitz führte Prof. Dr. Richard Eberlein, Direktor der Chirurgischen Klinik der Königlichen Tierärztlichen Hochschule Berlin. Dem Aufruf folgend, waren neben ihren deutschen Kollegen Ärzte, Physiker und Techniker aus Frankreich, Belgien, England, Niederlanden, Schweden, Ungarn, Bulgarien, Spanien, Vereinigte Staaten von Amerika und Japan vertreten.

1896
Im „Vorwärts", dem Zentralorgan der Sozialdemokratischen Partei Deutschlands, berichtet L. Arons, Berliner Privatdozent am Physikalischen Institut in Berlin, am 5. Januar erstmals in einer deutschen Zeitung von Röntgens Entdeckung.

1896
In der Wiener Tageszeitung „Die Presse" berichtet E. Lechner ebenfalls am 5. Januar über die Entdeckung Röntgens.

Leider verhindert sagte Wilhelm Conrad Röntgen seine Beteiligung ab, sandte jedoch in einer Depesche seine herzlichsten Grüße. „Für den mir vom Ausschuss des Kongresses im Auftrag der versammelten Teilnehmer gesandten Gruß danke ich verbindlichst. Ich bitte die Versicherung entgegen nehmen zu wollen, dass ich von Bewunderung und Freude erfüllt bin, über das was die Arbeit anderer, von denen so viele auf dem Kongress jetzt vereinigt sind, aus der Entdeckung der X-Strahlen gemacht hat. Röntgen"

In Anbetracht eines den Erwartungen aller Delegierten voll entsprechenden positiven Kongressverlaufs und der Konstatierung „der Tatsache, dass die Röntgenologie jetzt zu einer selbständigen und für alle Zweige der Medizin heute unentbehrlichen Spezialwissenschaft ausgewachsen ist", wurde die Notwendigkeit der regelmäßigen Wiederholung der Röntgenkongresse zu einer ständigen Einrichtung herausgestellt. Diesen Gedanken aufgreifend, berieten in einer Sondersitzung am 1. Mai 1904 Heinrich Albers-Schönberg (Hamburg), Walter Cowl (Berlin), Richard Eberlein (Berlin), Hermann Gocht (Halle), Rudolf Grashey (München), Max Immelmann (Berlin), Alban Köhler (Wiesbaden), Hermann Rieder (München) und Bernhard Walter (Hamburg) über die Einrichtung einer dauerhaften Institution zur Organisation der Kongresse und zur Sicherung des weiteren Ausbaus der Röntgenologie in wissenschaftlicher und sozialer Beziehung in Deutschland.

Am 2. Mai 1905 wurde die Resolution zur Gründung der Deutschen Röntgen-Gesellschaft verabschiedet und vor Beginn der II. physikalisch-technischen Sitzung von Richard Eberlein verkündet. Nach den neun Gründungsmitgliedern bewarben sich an diesem Tage weitere 175 Kongressteilnehmer um die Mitgliedschaft in der Deutschen Röntgengesellschaft.

Wegweisend wurde auf Anregung von Albers-Schönberg in der physikalisch-technischen Sitzung eine einheitliche Nomenklatur der Röntgenologie beschlossen. In der deutschen Kongress- und Schriftsprache sollten zukünftig folgende Bezeichnungen gelten:

Röntgenologie	Röntgenlehre, Röntgenwissenschaft
Röntgenoskopie	Röntgendurchleuchtung
Röntgenographie	Röntgenaufnahme
Röntgenogramm	Röntgenbild
Röntgentherapie	Röntgenbehandlung
Röntgenisieren	mit Röntgenstrahlen behandeln

Im Laufe ihrer nun 100-jährigen Geschichte hat die Deutsche Röntgengesellschaft dazu beigetragen, den Weg der jungen Röntgenwissenschaft zur Radiologie unserer Tage zu bereiten. Viele Ideen wurden entwickelt, Verbesserungen auf den Weg gebracht, etliches hat sich bewährt, einiges hat sich gewandelt und so schließt sich heute mit dem Jubiläumskongress wieder der Kreis zu den Wurzeln der Deutschen Röntgengesellschaft nach Berlin.

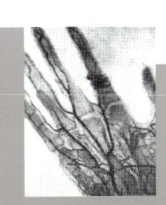

1896

In Wien wird am 17. Januar die erste angiographische Aufnahme einer Hand durch E. Haschek und O. Lindenthal angefertigt.

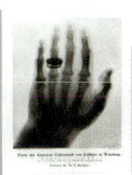

1896

W. C. Röntgen nimmt am 23. Januar bei seinem einzigen öffentlichen Vortrag die Hand des Würzburger Anatomen A. Kölliker auf.

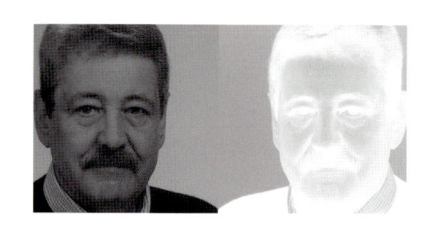

Die Bedeutung der RöFo zur Entwicklung der Radiologie in Deutschland

Christian Staehr, Stuttgart

Eine Zeitschrift, die mit einer Gesellschaft verbunden ist, wird immer auch versuchen, die Ziele der Gesellschaft zu fördern. Das geschieht mal mehr, mal weniger bewusst durch Mitgliederwerbung, durch weniger strenge Beurteilung der eingereichten Arbeiten, auch durch besonderes Entgegenkommen gegenüber Gönnern. Eine unabhängige Zeitschrift, die der Wissenschaft gewidmet ist, braucht keine dieser Rücksichten zu nehmen. Die Zielsetzungen sind also nicht immer deckungsgleich. Bei den „Fortschritten auf dem Gebiete der Röntgenstrahlen" und der Deutschen Röntgengesellschaft war es über Jahrzehnte genauso. Beide existierten in getrennten Welten. Jetzt aber leben sie seit Jahren miteinander eng verbunden und was vormals als paradox galt, scheint nun ganz plausibel.

Jede Gesellschaft, die um die Wende zum 20. Jahrhundert gegründet wurde, war nur dann ernst zu nehmen, wenn sie sich um eine eigene Zeitschrift bemühte. Wie anders wohl sollte sich die Neugründung bemerkbar machen? Wie sollte eine neue Gesellschaft, die im ganzen Deutschen Reich ihre Mitglieder suchte, ihre Zwecke argumentieren? Eine Gesellschaft, die lautlos vor sich hin werkelt, die nicht von sich reden und auf sich aufmerksam macht, die tritt auch lautlos wieder ab; als ob es sie nicht gegeben habe. Nein, das war nicht der Stil der Gründerjahre und der anschließenden Wachstumszeit.

Zeitschriftengründung mit hohem Risiko

Geräuscharm waren die X-Strahlen Conrad Wilhelm Röntgens ja auch nicht auf dem Markt erschienen. Im November 1895 hatte Röntgen das Strahlenphänomen bemerkt, im Dezember hatte er es der zuständigen Physikalisch-Medizinischen Gesellschaft in Würzburg mitgeteilt. Tage darauf reagierte die Tagespresse, und noch im Januar 1896 erschien der Abdruck eines Vortrags zum Thema in der Deutschen Medizinischen Wochenschrift (DMW). Nach den ersten Berichten brauchte es nur einige Monate, bis im Inland wie im Ausland allenthalben mit Kathodenstrahlen experimentiert wurde. Noch im Jahr 1896 wurden aus den X (X stand für geheimnisvoll) die Röntgenstrahlen. Gegen Ende 1896 entstand auch schon die Zeitschrift „Fortschritte auf dem Gebiete der Röntgenstrahlen". Als Verlag firmierte das Unternehmen Gräfe & Sillem aus Hamburg.

Es gab 1896 allenfalls eine Hand voll Röntgenspezialisten und damit fähige Autoren für die Zeitschrift. Bis 1906 ließen sich röntgentechnisch versierte Ärzte noch gar nicht registrieren, erst 1908 sind es 17 Personen im ganzen Deutschen Reich. Unter diese Personen sind wohl auch jene Herren zu zählen, die 1906 die Deutsche Röntgengesellschaft (DRG) ins Leben gerufen hatten.

Wir konstatieren bis dahin: Zur Gründung einer Zeitschrift auf dem Gebiet der Röntgenstrahlen hatte es vom Zeitpunkt der Entdeckung und Publikation an knapp ein Jahr gedauert, bis zur Entwicklung einer eigenen Gesellschaft waren es 10 Jahre. Die Zeitschriftengründung war ein Schnellschuss aus vollem Risiko heraus. Es gab das Fach Röntgenologie noch lange nicht, wer sollten die Leser der Zeitschrift sein, wer die Autoren? Es fehlte der Überblick über den Markt. Wer sollten denn die Patienten sein, was konnte das Wunderding von Röntgenröhre alles?

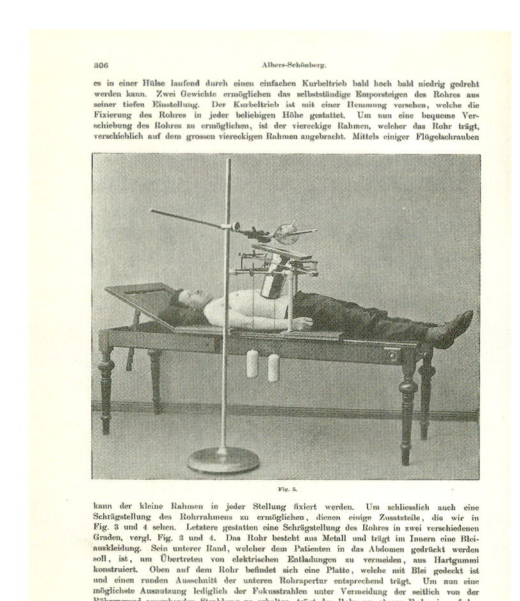

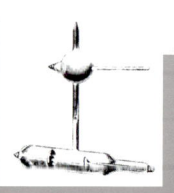

01

1896
Siemens und Halske (S&H), Berlin, entwickelt die erste Röntgenröhre mit regulierbarem Vakuum.

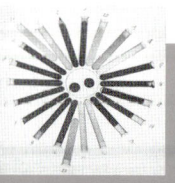

1896
E. Sehrwald, Berlin, untersucht das Verhalten von Halogenen in Bezug auf die Absorption von Röntgenstrahlen.

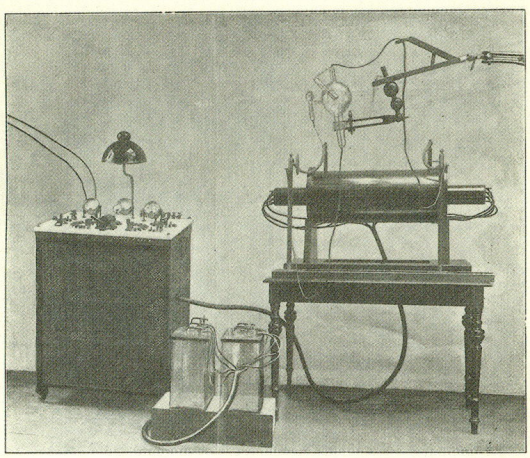

01, 02, 03 5. Band,
aus dem Jahr 1901/1902, Röntgentisch und Hilfsapparaturen aus dem Jahr 1901

Der erste Gedanke bei jeder neuen medizinischen Entdeckung richtete sich zwangsläufig auf die Therapie. Was nicht zum Therapieren taugt, bringt letztlich keinen Gewinn. Diagnostik war ja schön und spannend. Aber was bringt die Diagnostik, wenn keine Möglichkeiten einer nachfolgenden Therapie bestehen.
Unter verlegerischen Aspekten war also die Gründung einer Zeitschrift für das Röntgenverfahren um die Wende zum 20. Jahrhundert ein Vabanquespiel ersten Grades. Hinzu kam, dass das Medium Zeitschrift technisch noch nicht in der Lage war, Röntgenbilder mit ihren Grauwertstufen reprografisch umzusetzen. Der Verlag Gräfe & Sillem löste das Problem in den ersten Jahren, indem man echte Fotoabzüge der Röntgenbilder der Zeitschrift beifügte. Am Jahresende wurden diese Bilder per Handarbeit dem Zeitschriftenjahrgang beigebunden. Das teure Vorgehen war nur vertretbar, so lange die Auflage der Zeitschrift niedrig war.

Die DRG kam erst, als der Markt schon erkennbar war
Im Gegensatz zum Zeitschriftenabenteuer war die Gründung der Deutschen Röntgengesellschaft im Jahr 1905 ein eher risikoloses Unterfangen. Röntgen hatte 1901 den ersten Nobelpreis für Physik erhalten. Das damit erneut verbundene Presseecho verstärkte das Vertrauen in seinen Namen und das von ihm entdeckte Verfahren. International entstanden etliche Gesellschaften zur Erforschung der Röntgenstrahlen. Es war inzwischen sicher, dass hinter den Aktivitäten um das Röntgen ein ausbaufähiger Nutzen mit einem hohen medizinisch-klinischen und -wissenschaftlichen Wert stand. Medizinisch begannen sich erste Standards der Methode zu etablieren. Röntgens Entdeckung war auf dem Weg die Medizin zu revolutionieren.

1896

Die Wurzeln des Berufsbildes der „Röntgenschwester" sind im Lette-Verein Berlin zu finden. Unter der Leitung von M. Kundt, der Nichte A. Kundts, begann die im Jahr 1890 gegründete Photographische Lehranstalt des Lette Vereins Berlin schon im März mit der Ausbildung von Frauen für die röntgenphotographische Assistenz des Arztes.

Was wollte die DRG erreichen, welche Ziele hatte die Zeitschrift?

Ein Mann hätte diese Fragen auf Anhieb erschöpfend beantworten können, Dr. med. Heinrich E. Albers-Schönberg aus Hamburg. Dieser junge Arzt hatte entscheidenden Anteil an der Gründung der Röntgenzeitschrift gehabt, und war Leiter eines privaten Röntgeninstitutes; auch fungierte er als Mitbegründer der DRG. Albers-Schönberg hatte als einer der Ersten die Tragweite der Röntgenentdeckung für die Medizin erkannt und genutzt. Sukzessive versuchte er, die offenen Fragen zu klären. So hatte er schon 1903 die keimdrüsenschädigenden Wirkungen der Röntgenstrahlen beschrieben.

Auf die erste Frage hätte Albers-Schönberg geantwortet: Die DRG kümmert sich um die Standards der Röntgendiagnostik und -therapie, stellt die Regeln für die Methode auf und entwickelt diese fort. Die DRG sorgt für die Ausbildungsinhalte zum Röntgenarzt. Sie strebt die Anerkennung als Fach an sowie die Schaffung von Lehrstühlen. Schließlich sorgt sie durch Kongresse im Inland und einschlägige Besuche im Ausland für den Gedankenaustausch über diese neue Entdeckung. Und finanziert werden sollten all diese Wünsche auch. Nichts von alldem gab es bisher.

Kein Wort von Wissenschaft

Die zweite Antwort wäre Albers-Schönberg etwas schwerer gefallen. Die Zeitschrift sollte Beiträge zum Röntgenverfahren in der Medizin publizieren. Sie wollte Apparate und Röhren im Hamburger physikalischen Staatslaboratorium auf Praktikabilität und Tauglichkeit überprüfen lassen. Viele Fachleute gab es noch nicht. Während die Ansprüche an die DRG mehrheitlich aufs Praktische gerichtet waren, kommt bei der Zeitschrift etwas Suchendes ins Spiel, etwas, was erst noch entwickelt werden musste. Man hatte wohl Vorbilder aus der Bakteriologie oder Serologie, aber wie sich das Wissenschaftliche an physikalischen Themen aus der Medizin beurteilen lässt, das war noch nicht Routine. Übrigens ist in der Präambel zur Zeitschrift im 1. Heft 1897 nur ein einziges Mal von Wissenschaft die Rede. Die Zeitschrift wird dazu beitragen, ein getreues Bild „dieses aufstrebenden Zweiges praktischer Wissenschaft zu gewähren". Die Zeitschrift sollte Erfahrungsberichte über Technik und Methode des Röntgens veröffentlichen und einen Überblick über die Publikationen des Auslandes geben. Falls realisierbar, waren auch Kongressberichte vorgesehen, ferner Buchbesprechungen. Die Finanzierung der Zeitschrift war in dem Moment gesichert, wenn ausreichend viele Abonnements vorlagen. Anzeigen waren wohl noch nicht üblich, zumindest sind sie in den Jahresbänden nicht enthalten. Später waren pro Heft wohl an die zehn Seiten Anzeigen üblich. Selbst in den Kriegsjahren 1942 und 1943 war das noch der Fall.

Akzentuiert gesagt: Die Zeitschrift war auf mehr Wissenschaft ausgerichtet, die DRG auf praktische Umsetzung des Röntgenverfahrens. Der Hauptgründer der Zeitschrift, Dr. Albers-Schönberg, war zugleich Mitbegründer der DRG. Für ihn war ohne Diskussion und Zweifel klar, was, bei der Zeitschrift und bei der DRG in schwächerem Maße ausgeprägt, „wissenschaftlich" für eine Bedeutung hatte. „Wissenschaftlich" galt als schmückendes Allerweltsadjektiv, versprach Seriosität, aber ansonsten wurde es als Wort nicht weiter definiert.

04 Titelseite, Band 44, 1931
05 Titelseite, Band 68, 1943

In der Satzung der DRG hieß es sogar nur, sie sollte die „wissenschaftliche Röntgenologie fördern", Wissenschaft war also kein Satzungszweck.

Nach der Gründung der Zeitschrift RöFo und der DRG wollten die führenden Röntgenologen vor allem mit den selbstauferlegten Aufgaben fertig werden. Sie versuchten, ein selbständiges, eigenes Fach aufzubauen, mit allem was dazu gehörte. Mit den technischen Problemen gelang ihnen das auch im Laufe der Zeit. Jeder Jahreskongress brachte weitere Fortschritte. Auch die regulatorischen und organisatorischen Vorhaben ließen sich lösen, von der Dosimetrie bis zur Honorartabelle.

Kauf der Zeitschrift durch den Georg Thieme Verlag

1926 übernahm der Thieme Verlag, Leipzig, als Käufer die RöFo und das sonstige Programm des Gräfe & Sillem Verlages. Er trat in die seit mehr als 30 Jahren gewachsene Zusammenarbeit ein und entwickelte sich dabei zum weltweit führenden Verlag für Röntgenologie. Diese Zusammenarbeit dauert nun schon über die dritte Generation der Verlegerfamilie Hauff an. Nur der Verlagsstandort hat von Leipzig über Wiesbaden nach Stuttgart gewechselt.

Ein zunehmendes und zeitraubendes Diskussionsthema stellte sich den Röntgenologen, als weder die operativen noch die konservativen Fächer die Interdisziplinarität des Faches akzeptierten. Sie beanspruchten die Hoheit über das Röntgen für ihr jeweils eigenes Fach. Sie beantragten eigene Röntgenausrüstungen und eröffneten eine Diskussion um das Teilgebietsröntgen.

Immer wieder hatte die Deutsche Röntgengesellschaft DRG auf ihren Kongressen Forderungen zur Weiterentwicklung ihrer Anliegen gestellt, häufig bisher ohne Erfolg. Als 1933/1934 die Nationalsozialisten in die Belange der DRG einzugreifen begannen und mit Prof. Karl Frik, Berlin, einen „Leiter" der DRG ernannte, sah es zunächst nach Besserung der Verhältnisse aus.

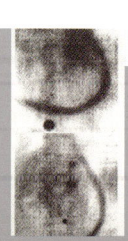

1896
W. Becher, Berlin, unternimmt erste Versuche der Darstellung des Magen-Darmtrakts mit Hilfe von Kontrastmitteln.

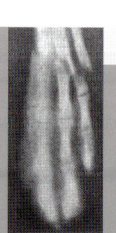

1896
R. Eberlein, Berlin, führt erste Röntgenuntersuchungen in der Veterinärmedizin durch.

Frik wollte in allen größeren Krankenhäusern selbständige zentrale Röntgenabteilungen unter der Leitung von ausgebildeten Röntgenfachärzten etablieren. Diese sollten zusammen mit den Universitäts-Röntgeninstituten die Aus- und Fortbildung übernehmen.

Entwicklung im Nationalsozialismus

Der Unterricht in Strahlenheilkunde wurde 1939 zur Pflichtvorlesung ernannt; Chirurgen und Internisten protestierten. Zu den beiden Lehrstühlen für Radiologie in Hamburg und Köln kam ein Dritter in Leipzig hinzu. Die Mitgliederzahl der DRG lag 1938 und 1939 konstant bei 1334, 1949 aber bei 513. In diesen Zahlen spiegeln sich die Kriegsverluste wider. Von Zentralröntgeninstituten, wie sie die DRG an den Universitätskliniken forderte, war wegen des Einspruchs der Chirurgen und Internisten nichts mehr zu hören. Der Schweizer Röntgenologe Hans Schinz bemerkte dazu auf dem Kongress 1939, „ausgerechnet im Lande Röntgens werde das Fach der medizinischen Radiologie bekämpft und unterdrückt". Während des II. Weltkriegs wurde über dieses Thema nicht mehr entschieden; es fand kein Kongress mehr statt.

Neuorientierung und Realismus

Nach dem II. Weltkrieg begann eine zwanghafte Neuorientierung der Röntgenologie in Deutschland. Vorbild waren die Verhältnisse in Amerika, deutsch blieb das ungelöste Problem des Teilgebietsröntgen. Dank des Wirtschaftswunders gab es keine unüberwindlichen Widerstände bei der Gerätebeschaffung und bei den neuen technischen Entwicklungen wie Ultraschall, Computertomographie etc. Die DRG hatte fachpolitische Ziele durchzusetzen, sich um den weiteren Aufbau der Lehrstühle zu kümmern und auch den Strahlenschutz zu fördern. Innerhalb weniger Jahre erreichte die DRG auch wieder die Mitgliederzahlen der Vorkriegszeit, 1977 wurde die Zahl 2000 überschritten. Über all die Jahre ist das Geschick der DRG recht gut dokumentiert. Mitteilungsblätter, Informationen und Festschriften zu den verschiedenen Jubiläen geben Auskunft über die Entwicklung. Nur die Selbstreflexion scheint keine große Rolle gespielt zu haben, die praktischen Aufgaben absorbieren alle Kräfte.

Ähnlich ging es der RöFo, das Tagesgeschäft verdrängte das Nachdenken über die eigenen Ziele; ein Monatstitel mit mehr als je 100 Seiten Umfang will gefüllt sein. DRG und RöFo existierten problemlos und ohne gegenseitige Beeinflussung nebeneinander, und die Verantwortlichen lebten in der Vorstellung, ihr Bestes zu geben. Das war sicherlich auch zutreffend. Aber wenn man so über Jahrzehnte lebt – ohne jedes Korrektiv –, können Fehlentwicklungen die Folge sein. Die RöFo wähnte sich an der Weltspitze der Röntgenzeitschriften. Doch Mitte der 1980er Jahre sprach sich in internationalen Wissenschaftskreisen in Deutschland herum, dass es mittels Zitationsmessung eine Methode zur Qualitätsmessung von Zeitschriften, Universitäten, einzelnen Abteilungen, Instituten, ja Personen gab. Viele Zeitschriften, die traditionell für Spitze gehalten wurden, entpuppten sich als drittrangig. So ging es auch der RöFo, und keiner war sich eines Versäumnisses bewusst. Über die Jahre hatte niemand definiert, worauf es bei der Qualität von Zeitschriften eigentlich ankommt.

Mit klaren Vorstellungen zurück zu neuer Geltung

Auch war nicht festgelegt, was z.B. unter Wissenschaft in der Medizin zu verstehen ist. Und so wurden gelegentlich Arbeiten in der RöFo publiziert, die zwar methodisch einwandfrei, aber von der Fragestellung wenig originell, zu sehr auf nationale Entwicklungen bezogen und insgesamt zu anwendungsfern gehalten waren. Auch bestand immer die Gefahr, dass technische Entwicklungen einen Trend zum Selbstzweck entwickelten. Eine Zeitschrift, zudem in deutscher Sprache, hat einen begrenzten Zitationsreiz und damit einen bescheidenen Impact. Doch der allein zählt bei den Bewertungskriterien heutzutage.

Hinzu kam noch, dass die RöFo mit ihrem stattlichen Umfang keine nennenswerten Zitationspunkte erreichen konnte. Dazu publizierte sie einfach zu viel pro Heft. Aber als 1991 drei neue Herausgeber die Verantwortung für die Zeitschrift übernahmen, führten sie die RöFo an internationale Standards heran. Dies dauerte jedoch eine gewisse Zeit, musste doch eine ganze Generation an Autoren an veränderte Ansprüche herangeführt werden. Eine Zeitschrift wie die RöFo muss über Jahre geplant werden und das Monat für Monat. Der eingeschlagene Weg erwies sich als erfolgreich. Seit Jahren bessert sich der Impact und die Leser merken es deutlich. Manche sagen es sogar. Vorbei sind die Zeiten der nationalen Eigenbrötelei. Seit Jahren ist die Zeitschrift wieder das wissenschaftliche Organ der DRG, jetzt, wo man schließlich definiert hat, was Wissenschaft weltweit will.

Insgesamt konkurrieren mehr als 100 Zeitschriften um einen Rang in der Welt der Radiologie. Ernst genommen werden von diesen allenfalls 40 Zeitschriften. In diesem Spiel positioniert sich die RöFo besser denn je, und das ist auch im Sinne der DRG.

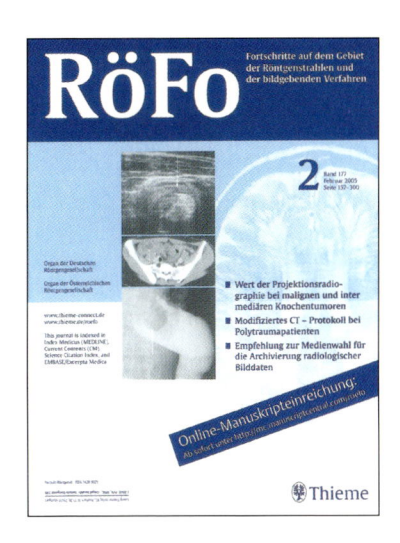

06 Aktuelles Erscheinungsbild, Band 177, aus dem Jahr 2005

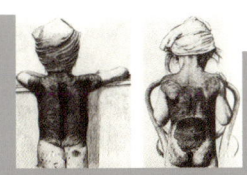

1896
Erste dokumentierte Strahlenbehandlung durch L. Freund am 24. November. Bestrahlung eines 36 cm langen behaarten Naevus am Rücken eines 4 Jahre alten Mädchens. Nachuntersuchung 1956.

1896
Die Erlanger Firma Reiniger, Gebbert und Schall baut das erste Röntgeninstrumentarium speziell für medizinische Zwecke.

Magie der Strahlen – Medizinhistorische Anmerkungen zur Radiologie

Heinz Schott, Bonn

Die Geschichte der von Wilhelm Conrad Röntgen ausgehenden Radiologie, die auf Deutsch „Strahlenheilkunde" heißt, wird im Folgenden in einer ungewohnten Perspektive mit traditionellen Strahlenvorstellungen in Verbindung gebracht, die in der Medizingeschichte der Neuzeit von der Alchimie und Magie bis hin zur romantischen Naturphilosophie eine wichtige Rolle spielten. Die diagnostische Metapher des „Durchleuchtens" wurde in der Umgangssprache des 20. Jahrhunderts ebenso alltäglich wie die therapeutische des „Bestrahlens". Angesichts der technischen Raffinesse heutiger bildgebender Verfahren wird deren magisches Erbe mit seinen faszinierenden Implikationen zumeist vergessen.

In Renaissance und früher Neuzeit folgten die Naturforscher und Ärzte, sofern sie sich im Sinne eines Paracelsus der „natürlichen Magie" und Alchimie verschrieben hatten, vor allem einer Leitlinie: Das Unsichtbare der Natur sollte sichtbar gemacht, das Verborgene ans Tageslicht gebracht, der Mensch als Mikrokosmos (seine „innere Anatomie") durch die Zeichen des Makrokosmos (durch die „äußere Anatomie" der Gestirne) erkannt und sozusagen von außen her durchleuchtet werden. Diese naturphilosophische Begründung der Heilkunde folgte einer bestimmten diagnostischen bzw. therapeutischen Leitidee: Einerseits sollte die verborgene Natur gerade in ihren dunkelsten Tiefen aufgeklärt, einsichtig und verstehbar gemacht werden, was dem beliebten Topos vom Lesen in der „Bibel der Natur" entsprach; andererseits sollten die somit entdeckten geheimen Wirkkräfte der Natur hervorgelockt und zielgerichtet in der Krankenbehandlung eingesetzt werden, wie es die sogenannten sympathetisch-magnetischen Kuren praktizierten. Hierbei spielte die Licht- und Strahlenmetaphorik sowie die Idee einer geistigen Durchleuchtung der Materie eine zentrale Rolle. Denn die (al)chemisch ausgerichtete Forschung sollte „im Lichte der Natur" (Paracelsus) vor sich gehen, deren Heilkräfte im Allgemeinen als himmlisch-göttliche Lichtstrahlen ins Bild gesetzt wurden, die von oben gleichsam die irdische Welt mitsamt dem menschlichen Körper bestrahlen. Als im 18. Jahrhundert die künstliche Elektrizität mit ihren sprühenden Funken und spürbaren Schlägen die Gemüter bewegte, waren die Zeitgenossen zunächst deshalb so fasziniert, weil man nun über die geheime Wirkkraft der Gottnatur experimentell zu verfügen schien. ⟶01 Als dann um 1800 der „animalische Magnetismus" (Mesmerismus) als Heilkonzept populär wurde, der von einer quasi-physikalischen kosmischen Kraft („Fluidum") ausging, die noch feiner als die Elektrizität und der Magnetismus sein sollte und durch das Nervensystem übertragen werden könne, erreichte die Magie der Strahlen größte Bedeutung in Wissenschaft und Alltagsleben. ⟶02

01 „Elektrisierkugel" in der Gloriole, aus Abbé de Sans, Paris 1778. Die naturmystische, religiöse Einstellung gegenüber der als sensationelle Erscheinung empfundenen künstlichen Elektrizität (damals noch mit der Elektrisiermaschine durch Reibung erzeugt) wird deutlich.

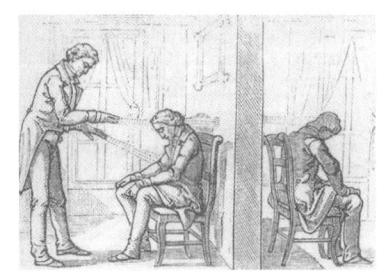

02 Der Weg des magnetischen Fluidums, das von den Fingerspitzen des Magnetiseurs ausstrahlt und zwei Männer – den einen sogar durch die Zimmerwand hindurch – in „magnetischen Schlaf" (Trance) versetzt. Zeichnung um 1800

1896

Der italienische Kliniker und Pathologe S. Riva-Rocci entwickelt den Prototypen des modernen Blutdruckmessers.

1897

H. Albers-Schönberg und G. Deycke geben erstmals die „Fortschritte auf dem Gebiet der Röntgenstrahlen" heraus.

Mitte des 19. Jahrhunderts kam es zu einer einschneidenden Wende: Die Medizin folgte den modernen experimentellen Naturwissenschaften, insbesondere Chemie und Physik, und richtete ihr Menschenbild und Krankheitsverständnis vor allem an Zellularpathologie, Darwinismus und Hygiene (Bakteriologie) aus. Naturphilosophische Spekulationen mit ihren religiösen, magischen oder tiefpsychologischen Anklängen, wie sie noch zur Zeit der Romantik in der akademischen Welt anerkannt waren, wurden nun als „Okkultismus" verpönt. Der isolierte menschliche Einzelorganismus und seine unterschiedlichen Organsysteme waren nun Gegenstand der naturwissenschaftlichen Medizin geworden. Diese wollte die Physiologie bzw. Pathologie des menschlichen Körpers, seinen Funktionsmechanismus, immer exakter erfassen, um immer gezielter eingreifen zu können. Die anatomische Forschung vervollkommnete in der zweiten Hälfte des 19. Jahrhunderts ihre makroskopischen wie mikroskopischen Kenntnisse, die experimentelle Medizin erschloss die physiologischen und biochemischen Prozesse des Organismus, Versuche der Endoskopie ermöglichten bereits um 1880 erste Blicke in den Magen. Durch die Haut allerdings konnte damals, mit Ausnahme von somnambulen Hellseher(inne)n, niemand ins Körperinnere sehen – bis zum Jahre 1895.

In diesem Jahr wurden zwei Techniken erfunden bzw. methodische Verfahren eingeführt, die weit über die Medizin hinaus Wissenschaft und Kultur des 20. Jahrhunderts prägen sollten: Wilhelm Röntgen entdeckte die von ihm so genannten „X-Strahlen" und gab damit den Startschuss für die rasche Entwicklung der Röntgenologie; und Sigmund Freud begann mit seiner selbstanalytischen Traumdeutung, womit er die Psychoanalyse begründete. Die Gleichzeitigkeit der beiden Ereignisse ist bemerkenswert. Die Medizin schickte sich an, Körper und Seele gleichermaßen zu durchleuchten und bislang unsichtbare Innenwelten sichtbar, deutbar und behandelbar zu machen. Dabei erschütterte die Röntgenologie die gewohnte Sehweise der Ärzte wie der Laien nicht minder als die Psychoanalyse. Denn zum ersten Mal in der Menschheitsgeschichte konnte man nun direkt durch die Haut hindurch in das Körperinnere hineinsehen und vor allem das Skelett sichtbar machen. Dieser sensationelle Anblick muss dem großen Publikum als ein schauerlichvergnügliches Erlebnis vorgekommen sein, erinnerte es doch an den Tod „mitten in uns" (Rilke), ⟶03 was ein Karikaturist treffend ins Bild setzte. ⟶04

Unwillkürlich erinnert dies an das gesellschaftskritische Motiv des traditionellen „Totentanzes" mit seinen lebenden Skeletten ⟶05 und dem Auftreten des auch heute noch sprichwörtlichen „Sensenmanns". ⟶06

05 Totentanzbild an der neuen Friedhofskapelle in Bayerisch Gmain, 1969

06 Bleibacher Totentanz (Ausschnitt: Totenorchester) im Beinhaus von Bleibach (Schwarzwald); unbekannter Maler, Öl auf Holz 1723

03 „Strand-Idyll à la Röntgen"; humoristische Postkarte zu Beginn des 20. Jahrhunderts
04 „Look pleasant, please", eine Karikatur von 1896 zu Röntgens neuer Entdeckung

1897

P. Chelius wird als erste „Röntgenschwester" in Hamburg-Eppendorf beschäftigt.

1897

H. Küttner berichtet über die Bedeutung der Röntgenstrahlen für die Kriegschirurgie.

Niemand hat die bemerkenswerte Gleichzeitigkeit von Röntgenologie und Psychoanalyse sensibler und eindringlicher dargestellt als Thomas Mann in seinem Roman „Der Zauberberg", der 1924 erschien, und in der Vorkriegszeit spielt. Er schildert dort höchst subtil, wie unter dem Dach eines Davoser Lungensanatoriums die beiden Fachrichtungen in zwei unterschiedlichen Räumen dem Romanhelden Hans Castorp in Gestalt zweier Ärzte begegneten. Beiderseits der Treppe ins Untergeschoss gab es zum einen den „Durchleuchtungsraum" von Hofrat Behrens, zum anderen das „analytische Kabinett" des Dr. Krokowski. Voller Ironie bezeichnet Thomas Mann diese beiden Räume als „Durchleutungskabinette": „links das organische und rechts um die Ecke das um eine Stufe vertiefte psychische, mit Dr. Krokowski's Besuchskarte an der Tür." Die „Durchleuchtung des Unbewußten" erscheint analog zu derjenigen der Lungen, wenn der Romanheld bemerkt, „daß im Durchleuchtungsraum Halbdunkel, das heißt künstliches Halblicht herrschte, – gerade wie andererseits in Dr. Krokowski's analytischem Kabinett." ⇢07

Die Röntgenstrahlen revolutionierten binnen kürzester Zeit die medizinische Diagnostik. Allenthalben wurden Röntgenabeilungen geschaffen, und bereits 1905 kam es zur Gründung der Deutschen Röntgengesellschaft. Die ungewollten Röntgenschäden, denen vor allem die Röntgenärzte selbst, aber auch Physiker und Techniker zum Opfer fielen, machten sich schon bald bemerkbar und erforderten entsprechende Schutzvorrichtungen. ⇢08
Sensiblen Zeitgenossen erschien das Röntgen eine gefährliche Bedrohung, wie sie etwa ein geisteskranker Patient in jener Zeit in seinen Zeichnungen zum Ausdruck gebracht hat, die zur Heidelberger „Sammlung Prinzhorn" gehörten. ⇢09, ⇢10

Zugleich erkannte man aber auch den therapeutischen Wert der Strahlen, so dass zu Beginn des 20. Jahrhunderts die Strahlentherapie durch Radium ihre Blütezeit erlebte. Die „Radiumtherapie" wurde, abgesehen von bestimmten Hauterkrankungen, vor allem in der Onkologie als eine die chirurgische Operation ergänzende oder ersetzende Behandlungsmethode angewandt, gemäß dem Motto „Stahl und Strahl". Im Gründungsjahr der Deutschen Röntgengesellschaft meldete der New Yorker Chirurg Robert Abbe die erfolgreiche Behandlung eines Zervixkarzinoms mit Hilfe der Radiumtherapie. Die Hoffnungen, die sich auf diese Methode richteten, wurden jedoch in der Folgezeit enttäuscht. Auch die damals modischen Badekuren mit radiumhaltigen Wasser gegen chronische Erkrankungen des Bewegungsapparats erwiesen sich als Irrweg. Doch was passierte sonst noch in jenem Jahr 1905?

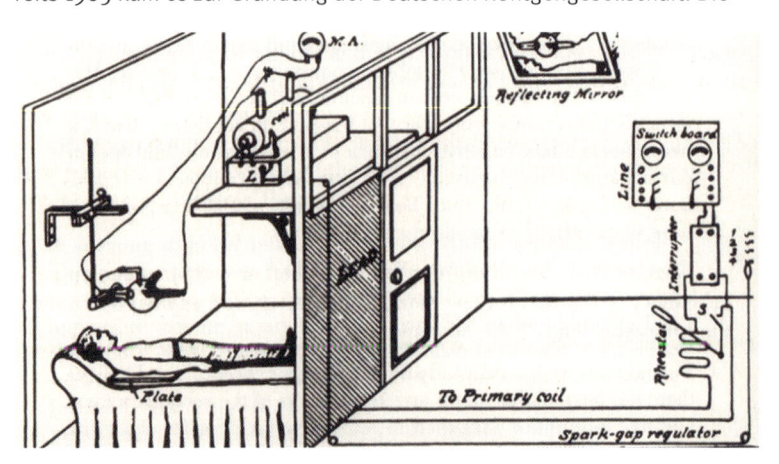

08 Konstruktion eines mit Blei ausgekleideten Raumes zum Schutz des Röntgen-Assistenten; Zeichnung 1907

07 „Röntgen-Durchleuchtung Herz-Lungen", die der Atmosphäre der entsprechenden Darstellung in Thomas Manns „Zauberberg" entspricht; Ölgemälde von Dr. Jacques Rohr, 1896

09 Selbstgemalte Strahlenempfindung eines Geisteskranken (mit der Diagnose „Psychopathie"), die an die Situation des Röntgens erinnert: Der in der Anstalt Wiesloch untergebrachte Patient fühlt sich durch „starke elektrische Wellen" von einer Person außerhalb der Zelle bedroht, die einen Apparat bedient. Interessant ist die Darstellung einer Art Wellen-Kreislauf, der die beiden Personen miteinander verbindet: Rot sind die auf den Patienten eindringenden Wellen gezeichnet, blau die von ihm ausgehenden (rücklaufenden?) Wellen. Zeichnung von Jakob Mohr 1909-1910, aus der Prinzhorn-Sammlung der Psychiatrischen Universitätsklinik Heidelberg.
10 Zeichnung mit Röntgenmotiv desselben Patienten

1898

Die konstituierende Sitzung der Röntgenvereinigung zu Berlin findet im Institut von M. Immelmann am 18. März im Blumenhof 9 statt.

1898

H. Gocht veröffentlicht das erste Lehrbuch über die Röntgenuntersuchung für Ärzte.

Die Bedeutung der Röntgenologie für die Entwicklung der einzelnen Disziplinen der Medizin im frühen 20. Jahrhundert ist kaum zu überschätzen. Kardiologie, Lungenheilkunde, Thoraxchirurgie wären hier besonders zu erwähnen, wobei die beiden Letztgenannten vor allem von der Röntgendiagnostik der Tuberkulose profitierten. In den 1920er Jahren erweiterte sich das diagnostische Spektrum erheblich durch die Einführung von Kontrastmitteln: So werden u. a. die Myelographie, Bronchographie und Cholezystographie möglich.

Werner Forßmann antizipierte 1929 mit dem ersten Rechtsherzkatheter im Selbstversuch die Ära der Angiographie, die erst zehn Jahre später mit der Einführung des Herzkatheters in die klinische Praxis begann. Um 1950 trat die Nuklearmedizin mit ihrem neuen diagnostischen und therapeutischen Ansatz als eigenständiges radiologisches Fach auf den Plan. Die Tumortherapie (vor allem Schilddrüsenkarzinom) mit künstlich radioaktiven Substanzen („Isotopentherapie") und die Szintigraphie der Schilddrüse mit Radiojod wurden nun möglich. Die Einführung der Computertomographie (CT) 1973, der Positronen-Emissions-Tomographie (PET) 1978 sowie der Magnetresonanztomographie (MRT, NMR) 1982 schuf eine völlig neue Qualität der bildgebenden Verfahren, die zu einer wichtigen Säule der gegenwärtigen High-Tech-Medizin geworden sind und inzwischen ein beeindruckendes Arsenal von diagnostischen und therapeutischen Instrumentarien umfassen. Angesichts des gegenwärtigen klinischen Alltags bleibt allerdings immer wieder kritisch zu fragen, inwieweit die elektronische Realisierung der Utopie vom „gläsernen Menschen" das Verständnis für Krankheit und Kranksein, die ärztliche Kunst des Heilens und ein „ganzheitliches" Menschenbild in der Medizin wirklich gefördert oder aber eher blockiert hat.

Solche Fragen einer medizinischen Anthropologie, die im Diskurs der Biomedizin weitgehend ausgeklammert werden, sprechen oft vergessene (kultur-)historische Wurzeln an. Für die Radiologie wäre die „Magie der Strahlen" eine solche Wurzel, die das kulturelle Gedächtnis noch nicht ganz vergessen hat. Der Hamburger Internist Arthur Jores hat – lange vor Einführung der strengen Strahlenschutzbestimmungen und der grassierenden Angst vor schädlichen Strahlen insbesondere nach Tschernobyl – auf „Magie und Zauber in der modernen Medizin" (1955) hingewiesen – etwa auf die bekannte Erscheinung des „gläubigen" Patienten vom Lande, „der sich nach einer diagnostischen Untersuchung, z. B. der magisch so überaus wirksamen Röntgenuntersuchung bei seinem Arzt dafür bedankt, wie gut ihm dies geholfen habe." Hier kommt noch einmal die grundlegende Ambivalenz gegenüber den Strahlen zum Ausdruck, die, wie uns Kultur- und Wissenschaftsgeschichte zeigen, schon immer als gut oder böse empfunden wurden. Kaum jemand hat die Verquickung von Segen und Fluch der modernen Medizin so hautnah am eigenen Leib erfahren, wie die Pioniere der Röntgenologie, die vor 100 Jahren voller Begeisterung medizinisches Neuland betraten, dessen heutige Ausmaße sie damals nicht erahnen konnten.

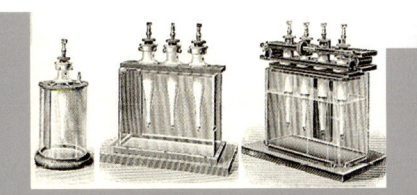

Die Gründung von zwei weiteren recht unterschiedlichen Gesellschaften in Berlin sei hier erwähnt: Die Pazifistin und Frauenrechtlerin Helene Stöcker gründete den „Bund für Mutterschutz und Sexualreform" und der Arzt und Privatgelehrte Alfred Ploetz die „Gesellschaft für Rassenhygiene". Der Zeitgeist, der auch die Diskurse in der Medizin erfasste, oszillierte damals sozusagen zwischen wissenschaftlichem Fortschrittsglauben und sozialen Emanzipationsbewegungen einerseits, sowie einem allgemeinen Kulturpessimismus und rassenbiologischen Untergangsängsten andererseits. Zum Siegeszug der Bakteriologie gehörte die Entdeckung des Syphiliserregers durch Fritz Schaudinn und Erich Hoffmann im selben Jahr, und durch die Einführung des Novocain verfügte die Chirurgie erstmals über ein effizientes Lokalanästhetikum.

1899

A. Wehnelt entwickelt mit dem elektrolytischen Unterbrecher eine bedeutende Innovation für die Röntgengeneratortechnik.

1899

Eine Röntgenröhre kostet 18 Mark.

Von der Radiographie zur Radiologie: Zur Technik- und Wissenschaftsgeschichte einer Profession

Monika Dommann, Zürich

Die Geschichte der Radiologie handelt von der Gründung einer wissenschaftlichen Disziplin und ihrer Professionalisierung. Doch was ist die Radiologie und wie entstand sie? Und welche Auswirkungen hatte sie auf den modernen Krankenhausbau? Der folgende Text spricht von den apparativen, architektonischen und archivarischen Grundlagen dieses Erfolgs. Um zu verstehen, wie aus Bildern Wissen generiert und wie dieses Wissen in die medizinische Praxis integriert wurde, wird hier der Fokus auf den Bau von Räumen, die Umgestaltung von Apparaten und die damit einhergehende Entstehung eines Berufsstandes gelegt. Aufgrund einer Untersuchung der Anfänge der Radiologie in der Deutschschweiz wird die Verschränkung von Technik, Architektur und Wissen bei der Genese der Radiologie analysiert. Es wird gezeigt, wie das moderne Röntgeninstitut aus der Dunkelkammer und dem Physiklabor heraus entstand, wie sich aus einem gewöhnlichen Kasten zur Aufbewahrung von Röntgenplatten ein Ordnungssystem zur Sammlung und Kategorisierung von Röntgenbildern entwickelte, und wie daraus die Disziplin der Radiologie hervorging.

Von der Dunkelkammer zum Diagnostikraum

Die Ursprünge des Röntgeninstituts liegen im Physiklabor. Wilhelm Conrad Röntgen baute für seine Entladungsexperimente keine neuen Apparate: Rühmkorff-Induktoren und Lenardsche beziehungsweise Crooksche Röhren standen 1895 in beinahe jedem Physiklabor. Es waren zunächst denn auch hauptsächlich Physiker, die sich in ihrem Labor an einer Universität, der Eidgenössischen Technischen Hochschule, an Kantonsschulen, in Fabriken oder Privaträumen mit der Nachstellung der Röntgen'schen Experimente beschäftigten und im Auftrag von Ärzten und Spitälern erste Röntgenaufnahmen erstellten. Bald drängten die Chirurgen in den Spitälern auf die Anschaffung von Röntgenapparaten, die von elektrotechnischen Firmen schon wenige Monate nach Röntgens erster Mitteilung an die wissenschaftliche

01 Das Röntgenkabinett im Jahre 1898 besteht aus ein bis zwei verdunkelbaren Räumen, das Mobiliar aus einer losen Anordnung verschiedener Geräte und Utensilien für Röntgenaufnahmen und deren photographische Fixierung.

1899
Die Wuppertaler Firma Friedrich Bayer bringt „Aspirin" auf den Markt.

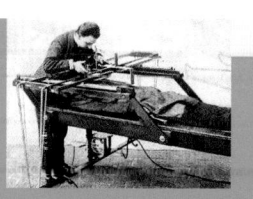

1900
Der von F. Moritz in Berlin entwickelte Orthodiagraph ermöglicht erstmals die Bestimmung und Aufzeichnung der Form und Größe des Herzens.

Öffentlichkeit auf dem Markt angeboten wurden. Es existierten in den Spitälern noch keine Räume, auf deren Infrastruktur bei der Errichtung von Röntgenlabors aufgebaut werden konnte. Deshalb wurden gewöhnliche Räume in Röntgenlaboratorien umgestaltet. Im Berner Inselspital, das Anfang der 1880er Jahre nach deutschem Vorbild im Pavillon-Stil erbaut wurde, schuf man im Herbst 1897 durch einen Anbau Räume für die Röntgeninstallation. Im Röntgenzimmer wurden die Aufnahmen hergestellt, in der Dunkelkammer die Platten entwickelt. Im Kantonsspital Zürich begann man ebenfalls im Herbst 1897 mit der Umgestaltung eines Krankensaals zum Röntgenzimmer. Das Bürgerspital Basel war bereits im November 1896 im Besitz eines Röntgenlabors. Die Einrichtung war nüchtern und funktional, im Zentrum standen die Apparate. Ein gewöhnlicher, solider Holztisch diente als Unterlage für den Patienten und verhinderte die Übertragung der Erschütterungen des Fußbodens durch die Schritte des Untersuchenden auf den Patienten. Das Aufnahmezimmer musste für eine ungestörte Betrachtung des Fluoreszenzschirms total verdunkelbar sein. Schwere Vorhänge oder eine Holzverkleidung vor dem Fenster sorgten für Dunkelheit. Zudem wurden die Schlüssellöcher lichtdicht verstopft, die Türkanten mit Filz überzogen und auch die Wände und Böden dunkel gestrichen. Man orientierte sich bei der Einrichtung am Labor des Physikers und der Dunkelkammer des Fotografen. Der Raum musste konstante Laborbedingungen aufweisen: Trockenheit und gleich bleibende Temperatur. Im Winter wurde geheizt, einerseits wegen der Patienten, die während längerer Zeit entkleidet ausharren mussten, nicht zuletzt aber auch wegen der hochempfindlichen Apparate, die auf Wärme- und Feuchtigkeitsschwankungen reagierten.

Der Aufbau einer Stromversorgungsinfrastruktur war in der Schweiz zu diesem Zeitpunkt noch voll im Gang. Die Spitäler wurden um die Jahrhundertwende erst nach und nach an die Stromnetze angeschlossen. Deshalb mussten Apparate zur Erzeugung von Elektrizität installiert, oder Stromleitungen zu den Spitälern gelegt werden. Im Inselspital Bern und Bürgerspital Basel diente eine Akkumulatorenbatterie als Stromquelle. Um den Transport der schweren Akkumulatoren und der Patienten zu vereinfachen, bemühte man sich um ebenerdige Räume. Im Kantonsspital Frauenfeld, dessen Röntgenkabinett 1896 nicht im Spital, sondern in einem privaten Wohnhaus außerhalb des Spitals errichtet wurde, behalf man sich mit einem Wassermotor, der im Kellerraum untergebracht war. Dynamo-, Wassermotoren und Akkumulatoren mussten gewartet und bedient werden und waren zudem potentielle Störfaktoren. Im Kantonsspital Winterthur bezog man den Strom von der nahe gelegen Brauerei. Der Entscheid, ob die für die Erzeugung der Röntgenstrahlen notwendige Energie im Labor erzeugt, oder von außen bezogen wurde, hing von der Infrastruktur der Spitäler und der umliegenden Gebäude ab, aber er wurde auch durch soziale Faktoren beeinflusst. Im Kantonsspital Zürich standen beide Optionen zur Debatte: die Anschaffung eines Dynamomotors oder der Strombezug von der nahe gelegenen Straßenbahn. Die Sanitätsdirektion entschied sich für eine Leitung zur Straßenbahn, mit dem Argument, dass der Betrieb von Dynamotoren mit viel Lärm, Schmutz und Gestank verbunden sei und deren Bedienung den Ärzten nicht zugemutet werden könne. Mit dem Entscheid für die Errichtung einer Leitung an das Netz der Straßenbahn wurde die Erzeugung von Strom aus dem Röntgenlabor ausgelagert. Weil Stromschwankungen die Bildqualität enorm beeinträchtigen, bedeutete der Anschluss ans Stromnetz eine Vereinfachung und Standardisierung des Verfahrens, das bis in die 1920er Jahre dennoch enorm störungsanfällig und in hohem Maße von der Geschicklichkeit und der Erfahrung des Untersuchenden abhängig blieb.

Seit der Jahrhundertwende wurden immer neue Apparate und Möbel angeschafft: spezielle Unterbrecher, welche die in Physiklabors gebräuchlichen „Rühmkorff"-Instrumente, mit denen Wilhelm Conrad Röntgen gearbeitet hatte, ablösten, Blenden zur Bündelung der Strahlen, spezielle Untersuchungstische, ein zweiter Induktionsapparat, ein Schrank zur Aufbewahrung der Negative und in den 1920er Jahren auch ein neuer Typus von Röhren – gasfreie Glühkathodenröhren –, die einfacher zu bedienen sind. Die Platzverhältnisse wurden durch die Neuanschaffungen immer enger. Größere und zentralere Räume wurden gefordert. Rund ein Jahrzehnt nach dem Einzug der ersten Röntgenapparate in Deutschschweizer Spitäler wurden mancherorts erste bauliche Veränderungen vorgenommen.

Im Bürgerspital Basel erfolgte der Um- und Ausbau sukzessive: 1906 wurde in einem dem Labor anliegenden Zimmer ein Warteraum eingerichtet, 1913/14 ein neuer Untersuchungsraum mit einem zweiten Röntgenapparat in Betrieb genommen, dazu gehörten neu auch Umkleidekabinen. Die Räume wurden frisch gestrichen und ein Ahornparkettboden verlegt. Beim Ausbau der technischen Einrichtung wurde an die Repräsentierbarkeit der Räume gedacht. Im Erweiterungsbau des Pavillons der chirurgischen Klinik des Inselspitals Bern aus dem Jahre 1906 dominierte eine patientenfreundliche Architektur. Das Röntgen-Institut, wie es nun stolz genannt werden wollte, war in funktional ausdifferenzierte Räume unterteilt, die gleichzeitig Arbeitsabläufe und Patientenströme zu strukturieren vermochten: ein Wartezimmer („für die relativ große Anzahl von Privatpatienten nötig"), ein Vorraum (der als Ankleideraum diente), ein Aufnahmezimmer und Therapiezimmer (funktionale Differenzierung von Diagnose und Therapie), ein Dunkelzimmer (für fotografische Arbeiten) und im oberen Stock des anschließenden Gebäudes das Büro des Institutsleiters und ein Raum für Kopierarbeiten. Dadurch konnte die Röntgenprozedur in einzelne Arbeitsschritte unterteilt werden. Mehrere Patienten konnten sich gleichzeitig im Institut aufhalten, und somit die teure Anlage effizient genutzt werden. In dieser räumlichen Anordnung spiegeln sich neue Forderungen nach rationellen und kostengünstigen Abläufen. Neben der Ausdifferenzierung der Arbeitsschritte und Arbeitstypen bewirkte die neue Architektur eine räumliche Separierung von untersuchender und untersuchter Person sowie von Apparaten und Körpern. Umkleidekabinen sollten dem Patienten inmitten der Apparate eine Intimsphäre schaffen. Vom „strahlensicheren" Schaltraum aus wurden die Geräte nun mittels einer zentralen Schalttafel bedient. Ein Luftschacht sorgte zudem für den Abzug der Säuredämpfe, die im Umkreis des Unterbrechers freigesetzt wurden – eine weitere Maßnahme, um den Körper von den störenden Effekten der Apparate zu schützen.

1901

Mit dem von A. Wehnelt in Berlin entwickelten Wehneltzylinder kann ein weiterer bedeutender Schritt zur Entwicklung der Hochvakuumröhre getan werden.

1901

Der Wiener Arzt K. Landsteiner entdeckt drei Blutgruppen.

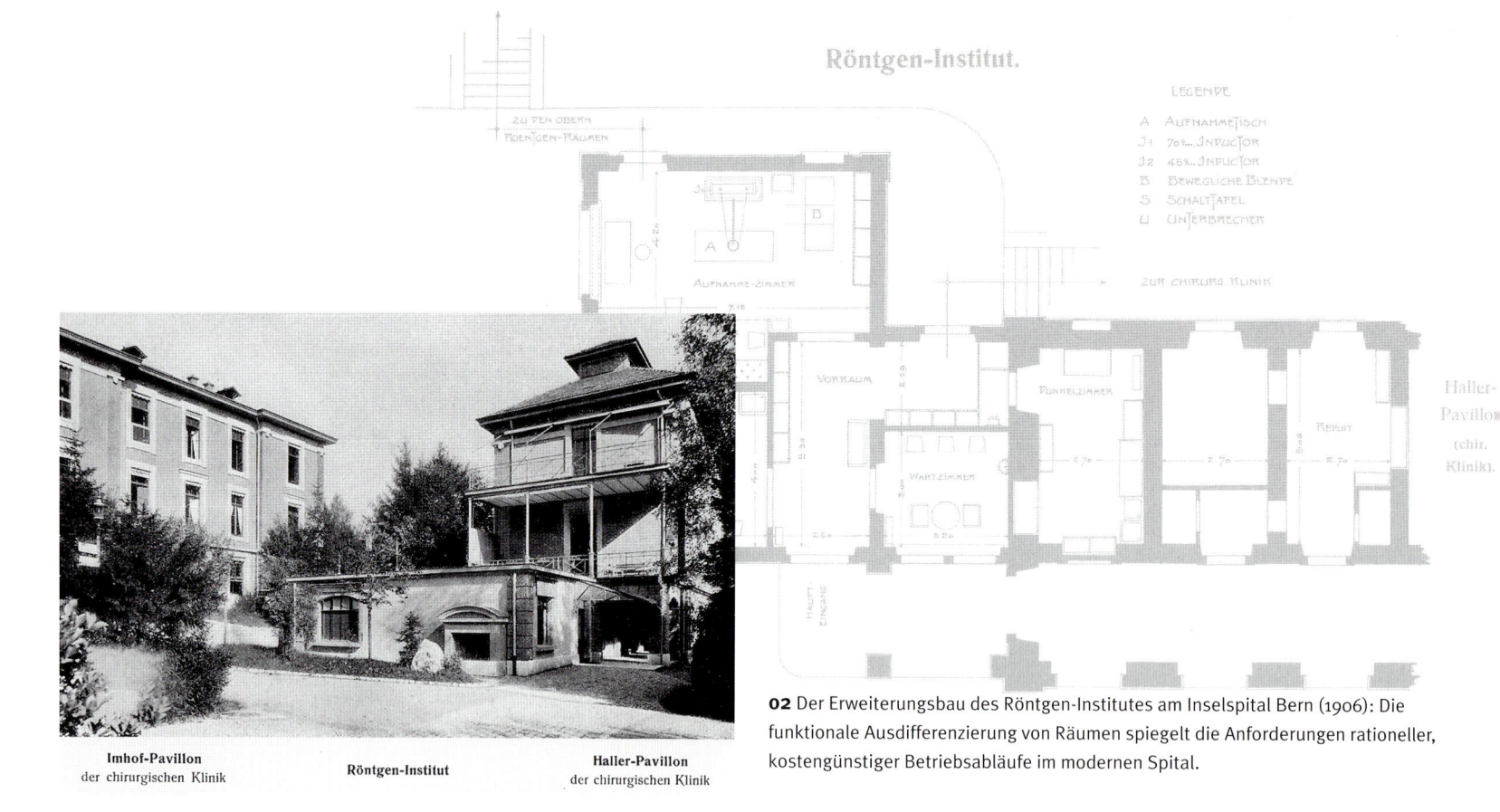

02 Der Erweiterungsbau des Röntgen-Institutes am Inselspital Bern (1906): Die funktionale Ausdifferenzierung von Räumen spiegelt die Anforderungen rationeller, kostengünstiger Betriebsabläufe im modernen Spital.

Imhof-Pavillon der chirurgischen Klinik — Röntgen-Institut — Haller-Pavillon der chirurgischen Klinik

An Orten, wo sich das Röntgenlabor noch außerhalb des Spitalzentrums befand, wurde mit dem Einbezug in die Spital- und Klinikpraxis auch eine räumliche Integration des Röntgenlabors ins Hauptgebäude vollzogen und die Positionierung als Zentralinstitution der Klinik angestrebt, so im Kantonsspital Winterthur, wo das Röntgenkabinett 1910 vom Souterrain des Absonderungshauses ins Hauptgebäude verlegt wurde, oder im Kantonsspital Frauenfeld, wo 1916 eine neue Einrichtung im Erweiterungs- und Neubau des Institutes bezogen wurde. Diese verfügte über direkten Zugang zum Stromnetz und ersetzte die Wassermotoranlage in einem Privathaus außerhalb des Spitals.

Der Aufstieg vom dunklen Keller oder von marginalen Räumen ins Herz des modernen Spitals spiegelt eine veränderte Wahrnehmung der Technologie, neue Ansprüche an die Räume und ein neues Selbstverständnis der entstehenden Profession der Radiologen. Das Röntgenlabor wurde zum Aushängeschild des modernen Spitals. Die Apparate und Räume, die sie beherbergten, wurden zum Zeichen für Fortschritt. Die Architektur trug diesen Anforderungen Rechnung, indem sie rationelle Betriebsabläufe ermöglichte und für die Radiologen damit leitende Positionen in arbeitsteilig organisierten Instituten schuf. Die Räume wurden größer gebaut und weiß gestrichen, die Apparate fix installiert und nicht mehr nach Bedarf auf- und abgebaut. Eigenkonstruktionen von vielen lokalen Herstellern wichen spätestens in den 1920er Jahren den Produkten von einigen wenigen Röntgengeräteherstellern.

Die neue Architektur orientierte sich am Luft-und-Licht-Konzept des Spitals und distanzierte sich von der Ästhetik des Physik- und Fotolabors. Durch den hellen Anstrich der Wände positionierte sich das Röntgenlabor als klinischer Diagnoseraum und setzte sich von seiner Vergangenheit in den peripheren, dunklen, physikalisch und photochemisch konnotierten Räumen ab.

Vom Röntgenplattenarchiv zum radiologischen Wissen
Das Röntgenverfahren, von einem Physiker in einem Physiklabor entdeckt, entwickelte sich anschließend im Grenzland zwischen Physik und Medizin zur medizinischen Diagnosetechnik. Die praktische Kooperation zwischen Physikern und Medizinern war schon bald von rhetorischer Abgrenzung begleitet. Mediziner beziehungsweise die sich auf Röntgendiagnostik spezialisierenden Ärzte, übernahmen zunehmend Forschungs- und Führungsfunktionen in den expandierenden Röntgeninstituten und delegierten die Aufnahme-, Kopier- und Archiviertätigkeiten an untergeordnete weibliche Hilfskräfte. Dieser Prozess der Professionalisierung, der eine geschlechtsspezifische Hierarchisierung und innerhalb der Medizin eine disziplinäre Ausdifferenzierung mit sich brachte, verlief langsam und war konfliktbeladen. Erst 1930 wurde im Inselspital Bern dem letzten Nichtmediziner an der Spitze eines Röntgeninstitutes in der Schweiz, dem Physiker Otto Pasche, die Pensionierung nahe gelegt.

Doch wie war Disziplinenbildung und Professionalisierung möglich? Radiographien sind vieldeutig und brachen radikal mit bekannten Abbildungstechniken. Um die Repräsentation von Dichteunterschieden überhaupt deuten zu können, und die Befunde der medizinischen Diagnostik zugänglich zu machen, mussten erst Deutungsmuster und Klassifikationsraster geschaffen werden. Die Archivierung und Ordnung der Röntgenplatten erwies sich dabei als Meilenstein für die Entstehung von spezialisiertem Wissen und für die Etablierung der Radiologie als wissenschaftliche Disziplin.

Anfangs wurden die im Röntgenlabor hergestellten Radiographien in einem Journal erfasst, mit einer Nummer versehen und bloß nach Größe geordnet in Schränken untergebracht. Die Fachzeitschriften rieten ab 1902 zur Archivierung nach wissenschaftlichen Gesichtspunkten. Zunächst wurde empfohlen, die Röntgenplatten nach Diagnosen bzw. Körperteilen geordnet abzulegen. Zehn Jahre später revidierte man diese Ansicht und formulierte neue Ablagekriterien: Das Archiv sei in erster Linie nach Fächern, dann nach Diagnosen und erst in dritter Linie nach Körperteilen zu ordnen. Hinter dieser Änderung

1901
W. C. Röntgen erhält den ersten Nobelpreis für Physik für die Entdeckung der Röntgenstrahlen.

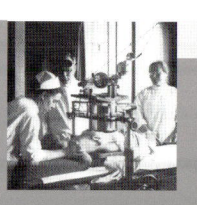

1902
Mit Hilfe der von H. Albers-Schönberg in Hamburg entwickelten Kompressionsblende konnte erstmals die Reduzierung von Streustrahlung realisiert werden. Eine Technik, die seit ihrer Entwicklung nichts an Bedeutung eingebüßt hat.

des Ordnungssystems standen Bestrebungen der Radiologen, Grundlagen für systematische Forschung und für die Schaffung von neuem Wissen, das an andere medizinische Spezialdisziplinen anschliessbar war, zu legen.

Die Kontrolle über das Archiv stellte für die Leiter der Röntgeninstitute – die zukünftigen Radiologen – das wichtigste Kapital für die Schaffung von Fachwissen dar. Mit der steigenden Anzahl von Aufnahmen reichten die Schränke im Röntgeninstitut nicht mehr aus, und neue Schränke passten nicht mehr in die bestehende Rauminfrastruktur hinein. Deshalb forderten die Röntgeninstitute spezielle Räume zur Archivierung der Platten. An der Frage, wo die Plattenarchive eingerichtet werden sollten, entbrannten sich seit den 1910er Jahren Konflikte, deren Ursprünge in konkurrierenden Kompetenzansprüchen der traditionellen Abteilungen der Klinik (Chirurgie, Medizin) und der neu aufstrebenden Röntgeninstitute lagen, die auf Präsenz der Archive in ihren Territorien drängten. Der zukünftige Doyen der Radiologie in der Schweiz, Hans Rudolf Schinz, bezeichnete die Schaffung eines Archivs als Schlüssel zum Erfolg eines Institutes: „Der Arzt selber kann diese Archivierung natürlich nicht besorgen, er kann sie nur überwachen. Klappt sie nicht, so klappt der ganze Betrieb nicht." Schinz, der 1919 die Leitung des Röntgeninstituts am Universitätsspital Zürich übernahm, erkannte den Wert der Radiographien und forderte die Einrichtung eines systematischen Archivs als Basis des restrukturierten Institutes: „Ohne diese Archivierung sind sie (die Radiographien, M.D.) wertlos; denn sie repräsentieren nichts anderes, als eine Aufstapelung von altem Glas." Radiographien sind Speichermedien, doch ihr Mehrwert (die bleibende Dokumentation des radiographischen Befundes) erschloss sich erst durch die Einbindung ins Ordnungssystem des Archivs. Es schuf die Basis für ein orts- und zeitungebundenes Ordnungssystem, einen Raum für radiographisches Wissen. Bilder desselben Patienten wurden diachron vergleichbar, Bilder desselben Organs, derselben Krankheit verschiedener Patienten synchron analysierbar. Durch die Schaffung einer kritischen Masse von Radiographien und deren systematisches Studium konnten Analyseraster sowie rationalisierte und standardisierte Diagnoseverfahren entwickelt werden. Die Radiologie konstituierte sich durch die Schaffung von exklusivem Wissen und beanspruchte

04 Die architektonische Umgestaltung des Röntgenlabors zum medizinisch konnotierten Raum: Die Apparate werden fix installiert, die Wände weiß gestrichen und der Untersucher schützt sich während der Aufnahme im „Schutzraum" vor der Strahleneinwirkung.

bald auch die exklusive Kontrolle des Röntgenverfahrens und die Leitung von Instituten. Ohne Archive hätten keine Röntgenatlanten, keine Lehrbücher und keine Publikationen in Fachzeitschriften geschaffen werden können und folglich auch keine Dissertationen, Habilitationen, Professuren und Lehrstühle für Radiologie, die sich in der Schweiz zu Beginn der 1930er an den Universitätskliniken in der Schweiz etabliert haben. Archive schufen zudem Voraussetzungen für die Verschränkung von medizinischen und staatlichen Institutionen. Denn Radiographien bildeten zusammen mit den Krankheitsgeschichten Speicher- und Zirkulationsmedien und waren eine Vorbedingung für ein modernes Krankenhaus- und Krankenversicherungssystem, das auf der Bearbeitung und dem Austausch dieser Medien beruht.

Erst die Ablösung des diagnostischen Referenzobjektes vom Patienten durch Glasplatten, Papierstücke und Filmstreifen entsprach den Anforderungen einer beschleunigten, rationalisierten und bürokratisierten Gesellschaft an die Medizin und die Medizin stellt ein zentraler Schauplatz eben dieses gesellschaftlichen Wandels dar. Dieser Prozess gipfelte dann in den 1930er und 1940er Jahren in die Entwicklung von groß angelegten Schirmbildverfahren. Es handelt sich dabei nicht um traditionelle Diagnoseverfahren, sondern sozialstaatliche Maßnahmen, die auf der Kooperation von Staat und Medizin beruhen.

Der Text basiert auf Monika Dommann: Durchsicht, Einsicht, Vorsicht. Eine Geschichte der Röntgenstrahlen, 1896-1963, Zürich 2003.

03 Im Hinterzimmer des Röntgenlabors: Weibliche Hilfskräfte entwickeln, skizzieren, archivieren und verwalten die Röntgenbilder im bürokratisch organisierten Spitalbetrieb.

1903
L. Freund, Wien, publiziert das erste Lehrbuch der Strahlentherapie.

1903
H. Becquerel, M. Curie und P. Curie erhalten den Nobelpreis für Physik für die Entdeckung der spontanen Radioaktivität.

Entwicklung der Krankenhausradiologie – Ein Essay

Kurt G. Hering, Dortmund

Auf zahlreichen Sitzungen wurde Anfang der 80iger Jahre des vergangenen Jahrhunderts von Vertretern der wissenschaftlichen Gesellschaft und des Berufsverbandes der Radiologen angesichts der damals aktuellen gesundheitspolischen Diskussionen und den ausbleibenden Investitionen in die Krankenhäuser durch die Länder bei Großgerätebeschaffungen die Notwendigkeit und die Existenzfähigkeit der Klinischen Radiologie zugunsten einer privatrechtlichen Lösung ernsthaft in Frage gestellt.

Die unterschiedliche Entwicklung und die Interessen von Universitätskliniken, Krankenhäusern und Praxen wurden gerade in dieser Zeit deutlich, so dass vielfach kein gemeinsames Ziel, sondern die Abgrenzung voneinander betrieben wurde. Die Standortfrage für einen CT ergab sich häufig aus den per Länderverordnung vorgegebenen Großgeräteplanungen, die – auch aufgrund eines endgültigen Bundessozialgerichtsurteils! – nicht immer zugunsten eines Krankenhauses entschieden wurden.

Die wesentlichen Forderungen, die auf solchen Sitzungen an die Entscheidungsträger herangetragen wurden und den Stand der damaligen Situation treffend kennzeichneten, lauteten:

- Die Radiologie muss als klinisches Fach im stationären Bereich erhalten bleiben.

- Vor einer Ausgliederung der Abteilung müssen die Möglichkeiten der Kooperation zwischen freier Praxis und Krankenhaus ausgelotet werden. Dies muss auch bei Fragen der Kooperation bei medizinisch-technischen Großgeräten berücksichtigt werden. Bei der Privatisierung von Krankenhausabteilungen muss der Erhalt der Abteilung als selbständiges klinisches Fach garantiert sein.

- Erhalt der konventionellen Radiologie, auch in der Versorgung der Notfallpatienten

- Anspruch auf die Sonographie – sie ist Bestandteil der Radiologie; gestützt wird dies durch die neue Weiterbildungsordnung.

- Nuklearmedizinische Tätigkeit muss weiterhin im Rahmen der Radiologie möglich sein.

- Sicherung der Qualität und der kontinuierlichen Entwicklung des Faches durch:
  - apparative Ausstattung
  - Ausbildung
  - Weiterbildung
  - Fortbildung in Krankenhaus und Praxis

Vergangenheit

Schauen wir in die Vergangenheit, so sehen wir, dass die stürmische Entwicklung des Fachgebietes sofort nach Entdeckung der Röntgenstrahlen 1895 nicht zwangsläufig mit der Einrichtung von eigenständigen Krankenhausabteilungen begonnen hat. Es waren vielmehr anfänglich Einzelpersonen oder Klinikleiter aller Fakultäten, auf deren Initiative die ionisierende Strahlung am Menschen eingesetzt wurde.

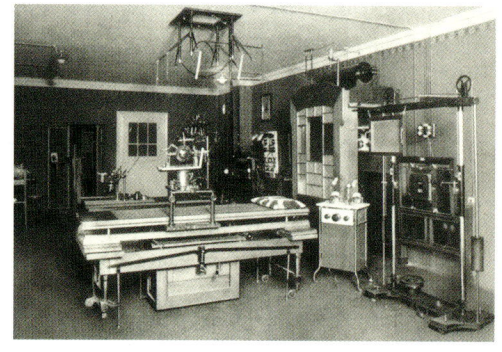

01 Institut für Chirurgie und innere Medizin, Dr. Gilmer, München 1910

1903

In der Sitzung der Röntgen-Vereinung zu Berlin wird am 30. Oktober der Beschluss gefasst, anlässlich der zehnjährigen Wiederkehr der Entdeckung der Röntgenstrahlen zu einem Röntgen-Kongress verbunden mit einer Röntgen-Ausstellung nach Berlin einzuladen.

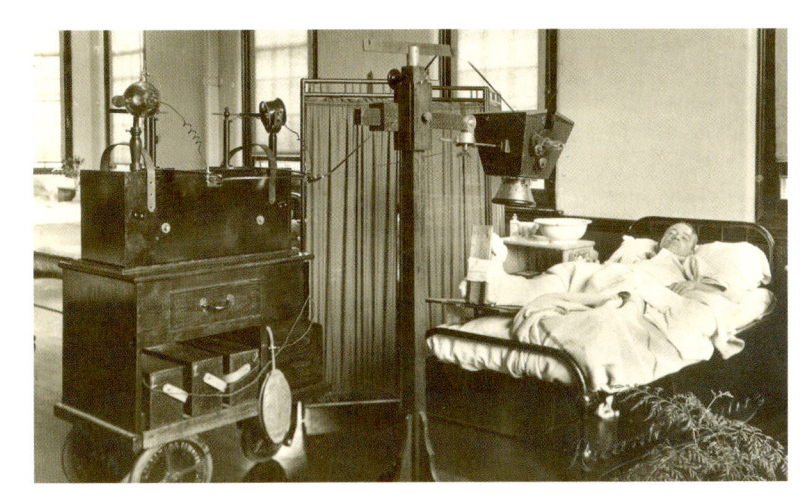

So gründete bereits 1896 Max Levy-Dorn in Berlin ein selbständiges privates Röntgenlabor, das 1906 in die Klinische Röntgenabteilung des Rudolf-Virchow-Krankenhauses überging; aus dem privaten Röntgeninstitut, 1898 gemeinsam von Heinrich Ernst Albers-Schönberg und Georg Deycke in Hamburg gegründet, entwickelte sich das Röntgeninstitut am Krankenhaus St. Georg im Jahre 1903, 1915 wurde das Röntgenhaus in Betrieb genommen.[1] Im Wesentlichen wurden aber an den Universitäten und größeren Krankenhäusern Röntgenabteilungen innerhalb der Fachkliniken etabliert und mit mehr oder weniger Eigenständigkeit sowie unterschiedlichem Ausbildungsstand der Leiter betrieben.

Die Festschrift zum 75jährigen Jubiläum der Deutschen Röntgengesellschaft, die sich schwerpunktmäßig den gestaltenden Personen und den Kongressen widmet, zeigt sehr deutlich den Kampf um Eigenständigkeit.[2] Es galt, die Zugehörigkeit zu anderen Fachgebieten aufzubrechen – also das Thema Teilgebietsradiologie, das bis heute anhält.

Zwischen 1921 und 1939 wurde diese Diskussion auf mehreren Kongressen geführt und nach dem 2. Weltkrieg 1952 als Kongressthema wieder aufgenommen. Während schon in frühen Jahren die Tendenz erkennbar war, die Strahlentherapie als selbständige klinische Einheit – mit Ausnahme durch Gynäkologen und Dermatologen – zu akzeptieren, fanden sich eigenständige zentrale Krankenhausradiologien in der Regel nur als zusätzliche Einrichtung neben den Röntgeninstituten, die weiterhin den einzelnen klinischen Fächern zugeordnet waren. Um diese Zeit wurde auch die Nuklearmedizin in die organisatorischen Überlegungen eingebracht.

Neben dem wissenschaftlichen Disput wurde bereits 1921 auf die ökonomische Dimension und die Notwendigkeit einer eigenständigen, fachübergreifenden Röntgenabteilung hingewiesen. Trotzdem wurde aber argumentativ an den dezentralen Röntgeninstituten festgehalten – teilweise bis auf den heutigen Tag und trotz zwischenzeitlicher Einrichtung von Röntgenabteilungen an Krankenhäusern aller Größenordnung.

02 Mobile Röntgeneinrichtung,
St. Albans Hospital,
20er Jahre

Gegenwart

Die einleitend erwähnte Diskussion erfolgte zu einem Zeitpunkt, als längst erkennbar war, dass die finanziellen Ressourcen nicht unerschöpflich sind und dass die technische Entwicklung zu parallelen Aufstellungen von kostenträchtigen Geräten in Praxis und Klinik führen würde. Man erfand die Großgeräteverordnung zur Steuerung von Investitionen und Standorten, die aber aufgrund des Bundessozialgerichtsurteils von 1984 für niedergelassene Ärzte nicht anwendbar war. Aus der Sicht der Krankenhausradiologen war dies eine einseitige Begünstigung der niedergelassen Radiologen, die dazu führte, dass über einen längeren Zeitraum die Zahl der Computertomographen und der Kernspintomographen in den Praxen deutlich höher lag als in den Krankenhausabteilungen. Der Gedanke des „Outsourcings" lag daher nahe! Die Diskussion wurde insbesondere um die Standortentscheidungen für medizinisch-technische Großgeräte geführt. Diese sollten nach Meinung der Krankenhausradiologen je nach örtlicher Bedarfsfrage in jedem Einzelfall nach sachlichen Gesichtspunkten getroffen werden. Dabei wurde weder dem ambulanten noch dem stationären Bereich ein systembedingter Vorrang eingeräumt, trotz der zuletzt recht widersprüchlichen Entwicklung. Hinweise von Vertretern aus dem niedergelassenen Bereich, dass in der Praxis per se wirtschaftlicher gearbeitet würde als im Krankenhaus, konnten nicht widerspruchslos stehen bleiben, da die „Rund-um-die-Uhr-Versorgung", die völlig unterschiedliche Patientenstruktur und die eingeschränkte Organisationsfähigkeit durch unkalkulierte Notfälle berücksichtigt werden mussten.

Trotzdem wurde eine aus wirtschaftlichen Gründen nötige Auslastung der Geräte nicht angezweifelt, so dass bei bestimmten (welchen??) Größenordnungen in vielen Fällen die Notwendigkeit der Kooperation von Klinik und Praxis befürwortet wurde. Dann jedoch sprach nach Ansicht der Krankenhausradiologen mehr für einen Standort am Krankenhaus als in einer Praxis.

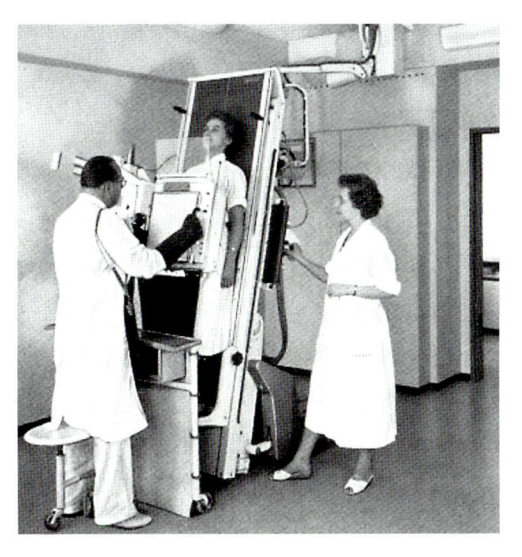

03 Röntgenabteilung,
Krankenhaus Oststadt
Hannover, 1958

1904

F. Sauerbruch demonstriert auf dem
33. Kongress der Deutschen Gesellschaft für
Chirurgie das Druckdifferenzverfahren bei
Lungenoperationen.

1904

Der deutsche Internist J. Arneth führt das
Blutbild in die medizinische Diagnostik ein.

Von Seiten der radiologischen Chefärzte wurden bereits 1985 folgende Punkte zum sinnvollen Einsatz von CT, SPECT und MRT an Krankenhäusern angegeben, die auch heute noch relevant sind und durch die Diskussion um die Teleradiologie erweitert wurde:

- **Krankenhausgröße**
  Ab einer Größe von etwa 300-400 Betten ist ein CT und ab etwa 500 Betten ist ein MRT nach heutigem Kenntnisstand ausgelastet, unabhängig von den vorgehaltenen Fachdisziplinen.
  Nuklearmedizinische Abteilungen zeigen eine unterschiedliche Entwicklungstendenz, die Entscheidung zur Ausgliederung wird wesentlich leichter als bei allgemein radiologischen Abteilungen getroffen.

- **Fachdisziplinen**
  In Abhängigkeit von den am Krankenhaus vorgehaltenen Disziplinen kann die Zahl der Betten zweitrangig werden und eine Begründung alleine aus der örtlichen Fachrichtungsstruktur erfolgen. Dazu gehören nach dem jetzigen Wissensstand (die Liste ist sicherlich ergänzungsfähig) die Neurologie, Neurochirurgie, Gefäßchirurgie, Orthopädie, Kardiologie, Radio- und Hämato-Onkologie. Für eine Pädiatrie ist ein MRT, für die Unfallchirurgie und die Radio-Onkologie ist ein CT unabdingbar.

- **Kostenberechnung**
  Neben den reinen Untersuchungs- und den Transportkosten sind auch „Wartekosten" zu berechnen, d.h. es ist zu bedenken, wie lange der Patient auf einen Termin warten muss und dadurch eine Liegezeitverlängerung kostenrelevant wird. Es muss auch darauf hingewiesen werden, dass unabhängig voneinander und damit nebeneinander registrierte Kosten zur Deckung gebracht werden, da häufig verschiedene „Töpfe" und unterschiedliche Verwaltungsbereiche zuständig sind.

- **Kooperationsmodelle**
  Exakte Berechnung der Wirtschaftlichkeit ist Grundbedingung: Die Frage muss beantwortet werden, wo der „break-even"-Punkt zwischen Eigenbetrieb und Kooperation liegt.

- **Indikationsstellung**
  Die Zahl der Indikationen von Untersuchungen an den sog. Großgeräten nimmt stetig und ständig zu. Es ist vor allem zu berücksichtigen, dass invasive diagnostische Maßnahmen in einigen Bereichen zurückgedrängt, teilweise aber auch verlagert werden. Sicher ist, dass eine Reihe von CT-Untersuchungen durch MRT ersetzt werden können. Dies ist auch wünschenswert, da sich das Untersuchungsspektrum der CT durch die Möglichkeiten der neuen Techniken ebenfalls verlagert und erweitert. Dabei muss durch intensive Schulungsmaßnahmen die „richtige" Indikationsstellung erlernt werden. Nicht mehr jeder Arzt wird in der Lage sein, die Untersuchungsmethode auszusuchen, die am schnellsten seine krankheitsbezogene Frage beantwortet. Eine Stufendiagnostik und die Forderung „CT vor MRT" kann nicht in jedem Fall aufrechterhalten werden.

- **Teleradiologie**
  Eine neue Herausforderung ist die Teleradiologie, unabhängig von Universitäts-, Krankenhaus- und Praxis-Radiologie.
  Die Telemedizin insgesamt ist im Sinne eines Konsiliardienstes bzw. zur Einholung einer Expertenmeinung eine segensreiche Weiterentwicklung zur Verbesserung der Patientenversorgung, dies gilt auch für die teleradiologische Expertenbefragung. Derzeit ist aber die Tendenz zu erkennen, dass bereits bei der primären Patientenversorgung, also der unmittelbaren Anwendung ionisierender Strahlung am Menschen, die Prinzipien des Strahlenschutzes verlassen werden. Gilt bis heute noch das strenge Prinzip, dass Patienten nur von einem fachkundigen Arzt im Strahlenschutz vor Ort mit ionisierenden Strahlen untersucht werden dürfen, so wird in der aktuellen Fassung der Novellierung der Röntgenverordnung diese am Patientenschutz orientierte Regel offensichtlich verlassen. Wenn zugelassen wird, dass bei der teleradiologisch überwachten Untersuchung ein beliebiger Arzt – also auch jedweder Arzt ohne Fachkunde im Strahlenschutz – vor Ort ausreicht, wird der Strahlenschutz ad absurdum geführt. Die Radiologie ist ein klinisches Fach der Medizin, in dem diagnostische und interventionelle Maßnahmen am Patienten mit der Möglichkeit eines unmittelbaren Arzt-Patienten-Kontaktes erbracht werden. Die Untersuchungen mit ionisierenden Strahlen an Patienten erfordern ein hohes Maß an Fachkenntnis und ärztlichem Verantwortungsbewusstsein. Die Anwendung der Teleradiologie zur Primärdiagnostik ohne Anwesenheit eines Radiologen ist daher nur in Notfällen als begründbare Ausnahme zulässig.

Zukunft

Was wird die Zukunft unter den Kriterien von DRG's, Zertifizierung, Arbeitszeitgesetz und anderen Gesetzen bringen?

- Werden aktuelle Gesetzgebung, Abrechnungsmodelle und die Verlagerung der Vorfelddiagnostik in die ambulante Praxis die Krankenhausradiologie „austrocknen"?

- Zertifizieren, dokumentieren und strukturieren wir bis zur Handlungsunfähigkeit?

- Kommt es zur Schließung und Ausgliederung von radiologischen Abteilungen wegen mangelhafter apparativer, finanzieller und persönlicher Attraktivität für die Mitarbeiter und einer Wiederbelebung der Teil-Radiologie innerhalb der Krankenhäuser?

- Kommt es zu Einschränkungen einer qualitativ hochwertigen Weiterbildung wegen eines eingeschränkten Patientengutes? Kann die Verlagerung der Weiterbildung in Großpraxen ohne die täglichen intensiven interdisziplinären Besprechungen, die wesentlicher Bestandteil der Krankenhausradiologie sind, dies kompensieren?

Bei einer Veranstaltung der AG der Krankenhausradiologen während des Röntgenkongresses 2000 sagte Prof. Dr. Hamm, derzeit Präsident unserer Deutschen Röntgengesellschaft: „Die DRG's brauchen die DRG!" Es wird wahrscheinlich so sein. Geräteentwicklungen und elektronische Medien

---

1904

Die Röntgen-Vereinigung zu Berlin beschließt, anlässlich der zehnjährigen Wiederkehr der Entdeckung der Röntgenstrahlen „Ostern 1905" in Berlin, im Anschluss an die Tagung der deutschen Gesellschaften für Chirurgie und für orthopädische Chirurgie einen Röntgen-Kongress verbunden mit einer Röntgenausstellung zu veranstalten.

ermöglichen eine Bild- und Befunderstellung zeitnah zur stationären Aufnahme der Patienten, so dass diese die bildgebende Diagnostik und Befunderstellung durch den Radiologen mit eventueller therapeutischer Konsequenz für sie/ihn persönlich als „Einheit" bei ihrem Krankenhausaufenthalt erleben. Das erfordert auch vom Radiologen ständige Präsenz, die aber mit den gegebenen Stellenplänen nicht allerorts zu realisieren ist.

Die lange Zeit recht scharfe Trennung zwischen Krankenhausradiologie und Praxisradiologie besteht nicht mehr. Es gilt Versorgungssysteme zu entwickeln, die die oben formulierte „Einheit" garantieren. Dabei darf aber nicht die Teilradiologie wiederbelebt werden, gemeint ist z.B. die Versorgung eines Hauses für Schnittbildverfahren CT, MRT und evtl. Angiographie durch eine radiologische Praxis, die Projektionsradiographie wird aber wieder in die Hand von Chirurgen, Internisten etc. gegeben. D.h. wir brauchen eine Rund-um-die-Uhr-Anwesenheit! Die jeweilige Gestaltung wird sich an die örtlichen Gegebenheiten wie Krankenhausgröße, Zahl und Struktur der Fachkliniken und Patientenstruktur anpassen, sei es Eigenständigkeit seitens Krankenhaus oder Praxis, Kooperation, Integrierte Versorgung, Medizinisches Versorgungszentrum oder andere, derzeit noch nicht diskutierte Gestaltungsformen. Hauptkriterium ist die ständige Präsenz der Radiologie!

Die Diskussion um die „Mindestmengen in der Medizin" führt zu einem weiteren Problemfeld. Der Ruf nach Spezialisierung und Qualifizierung wird von der Radiologie insgesamt schon immer unterstützt, „Radiologische Tätigkeit nur den Radiologen" ist nichts Neues. Kein(e) verantwortliche(r) Ärztin/Arzt wird sich den Argumenten verschließen können, dass die Ergebnisse bei erfahrenen Ärzten besser sind, dass durch Spezialisierung die Abläufe konzentrierter, kostengünstiger und nebenwirkungsärmer sein können und dass durch Zentrenbildung auch die interdisziplinäre Zusammenarbeit verbessert wird.

Doch wie sieht es in Zukunft aus mit der Patientenversorgung? Dabei denke ich mit Sorge nicht so sehr an die flächendeckende medizinische Versorgung, sondern vielmehr an die ausreichende Zahl an gut ausgebildeten Radiologen im ganzen Bundesgebiet! Reichen die verbleibenden Zentren aus, um genügend Radiologen für ihren eigenen Bedarf weiterzubilden und die übrigen auf den Weiterbildungsstand zu bringen, der zur Betreuung einer Praxis und/oder eines Allgemeinkrankenhauses mit dem breiten Spektrum der „normal" Kranken notwendig ist? Wo entsteht der Anreiz für eine(n) motivierte(n) Ärztin/Arzt, in einem kleinen Haus mit oder ohne Kooperation oder in einer sonstigen eingeschränkten Versorgungseinheit tätig zu werden?

Viele Fragen bleiben offen, im Folgenden können nur einige aufgezählt werden:

- Wie wird die Weiterbildung organisiert – nur noch in Universitäts- und Großkliniken? – in Praxis und Klinik nach einem festgelegten Rotationsplan?
- Wie werden die Bereitschaftsdienste strukturiert – Anwesenheitsdienst? – Teleradiologie und Rufdienst für Interventionen?
- Wie werden die radiologischen Leistungen unter DRG-Bedingungen berücksichtigt – Einzelleistungserfassung? – Durchschnittskalkulation?
- Wie ist die Stellung der Radiologie bei partieller oder kompletter Ausgliederung innerhalb der Entscheidungsgremien eines Krankenhauses? – ständige Vertretung? – themenbezogene Anwesenheit? – Stimmrecht?
- Wie wird die Radiologie der Krankenhäuser in Präventivprogramme eingebunden – z.B. Mammographiescreening? – Früherkennung? – Bronchialkarzinome?

Abschluss

Meine Gedanken mögen dem Leser aufgrund der vielen ungeklärten Fragen durchaus eine pessimistische Grundstimmung suggerieren. Unser Fach hat aber im Krankenhaus schon immer eine Diskussion um seine Selbständigkeit und seine Zugehörigkeit sowie um die Konkurrenz von Praxis und Krankenhaus in einem Maße führen müssen, das den Universitätsradiologien erst seit der Großgeräteverordnung verstärkt bewusst wurde.

Die Forderung im Berufsrecht „ambulant vor stationär" stammt schon aus den 30er Jahren, jedoch war die Praxisdichte viele Jahre so ausgedünnt, dass eine ambulante Tätigkeit der Krankenhausradiologie je nach lokalen Bedingungen über viele Jahrzehnte möglich war. Die flächendeckende Praxisversorgung wurde in vielen Regionen erst im letzten Jahrzehnt erreicht. Auch die technische und medizinische Entwicklung in der Radiologie und den anderen Fächern mit Zunahme der mikroinvasiven Eingriffe und nicht-invasiven Untersuchungsmethoden hat eine Verschiebung von stationär nach ambulant ermöglicht.

Es besteht nach meiner Einschätzung aber kein Zweifel, dass eine adäquate Patientenversorgung nur in Krankenhäusern gewährleistet ist, die eine ständige radiologische Versorgung seitens des Fachgebietes Radiologie anbieten, auch zu „Notfallzeiten". Die ökonomischen und daraus resultierenden politischen und strukturellen Folgen werden uns aber zwingen, über den Weiterbestand der Krankenhausradiologie zu diskutieren und durch Nutzung aller organisatorischer Möglichkeiten ihre Zukunft zu garantieren.

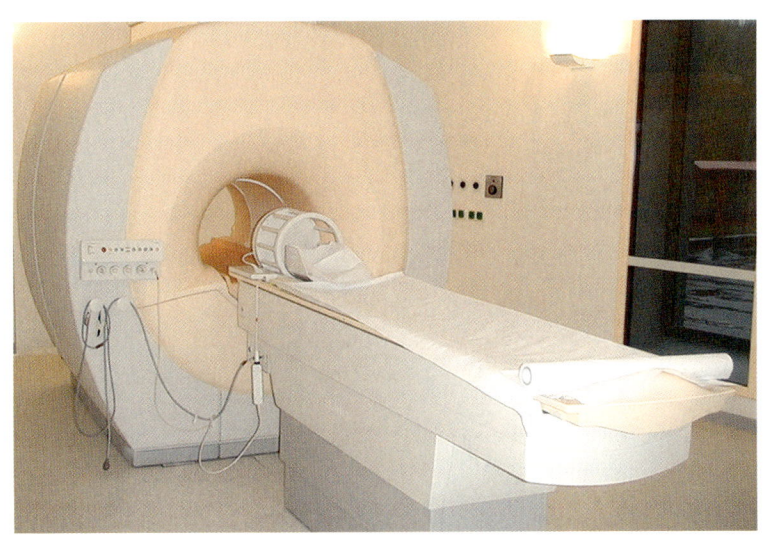

04 MRT-Raum im Universitätsklinikum Münster

1904

H. Rieder, München, entwickelt die Wismutmalzeit.

30. April – 3. Mai 1905

Der erste Deutsche Röntgen-Kongress findet in den Räumen der Therbuschschen Ressource in Berlin Mitte statt. Am 2. Mai wird die Deutsche Röntgengesellschaft (DRG) gegründet.

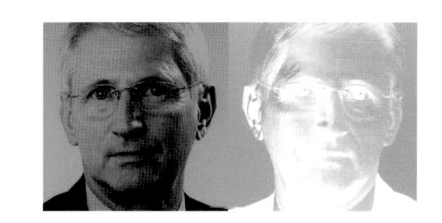

Röntgen im Krankenhaus – Die Entwicklung der Röntgenabteilung der Charité von den Anfängen bis heute

Walter Reisinger, Berlin

Seit dem Sommer des Jahres 2003 steht eine überlebensgroße, mehr als 100 Jahre alte Bronzebüste Wilhelm Conrad Röntgens im Eingangsbereich des Institutes für Radiologie der Charité in Berlin-Mitte. Nun ist dies nichts Ungewöhnliches, viele Röntgenabteilungen, Röntgeninstitute und Strahlenkliniken erinnern auf diese oder andere Weise an die geniale Entdeckung des Stammvaters ihrer Fachdisziplin, des Wissenschaftlers und Inhabers des ersten Nobelpreises für Physik W. C. Röntgen. Bemerkenswert sind dabei aber zwei Dinge: die Herkunft der Büste und der für ihre Aufstellung gewählte Standort.

Die Bestimmung des Instituts für Radiologie als nunmehrige Heimstatt der beeindruckenden Skulptur geschah nicht zufällig. Die Geschichte dieser ältesten Berliner Universitäts-Röntgeneinrichtung am traditionellen Standort im Herzen Berlins ist fast so alt wie die der Entdeckung der Röntgenstrahlen selbst und weist, wie nicht selten in der Medizinhistorie, Phasen der kontinuierlichen, stürmischen Entwicklung, aber auch Sprünge und Brüche auf. Auch die Röntgenbüste kann auf eine wechselvolle Geschichte verweisen, aber davon später.

Ein Chirurg als Gründungsvater

In den Frühzeiten des klinischen Einsatzes der 1895 entdeckten X-Strahlen, die auf Vorschlag des Würzburger Anatomen Köllicker seit 1896 Röntgens Namen tragen, waren es vielfach Chirurgen, welche sich um die Weiterentwicklung des jungen Fachgebietes bemühten. Offensichtlich war es für sie faszinierend, die anatomisch-morphologischen Strukturen, die sie erst bei der Öffnung des menschlichen Körpers sahen, bereits „in vivo", vor der Operation, auf Bildern dargestellt zu sehen.

Auch die Geschichte des jetzigen „Instituts für Radiologie" an der Berliner Charité ist mit dem Namen eines Chirurgen, nämlich dem des Professors Ferdinand Sauerbruch verbunden. Als Sauerbruch 1927 an die Charité kam, gab es an der Chirurgischen Klinik natürlich schon eine Röntgenabteilung. Als „Röntgenlaboratorium" 1896 eingerichtet, wurde sie später, unter Sauerbruchs Direktorat, von Henri Chaoul, seinem Oberarzt, dem späteren Begründer der Nahbestrahlung geleitet. Chaoul bot ab 1929 auch erstmalig eine eigenständige Röntgenologie-Vorlesung an.

In den späten 30er Jahren des vergangenen Jahrhunderts ergab sich für Sauerbruch die Notwendigkeit eines Neubaus eines Operationstraktes für seine chirurgische Klinik. Sicher beeinflusst von den Ideen seiner Mitarbeiter Henri Chaoul, Walter Cowl und Rudolf Grashey, welche 1927 mit ihm nach Berlin gekommen waren, bezog er in seine Planungen im Jahre 1938 auch eine Neugestaltung der Röntgenabteilung mit ein. Dabei allerdings, und das ist die eigentliche Geburtsstunde einer eigenständigen Radiologie an der Charité, wollte er an Stelle der Röntgenabteilung ein Röntgeninstitut errichten sowie einen ersten Lehrstuhl für Radiologie in Berlin begründen. Die Arbeiten schritten zügig voran und so konnte die Gründung des neuen Instituts mit dem Namen „Universitätsinstitut für Röntgenologie und Radiologie und Strahlentherapeutische Klinik" am 3. Juli 1939 erfolgen. Erster Direktor und gleichzeitig Inhaber des Lehrstuhls Röntgenologie wurde Karl Frik, welcher zuvor das Werner-von-Siemens-Institut des Krankenhauses Moabit geleitet hatte.

01 Das in der Kunstgießerei Lauchhammer 1898 gegossene Denkmal W. C. Röntgens an der Potsdamer Brücke in Berlin im Jahre 1934

1905
1. Präsident der DRG
Richard Eberlein

1905
Die Mitgliederzahl der DRG beträgt: 184.

Er kannte bereits die Charité, war er doch vor Moabit in der Röntgenabteilung der 1. Medizinischen Klinik der Charité unter Wilhelm His tätig gewesen. Henri Chaoul, der die chirurgische Röntgenabteilung in der Charité bis dahin geführt hatte, ging nun an das Krankenhaus Moabit und wurde, auch noch im Jahre 1939, Inhaber eines zweiten Lehrstuhls für Röntgenologie in Berlin.

Die Untersuchungs- und Arbeitsräume des neuen Instituts waren in der Chirurgischen Klinik eingerichtet und zwar in den Untergeschossen des Operationstraktes, so wie viele Röntgeneinrichtungen auch später stets in den Kellerräumen oder im Souterrain der Einrichtungen untergebracht wurden. Zu den ersten Mitarbeitern Friks gehörten unter anderem die später bekannt gewordenen L. Diethelm, B. Bürgel und C. Esser.

Die Vorläufer des „Instituts"

So gut sich auch die Sauerbruchsche Institutsgründung als Beginn der Traditionslinie des Röntgen- bzw. Radiologieinstituts der Charité einordnen lässt, die ersten röntgenologischen Vorformen in Gestalt von „Röntgenlaboratorien" in den Kliniken auf dem Gelände der Charité erschweren wegen ihrer unterschiedlichsten Zuordnung und Zugehörigkeit den Blick auf die oder den tatsächlichen Vorläufer der „Röntgenabteilung der Charité".

Wie erwähnt, erfolgte schon im Jahre 1896 der Aufbau einer ersten Röntgenapparatur in der Chirurgischen Klinik der Charité, damals unter ihrem Direktor Franz König. 1897 und 1898 wurden weitere Röntgengeräte, unter anderem ein Durchleuchtungsapparat angeschafft und die Entwicklung einer echten Röntgendiagnostik damit begründet. 1925 war es wiederum ein Chirurg der Charité, Otto Hildebrandt, welcher eine Neuausrüstung der Röntgenabteilung seiner Chirurgischen Klinik durchsetzte. Weitere Röntgenabteilungen in Charité-Kliniken wurden in der 2. Medizinischen Klinik (ab 1901), der 1. Medizinischen Klinik (ab 1904), der Kinderklinik und der Klinik für Haut- und Geschlechtskrankheiten eingerichtet. Diese Einrichtungen unterstanden wie alle Charitéinstitutionen dem preußischen Kriegsministerium. Sie sind somit wohl mit Berechtigung auch als tatsächliche Vorläufer der „Charité"-Röntgendiagnostik zu sehen.

Nicht ganz so zutreffend ist das für die folgenden Einrichtungen, die zwar ebenfalls auf dem Charitégelände oder in ihrem Umfeld gelegen waren, nicht jedoch der Charitéverwaltung unterstanden. Sie gehörten zu der von Wilhelm Humboldt im Jahre 1810, erst 100 Jahre nach der Charitégründung, ins Leben gerufenen Friedrich-Wilhelms-Universität. So gab es, ebenfalls in Berlin-Mitte, in der Ziegelstraße gelegen, in den eigens für die Medizinische Fakultät der Friedrich-Wilhelms-Universität eingerichteten Kliniken auch Röntgenabteilungen. In der dortigen Chirurgischen Klinik wurde, zunächst unter Ernst von Bergmann Ende des 19. Jahrhunderts, später unter dem Direktorat von August Bier, nach 1910 ein „Röntgenlaboratorium" eingerichtet und betrieben. Die auf dem gleichen Gelände ansässigen Augen- und Ohren-Kliniken waren ebenfalls röntgenologisch eigenständig. Alle diese Röntgenabteilungen in der Ziegelstraße gehörten, wie gesagt, nicht zur Charité, sondern zur Medizinischen Fakultät und unterstanden damit dem preußischen Department für Kultus und öffentlichen Unterricht. Diese doppelläufige Entwicklung und das Nebeneinanderbestehen einerseits von „echten" Charité- und andererseits von „Universitäts"-Einrichtungen blieb noch lange, teilweise bis 1945, erhalten. Ebenfalls von der Friedrich-Wilhelms-Universität gegründet, wurde 1897 das „Institut für Untersuchungen mit Röntgenstrahlen", auf dem Gelände der Charité (Luisenstr. 3) gelegen, eröffnet. Erster Direktor wurde der Internist Emil Grunmach, der Lehrveranstaltungen über die Röntgenologie an der Charité von 1897 bis zum Jahre 1928 anbot. Ein Lehrstuhl für das neue Fach war mit der Institutsgründung aber nicht verbunden.

Als dieses Grunmachsche Institut, das durchaus Ausgangspunkt einer möglichen Zentralisierung aller Röntgeneinrichtungen hätte sein können, im Jahre 1918 wegen zu geringer Inanspruchnahme geschlossen wurde, war eine große Chance vergeben und man kann Felix (1989) nur zustimmen, wenn er bedauernd schreibt: „Das zuständige Ministerium kam der Empfehlung zur Zersplitterung der Röntgenforschung und Röntgenpraxis nach und leitete mit dieser Entscheidung die Röntgenologie der Charité auf einen Weg, der jahrzehntelang das Schicksal dieses Faches nicht nur an der Charité in Berlin, sondern auch an weiteren deutschen Universitäten bestimmen sollte."

Es musste also bis zum Jahre 1939 dauern, bis endlich wieder mit der von Sauerbruch initiierten Gründung eines selbstständigen Röntgeninstituts zur Versorgung der chirurgisch tätigen Fächer der Vorläufer eines „zentralen" Röntgeninstitut geschaffen wurde. Der Weg zu einem wirklichen Zentralinstitut war aber noch weit, denn noch betrieben vor allem die Medizinischen Kliniken, aber auch kleinere Fächer, eigene Röntgenabteilungen.

Das heutige Institut für Radiologie der Charité sieht dennoch in der Gründung dieser Einrichtung am 3. Juli 1939 und der ersten Schaffung eines Lehrstuhls für Röntgenologie in Berlin den eigentlichen Anfang seiner nunmehr 65-jährigen Geschichte, obwohl diese, wie aufgezeigt, eigentlich schon Ende des 19. Jahrhunderts begann.

02 Die Potsdamer (Victoria) Brücke über den Landwehrkanal in Berlin im Jahre 1902 mit den vier an den Brückenköpfen aufgestellten Denkmalen: Werner von Siemens (1816-1892), Herrman L. F. von Helmholtz (1821-1894), Carl Friedrich Gauß (1777-1855), Wilhelm Conrad Röntgen (1845-1923)

1905

Erste Arthrographie des Knies. Als Kontrastmittel wird Luft in das Gelenk injiziert.

1905

Eine Röntgenröhre für starke Belastung mit Einrichtung zur Regenerierung des Härtegrades kostet 45 Mark.

Das Institut in schwerer Zeit

Karl Frik, sein erster Direktor, leitete das Institut bis zu seinem Tode 1944. Nachfolger wurde der bereits bekannte Henry Chaoul, der aus dem Krankenhaus Moabit an seine alte Wirkungsstätte zurückkam. Er verließ allerdings kurz vor Kriegsende die in Agonie liegende Stadt, ihm folgte ein Großteil der Ober- und Assistenzärzte. Auf Anregung des in Berlin verbliebenen Sauerbruch wurde Ende 1945 der bereits achtzigjährige Rudolf Grashey auf den Lehrstuhl berufen. Grashey war allerdings krankheitshalber nur eingeschränkt, zuletzt gar nicht mehr zur Institutsleitung in der Lage. Das Institut blieb bis 1949 im Wesentlichen ohne Führung, was besonders bedauerlich war, da die Charité und ihre Röntgeneinrichtungen wie ganz Berlin durch den Bombenkrieg und die erbitterten Straßenkämpfe im Frühjahr 1945 schwer gelitten hatten. Nur mühsam wurde auch am Institut für Röntgendiagnostik ein notdürftiger Betrieb wieder hergestellt, es fehlte an Geräten, Filmen und an ausgebildetem Personal.

Der Neuanfang

Von 1949 bis 1951 wurde das Institut kommissarisch von Herbert Forster, Helmut Wendtland und zuletzt von dem Strahlentherapeuten Ernst Dörffel geführt. Letzterer war auch führend am Aufbau einer Nuklearmedizin in der Charité beteiligt. In diesen schweren Nachkriegszeiten widmete man sich vorrangig der Wiederherstellung der röntgenologischen Kapazitäten, zu strukturellen Änderungen bestand kein Anlass. Es blieb bei der Existenz eines Instituts (für die chirurgischen Disziplinen) und der den nichtchirurgischen Kliniken angeschlossenen Röntgenabteilungen, die über das ganze Charitégelände verstreut waren.

Im Jahre 1951 erhielt der Direktor der Radiologischen Universitätsklinik Leipzig, Fritz Gietzelt, den Ruf zur Übernahme des Lehrstuhls für Röntgenologie sowie des Direktorats der Strahlenklinik und des Röntgeninstituts an der Charité. Als Gietzelt antrat, existierten neben dem Röntgeninstitut (für die chirurgischen Disziplinen) noch 10 weitere kleinere Röntgenabteilungen, die den unterschiedlichsten Kliniken der Charité zugeordnet und von Oberärzten dieser Einrichtungen geleitet wurden. Gietzelt, welcher aus Leipzig die Vorteile einer zentralisierten radiologischen Klinik kannte, begann intensiv mit der Aufbauarbeit einer entsprechenden Einrichtung in der Charité. Hauptanliegen wurde ihm jedoch mehr und mehr der Aufbau der „Geschwulstklinik" der Charité und es ergab sich damit die Notwendigkeit einer klareren Aufgabenverteilung zwischen diagnostischer und therapeutischer Radiologie. Sein Oberarzt, Günther Liess, schien Gietzelt für die Übernahme der Verantwortung für die Röntgendiagnostik sehr geeignet.

Die Konsolidierung

Im Jahre 1959 übernahm Günter Liess das Direktorat des Instituts und stand ihm bis 1985 vor. In diesem Zeitraum entwickelten sich vor allem die Angiographie und interventionelle Verfahren, deren Wertigkeit zunehmend wuchs und sich darin ausdrückte, dass im Jahre 1981 die Abteilung für Angiographie des Instituts in ein selbständiges „Institut für Kardiovaskuläre Diagnostik" unter dem weltbekannten Werner Porstmann umgewandelt wurde. Während so auf der einen Seite ein röntgenologisches Schwerpunktgebiet wie die Angiographie und die Interventionsradiologie weitgehende Selbstständigkeit erhielt, wurde andererseits die Zentralisierung der röntgendiagnostischen Einrichtungen an der Charité im Jahre 1980 mit der Übernahme der Röntgenabteilungen der beiden Medizinischen Kliniken und der Medizinischen Poliklinik in das Zentralinstitut fortgesetzt.

Der Neubau

1985 übergab Liess das Direktorat des Instituts an Meinhard Lüning. Lüning, Oberarzt bei Liess, war gemeinsam mit Liess und Porstmann seit 1977 führend an der Planung der Röntgendiagnostik für den Neubau und die Rekonstruktion der Charité beteiligt. Mit der Fertigstellung des Neubaus der Charité, dem Bettenhaus an der Luisenstraße und den in Altbaulücken gesetzten Neubauten, verließ das Institut seinen Standort in der Chirurgischen Klinik und fand ein neues Domizil in der 1. Ebene eines Neubaus auf der dem Bettenhaus gegenüberliegenden Seite der Luisenstraße im sogenannten Funktionstrakt mit einer für damalige Verhältnisse sehr guten technischen Ausstattung. Der Neubau wurde im März 1981 bezogen und bot erstmalig auch adäquate Darbietungsmöglichkeiten für die moderne bildgebende Diagnostik. Letztere fand zunehmend Eingang am Röntgeninstitut, so die Ultraschalldiagnostik ab 1973 und die computertomographische Diagnostik ab 1979. Die Inbetriebnahme des ersten Kernspintomographen im Röntgeninstitut der Charité erfolgte im Jahre 1987, dies blieb bis zur Wende 1989 auch das einzige Magnetresonanztomographie-Gerät in der DDR. Die weiterhin zielbewusst betriebene Zentralisierung der Röntgendiagnostik machte deutliche Fortschritte. So wurden nach und nach die Röntgenabteilungen in der Klinik für Kinderheilkunde, der Klinik für Neurologie und Psychiatrie sowie in der Klinik für Onkologie in den Institutsverband einbezogen. Die Einrichtung erfüllte damit immer mehr den Anspruch eines Zentralinstituts zur Erbringung von Röntgenleistungen für die Kliniken und Institute der Charité.

Die Wende

Nach der Wende 1989, nach der sich über einen längeren Zeitraum sowohl die Euphorie einer möglichen stürmischen Weiterentwicklung als auch die drohende Gefahr einer Abwicklung der gesamten Charité die Waage hielten, übernahm Walter Reisinger nach dem Weggang von Lüning kommissarisch für einen kurzen Zeitraum (1993 bis 1994) die Leitung des Instituts.

Seit 1994 ist Bernd Hamm Direktor des Instituts und Lehrstuhlinhaber für Diagnostische Radiologie. Das Institut hat jetzt die offizielle Bezeichnung „Institut für Radiologie mit den Abteilungen Diagnostische u. Interventionelle Radiologie und Neuroradiologie". Die Strahlentherapie und die Nuklearmedizin sind als selbstständige Kliniken und Polikliniken am Campus Charité Mitte angesiedelt.

Unter Bernd Hamms Leitung begann eine in der Geschichte des Instituts neue und beeindruckende Phase der Weiterentwicklung. Die in einigen Kliniken noch vorhandenen röntgenologischen Abteilungen sowie angiographische und interventionelle Arbeitsbereiche wurden endlich in das Institut für Radiologie integriert. Als nunmehriges Zentralinstitut für die radiologische Versorgung der Kliniken, Polikliniken und Institute am Standort Mitte verfügt das

1906
Die DRG verabschiedet eine Resolution zur Einschränkung des Gebrauchs von Röntgenstrahlen in der Medizin nur durch Ärzte.

1906
F. Völker und A. von Lichtenberg, Heidelberg, gelingt die radiologische Darstellung des Nierenbeckens nach Kollargolfüllung.

Institut über eine vorzügliche Ausstattung mit modernen bildgebenden Geräte- und Datenverarbeitungssystemen, ist sinnvoll neu strukturiert und rekonstruiert und kann auf anerkannte Leistungen in Lehre und Forschung verweisen.

Fusionen – die Rettung oder der Anfang vom Ende?

Auch die Charité blieb von den Unbilden der Finanzmisere in der Stadt nicht unbehelligt. Fusionen sollten die finanziellen Engpässe der Universitätskliniken, von denen es nunmehr drei gab, nämlich die Charité in Berlin-Mitte, das Rudolf-Virchow-Klinikum im Wedding und das Benjamin-Franklin-Klinikum in Steglitz, abmildern und Standortschließungen verhindern.

Die Fusionen fanden zwar statt (mit dem Virchow-Klinikum 1998, mit dem Benjamin-Franklin-Klinikum 2003), vom Ringelreihen des Infragestellens von Standorten blieb bisher dennoch keine Einrichtung verschont. Das Virchow-Klinikum – zu teuer? Benjamin-Franklin-Klinikum – zu renovierungsbedürftig? Selbst der traditionelle Standort in der Mitte der Stadt – Namensgeber des Wortungetüms „Charité Universitätsmedizin Berlin" – wird von Berliner Politikern gelegentlich zur Disposition gestellt. Man kann leider nicht sagen, dass die Wissenschaftspolitik des Berliner Senats in den vergangenen 14 Jahren seit der Wende besonders hilfreich für die Entwicklung der Universitätsmedizin gewesen ist, geschweige den zukunftsträchtige Ideen auf dem Fundament der Charité-Traditionen entwickelt hat.

Und so bleibt bei allem nach wie vor bestehenden Optimismus der Mitarbeiter des Instituts für Radiologie ein Fragezeichen bestehen, wenn sie an die zukünftige Entwicklung ihrer Einrichtung denken.

Röntgens Bronzebüste in der Charité

Optimistisch stimmen mag deshalb am Ende der Schilderung der Institutsentwicklung die wundersame Geschichte der Heimfindung einer Bronzebüste W. C. Röntgens in das Institut für Radiologie.

Und so war es: Durch eine Zeitungsnotiz auf Röntgens großartige Entdeckung aufmerksam geworden, lud der Deutsche Kaiser Wilhelm II. Röntgen zu einem Experimentalvortrag am königlichen Hof in Berlin ein. Dieser berichtete am 13. Januar 1896 im Sternensaal des königlichen Schlosses seiner Majestät und einem kleinen Zuhörerkreis von seinen Experimenten. Der sehr beeindruckte Monarch ließ Röntgen daraufhin den Königlichen Kronenorden II. Klasse überreichen. Aber nicht nur das, die Dimension der Röntgen'schen Entdeckung offenbar vorausahnend bestimmte Wilhelm II., dass 1898 an den Brückenköpfen der Potsdamer Brücke am Schöneberger Ufer neben den Denkmälern von Helmholtz, Gauß und Werner von Siemens auch eines von Röntgen aufgestellt werden sollte. Röntgen war dabei der einzige der vier berühmten Forscher, dem man bereits zu Lebzeiten und so kurz nach seiner epochalen Entdeckung ein Denkmal setzte.

Ein Berliner Bildhauer, Reinhold Felderhoff (1865 – 1919), ist der Schöpfer des Röntgendenkmals. Nach anfänglicher Weigerung saß ihm Röntgen in seinem Charlottenburger Atelier Modell in einer Pose, in der er sinnend die in seiner rechten Hand befindliche Kathodenstrahlröhre betrachtet. Röntgen soll sich später über sein Denkmal lustig gemacht haben, der Künstler habe ihm „eine Insektenspritze statt der X-Strahlenröhre" in die Hand gegeben!

Das Denkmal stand dann 45 Jahre an der Potsdamer Brücke, bis es 1942 in Folge der Kriegsereignisse zur Metallgewinnung – wie viele andere Denkmäler in Berlin auch – entfernt wurde. Lange nahm man an, Röntgens Denkmal sei im Schmelzofen geendet. Einige Jahre nach Kriegsende, 1950, wurde im Keller des Krankenhauses Moabit eine Büste entdeckt, von der man annahm, dass sie den ehemaligen Direktor des Krankenhauses Moabit, Professor von Renvers darstelle. Die Büste wurde unter diesem Namen im Tiergarten aufgestellt.

Im Jahre 1962 inspizierte eine Tochter des Professors die Büste und stellte anhand von Vergleichen mit Fotografien eindeutig fest: Es ist nicht die Kopfbüste ihres Vaters! Der nun namenlose Kopf stand dann mehrere Jahre im Krankenhausgarten in Moabit. Erst später wurde die Büste mit Hilfe Berliner Sachkundiger als Fragment der Sitzfigur Röntgens von der alten Potsdamer Brücke identifiziert.

Während man von den anderen drei Denkmalen keine Spur mehr fand, ist die Erhaltung der Büste von Röntgen möglicherweise der Tatsache zu verdanken, dass der bekannte Radiologe und Chefarzt der Röntgenabteilung des Krankenhauses Moabit, Prof. Henri Chaoul, gleichzeitig auch betreuender Arzt des Rüstungsministers Albert Speer war. Möglicherweise hat sich Chaoul bei Speer dafür verwendet, wenigstens den Kopf des Denkmals zu erhalten und im Keller des Krankenhauses Moabit zu lagern. Unter dem korrekten Namen „Wilhelm Conrad Röntgen" stand das Fragment dann lange in der Eingangshalle der Röntgenabteilung des Krankenhauses Moabit. Wie eine Wiederkehr der jahrzehntelangen eng verflochtenen Geschichte der Charité und des Krankenhauses Moabit schien es, als Bernd Hamm die Leitung dieser Einrichtung zusätzlich zu seinen Charitéverpflichtungen übernahm, weil der langjährige Direktor der Abteilung Röntgendiagnostik im Krankenhaus Moabit, Volker Taenzer, im Jahre 2001 ausschied. 2002, im Jahr der vom Senat durchgesetzten Schließung dieser bekannten Berliner Krankenanstalt, fand Taenzer – natürlich in Sorge um den Verbleib der Büste – in Hamm dann auch den richtigen Ansprechpartner. Und so übergab er im Sommer 2003 dem Institut für Radiologie im Universitätsklinikum Charité in Berlin Mitte Röntgens Büste zu treuen Händen. Hier, am traditionellen und hoffentlich weiter bestehenden Standort der fast 300jährigen Charité im Herzen Berlins hat die Röntgenbüste nun ihren endgültigen Platz gefunden und ist uns Verpflichtung, Röntgens Vermächtnis zum Wohle unserer Patienten weiterhin getreulich zu erfüllen.

03 Prof. Dr. Volker Taenzer (links), Direktor der Abteilung Röntgendiagnostik im Krankenhaus Berlin-Moabit, bei der Übergabe der über 100 Jahre alten Bronzebüste W. C. Röntgens an den Direktor des Instituts für Radiologie der Charité, Prof. Dr. Bernd Hamm, im Jahre 2003

1906
Die DRG beschließt die Begründung einer Bibliothek und Sammlung.

1906
Die DRG ernennt W. C. Röntgen zu ihrem ersten Ehrenmitglied.

Das Albers-Schönberg-Strahleninstitut in Hamburg St. Georg

Hermann Vogel, Hamburg

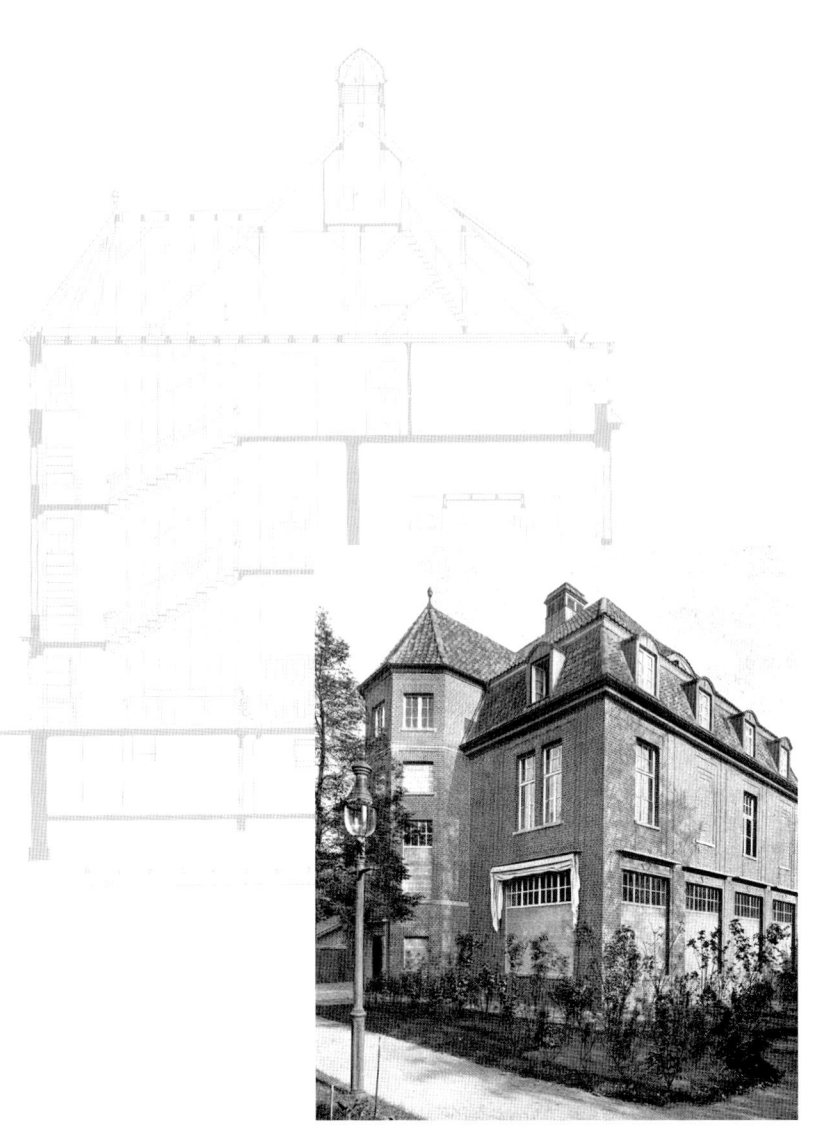

Am 4. April 1936 ehrte die Deutsche Röntgengesellschaft Heinrich Albers-Schönberg mit einem Gedenkstein auf dem Gelände des Allgemeinen Krankenhauses St. Georg in Hamburg. Der Gedenkstein trägt die Namen von Ärzten, Physikern, Technikern, Laboranten und Krankenschwestern aus aller Welt, die bei der Arbeit mit den neuen Strahlen erkrankten und an der Strahleneinwirkung starben.

Ganz oben auf der rechten Seite steht der Name von Heinrich Albers-Schönberg. Heinrich Albers-Schönberg wurde am 21. Januar 1865 in Hamburg geboren. Nach dem Studium arbeitete er zunächst am Neuen Allgemeinen Krankenhaus Hamburg-Eppendorf und an der Universitätsfrauenklinik in Leipzig. 1895 im November ließ er sich in Hamburg als praktischer Frauenarzt und Geburtshelfer nieder. Im Februar 1897 gründete er zusammen mit Deycke das „Röntgeninstitut sowie Laboratorium für medizinisch hygienische Untersuchungen" in Hamburg und gab ab September 1897 die neu gegründete Zeitschrift „Fortschritte auf dem Gebiet der Röntgenstrahlen" heraus. Im Jahre 1900 begründete Albers-Schönberg die Atlantenreihe „Archiv und Atlas der Normalen und pathologischen Anatomie in typischen Röntgenbildern" als Ergänzung zur Zeitschrift. Bis zu seinem Todesjahr erschienen 33 Atlanten. Albers-Schönberg fand mit Walter den Physiker und mit CHF Müller den Produzenten der Geräte der neuen medizinischen Diszipin. Ihre Möglichkeit nutzte er für die Diagnostik und die Therapie. So demonstrierte er 1898 vor dem Ärztlichen Verein in Hamburg die Behandlung der Hauttuberkulose mit Röntgenstrahlen. Bereits im Jahre 1898 warnte Albers-Schönberg zum ersten Mal vor einer schematischen Behandlung. Eine artifizielle Dermatitis sei unbedingt zu vermeiden. Anzumerken bleibt, dass im Jahre 1898 erstmals zwei Ärzte wegen fahrlässiger Körperverletzung angeklagt wurden (Gocht 1898). In beiden Fällen waren Röntgenbilder zur Diagnostik angefertigt worden. In der Folge waren schlecht heilende Dermatitiden aufgetreten. Im Frühjahr des Jahres 1903 veröffentlichte Albers-Schönberg sein erstes Lehrbuch für Ärzte und Studierende, „Die Röntgentechnik". Bis 1919 wurde es fünfmal aufgelegt und erschien auch auf Russisch und Italienisch.

Im Jahre 1903 wandte sich der Ärztliche Direktor des Krankenhauses St. Georg in einem Brief an den Präses des Krankenhauskollegiums. Er beschrieb die Missstände der Röntgenabteilung des Krankenhauses, das Fehlen eines kompetenten Leiters führte zur Beschädigung der Spezialgeräte wegen unzureichender Einarbeitung der wechselnd in der Röntgenabteilung beschäftigten Assistenzärzte der Chirurgie. In schwierigen Fällen mussten die Patienten in das Röntgeninstitut von Albers-Schönberg überwiesen werden. Wegen dieser Missstände stellte sich Albers-Schönberg daraufhin als provisorischer Leiter der Röntgenabteilung zur Verfügung. Der Ärztliche Direktor schrieb wörtlich: „Dr. Albers-Schönberg erwartet von der Verbindung mit einem großen Krankenhaus mannigfache wissenschaftliche Anregung und beansprucht zunächst keine Vergütung".

01 Das Röntgenhaus des Krankenhauses St. Georg in der Vorder- und Seitenansicht, fertiggestellt im Jahr 1914 mit Planskizze

---

1906

Das Heidelberger Institut für experimentelle Krebsforschung wird am 25. September eingeweiht.

1907

R. Kienböck veröffentlicht sein wegweisendes Lehrbuch zu biologischen Grundlagen der Radiotherapie.

Strahlenwirkung auf die Gonaden

Im gleichen Jahr wurde aus Amerika bekannt, dass die Bestrahlung von Leukämiepatienten zu beachtlichen Behandlungserfolgen führte. Albers-Schönberg fragte sich in diesem Zusammenhang, ob die Wirkung der Röntgenstrahlen wirklich auf die Haut beschränkt blieb, nahm die Nachricht aus Amerika zum Anlass für Tierversuche. Er setzte in einem Nebenraum seines Untersuchungsraumes 5 Kaninchenböcke und 6 männliche Meerschweinchen in Käfige mit einem Boden aus Segeltuch. Die Tiere wurde von unten über zwölf Tage mehrfach bestrahlt. Körperlich blieben die Tiere unauffällig. Als man sie zum Weibchen gab, waren Geschlechtstrieb und Kopulationsfähigkeit nicht eingeschränkt, sie zeugten allerdings kein Junges bei uneingeschränkter Gebärfähigkeit der Weibchen. Als Ursache fand Albers-Schönberg einen Rückgang der Spermienzahl. Nicht klar war, ob die Zeugungsunfähigkeit vorübergehend oder von Dauer war. Die röntgenologische Öffentlichkeit reagierte sofort. Ein Bonner Arzt wollte das Ergebnis der Diskussion und von weiteren Tierexperimenten nicht abwarten und entschloss sich, zu dem „lohnendsten und aussichtsreichsten aller Tierversuche", dem Versuch am Menschen überzugehen, mit der Hoffnung eventuell hierdurch ein „lang ersehntes soziales Heilmittel zu gewinnen in Form einer bequemen und schmerzlosen Sterilisierungsmethode". Er bestrahlte die Hoden zweier Männer bis zum Eintritt einer Röntgendermatitis. Die Zahl, Form und Beweglichkeit der Spermien blieb unverändert. Informiert vom Experimentator kommentierte Albers-Schönberg das Experiment mit der Prognose, eine Aspermie und Hodenatrophie werde entstehen, was sich bestätigte.

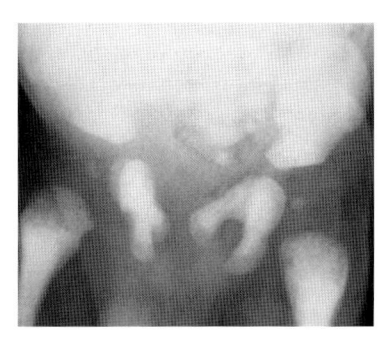

02 Morbus Albers-Schönberg

Marmorknochenkrankheit.

Im Februar 1904 stellte Albers-Schönberg im Ärztlichen Verein zu Hamburg die Röntgenbilder eines Patienten mit Knochenveränderungen vor. Die Oberschenkel waren beiderseits gebrochen. Sie sahen aus wie eburnisiert, fast marmorartig. Die Veränderungen fanden sich an sämtlichen Knochen, einschließlich der Wirbelsäule. Klinisch fiel die Brüchigkeit der Knochen auf. Diese Erkrankung ging als „Albers-Schönberg-Syndrom" und gemäß seiner Beschreibung als „Marmorknochenkrankheit" in die Literatur ein. Im gleichen Jahr gelang Albers-Schönberg die erste Darstellung eines Kindes in utero. Albers-Schönberg demonstrierte die Platten anlässlich des ersten Röntgenkongresses in Berlin, der diagnostische Nutzen dieser Aufnahmen blieb fragwürdig. Allerdings war es das erste Mal dass das Ungeborene dargestellt wurde. Für seine Platten mit den Röntgenaufnahmen wurde Albers-Schönberg bei der Weltausstellung in St. Louis mit zwei Goldmedaillen geehrt.

Röntgeninstitut und Röntgenhaus

Zum 1. Januar 1905 wurde Albers-Schönberg als „Spezialarzt für das Röntgenverfahren" für sechs Jahre am Krankenhaus St. Georg fest angestellt. Neben der Patientenbetreuung engagierte er sich für den Bau eines neuen Röntgeninstitutes. Die Verantwortung für die räumliche und instrumentelle Konzeption des Röntgeninstitutes, für das im geplanten Operationshausneubau zwei Räume vorgesehen waren, wurde ihm übertragen.

Im März 1905 wurde das neue Röntgeninstitut im Operationshaus eingeweiht. Albers-Schönberg hatte mit seinem Konzept versucht, folgenden Anforderungen gerecht zu werden:

- Nutzbarkeit für alle diagnostischen, chirurgischen und therapeutischen Bedürfnisse
- Strahlenschutz für Untersucher und Hilfspersonal
- zügige Abfertigung
- Zugänglichkeit und übersichtliche Unterbringung aller Hilfsapparate
- Eignung auch als Muster-, Versuchs- und Lehrinstitut

Das Institut bestand aus zwei Untersuchungszimmern und einer Dunkelkammer. Im ersten Untersuchungszimmer wurden Diagnostikaufnahmen, Durchleuchtungen und therapeutische Bestrahlungen vorgenommen. Im zweiten befand sich ein Orthodiagraph zur Herzlagebestimmung und eine von Albers-Schönberg angefertigte Modifikation des Holzknechtschen Untersuchungstisches (Trochoskop) für Operationen und Repositionen unter direktem Röntgenlicht. Das modifizierte Trochoskop bestand aus einem bleiausgeschlagenen Holzkasten, in dem sich die Röhre befand. Dem Kastendeckel entsprach die aus einer pflegeleichten Wachstuchbespannung bestehende Liegefläche. Seitlich im Kasten angebrachte Bleiglasscheiben ermöglichten das Beobachten der Röhre während des Betriebes.

03 Trochoskop: Entwurf und Realisierung

Neu an dem Konzept Albers-Schönbergs war ein in der Mitte des Raumes befindlicher, mit Blei ausgeschlagener, mannshoher Kasten. Er diente als Schutzvorrichtung für Untersucher und Hilfspersonal während der Strahlenemission. Er enthielt den Reguliertisch und bot Platz für maximal drei Personen. Um den verlorenen Platz zurückzugewinnen, wurde der Induktor auf dem Dach des Schutzkastens platziert und der Strom von oben an die Röhren herangeführt.

1907

2. Präsident der DRG
Heinrich Ernst Albers-Schönberg

1907

Die DRG setzt einen Presseausschuss ein.

04 Schutzraum: Planung und Realisierung

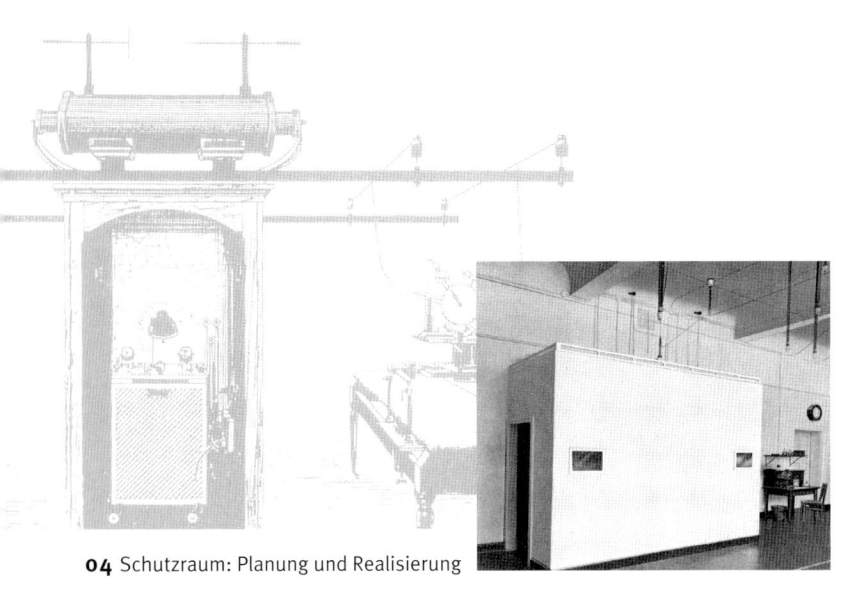

Neben dem ständig im Gebrauch befindlichen „Wehnelt-Induktor" standen zu Vergleichszwecken noch verschiedene andere Fabrikate zur Verfügung. Das Röntgeninstitut wurde dem Anspruch der Muster- und Lehranstalt gerecht. Bis zum Ende des Jahres 1911 wurde es von 429 Hospitanten aus aller Welt besucht (Albers-Schönberg 1911). ⟶**01** Die Notwendigkeit größerer Räumlichkeiten für Lehrzwecke berücksichtigte Albers-Schönberg bereits im Jahr 1910 bei der Planung eines neuen Röntgenhauses.

Die unterschiedlichen Anforderungen an die Strahlenqualität in den Bereichen Diagnose und Therapie hatten auch unterschiedliche apparative Ausstattungen zur Folge. Die Räumlichkeiten im Röntgeninstitut des Krankenhauses St. Georg erwiesen sich bald als nicht mehr ausreichend. Schon im Jahr 1910 entstand daher der Plan zur Errichtung eines Röntgenhauses. In Zusammenarbeit mit einem Architekten und einem Elektroingenieur wurde das Konzept des neuen Institutes von Albers-Schönberg erstellt. Mit dem Bau wurde im Jahr 1912 begonnen. Fertiggestellt wurde es 1914.

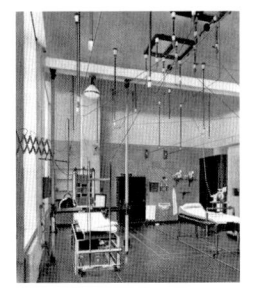

05 Untersuchungsraum (1. Obergeschoss) und Besprechungsraum, „Museum" (Erdgeschoss)

Das Röntgenhaus war eines der ersten Einzelhäuser, das ausschließlich für röntgenologische Zwecke zur Verfügung stand. Im Erdgeschoss befanden sich die diagnostische Abteilung und der größte Raum des Hauses, der Demonstrationsraum. In ihm wurden Lehrveranstaltungen abgehalten und dort war auch die von Albers-Schönberg zusammengetragene, wissenschaftliche Sammlung ausgestellt.

Der Diagnostikraum war so eingerichtet, dass alle Aufnahmen vom Schutzhaus aus angefertigt werden konnten. Ein Blockiersystem verhinderte, dass mehr als ein Arbeitsplatz zur gleichen Zeit in Betrieb genommen werden konnte. Im ersten Stock waren die gesamten Therapieeinrichtungen, die Dunkelkammern und ein Maschinenraum untergebracht.

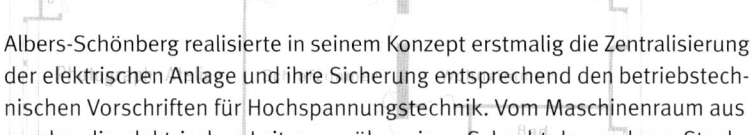

Albers-Schönberg realisierte in seinem Konzept erstmalig die Zentralisierung der elektrischen Anlage und ihre Sicherung entsprechend den betriebstechnischen Vorschriften für Hochspannungstechnik. Vom Maschinenraum aus wurden die elektrischen Leitungen über einen Schacht den anderen Stockwerken zugeführt. Im zweiten Stockwerk befanden sich ein großes fotografisches Atelier mit Nebenraum und Assistentenwohnungen.

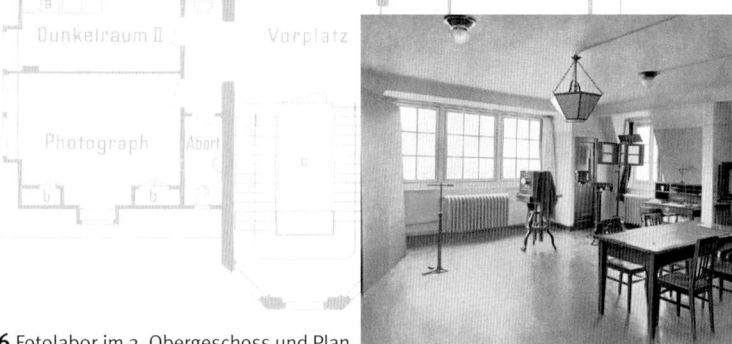

06 Fotolabor im 2. Obergeschoss und Plan

Gründung der Deutschen Röntgengesellschaft und 1. Röntgenkongress
Am 30. April 1905 reisten Albers-Schönberg und Walter als zwei von 512 Teilnehmern zur Eröffnung des ersten Deutschen Röntgenkongresses nach Berlin. Die Röntgenvereinigung zu Berlin hatte anlässlich des 10. Jahrestages der Entdeckung der Röntgenstrahlen eingeladen. In einem seiner beiden Vorträge demonstrierte Albers-Schönberg Röntgenbilder von Ägyptischen Mumien, der zweite Vortrag betraf die erfolgreiche Behandlung eines Sarkoms der Kopfhaut mit Röntgenstrahlen. In der begleitenden Ausstellung zeigte Albers-Schönberg Aufnahmen von Nieren und Harnleitersteinen, den ägyptischen Mumien und einem Inkaschädel. Als Leiter des Röntgeninstituts stellte er stereoskopische Aufnahmen und eine wassergekühlte Röntgenröhre der Firma CHF Müller aus, sie wies mit 101 205 Sekunden Gesamtexpositionszeit die höchste bis dahin bekannte Lebensdauer einer Röntgenröhre auf. Nebenher nutzte er die Gelegenheit, die Anwendungsmöglichkeiten seiner Kompressionsblende zu demonstrieren.

Die von ihm herausgegebene Zeitschrift „Fortschritte auf dem Gebiet der Röntgenstrahlen" und „Die Röntgentechnik" waren Teil der Ausstellung in der Fachliteratur. Am ersten Mai wurde auf Antrag von Albers-Schönberg eine Kommission gewählt, deren Aufgabe es war eine einheitliche Nomenklatur zu erarbeiten. Als Mitglied vertrat Albers-Schönberg die Ansicht, dass der Name „Röntgen" unbedingt in die Nomenklatur einzugehen habe. Schon am 2. Mai 1905 wurden die Vorschläge der Kommission dem Kongress mitgeteilt und von diesem einstimmig angenommen. Neben der Kongressveranstaltung hatten neun namhafte Röntgenologen, u.a. die drei Vorstandsmitglieder der Röntgenvereinigung zu Berlin, und aus Hamburg ihr korrespondierendes Mitglied Albers-Schönberg, Gocht und Walter in einer Sondersitzung die Gründung der „Deutschen Röntgengesellschaft" beschlossen, die sie als Interessengemeinschaft, Forum und Ansprechpartner der Röntgenologen sahen. Der Kongress wurde am 3. Mai beendet. Seine Teilnehmer wurden zum Beitritt aufgefordert. Bereits 6 Monate später zählte die Gesellschaft 184 Mitglieder.

1908
3. Präsident der DRG
Hermann Gocht

1908
Auf dem 4. Röntgenkongress wurde erstmals über Möglichkeiten und Grenzen der Röntgenuntersuchung für die Frühdiagnose der Lungentuberkulose diskutiert.

07 Heinrich Albers-Schönberg, Gründer des Röntgeninstituts im Krankenhaus St. Georg in Hamburg, 1. Professor und 1. Lehrstuhlinhaber für Radiologie, Gründer der DRG und Begründer und 1. Herausgeber der „Fortschritte auf dem Gebiet der Röntgenstrahlen"

Die wörtlich protokollierten Vorträge und Diskussionsbeiträge des Kongresses wurden von Albers-Schönberg redigiert und als Begleitbuch unter dem Titel „Verhandlungen der Deutschen Röntgengesellschaft, Band 1" herausgegeben. Insgesamt erschienen unter seiner Verantwortung bis zum Ausbruch des ersten Weltkrieges 10 Bände. Im Oktober des Jahres 1905 wählte die Geschäftsführung der Deutschen Röntgengesellschaft eine Statutenkommission, ein Mitglied war Albers-Schönberg; sie legte im November einen Satzungsentwurf vor, der mit einer Ergänzung angenommen wurde; er hatte bis 1923 Gültigkeit. 1906 wurde Albers-Schönberg zum korrespondierenden Mitglied der „American Roentgen-Ray Society".
1912 bis 1914 wurde nach seinen Plänen das neue Röntgenhaus im Krankenhaus St. Georg erstellt. 1914 wurde Albers-Schönberg zum Oberarzt (Abteilungsleiter) ernannt. Im gleichen Jahr wurde er zum Ehrenmitglied der New York Roentgen-Society ernannt und im Jahre 1916 veröffentlichte Albers-Schönberg einen „Röntgenatlas der Kriegsverletzungen".

Professor und Lehrstuhl

Im Jahre 1907 wurde Albers-Schönberg zum Professor ernannt, was sich als Schritt in Richtung auf die zu gründende Universität Hamburg herausstellte: Als Walter, der mit Albers-Schönberg die Deutsche Röntgengesellschaft gegründet hatte, wegen seiner Verdienste um die Entwicklung der Röntgendiagnostik und Strahlentherapie 1907 den Titel eines Professors erhielt, ergab sich ein Dilemma: Walter war Physiker und bei der Oberschulbehörde Hamburg angestellt, abgeleitet von dem Akademischen Gymnasium zu Hamburg, dem Johanneum, verlieh der Senat bei Eignung hier Tätigen den Titel eines Professors. Die Krankenhäuser und andere medizinischen Institute gehörten nicht zur Oberschulbehörde, sie wurden von ihr unabhängig verwaltet. Der Titel eines Professors wurde an ihre Mitarbeiter nicht verliehen mit der Folge, dass es unter den Medizinern keinen Professor gab. Walter als nicht Mediziner war Professor, Albers-Schönberg, der die Strahlen am Menschen anwandte, die treibende Kraft bei der Gründung der Deutschen Röntgengesellschaft war, Gründer und erster Herausgeber der Zeitschrift „Fortschritte auf dem Gebiet der Röntgenstrahlen" war, und national wie international als Exponent der deutschen Radiologie wahrgenommen wurde, war nicht Professor. Es galt einen Sonderweg für ihn zu finden. Die Verleihung des Professorentitels an Albers-Schönberg wurde deshalb bei der königlich-preußischen Regierung in Anregung gebracht. Über seine Ernennung wurde im Hamburger Medizinalkollegium verhandelt und dabei die Frage der Titelverleihung an Ärzte neu diskutiert. Argument war, dass auf Kongressen und anderen internationalen Veranstaltungen die titellosen Hamburger und insbesondere die Ärzte benachteiligt waren, sie hatten einen schweren Stand. Um das medizinische Ansehen Hamburgs auch dem Ausland gegenüber anheben zu können, wurde von dem Medizinalkollegium beschlossen, beim Senat die Verleihung des Professorenranges auch an Krankenhausdirektoren und Ärzte zu beantragen, die sich als Lehrer oder Forscher in langjähriger Tätigkeit ausgezeichnet hatten. Unterstützt durch die Fürsprache des Medizinalkollegiums wurde Albers-Schönberg im Mai des Jahres 1907 vom königlich-preußischen Kulturministerium der Professorentitel verliehen. Albers-Schönberg war der erste Professor für Radiologie in der Welt.

Hamburg schuf den ersten Lehrstuhl für Radiologie überhaupt. Albers-Schönberg nahm den Ruf an, starb aber an der durch die Strahlen hervorgerufenen Erkrankung, ehe er in die Besoldungsgruppe der ordentlichen Professoren übernommen war. Seine Witwe prozessierte mit der Hansestadt um die Rente: Wenn sie eine „ordentliche" Witwe war, hatte sie Anspruch auf eine Pension, wenn sie eine „außerordentliche" Witwe war, hatte sie keinen. Um ein Urteil und damit die gerichtliche Feststellung eines Präzedenzfalles zu vermeiden, erkannte der Senat ihr die Rente zu auf dem Gnadenwege, zu einem Zeitpunkt, als die Inflation das Geld wertlos gemacht hatte. Die Witwe von Albers-Schönberg starb in Armut. Im Jahre 1919 wurde die Hamburgische Universität gegründet, u.a. wurde auch ein Ordinariat für Röntgenologie geschaffen. Mit der Berufung wurde Albers-Schönberg zum ersten Lehrstuhlinhaber für die neue Disziplin in Deutschland. Am 28. April 1919 las er das erste röntgenologische Kolleg. Dieser Lehrstuhl wurde eingerichtet, um seine Verdienste anzuerkennen. Albers-Schönberg starb am 4. Juni 1921 im Alter von 56 Jahren an einer Pneumonie, geschwächt durch eine strahleninduzierte Krebserkrankung. Heinrich Albers-Schönberg wehrte sich dagegen als Opfer der Wissenschaft dargestellt zu werden. Seinem Sohn sagte er: „Ich habe nicht wissentlich meine Gesundheit geopfert, sondern das Unglück gehabt, sie unwissentlich zu schädigen." 1934 wurde von der Deutschen Röntgengesellschaft die Albers-Schönberg-Medaille gestiftet. Der Nachfolger als Institutsleiter war Hermann Holthusen, der von Albers-Schönberg in die Röntgenologie eingewiesen wurde.

08 Schussverletzung des rechten Unterarmes – Gewehrschuss (russisches Infantriegeschoss) aus: Röntgenatlas der Kriegsverletzungen 1914-1916 von Albers-Schönberg

Die Arbeiten von Albers-Schönberg waren und sind Anregung für viele. In dem von ihm gegründeten und nach ihm benannten „Albers-Schönberg-Institut für Strahlendiagnostik", der Röntgenabteilung des Allgemeinen Krankenhauses St. Georg in Hamburg, wird sein Atlas über Kriegsverletzungen durch Arbeiten zu Röntgenbefunden bei Opfern von Krieg und Folter fortgesetzt; seine Arbeiten zu Strahlenschäden und zum Strahlenschutz führen zur Kommissionsarbeit und zu Kursen; seine Demonstrationen für die Medizinische und Nicht-medizinische Öffentlichkeit finden ihre Fortsetzung in Ausstellungen. Das Gedenken an Albers-Schönberg ist weltweit lebendig, so werden am Gedenkstein im Krankenhaus St. Georg die Pioniere der Radiologie geehrt, die die neue Disziplin der Medizin mitentwickelten und durch die Wirkung der neuen Strahlen zu Tode kamen. Besucher kommen aus aller Welt zuletzt aus Japan, medizinhistorikern erfragen Einzelheiten, zuletzt aus Russland und Tschechien.

1908

Nach Vorarbeiten von K. Horn und L. Baumeister (Reiniger, Gebbert & Schall, Erlangen 1898) und J. Rieder, J. Rosenthal (München 1899) entwickelt F. Groedel in Bad Nauheim einen Platten-Kinematographen. Mit dieser technischen Neuerung wurden erste direkte kinematographische Aufnahmen hergestellt.

100 Jahre „universitäre" Radiologie

Claus D. Claussen, Tübingen

Nachdem W. C. Röntgen am 8.11.1895 am physikalischen Institut der Universität zu Würzburg die „unbekannten" Strahlen (X-Strahlen), die später seinen Namen tragen sollten, entdeckte, sollte es nicht lange dauern, bis das Potenzial dieser Entdeckung erkannt und in der Medizin genutzt wurde.

Schon im Januar 1896 wurden Röntgenstrahlen an der Wiener Universitätsklinik von F. Exner, einem guten Freund W. C. Röntgens, und E. Haschek zur Gelenk- und Extremitätendiagnostik eingesetzt. Ebenfalls in Wien im Januar 1896 wurde die erste Gefäßdarstellung durch E. Haschek und O. Lindenthal angefertigt. Aufgrund der Unverträglichkeit des Kontrastmittels, einer Mischung aus Kreide, Zinnober und Steinöl, wurde als „Patient" eine amputierte Hand verwendet. Im Laufe des Jahres wurden weitere Bereiche wie die Thorax- und Abdominaldiagnostik erschlossen. Probleme bereiteten die langen Belichtungszeiten (bis zu mehreren Minuten). Berichte über die ersten Strahlenschäden folgten im März 1896.

Im Jahre 1897 wurden die ersten großen radiologischen Fachzeitschriften ins Leben gerufen, die „Fortschritte auf dem Gebiet der Röntgenstrahlen", begründet durch Heinrich Ernst Albers-Schönberg und Gustav Georg Deycke, sowie das „American X-Ray Journal", der Vorgänger des „American Journals of Roentgenology". Im gleichen Jahr gelang T. Rumpel die Darstellung der Ösophaguspassage mit Wismutsubnitrat und E. Lindemann die Magendarstellung. Ebenfalls 1897 beschrieb Leopold Freund, der schon 1904 die Venia legendi für medizinische Radiologie der Universität Wien erhalten sollte, die Behandlung eines an einem Tierfellnaevus leidenden Mädchens mit Röntgenstrahlen. Die Radiotherapie war geboren. 1905 wurde Guido Holzknecht, ein Weggefährte und Freund Leopold Freunds, zum Leiter des Zentral-Röntgen-Laboratoriums des Allgemeinen Krankenhauses Wien berufen. Holzknecht war unter anderem an der Entwicklung eines Durchleuchtungstisches beteiligt (mit I. Robinsohn).

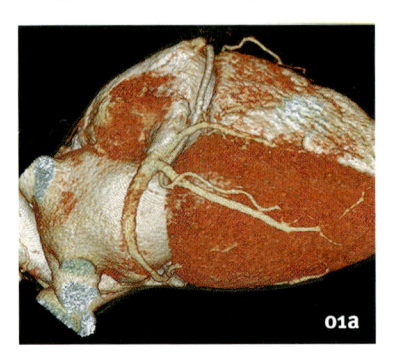

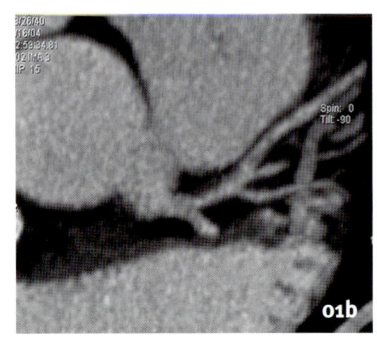

01a Darstellung des Herzens und der Herzkranzgefäße mittels Computertomographie in Volume Rendering Technik. Eine Herzkatheteruntersuchung kann schon heute in zahlreichen Fällen vermieden werden. Ebenfalls ist eine Früherkennung von Plaques möglich.

01b In dieser Dünnschicht Maximum-Intensity-Projektion erkennt man einen nichtkalzifizierenden Stof-Plaque im proximalen RIVA der linken Herzkranzarterie. Der Plaque verursacht keine höhergradige Stenosierung. Die Früherkennung solcher Plaques ist wichtig, da diese potenziell rupturieren und einen akuten Herzinfarkt verursachen können.

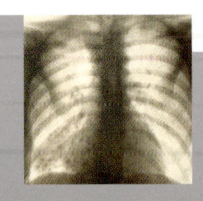

1908
H. Rieder, München, begründet die besondere Bedeutung der Röntgenuntersuchung für die Früherkennung der Lungentuberkulose.

1908
Die Mitgliederzahl der DRG beträgt: 425.

Auch beschrieb er die Bedeutung von Bleigummi als wirksamen Strahlenschutz. Ein Jahr zuvor war ein weiterer Freund Holzknechts berufen worden – Robert Kienböck. Mit Erhalt der Dozentur im Jahre 1904 wurde dieser Leiter der ersten selbständigen Röntgenabteilung an der Wiener Universitätsklinik.

Eine Zäsur im Gebiet der Röntgenkunde war die Gründung der deutschen Röntgengesellschaft am 2. Mai 1905 durch Pioniere dieser jungen Wissenschaft wie Heinrich Ernst Albers-Schönberg, Walter Cowl, Hermann Gocht, Rudolf Grashey, Max Immelmann, Alban Köhler und anderen.

Dass die neue Technik auch Gefahren barg, sollten die Pioniere der Radiologie wie Guido Holzknecht und Heinrich Ernst Albers-Schönberg alsbald erkennen. So litt Heinrich Ernst Albers-Schönberg, der 1919, nachdem er seit 1905 als Assistent und ab 1914 als leitender Oberarzt für Röntgenologie am St. Georg Krankenhaus zu Hamburg tätig war, zum ersten Ordinarius für Röntgenologie in Hamburg berufen wurde, wiederholt an Röntgenkarzinomen, die den gesamten linken sowie Teile des rechten Armes zerstörten und im Jahre 1921 sein Leben forderten. Der Nachfolger von Albers-Schönberg wurde Hermann Holthusen, der sich intensiv den Problemen ionisierender Strahlen und dem Strahlenschutz widmete.

In den 20er und 30er Jahren wurde die Röntgenologie um neue Facetten bereichert. So wurde Hans Rudolf Schinz 1918 Leiter des Röntgenlaboratoriums der Chirurgischen Klinik am Kantonsspital Zürich. 1922 erhielt Walter Friedrich, ein Pionier auf dem Gebiet der Strahlenkunde und ehemaliger Schüler W. C. Röntgens, einen Ruf an die Berliner Universität als Ordinarius für Medizinische Physik und Strahlenkunde, obwohl er kein Medizinstudium absolviert hatte. 1927 wurde er zugleich Leiter des Institutes für Strahlenforschung an der Charité. Ebenfalls 1927 wurde die Mammographie durch Otto Kleinschmidt in Leipzig vorgestellt. 1929 folgte die damals revolutionäre Entwicklung des Rechtsherzkatheters, die Werner Forssmann eindrucksvoll in einem Selbstversuch (alle Vorversuche hatte er an Tieren durchgeführt) den staunenden Kollegen an der Berliner Charité demonstrierte. Im selben Jahr sollte Rudolf Grashey, einer der Mitbegründer der Deutschen Röntgengesellschaft und Spezialist auf dem Gebiet der Skelettdiagnostik, zum Ordinarius für Röntgenologie in Köln berufen werden. 1931 fiel Holzknecht seiner Berufung und seinem Beruf zum Opfer, er verstarb an Metastasen eines Strahlenkarzinomes.

1937 wurde Willy Edward Baensch zum Ordinarius für klinische Röntgenologie an der Universität Leipzig und 1939 Karl Frik zum Ordinarius für Röntgenologie und Strahlenheilkunde an der Charité ernannt. Ihm folgte 1944 Henri Chaoul, der die Röntgendiagnostik des Magen-Darm-Traktes bereichert hatte. Baensch und Chaoul verließen nach dem Krieg Deutschland. W. E. Baensch emigrierte in die U.S.A., H. Chaoul lebte ab 1945 in Alexandria.

Die folgenden Jahre waren gekennzeichnet durch die Weiterentwicklung der Hohlorgandiagnostik und der dafür erforderlichen Kontrastmittel. So wurde 1929 „zufällig" das Uroselectan als intravenöses Urographikum durch Arthur Binz entdeckt, ursprünglich hatte man es zur Behandlung der Syphilis einsetzen wollen. 1953 folgte ein weiterer Meilenstein der Hohlorgandiagnostik.

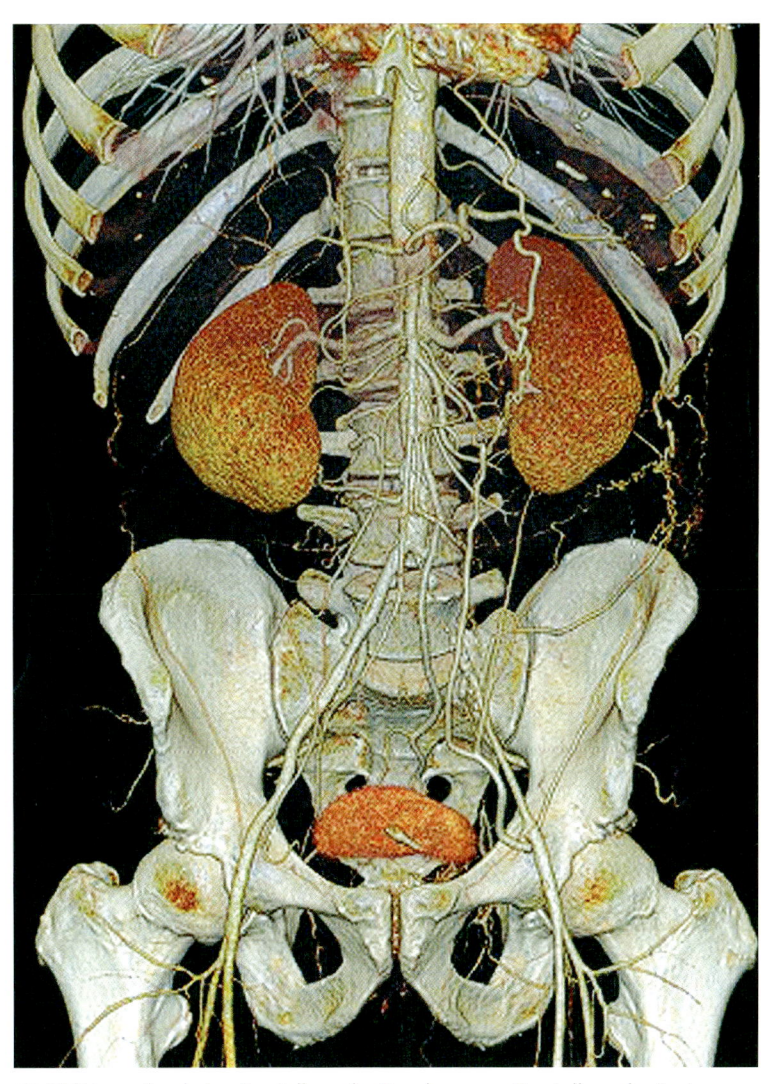

02 CT Volume Rendering-Darstellung des Bauchraumes. Darstellung der Aorta, Nieren, Wirbelsäule und Becken. Verschluss der linken A. iliaca communis. Kräftige Kollateralgefäße über die linken epigastrischen Gefäße

In diesem Jahr beschrieb Walter Frommhold die Verwendung des ersten i.v. applizierbaren Cholegraphikums – dem Biligrafin. 1959 fand diese Phase mit der Vorstellung des Gastrographins ihren Höhepunkt. Weitere Entwicklungen waren die Erweiterung der Gefäßdiagnostik, die erste Gefäßerweiterung 1964 durch Charles Dotter in Portland/Oregon sowie die erste perkutane transluminale Angioplastie der Herzkranzgefäße durch Andreas Grünzig am Universitätsspital Zürich 1974.

Waren die ersten 70 Jahre der diagnostischen Radiologie der Entdeckung und Weiterentwicklung der konventionellen Verfahren gewidmet, öffnete sich mit Einführung der Computertomographie ein neues Feld. Plötzlich konnte man überlagerungsfrei in das Innere der Patienten sehen.

1909

4. Präsident der DRG
Paul Krause

1909

F. Dessauer, VEIFA, Aschaffenburg, ermöglicht mit dem Blitzapparat Unipuls kürzeste Belichtungszeiten.

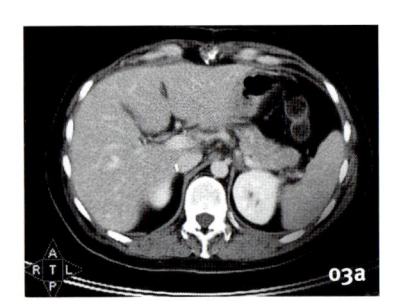

03a Oberbauchdarstellung im CT. Kein eindeutiger pathologischer Befund.

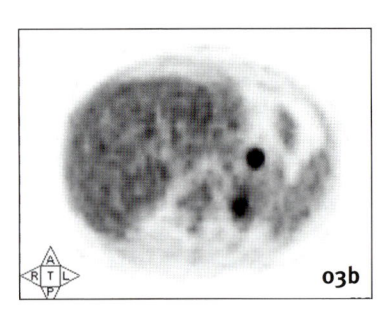

03b Im PET zeigen sich zwei Anreicherungen.

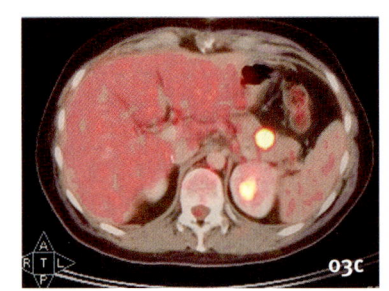

03c PET CT Fusionsbild. Nachweis einer Raumforderung im mittleren Anteil der Bauchspeicheldrüse. Diese hätte man ohne die funktionellen Informationen des PET's nicht entdeckt. Die zweite Mehranreicherung stellt physiologisch das Nierenbeckenkelchsystem der linken Niere dar.

1971 stellte Godfrey Hounsfield, der hauptberuflich bei der britischen Firma EMI, einer Schallplattenfirma, beschäftigt war, einen CT Scanner vor. 1972 wurde der erste CT Scanner in London in Betrieb genommen, 1974 folgte Siemens als erster bekannter Elekromedizinhersteller mit seinem Computertomographen. 1979 wurden G. Hounsfield und A. Cormack für ihre Pionierarbeiten im Bereich der Computertomographie mit dem Nobelpreis für Medizin geehrt. Innerhalb kurzer Zeit setzte die Computertomographie zu einem ungeahnten Siegeszug an, der bedingt durch neue Entwicklungen wie z.B. dem Spiral CT durch Will Kalender, der 1979 bis 1995 bei der Siemens AG tätig war und seit 1995 das Institut für Medizinische Physik der Universität Erlangen-Nürnberg leitet, oder der daraus folgenden Weiterentwicklung, dem Multidetektor CT, unterhalten wird. Mit dieser neuen Technik können Koronararterien nichtinvasiv dargestellt werden. Sie wurde in Kooperation zwischen Siemens (Flohr, Ohnesorge) sowie radiologische Universitätskliniken in München (Becker) und Tübingen (Kopp) entwickelt. Auch die virtuelle Darstellung von Hohlorganen wie z.B. dem Colon oder dem Bronchialbaum wurde durch diese neue Technik ermöglicht.

Das Verfahren, das die diagnostische Radiologie jedoch wie kein anderes geprägt hat, die Kernspintomographie, basiert auf 200 Jahre alten Grundlagen, die von Fourier, einem Vertrauten Napoleons, aufgestellt wurden. Dass der Einzug in den klinischen Alltag 180 Jahre auf sich warten ließ, war bedingt durch die besonderen technischen Herausforderungen. Mit Hilfe dieses Verfahrens konnte plötzlich ohne Verwendung von Röntgenstrahlen bei hohem Gewebekontrast das Innere der Patienten erforscht werden. So wurde der erste durch das BMBF geförderte MR Tomograph 1983 in Berlin in der Abteilung von Roland Felix unter Mitarbeit von Schörner und Claussen in Betrieb genommen. Im selben Jahr folgte eine Installation in Tübingen in der Abteilung von W. Frommhold. Anfangs nur im Bereich des ZNS und später des Bewegungsapparates eingesetzt, wurden weitere Anwendungen entwickelt wie z.B. die MR-Angiographie, die MR Tomographie der Leber und auch die MR-Mammographie, die vor allem durch S. Heywang-Köbrunner und W. Kaiser vorangetrieben wurde. Ohne die „Pioniere der Neuzeit" wären viele Möglichkeiten der MRT noch nicht oder nur unzureichend genutzt.

All ihre Mühen wären jedoch von bescheidenem Erfolg geblieben, hätte H. J. Weinmann mit Hilfe der Schering AG nicht Magnevist entwickelt, den Vater der modernen MR-Kontrastmittel. Nur durch diese Entdeckung und durch intensive Erforschung der neuen Möglichkeiten ist es zu verdanken, dass die MRT sich zu so einem potenten Werkzeug entwickeln konnte.

Dass die MRT weiteres Potenzial bietet, belegen die neuesten technischen Entwicklungen, wie z.B. die von Siemens entwickelte T. I. M. (Total Imaging Matrix) Technologie (der erste Ganzkörpermagnetresonanztomographie mit T. I. M. Technologie war Ende 2003 in Tübingen installiert worden) oder die 3T Magnetresonanztomographie. Eine Technologie, die in kurzer Zeit in der Tumorausbreitungs- und Funktionsdiagnostik immer mehr an Bedeutung gewonnen hat, stellt die PET-CT dar (PET: Funktions- und Stoffwechselinformationen, CT: hohe örtliche Auflösung). Sie wird in Zukunft eine größere Rolle in der Primärdiagnostik, Ausbreitungsdiagnostik und in der Therapieverlaufskontrolle einnehmen.

1909

J. Rieder, C. Kaestle, J. Rosenthal, München, entwickeln die Bio-Röntgenographie.

1910

Erste kardiale Angiographie (Darstellung des Herzgefäßsystems) an Leichen nach intravenöser Injektion einer Öl-Bismuth Suspension

Welche Aufgabe ist den Universitätskliniken in der radiologischen Landschaft der Bundesrepublik zuzuschreiben?

Die deutschen Universitätskliniken stellen mit ihren radiologischen Abteilungen ca. 50% der stationären Maximalversorgung sicher. Sie bieten oftmals neue Verfahren an, die noch nicht den Sprung in die alltägliche Routine geschafft haben, vor allem Spezialverfahren insbesondere im interventionellen Bereich. Bedingt durch die Geräteausstattung und die personelle Besetzung ist es ihre Pflicht, neue Ideen aufzugreifen, neue Techniken in Zusammenarbeit mit der Industrie zu entwickeln und ihre Anwendung zu evaluieren und sie zum Nutzen der Patienten einzusetzen.

Interdisziplinäre Forschung auf höchsten Niveau beginnend im Grundlagenbereich bis hin zu Patienten orientierter Forschung ist hierzu notwendig, um die Radiologe als wissenschaftliche und klinische Disziplin im kompetitiven Wettbewerb mit den anderen Fächern weiterzuentwickeln und zu erhalten.

„Last but not least" ist es Aufgabe der universitären radiologischen Abteilungen, das Interesse an der Radiologie in den kommenden Medizinergenerationen zu wecken. Die Förderung des Nachwuchses, die Ausbildung der kommenden medizinischen Generation ist eine Aufgabe, die nicht hoch genug eingeschätzt werden kann. Nur wenn es gelingt, das Interesse an der Radiologie von Generation zu Generation zu übertragen, den Wissensdurst der kommenden Generationen zu stillen, Verantwortung zu übertragen und das Engagement junger Wissenschaftler und Kliniker zu fördern, wird auch das kommende Jahrhundert für die Radiologie ein erfolgreiches sein.

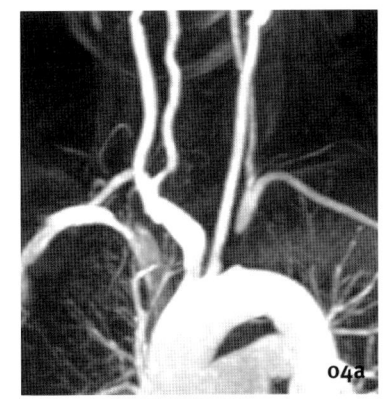

04a Vergrößerung aus 04c. Verschluss der linken Arteria subclavian-Steal-Syndroms

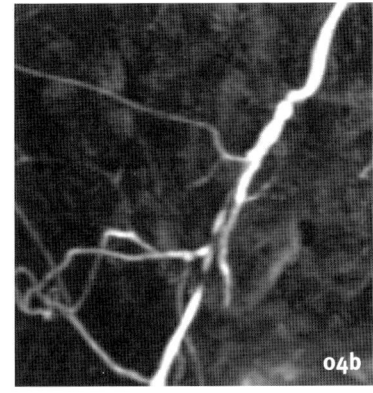

04b Vergrößerung aus 04c. Kurzstreckiger, subtotaler Verschluss der rechten Arteria iliaca externa mit Nachweis von Umgehungskreisläufen

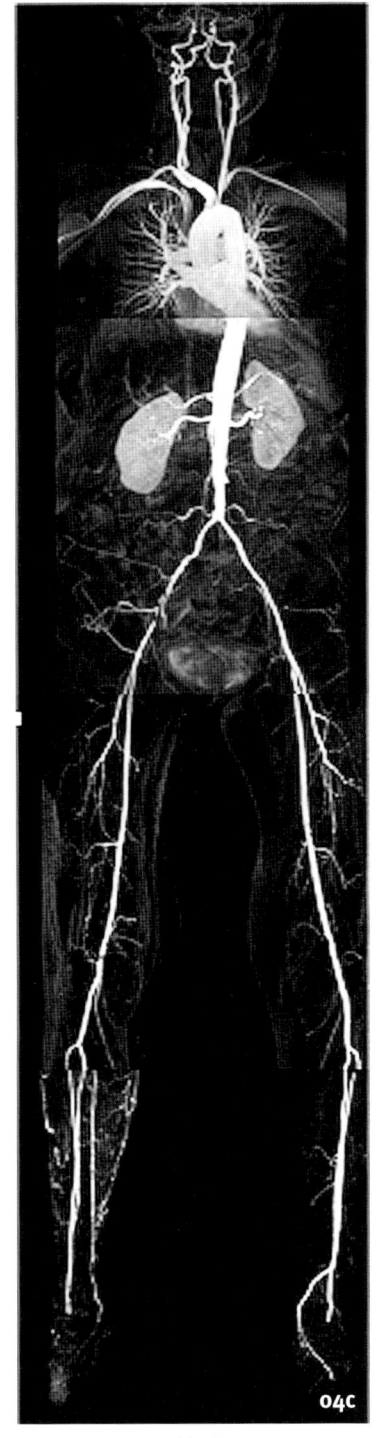

04c MR tomographische Ganzkörpergefäßdarstellung mit der TIM Technologie

1910

C. Bachem und H. Günther entwickeln in Bonn die Polygraphie.

1910

5. Präsident der DRG
Guido Holzknecht

Radiologische Forschung – Rückblick und Ausblick auf eine faszinierende angewandte wissenschaftliche Disziplin

Wolfhard Semmler, Heidelberg

Bei diesem Thema stellt sich zuerst die Frage: „Was ist radiologische Forschung"? Die radiologische Forschung hat viele Facetten, sie umfasst ein weites Spannungsfeld von der nativen radiologischen Projektionsbildgebung bis zur Erforschung und Entwicklung von Kontrastmitteln; neuerdings gesellen sich dazu auch Verfahren, die sich molekularbiologischer Methoden bedienen.

Der Begriff radiologische Forschung hat sich im Laufe der Zeit grundlegend gewandelt. Es werden daher zunächst die Fragen: „Was war radiologische Forschung in der Vergangenheit?" „Was wird radiologische Forschung in der Zukunft sein"? beantwortet, bevor wir auf die Eingangsfrage zurückkommen können.

Forschung von Entwicklung im engeren Sinne abzugrenzen, fällt nicht immer leicht und schon gar nicht in einer anwendungsorientierten Disziplin wie der Radiologie. Hier geht Forschung in Entwicklung über, und oft ist die so bezeichnete Forschung Entwicklung, was nicht nur am Beispiel der Magnetresonanztomographie sichtbar wird. Die grundlegende Basisforschung für die Magnetresonanz liegt weit zurück und ist physikalischer Natur: der Nachweis des magnetischen Moments von Atomen und Atomkernen (Pauli, Rabi), der Nachweis der Magnetresonanz (Bloch, Purcell), die grundlegende Beschreibung der Relaxationsprozesse (Bloembergen) usw. Nachdem die physikalischen Prinzipien entdeckt und beschrieben waren, war die Entwicklung von MR-Tomographen nur noch eine Frage der Zeit. Doch es waren noch mehr als zwei Jahrzehnte Entwicklungsarbeit vornehmlich der medizinischen Geräte- und der Computerindustrie notwendig, um den heutigen Stand zu erreichen.

Die Bedeutung dieser Entwicklung spiegelt sich auch in ihrer Wertschätzung durch das Nobelkomitee: Nicht nur Röntgen erhielt 1901 für seine bahnbrechende Entdeckung den Nobelpreis, sondern auch Hounsfield und Cormach 1979 für die Entwicklung der CT und Lauterbur und Mansfield 2003 – die letzteren beiden Ehrenmitglieder der DRG – für die Entwicklung des Magnetresonanzverfahrens. Auch Bloch und Purcell (1952), Ernst (1991) und Wüterich (2002) erhielten den Nobelpreis für grundlegende physikalische Arbeiten im Zusammenhang mit der Magnetresonanz. Wenn der Nobelpreis als Indikator für hochrangige innovative wissenschaftliche Forschung zählt, dann ist die radiologische Forschung in der vordersten Front anzutreffen.

Die genannten Beispiele zeigen die engen Wechselbeziehungen zwischen physikalischen Entdeckungen und der Erforschung und Entwicklung bildgebender Verfahren in der Vergangenheit bis heute.

In ihren Anfängen war die radiologische Forschung überschaubar und wurde von Physikern, Ärzten und anderen Naturwissenschaftlern gemeinsam vorangetrieben. Bekanntermaßen begann die radiologische Forschung mit der Entdeckung der X-Strahlen durch Wilhelm Conrad Röntgen am 8. November 1895. Der Entdeckung der Röntgenstrahlung gingen ebenfalls lange physikalische Forschungsarbeiten und mehrere wichtige Erfindungen voraus, ohne die die Röntgenstrahlen nicht hätten entdeckt werden können; Gasentladung (1822; Humphry Davy); magnetische Induktion (1831; Faraday), Entladungsröhre (Plückers) bzw. Geißler Röhre und die von Hittorf nachgewiesenen Kathodenstrahlen, um nur einige zu nennen.

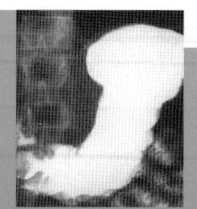

1910

P. Krause, C. Bachem, H. Günther führen Bariumsulfat in die Diagnostik ein.

1910

A. Köhler, Wiesbaden, publiziert erstmals das Lehrbuch „Lexikon der Grenzen des Normalen und der Anfänge des Pathologischen im Röntgenbilde".

Unmittelbar nach der Entdeckung der Röntgenstrahlen haben Exner, Lindenthal und Haschek in Wien Teichmanns Lösung verwendet, um die Gefäße einer amputierten Hand darzustellen und damit erstmals Kontrastmittel – wenn auch nur ex vivo – eingesetzt. 01 Mit Wismutsalzen, die später wegen ihrer Nebenwirkungen durch Bariumverbindungen abgelöst wurden, gelangen die ersten In-vivo-Anwendungen: die Darstellung von Hohlorganen.

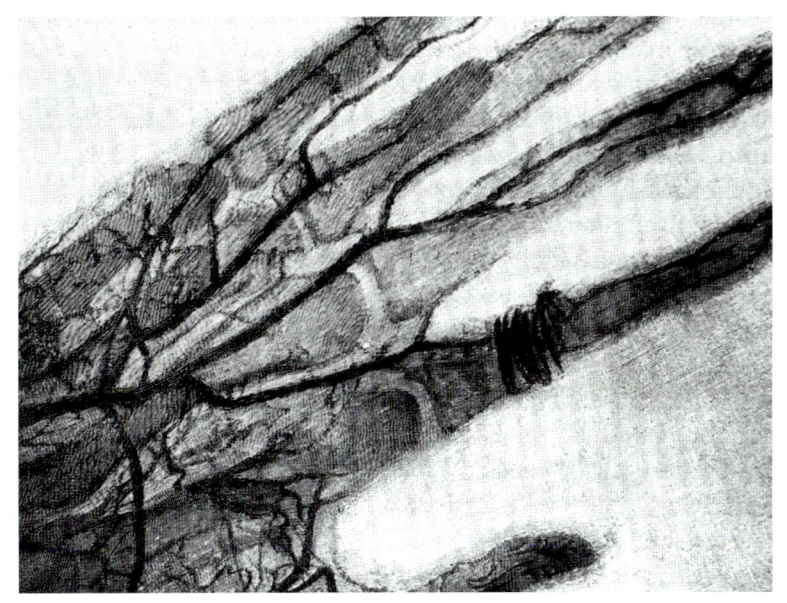

01 Erste Angiographie einer Hand, aufgenommen am 17. Januar 1896 von E. Haschek und O. Lindenthal in Wien

Erstaunlicherweise wurden diese Entwicklungen schon auf dem ersten Deutschen Röntgenkongress in den wissenschaftlichen Sitzungen behandelt. Es standen Themen wie Steinbildungen und auch die Untersuchungen von bewegten Organen, Herz und Lunge im Mittelpunkt des Interesses. Die Verbesserung der Röntgengeräte und die damit verbundenen kürzeren Belichtungszeiten machten es möglich, auch bewegte Organe besser und scharf abzubilden. Weitere methodische Entwicklungen – z.B. die stereoskopischen und kinematographischen Techniken, Fernaufnahmen für die Größenbestimmung von Organen – wurden damals ebenfalls vorgestellt und nicht zuletzt wurden Weiterentwicklungen und Verbesserungen der Röntgenröhren diskutiert. Selbst die ersten strahlentherapeutischen Ansätze und der Strahlenschutz sowie die Dosimetrie waren schon zu dieser frühen Zeit Gegenstand der wissenschaftlichen Arbeiten und der Vorträge.

Sieht man von der Kontrastmittelentwicklung ab, waren schon zu dieser Zeit – 1905 – die großen Forschungsthemen in der Radiologie umrissen, die bis in die 1920er Jahre ihre Gültigkeit hatten. Bereits 1913 konnten mit einem Röntgenkinomatographen zehn Herzbilder pro Sekunde aufgenommen werden. 02 Die technische Entwicklung der Röntgengeräte schritt bis zum ersten Weltkrieg mit großer Geschwindigkeit voran, insbesondere im Hinblick auf die beiden Hauptkomponenten der Röntgengeräte: dem Stromerzeuger und der Röntgenröhre.

Die Einführung von Blenden zur Reduzierung der Streustrahlung durch Bucky fällt ebenfalls in das Jahr 1913. Bereits zu dieser Zeit wurden strahlenbiologische Fragen systematisch und mit wissenschaftlicher Zielsetzung angegangen. Sie waren Zentrum der Diskussionen der wissenschaftlichen Sitzung auf dem Röntgenkongress 1914.

Die stürmische, technische und methodische Entwicklung in der Radiologie wurde durch den ersten Weltkrieg abrupt unterbrochen und setzte nach dem Krieg erst verzögert und langsam wieder ein.

Die klinischen wissenschaftlichen Schwerpunkte der Nachkriegszeit lassen sich aus den Leitthemen der Röntgenkongresse dieser Jahre entnehmen. So standen nacheinander die Lungendiagnostik, die Diagnostik des Magens und des Duodenums, des Ileums und des Kolons auf dem Programm. Werden hierfür orale Kontrastmittel eingesetzt, bedurfte die Gallendiagnostik auch der Gabe intravenöser Kontrastmittel. Deren Entwicklung begann im Jahre 1923. Seit dieser Zeit wurden Kontrastmittelanwendungen zu einem wesentlichen Element der klinischen Forschung, gestatteten sie doch durch Kontrastverstärkung eine differenziertere radiologische Diagnostik.

02 Kinematograph nach F. Groedel 1913

1911

Der Leipziger Physiker J. Lilienfeld baut die erste gasfreie Röntgenröhre mit kalter Kathode.

1911

B. Sabat entwickelt in Warschau die Kymographie.

In den 1930er Jahren wurde schließlich die Neuroradiologie zu einem zentralen klinischen Forschungsthema. Auch hier waren Kontrastmittel wesentlich am Fortschritt beteiligt. Als wichtige Entwicklungen sind die Pneuenzephalographie, die Myelographie und die Karotisangiographie zu nennen.

An dieser Stelle muss aber auch ein negatives Beispiel geschildert werden: Thorotrast wurde zunächst als ideales Kontrastmittel für die Arteriographie der Hirngefäße angesehen; es schien frei von Nebenwirkungen zu sein und wurde aufgrund der geringen Radioaktivität als nicht bedenklich eingestuft, trotzt vieler warnender Stimmen. Die exzellenten Kontraste, die mit Thorotrast erreicht wurden, ließen die Bedenken in den Hintergrund treten. Die Indikationen wurden sogar ausgeweitet und auch für Leber und Milzuntersuchungen empfohlen. Die Spätfolgen nach Inkorporation von Thoriumdioxid sind inzwischen bekannt: eine extrem hohe Exzessrate an primären Leberzellkarzinomen und auch an Leukämien.

Die Entwicklung der Strahlentherapie in dieser Zeit war stark klinisch ausgerichtet. Die fraktionierte Bestrahlung wurde eingeführt, die intraoperative Bestrahlung und vor allem auch Kombinationstherapien und Ganzkörperbestrahlungen erprobt. Die Entwicklung von Hochvoltanlagen und die Pendel- und Rotationsbestrahlung Mitte der 1930er Jahre waren dann ein wesentlicher technischer Schritt und eröffneten der Strahlentherapie neue Möglichkeiten.

Mit den Fortschritten der Kernphysik Ende der 1930er Jahre wurden neue Strahlenarten zugänglich. Nun standen Neutronen und künstlich erzeugte radioaktive Isotope für die medizinische Anwendung zur Verfügung. Die Dosimetrie war in dieser Zeit, und ist es heute noch immer, nicht unproblematisch. Die Einheit „Röntgen" wurde damals von der Physikalisch Technischen Reichsanstalt (heute Physikalisch Technischen Bundesanstalt (PTB)) definiert und setzte sich international durch. Die Dosimetrie anderer Strahlenqualitäten, wie Neutronen oder Gammastrahlung, wurde an diese Einheit über die Äquivalentdosis angelehnt.
Die Entwicklung der Drehanodenröhre war ein weiterer großer Schritt in der Röntgenröhrentechnik. Die Möglichkeiten der Röntgenuntersuchung wurden durch die Entwicklung der Schichtaufnahmetechnik erweitert, die erstmals 1930 bei einem Menschen durchgeführt wurde. Daneben gab es eine Vielzahl kleinerer technischer Verbesserungen, die es ermöglichten, die Qualität der Röntgenaufnahmen zu erhöhen: u.a. die stabilisierten Netzgeräte für die Hochspannung, aber auch die Stabilisierung für den Heizstrom.
Neben der Kontrastmittelanwendung wurden Ende der 1930er Jahre erstmals biologische Ansätze in der Strahlentherapie ins Auge gefasst. Es wurde über die Unterstützung der Strahlentherapie mit oxydationsfördernden und sensibilisierenden Substanzen diskutiert. Außerdem zeichnete sich die Anwendung von künstlich erzeugten Radioisotopen für die Diagnostik und Therapie ab. Sie rückte Ende der 1940er und in den 1950er Jahren zunehmend in den Mittelpunkt. Die radiologische Forschung nach dem Ersten Weltkrieg war ganz wesentlich durch klinische Fragestellungen geprägt. Grundlegende wissenschaftliche Fragen wurden nicht mehr ausführlich bearbeitet. Um dem entgegenzuwirken, kam es 1921 zu der Gründung eines „Instituts für

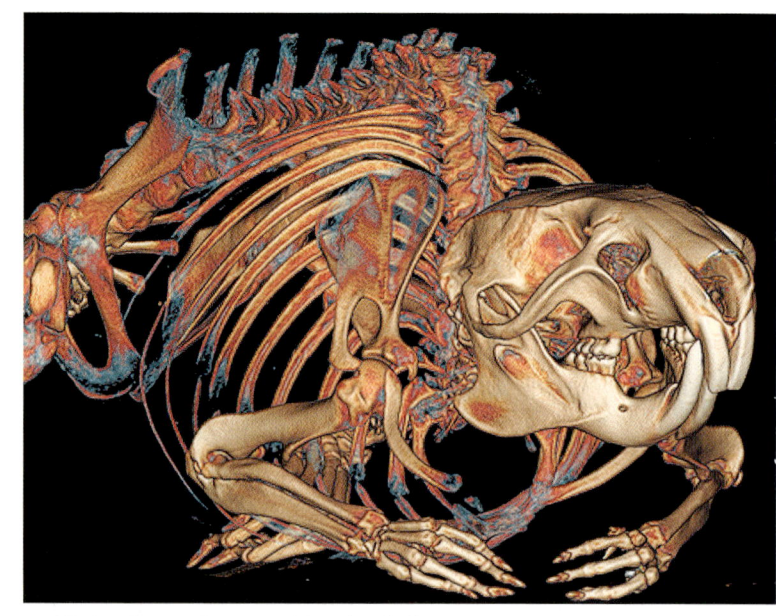

03 CT einer Ratte: 3D-Konstruktion des Skeletts

Physikalische Grundlagen der Medizin" durch Friedrich Dessauer, mit dem Ziel, strahlenphysikalische Prinzipien für Medizin und Biologie zu nutzen. Biologische und medizinische Effekte ionisierender Strahlung waren Hauptgegenstand der Forschungen dieses Instituts, das 1937 unter Boris Rajewski in „Kaiser Wilhelm Institut für Biophysik" umbenannt wurde. Auch das 1930 in Heidelberg gegründete „Institut für medizinische Forschung" sollte Methoden der Physik und Chemie in die medizinische Grundlagenforschung einführen. Diese akademischen Institutionen wandten sich grundlegenden Fragen zu, gingen eigene Wege und unterstützten die praktizierenden Radiologen nicht unmittelbar. Entwicklungen wurden in dieser Zeit vielfach von der Geräteindustrie geleistet.

Nach dem Zweiten Weltkrieg war zunächst Aufbauarbeit zu leisten und die klinisch-praktischen Probleme zu lösen. Die Forschung verlagerte sich in dieser Zeit weiter in den angloamerikanischen Raum, ein Trend, der schon während der nationalsozialistischen Ära begonnen hatte.
Mit der Entwicklung leistungsfähiger Rechnersysteme, hier ist vor allem die Raumfahrt als Motor zu nennen, wurde die digitale Bildverarbeitung möglich. Sollte Ende der 1960er und Anfang der 1970er Jahre ganz neue Möglichkeiten eröffnen. Bereits 1968 hatte Hounsfield den Prototypen eines Experimental-Scanners entwickelt. Er stellte 1972 den ersten Computertomographen vor. Gemeinsam mit Cormack erhielt Hounsfield dafür 1979 den Nobelpreis.

Die Einführung kleiner und immer schnellerer Hochleistungsprozessrechner führte zu einer Revolution in der bildgebenden Technik. So war die Einführung der digitalen venösen und später der arteriellen Subtraktionsangiographie 1975 ein wesentlicher technischer Entwicklungsschritt, der die klinischen Möglichkeiten erweiterte.

1911

6. Präsident der DRG
Bernhard Walter

1911

M. Curie erhält den Nobelpreis für Chemie für die Entdeckung der Elemente Radium und Polonium.

In der Nuklearmedizin wurden die analogen Szintillationskameras (Anger-Kamera) mit digitaler Bildaufnahme und Bildverarbeitung ergänzt und boten daher eine deutlich verbesserte Bilddarstellung und -auswertung. Die Entwicklung der Positronen-Emissions-Tomographie Ende der 1970er und in den 1980er Jahren wäre ohne die Kenntnisse aus der Kernphysik in Bezug auf Detektortechnik und Signalverarbeitung sowie von Rekonstruktionsalgorithmen und schnelleren Rechnern mit größerer Kapazität nicht möglich gewesen.

Die Ultraschallbildgebung hat ihre Wurzeln in einer Entdeckung von P. und J. Curie, die 1880 den piezoelektrischen Effekt nachwiesen. Technische Entwicklungen wurden wegen der Anwendung des Ultraschalls als SONAR (Sound, Navigation and Ranging) bereits im Ersten Weltkrieg, aber besonders in den 1940er Jahren forciert. Die medizinische Bildgebung wurde durch Ärzte und Ingenieure, denen das SONAR bekannt war, vorangetrieben. Ein bedeutender Schritt, der für die bildgebende Diagnostik nicht hoch genug zu bewerten ist, war die Entwicklung und Einführung der Magnetresonanztomographie, die bereits weiter vorn skizziert wurde. Dieser kurze – und gezwungenermaßen unvollständige – geschichtliche Abriss der Forschung und Entwicklung im Bereich der Gerätetechnik und der medizinischen Anwendung zeigt, wie eng die Erfolgsgeschichte der Radiologie mit physikalischen und technischen und in neuerer Zeit auch mit bio-physikalischen und biologischen Entwicklungen verknüpft ist. Dies spiegelt sich auch in der intensiven Zusammenarbeit zwischen Naturwissenschaftlern und Ärzten in den ersten Jahren des letzten Jahrhunderts in der Radiologie wider.

Aus dem Rückblick wird auch ersichtlich, dass sich die Fortschritte in der Radiologie in den letzten Jahrzehnten beschleunigt haben, insbesondere durch die Einführung der Schnittbildtechniken. Diese Entwicklung wurde durch die Zusammenarbeit verschiedener wissenschaftlicher Disziplinen ermöglicht. Die zunehmende Diversifizierung in Subdisziplinen wird die Zusammenarbeit

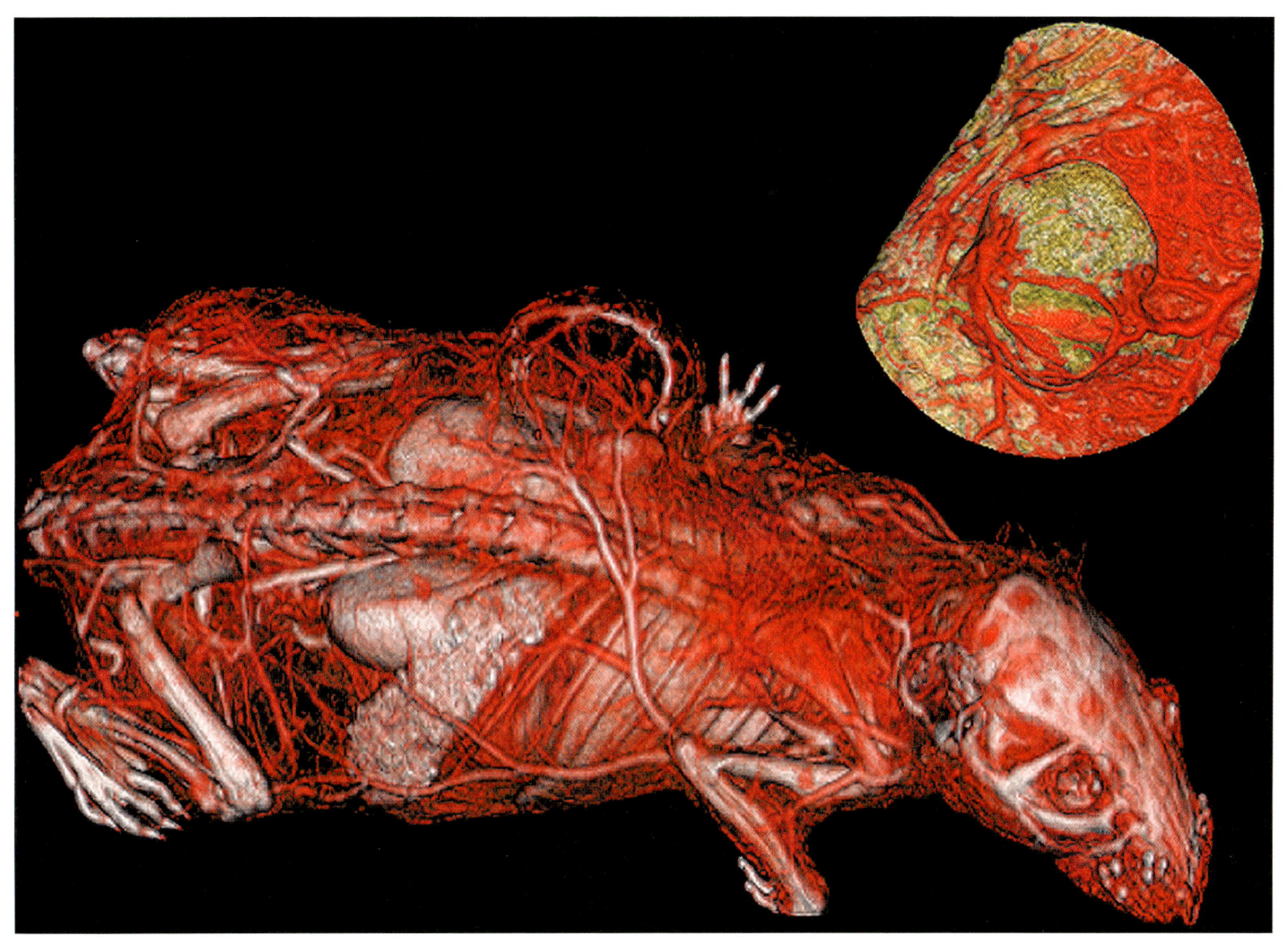

04 CT: Darstellung der Mikrogefäße einer tumortragenden Maus

1911

R. Rupprecht, Hamburg, entwickelt einen Zink-Silikat Leuchtschirm mit größerer Helligkeit, Zeichenschärfe und Beständigkeit.

1911

Die Mitgliederzahl der DRG beträgt: 552.

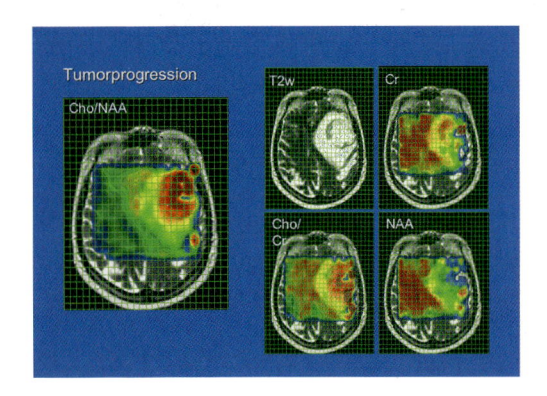

05 ¹H-MR-CSI eines Glioblastoms. Die In-vivo-Magnet-Resonanz-Spektroskopie gibt Informationen über Stoffwechselvorgänge und pathologische Veränderungen im menschlichen Körper.

in Zukunft noch komplexer und schwieriger machen. Wie wird die radiologische Forschung in der Zukunft aussehen? Zu dieser Frage sollen einige grundsätzliche Aussagen gemacht werden.
Die diagnostische Radiologie basiert auf physikalisch-technischen Prinzipien unter Hinzuziehung biologischer, insbesondere molekularbiologischer Methoden sowie Methoden der Bildverarbeitung und Datenverarbeitungs- und Informationstechnologien. Hier gibt es offensichtliche Parallelen mit der Nuklearmedizin und der Radioonkologie.

In den nächsten Jahren wird sich die Forschung und Entwicklung weiterhin auf die Schnittbildverfahren (Ultraschall, CT, MRT und PET sowie SPECT) konzentrieren. Die Optimierung dieser Verfahren ist noch lange nicht abgeschlossen, wie sich z.B. bei der CT auch in der Vergangenheit schon gezeigt hat. War man Ende der 80er Jahre des 20. Jahrhunderts der Meinung, dass die MRT die CT bald ganz ablösen würde, so konnte diese durch die Entwicklung der Spiral-CT und der in der Entwicklung und ersten Erprobung befindlichen Cone-Beam-Technologie wieder erheblich an Bedeutung zunehmen. ⸺▸04 Die Einführung hochauflösender Halbleiterflächendetektoren wird nicht nur die CT, sondern auch das konventionelle Röntgen in naher Zukunft revolutionieren. Ein Schwerpunkt der neuen Entwicklungen bei den konventionellen radiologischen Verfahren und der CT wird die Dosisreduktion sein. Die MRT hat sich in den letzten zwei Jahrzehnten stürmisch entwickelt, und ein Ende der Entwicklung ist noch lange nicht absehbar. Es seien nur einige Stichwörter genannt: Echtzeitbildgebung, funktionelle, metabolische und molekulare Bildgebung. MR-Hochfeldgeräte und MR-μ-Imaging-Verfahren werden erprobt. Diese Entwicklungen sollen eine verbesserte In-vivo-Charakterisierung von pathologischen Veränderungen ermöglichen; z. B. können Tumoren neben den bekannten TNM-Kriterien zusätzlich anhand ihrer Perfusion, ihres metabolischen Status, ihrer Rezeptordichte und anderer physikalischer und biologischer Parameter charakterisiert und damit die Therapie optimiert und individualisiert werden. ⸺▸05 Molekulare Marker – auch als krankheitsspezifische Kontrastmittel bezeichnet – werden dabei eine entscheidende Rolle spielen. Die Entwicklung solcher Marker für den klinischen Einsatz wird ein weiteres zentrales Forschungsthema in der Radiologie für das nächste Jahrzehnt sein. ⸺▸06
Um das Ziel einer krankheitsspezifischen In-vivo-Bildgebung zu erreichen, müssen alle bildgebenden Methoden mit ihren jeweiligen spezifischen Vor-

teilen einzeln oder in Kombination genutzt werden. Mittelfristiges Ziel der radiologischen Basisforschung und der klinischen radiologischen Forschung wird sein, eine multimodale, integrierte und krankheitsspezifische bildgebende In-vivo Diagnostik und Therapieverlaufskontrolle aufzubauen. Dies kann dabei durch Verschmelzen von unterschiedlichen bildgebenden Verfahren wie bei PET-CT-Geräten geschehen, aber auch durch Bildfusionsverfahren, die in Zusammenarbeit mit den IT-Wissenschaften entwickelt werden. Daneben ist eine verstärkte Integration der bildgebenden Verfahren – diese schließen auch die nuklearmedizinischen Verfahren (PET und SPECT) ein – in die Planungsprozesse lokoregionärer Therapieformen notwendig. Auch hier bedarf es der Zusammenarbeit von IT-Wissenschaften und Anwendern (z.B. Radioonkologen, Chirurgen).
Die genannten mittelfristigen, zukünftigen Forschungsfelder sind eine Weiterführung der heute begonnen Ansätze. Wie wird aber die langfristige Entwicklung der radiologischen Forschung aussehen? Soll die Radiologie auf die genannten Felder beschränkt bleiben oder auch expansiv andere verwandte bildgebende Methoden und Verfahren einbeziehen? Darüber sollte man sich innerhalb der radiologischen Gesellschaft baldmöglichst Gedanken machen und eine tragfähige Zukunftsperspektive für die Radiologie entwickeln.

An dieser Stelle sind weitere bildgebende Verfahren ins Blickfeld zu rücken: Es seien hier das Impedanz-Imaging, bildgebende Elektronen-Spin-Resonanz (ESR) kombiniert mit MRT-Techniken zur Detektion freier Radikale und Mikrowellen-Imaging genannt, deren Potenzial nicht bekannt oder wegen technischer Schwierigkeiten bisher nicht ausgelotet werden konnten. Optische Verfahren (z.B Optische Tomographie, Biolumineszenz-Bildgebung) werden für experimentelle Anwendungen am Tier verwendet, dabei können Fluoreszenz und Absorption für die Bildgebung genutzt werden, mit der Möglichkeit unterschiedlicher Eindringtiefe. ⸺▸07 Die Verwendung entsprechender – z.T. auch gentechnisch exprimierter – Marker ermöglichen Fluoreszenzreflektions- und Bioluminiszenzbildgebung und auch die Anwendbarkeit der Zweiphotonen- und 4π-Mikroskopie mit Höchstauflösung muss ausgelotet werden. Auch hier müssen die zukünftigen Forschungen zeigen, inwieweit diese Verfahren nutzbringend für die klinische Forschung und die klinische Routine eingesetzt werden können.

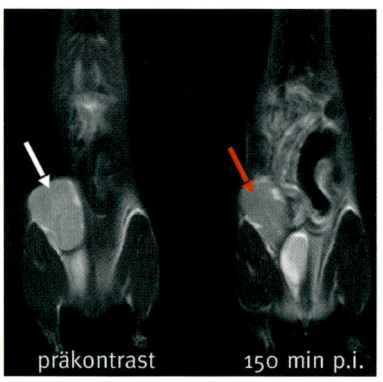

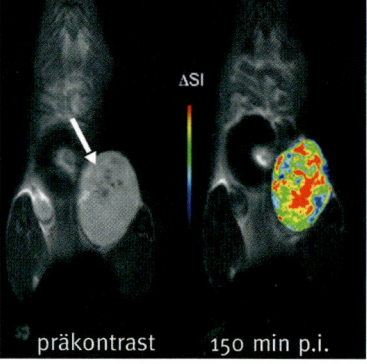

06 Transferrin-USPIO-beschichtete Magnetide

1911

Am 22. April wird das Röntgenmuseum der DRG im Neubau der Kaiser-Wilhelms-Akademie für das militärische Bildungswesen in Berlin eröffnet.

1911

Die Kosten für den 7. Röntgenkongress betragen 2 281,17 Mark.

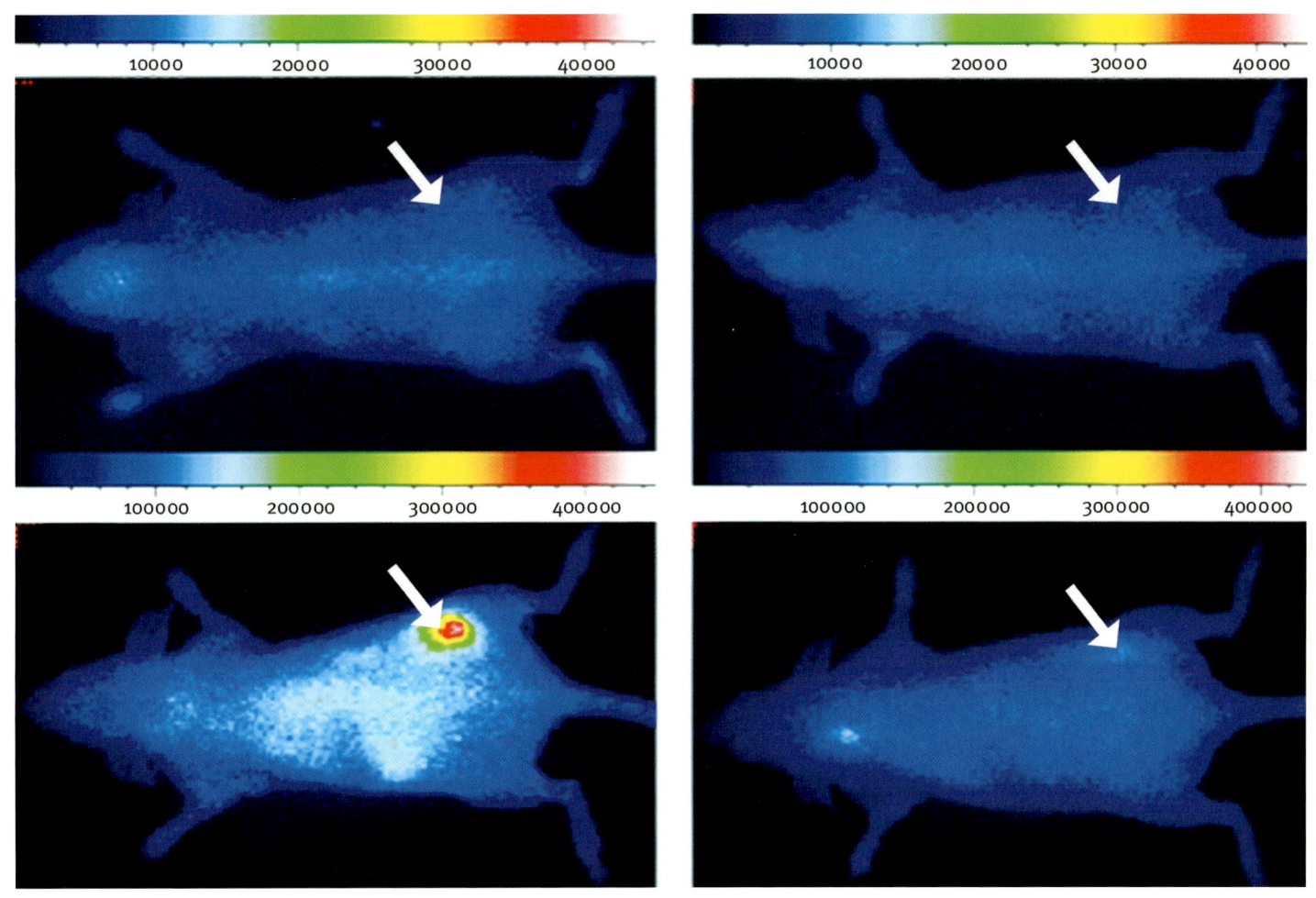

07 In-vivo-Fluoreszenzbildgebung ITCC = Indo-tri-carbocyanine-Farbstoff gekoppelt mit Octreotate (Octreotide) als NIR (Nah-Infrarot)-Kontrastmittel.
links unten: In-vivo-Fluoreszenzbildgebung bei einer tumortragenden Nacktmaus mit einem Indo-tri-carbocyanine-Farbstoff gekoppelt mit Octreotate (Octreotide) als Nah-Infrarot-Kontrastmittel (o.ä.). K. Licha et al., IDF

Die klinischen Fragestellungen und die klinische Forschung werden auch in Zukunft für die methodenorientierte Forschung die Ziel- und Aufgabenstellung formulieren, denn die Anwendung in der klinischen Routine ist das ultimative Ziel aller dieser Anstrengungen. Themen der klinischen Forschung werden für lange Zeit die Herzbildgebung und die Tumordiagnostik bleiben. Die In-vivo-Bildgebung ist für neurowissenschaftliche Fragestellungen heute nicht mehr wegzudenken und wird auch in Zukunft einen hohen Stellenwert einnehmen. Mit der Veränderung der Altersstruktur in der Gesellschaft wird die Altersforschung zunehmend wichtig. Desgleichen ist das Potenzial der Schnittbildverfahren für die Prävention, die zunehmend in den Mittelpunkt der Gesundheitsfürsorge rückt, abzuklären. Wenn – wie absehbar – auch die MRT für dieses Feld zum Einsatz kommt, dann sind diese Untersuchungen mit hohen Bilddatenmengen verbunden. Die radiologische Diagnostik wird ohne Rechnerunterstützung kaum noch möglich sein. Forschungen auf dem Gebiet der CAD (Computer Aided Diagnostics) sind angezeigt. Es muss ausgelotet werden, welche Kernaufgaben vom Arzt wahrgenommen werden müssen und welche Aufgaben intelligenten Auswertprogrammen überlassen werden können. Die heute noch im Rahmen der Radiologie vorgenommene Bilddatenhaltung, Datensicherung, Datenkatalogisierung etc. wird zu einem großen eigenständigen Gebiet heranwachsen. Inwieweit die Radiologie hier selbst das Zepter in die Hand nimmt oder Kooperationen eingehen sollte, wird ebenfalls ein wichtiger Diskussionspunkt sein müssen.

Welche Voraussetzungen sind notwendig, um die radiologische Forschung auch in Zukunft auf hohem Niveau weiterzutreiben? Zunächst muss die Multidisziplinarität, die die radiologische Forschung in der Vergangenheit bestimmte, stark gefördert werden. Ärzte, Naturwissenschaftler und Ingenieurwissenschaften müssen gemeinsam Problemlösungen erarbeiten, wobei die Ärzte die Fragestellungen aus Sicht der klinischen Anwendung formulieren und die Naturwissenschaftler und Ingenieurwissenschaften die Umsetzung erarbeiten müssen. Bei der Komplexität der heutigen bildgebenden Systeme ist die Zusammenarbeit mit der Industrie essenziell, allerdings ist die Verflechtung mit der Industrie nicht immer einfach und Fragen des Wissenstransfers (Patente) nicht unproblematisch. Es müssen daher zielgerichtete Allianzen mit anderen Fachdisziplinen, Forschungsorganisationen und der Industrie aufgebaut werden, um Problemlösungen voranzutreiben und die begrenzten Ressourcen effizient einzusetzen. Nur weitsichtige Forschungsplanung, enge Verbundenheit mit den Schwesterdisziplinen und anderen Fachdisziplinen können den Platz der Radiologen als Motor des Fortschritts auf dem Gebiet der bildgebenden Diagnostik garantieren.

1912
7. Präsident der DRG
Alban Köhler

1912
Der 8. Röntgenkongress findet im alten Langenbeckhaus in Berlin statt.

Industrielle Forschung in der Radiologie

Erich R. Reinhardt, Erlangen

Die deutsche Industrie nimmt auf dem Weltmarkt für medizintechnische Produkte eine hervorragende Position ein, die maßgeblich durch intensive industrielle Forschung und Entwicklung erreicht wurde. In den letzten Jahrzehnten entstanden eine ganze Reihe neuer Modalitäten und Systeme für die Radiologie, die die medizinische Diagnostik grundlegend verändert haben. Wirtschaftlich gesehen tragen innovative Systeme zur Verbesserung der Effizienz bei und damit zur Kostenreduktion im Gesundheitswesen.[1] Die noch junge Informations- und Kommunikationstechnologie bestimmt nicht nur in zunehmenden Maße die Leistungsfähigkeit der radiologischen Ausrüstung, sie hat auch das Potential, die Prozesse im Gesundheitswesen zu optimieren. Hierfür werden neue Produkte und Geschäftsmodelle entwickelt.

Die Industrie als Quelle von Innovationen für den Radiologen

Die Radiologie ist ein wichtiger Teil der Medizin und sicherlich der, der sich innovativer Technologie am meisten bedient. Es werden hochkomplexe Systeme eingesetzt, mit denen man in den menschlichen Körper hineinschauen, seine Morphologie und Funktion studieren und krankhafte Veränderungen lokalisieren kann. Der wissenschaftliche Fortschritt auf diesem Gebiet in den letzten 30 Jahren ist ganz außerordentlich: Nicht nur wurde die Röntgentechnik durch den Einsatz des Computers für die überlagerungsfreie Darstellung der lokalen Schwächung in Schnittbildern revolutioniert, ⟶ 01 mit der Magnetresonanztomographie (MR) wurde auch ein in der Medizin bis dahin unbekanntes physikalisches Phänomen zur Anwendung gebracht, das heute die Erstellung dreidimensionaler Bilder mit bis dahin unerreichtem Weichteilkontrast ermöglicht. ⟶ 02 Solcher Fortschritt wurde durch industrielle Forschung und Entwicklung (FuE) erreicht, und die deutsche medizintechnische

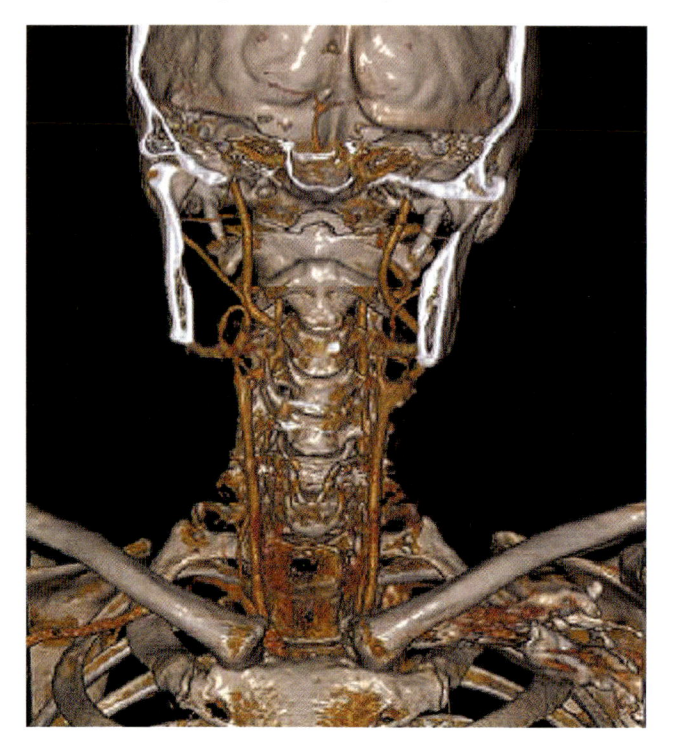

01 3D-Morphologie und Gefäßsystem des Menschen, aufgenommen mit einem High-End Computertomographen. Das System ermöglicht die Aufnahme von 64 Schichten in 0,33 Sekunden. Eine Ganzkörperaufnahme ist in ca. 25 Sekunden möglich und umfasst mehrere tausend Einzelbilder. Durch intelligente Softwarealgorithmen werden diese zu einem 3-dimensionalen Gesamtbild zusammengeführt.

1912

In der Geschäftssitzung der DRG anlässlich des Röntgenkongresses in Berlin werden Thesen von H. Albers-Schönberg zur Stellung der Röntgenologie als vollberechtigtes medizinisches Spezialfach und zur Stellung des Röntgenologen als vollberechtigter Spezialarzt diskutiert und verabschiedet.

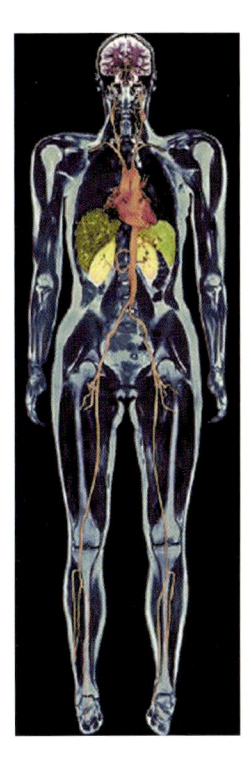

02 MR-Ganzkörperaufnahme mit Tim (Total Imaging Matrix). Hier konnte die Untersuchungsdauer zur Aufnahme eines bis zu 2,05m großen Menschen um mehr als die Hälfte auf 12 min verkürzt werden.
03 Entwicklungs-Road-Map in der Medizintechnik. Die Weiterentwicklung dieser Modalitäten ermöglicht für den Arzt eine erhöhte Diagnosesicherheit und für den Patienten eine schonendere Behandlung.

Industrie hat einen nicht unerheblichen Anteil daran. Sie hat sich weltweit eine führende Position erarbeitet und sichert heute viele tausend Arbeitsplätze nicht nur in Deutschland. Der ethische Anspruch etwas Positives für die Menschheit zu tun, motiviert die Mitarbeiter, die mit großer Begeisterung die Entwicklung vorantreiben. Jedoch sei auch erwähnt, dass nicht nur idealistische oder altruistische Motive in der medizinischen Industrie die Forschung bestimmen, sondern klare wirtschaftliche Notwendigkeiten und ein gnadenloser Konkurrenzkampf. Eine wesentliche Methode, sich am Markt zu behaupten, ist die kontinuierliche Investition in FuE und fruchtbare Partnerschaften mit innovativen Anwendern. Die Entwicklung bildgebender Systeme für die Medizin ist ein äußerst aufwendiges Unterfangen und eine Fehlentwicklung kann den Betrieb rasch an die Grenze seiner Leistungsfähigkeit führen, ebenso wie ein Verlust an Marktanteilen durch zu wenig Innovation.

Die industrielle Forschung für die Radiologie ist sehr stark durch technische Innovationen geprägt. Erinnert sei an die Erfindung der Röntgen-Computertomographie durch den späteren Nobelpreisträger Sir Geoffrey Hounsfield bei einer englischen Schallplattenfirma, die den enormen medizinischen und wirtschaftlichen Vorteil dieser neuen Methode erkannte.[2] Als fachfremde Firma stieg sie in den Markt medizintechnischer Produkte ein und behauptete zunächst ihr Monopol. Die etablierte Industrie musste eine mehrjährige aufwendige und kostenintensive technische Aufholjagd starten, bis sie gleichwertige und schließlich bessere Produkte anbieten konnte. Diese Erfahrung war auch ein wichtiger Grund, dass der Vorschlag des Chemikers Prof. Paul Lauterbur, kernmagnetische Resonanz zur Erzeugung von biologischen und medizinischen Bildern zu verwenden,[3] relativ rasch von der medizintechnischen Industrie aufgegriffen wurde: Einen ähnlichen Fehler, wie bei der Erfindung der CT wollte man vermeiden. Prof. Lauterbur erhielt zusammen mit dem Physiker Prof. Sir Peter Mansfield letztes Jahr den Nobelpreis für Medizin, womit sich die Vergabe des Medizin Nobelpreises an Techniker nach Hounsfield und Cormack wiederholte, eine Praxis, die nicht den unbedingten Beifall auf medizinischer Seite fand.

Kooperation zwischen Anwender und Industrie

Bei der Entwicklung eines neuen bildgebenden Verfahrens oder auch bei der Weiterentwicklung eines bewährten ist eine frühzeitige Kooperation mit dem Kunden, dem Radiologen entscheidend. Die CT wäre sicher nicht so schnell in den Markt eingeführt worden, wenn nicht gemeinsam mit Ärzten frühzeitig klinische Fälle untersucht worden wären und eine begeisterte Reaktion des Radiologen hervorgerufen hätte.

Die fruchtbare Zusammenarbeit zwischen Klinik und Industrie ist unverzichtbar. Sie erstreckt sich heute nicht nur auf die vorklinische Erprobung neuer Technologien und Anwendungen, sondern ist auch im Rahmen des externen Systemtests integraler Bestandteil für die qualitätsrelevante Freigabe neuer Produkte. Im vergangenen Jahrhundert hat eine erhebliche Anzahl medizintechnischer Innovationen Eingang in die klinische Routine gefunden. ----▶03 Hervorgehoben seien die digitale Subtraktions-Angiographie, die Volumen-CT, die 3D-Angiographie und die schnelle Bildgebung mit MRT, die durch technische Neu- und Weiterentwicklungen wie Computer, CT-Zeilendetektor, Röntgen-Flachdetektor, Röntgenröhre mit Drehanode-Gleitlager oder -flüssigkeitsgekühlt, magnetische Feldgradienten im Megawatt-Leistungsbereich usw. erst möglich wurden.

03 Chancen durch neue Technologien

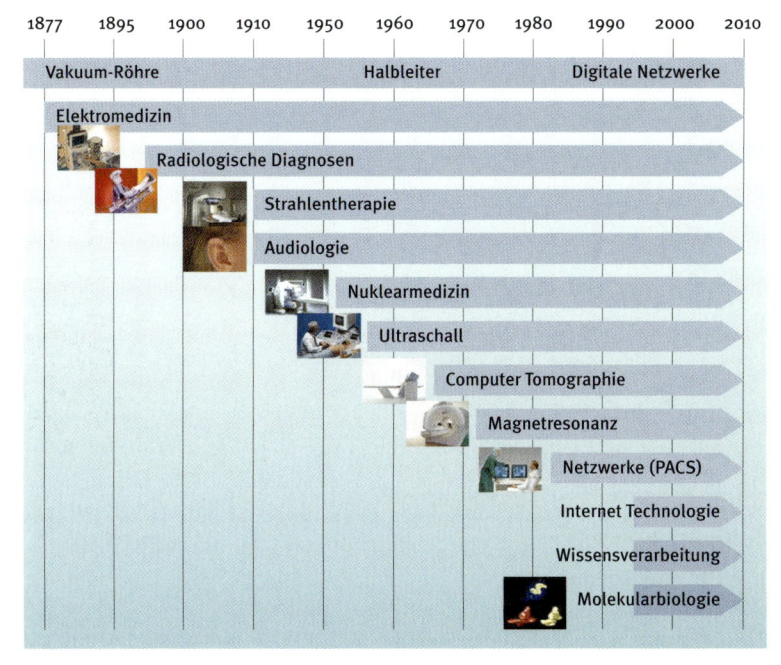

1912

In der Reiniger, Gebbert & Schall (RGS)-Strahlenforschungsstelle in München entwickelt T. Christen erstmals die theoretischen und praktischen Grundlagen zur quantifizierbaren Messung der Strahlendosis.

Kostendruck verändert das Gesundheitswesen

Das Interesse an Innovationen auf dem Gebiet der Medizintechnik geht wegen des individuellen, des gesundheitlichen und des volkswirtschaftlichen Nutzens im allgemeinen weit über den üblichen Kreis der Anbieter und Nutzer hinaus. Dabei werden auch die Kosten diskutiert, die natürlich unter Berücksichtigung des Aufwandes für ein bildgebendes System hoch erscheinen, tatsächlich aber im Vergleich zu den Gesamtkosten des Gesundheitswesens eher gering sind. Sie betragen weniger als 1% der jährlichen Aufwendungen unter Einschluss der Investitionen und des Betriebs bei Großgeräten. ▸04
Darüber hinaus ist eine innovative radiologische Ausrüstung effizienter, indem sie frühere, schnellere und sicherere Diagnosen ermöglicht. Der entstehende volkswirtschaftliche Nutzen, wenn zusätzlich der gesamte Diagnose-Behandlungs-Prozess optimiert und auf den Patienten abgestimmt wird, ist leider nicht untersucht. Im Moment ist in Deutschland ein Trend festzustellen, die Grenzen einer breiten Anwendung innovativer Technologien zu postulieren, anstatt die Chancen zu sehen und wahrzunehmen, die sich für eine hohe Lebensqualität aus der Anwendung dieser Technologien ergeben.

04 Kostenanteil der elektromedizinischen Technik

+39%

163 Mrd. Euro (1992) → 226 Mrd. Euro (2001)

In Summe:
Medizintechnik gesamt: 15%
davon Großgeräte: 1%

Medizinische Anwendung: 4%
Anteil der Großgeräte: 0,8%

Investment: 1%
Anteil der Großgeräte: 0,2%

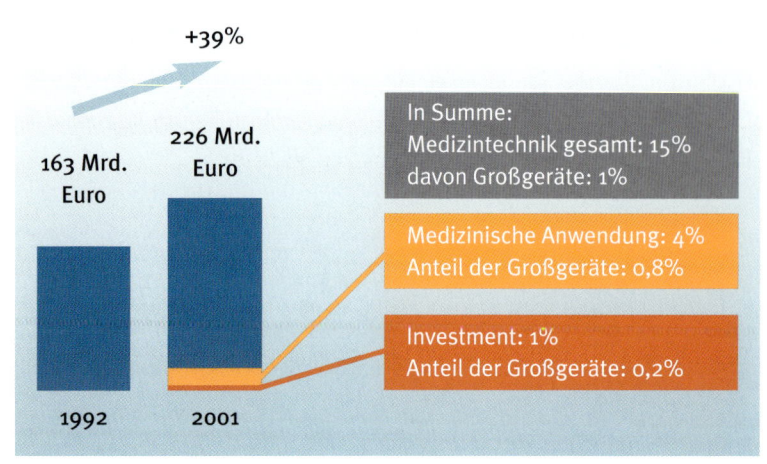

Gesamtausgaben für Gesundheit in Deutschland und Kostenanteil der elektromedizinischen Technik

Der Anteil der Gesamtausgaben für die Gesundheit gemessen am Bruttosozialprodukt hat sich seit 1996 kaum verändert. Dies bedeutet, gerade unter Berücksichtigung der demographischen Entwicklung und des höheren Gesundheitsbewusstsein der Bevölkerung, dass es nicht die Kosten für Gesundheit sind, die Probleme bereiten. Es ist vielmehr die Art und Weise der Finanzierung des Gesundheitssystems und der Mangel an Transparenz bezüglich Qualität und Kosten der Leistungen. Die Patienten müssen in die Lage versetzt werden, zusammen mit dem Arzt zu entscheiden, welche Behandlung für sie optimal ist. Dies setzt eine höhere Eigenverantwortlichkeit der Patienten voraus. Nur so können wir vermeiden, dass der Einzelne aus Kostengründen auf gewisse gesundheitliche Leistungen verzichten muss. Der zunehmende Kostendruck im Gesundheitswesen verändert auch den radiologischen Markt. Investitionen werden nicht mehr allein „als für eine sicherere und weniger belastende Diagnose notwendig" gerechtfertigt und getätigt. Innovationen in der Radiologie fokussieren sich verstärkt auf die Optimierung der Arbeitsabläufe und auf Effizienzsteigerung beim Radiologen. Auch entscheidet nicht mehr allein der Radiologe über die Anschaffung sondern auch der für die Wirtschaftlichkeit einer medizinischen Einrichtung Verantwortliche.

Die medizintechnische Industrie muss sich den veränderten Gegebenheiten anpassen. Der Schwerpunkt medizintechnischer Entwicklung verlagert sich von der Entwicklung ganz neuer Modalitäten zur Steigerung der Leistungsfähigkeit bewährter Produkte. In einer ganzheitlichen Betrachtung werden die Systeme auf höchsten Kunden- und Patientennutzen unter Einbeziehung wirtschaftlicher Aspekte optimiert. Das bedeutet verbessertes Preis-Leistungs-Verhältnis, kürzere Entwicklungszeit, rationalisierte Fertigung, raschere Montage und hohe Verfügbarkeit der Geräte beim Kunden.

FuE in der medizintechnischen Industrie für die Radiologie wird deshalb zunehmend auf eine breitere Anwendungsbasis der bildgebenden Geräte ausgerichtet. Neue Applikationen wie Herz- und Lungenuntersuchungen mit CT und MR wurden entwickelt, zukünftige Anwendungen wie „Molecular Imaging" vorangetrieben. Dabei spielt die Informations- und Kommunikationstechnologie (ICT) die Hauptrolle und macht bereits jetzt mehr als die Hälfte der Entwicklungskosten für neue Produkte aus.

ICT verändert die FuE Landschaft

Alle bildgebenden Modalitäten sind inzwischen „digital", d.h. die Bildinformation wird mit Hilfe von Computern erzeugt, bearbeitet, dargestellt und gespeichert. Technologisch bedeutet dies einen Paradigmenwechsel, weg von der mechanisch/elektrotechnisch geprägten Gerätetechnologie hin zu intelligenten anwenderfreundlichen Systemen, die durch Rechnerprogramme und Software geprägt sind. Eine einheitliche Softwareplattform mit einer intuitiven Benutzeroberfläche für alle medizintechnischen Systeme vereinfacht die Arbeitsabläufe in einer radiologischen Abteilung und verkürzt Einarbeitungszeiten bei neuen Applikationen. Der Benutzer muss sich nicht mehr auf eine neue Software umstellen, wenn er von einer CT- zu einer MR-Applikation wechseln muss.[4] Das Berufsbild der FuE-Abteilungen wird erweitert, klassische Ingenieur- und Informationswissenschaftler arbeiten Hand in Hand, um auch weiterhin Innovationen auf dem weltweit wachsenden Markt anzubieten. Das Datenaufkommen bei modernen bildgebenden Systemen muss beherrscht werden. Ein moderner Mehrschicht-CT Scanner kann in Sekundenschnelle mehrere 1000 Schichten produzieren. Das ist das tausendfache des Datenumfangs, den Systeme vor 20 Jahren produzierten. Soviel Information kann nur mit leistungsfähigen Bildverarbeitungsprogrammen ausgewertet werden und fordert die Weiterentwicklung computerunterstützter Diagnoseprogramme geradezu heraus.

Software-Entwicklung ist personal- und zeitintensiv. Bei der Entwicklung neuer Anwendungen werden Kunden bereits in der Spezifikationsphase eingebunden, um Fehlentwicklungen zu vermeiden und neue Methoden so anwenderfreundlich wie möglich zu gestalten. Dabei entstehen neue Ideen oftmals auch beim Anwender.

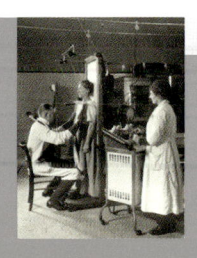

1912
Der Beruf der technischen Assistentin an wissenschaftlichen Instituten wird durch staatlich anerkannte Prüfungen durch das Preußische Handelsministerium verankert.

1912
Unter der Schriftleitung von H. Meyer aus Bremen wird die Zeitschrift „Strahlentherapie" erstmals herausgegeben.

Dies führt zu veränderten FuE-Strategien in der medizintechnischen Industrie. Man entwickelt nicht mehr alles im Hause, sondern geht Partnerschaften mit innovativen Universitäten, Anwendern und Spezialisten ein, um das hohe Innovationspotential in der Medizintechnik in immer kürzerer Zeit zu realisieren. So nimmt die Bedeutung der wissenschaftlichen Zusammenarbeit zwischen forschungsintensiven Radiologieabteilungen und der Industrie noch zu.

Informationstechnologie ermöglicht die Optimierung der Prozesse im Gesundheitswesen

Moderne Informationstechnologien sind heute in der Lage, alle Beteiligten in der Gesundheitsversorgung zu verbinden und die Versorgungsprozesse patienten-zentriert auszurichten und zu optimieren. Dies bildet die Grundlage dafür, die Qualität weiterhin zu steigern, die Kosten aber zu senken. Arbeitsabläufe im Gesundheitswesen, sowohl die administrativen als auch die klinischen können erfasst, analysiert und optimiert werden. Die elektronische Patientenakte spielt dabei die zentrale Rolle, um die notwendige Information am Ort der Behandlung zur Verfügung zu stellen. ⇢05

Die Prozessoptimierung ist der Schlüssel zur Effizienzsteigerung im Gesundheitswesen. Dieses Ziel kann aber nur in engster Kooperation zwischen den Ärzten, den Krankenhäusern und den Krankenkassen verwirklicht werden. Schließlich sind es die Patienten, an deren Wünschen sich alle Bemühungen in der Gesundheitsversorgung ausrichten. Der Patient steht im Zentrum eines fortschrittlichen Gesundheitswesens. Die Industrie kann die Werkzeuge hierfür bereitstellen, doch ist bisher noch unklar, ob der politische Wille für ein solches Vorhaben wirklich vorhanden ist.

Ausblick

Die industrielle Forschung in der Radiologie hat sich verändert, so wie sie auch die Radiologie verändert hat. Zunächst sind gänzlich neue Untersuchungsverfahren wie die CT und die MRT aus der industriellen Forschung hervorgegangen, nach deren Etablierung wurde die Leistungsfähigkeit und Schnelligkeit durch verbesserte und neue Technologien immens gesteigert und schließlich entstehen neue Anwendungen für einen breiteren Einsatz. Möglich wurde dies nur in engster und vertrauensvoller Zusammenarbeit mit dem Radiologen. Die zunehmende Nutzung der ICT betrifft sowohl die industrielle Forschung und Entwicklung als auch den Radiologen. Zukünftige Anwendungen, wie „Molecular Imaging" und die Einbeziehung gen- und biotechnologischer Erkenntnisse, werden die Diagnostik in einem noch früheren Krankheitsstadium ermöglichen. Dabei helfen IT-Lösungen dem Radiologen seine hochspezialisierte Arbeit effizient zu erbringen. Hiefür bedarf es leistungsfähiger Werkzeuge, die in enger Partnerschaft mit dem industriellen Partner entwickelt werden.

Die Zusammenarbeit zwischen dem Radiologen und der Industrie ist eine Win-Win Situation: Der Radiologe wird die Produkte und Lösungen der medizintechnischen Industrie nur abnehmen, wenn sie für seine Patienten einen höheren Nutzen bedeuten und die Effizienz seiner Praxis steigern. Diese Erfordernisse können nur erfüllt werden, wenn die Industrie die Erfordernisse und Prozesse vor Ort versteht.

Voraussetzung für das Funktionieren dieser Partnerschaften ist jedoch ein freier und wettbewerblicher Markt, der den Partnern Aussicht auf die entsprechende Intensivierung ihrer Bemühungen liefert.

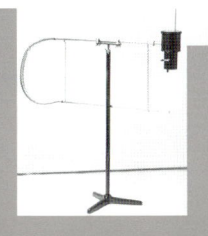

05 Plattform Strategie: Verbesserter Workflow

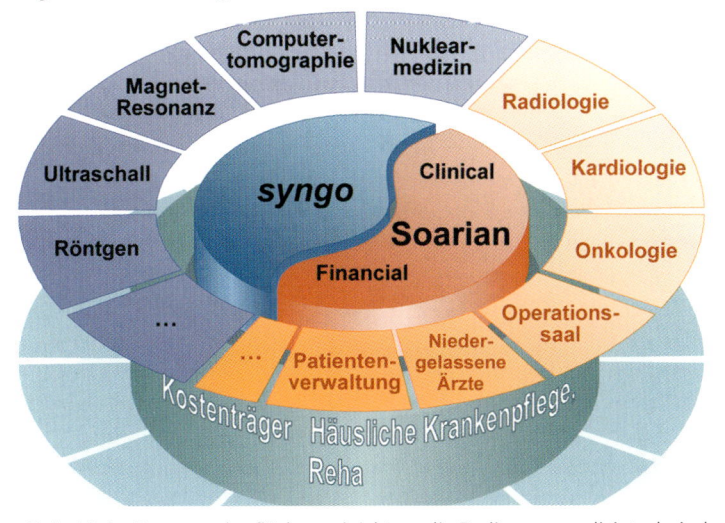

Einheitliche Benutzeroberflächen erleichtern die Bedienung medizintechnischer Systeme. Die Integration der vollständigen Information in Krankenhausinformationssysteme und in IT-Lösungen, die diese Information im Gesundheitswesen bereitstellen, schafft die Möglichkeit Patienten mit steigender Qualität und fokussiert auf ihre Bedürfnisse zu behandeln.

1912
T. Christen ermöglicht mit dem Iontoquantimeter erstmalig quantifizierbare Messungen der Strahlendosis. Dies ist der Beginn der exakten und reproduzierbaren Dosimetrie.

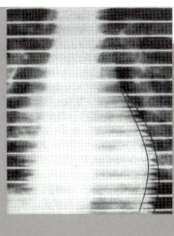

1912
J. Rosenthal und T. Gött, München, entwickeln die Grundlagen der Kymographie.

Entwicklung des Faches – Niedergelassene Radiologie

Karina Hofmann-Preiss, Erlangen
Wolfgang Langlouis, Lauf

Bereits im Oktober 1896 betreibt der in Berlin-Mitte praktizierende Arzt Max Levy-Dorn (1863-1929) ein eigenes Röntgenlaboratorium. Die erste „Gemeinschaftspraxis" entsteht bereits im Februar 1897 in Hamburg. Dort eröffnet Heinrich E. Albers-Schönberg (1865-1921) zusammen mit seinem Kollegen Deycke (1865-1940) das „Röntgeninstitut sowie Laboratorium für medizinisch hygienische Untersuchungen".

Sowohl Levy-Dorn als auch Albers-Schönberg befassen sich auch wissenschaftlich mit der neuen Disziplin und veröffentlichen beide im Laufe ihres Lebens mehr als 200 Arbeiten zu radiologischen Themen.

Beide Ärzte wechseln nach Kurzem allerdings aus ihrer privatärztlichen Tätigkeit an ein Krankenhaus. Levy-Dorn plant das Röntgeninstitut am neu erbauten Rudolf-Virchow-Krankenhaus und wird 1906 dessen erster Leiter, Albers-Schönberg arbeitet ab 1903 zunächst kommissarisch, ab 1905 festangestellt als Spezialarzt für Röntgenverfahren am St. Georg Krankenhaus in Hamburg. In Würdigung ihrer wissenschaftlichen Tätigkeit wird Albers-Schönberg 1907, Levy-Dorn 1909, der Professorentitel verliehen.

Neben diesen durch ihren wissenschaftlichen Werdegang bekannt gewordenen Radiologen haben zur gleichen Zeit aber weitere, weitgehend unbekannt gebliebene Ärzte begonnen, Röntgenuntersuchungen in der Praxis durchzuführen. Ihre Spur ist schwieriger zu verfolgen. Über die individuelle Geschichte einer Praxis bestehen zwar vereinzelte Dokumentationen, diese beginnen aber meist erst nach dem 2. Weltkrieg. Die Tätigkeit der niedergelassenen Ärzte kann damit allenfalls anhand von Ärzteverzeichnissen verfolgt werden.

Die Entwicklung der Radiologie in der Niederlassung kann deshalb nur schlaglichtartig an einigen Beispielen aufgezeigt werden.
So schreibt im November 1897 der praktische Arzt Dr. Metzner aus Dessau: „Mit dem von der Firma Reiniger, Gebbert und Schall gelieferten kompl. Röntgen-Instrumentarium, das ich seit mehr als Jahresfrist in Gebrauch habe, bin ich ganz außerordentlich zufrieden, die Leistungen des Apparates genügend photographische Kenntnisse vorausgesetzt – sind so vorzüglich, dass ich ihn durchaus empfehlen kann."[1]
Im Jahr 1906 hatte Dessau nur 55 134 Einwohner. Die Empfehlung von Dr. Metzner zeigt, dass das neue Verfahren also nicht nur in Großstädten wie Berlin sehr schnell angenommen wurde.

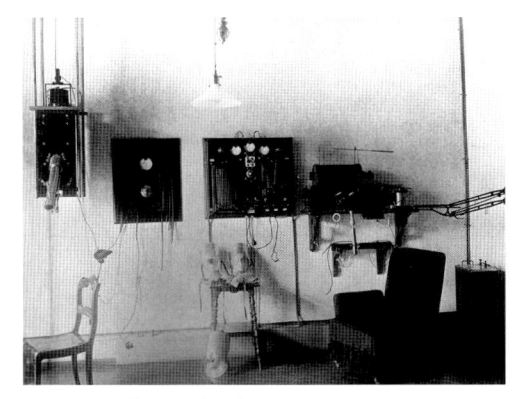

Bis 1945

Das Röntgeninstitut von Dr. Metzner hat wohl über viele Jahre existiert. Er ist sowohl im ersten kompletten Ärzteverzeichnis des späteren Hartmannbundes[2] als auch im Reichsmedizinalkalender von 1935[3] verzeichnet.
Mit der Einführung des Facharztes für Röntgen- und Lichtheilkunde im Jahr 1924 entwickelt sich zumindest in den größeren Städten die Radiologie auch in der Niederlassung wohl sehr schnell. Wie man aus dem Jahr der Approbation erkennen kann, sind es überwiegend junge Ärzte, die sich für dieses Fach interessieren. Dass sie dem Fortschritt generell sehr aufgeschlossen gegenüberstehen, zeigt die Tatsache, dass die meisten radiologisch tätigen Ärzte bereits 1906 über einen Telefonanschluss in ihrer Praxis verfü-

01 Institut Albers-Schönberg

1912
Gauß und Lembcke führen den Begriff „Röntgenkater" als Folgeerscheinung der Strahlentherapie ein.

1913
8. Präsident der DRG
Max Immelmann

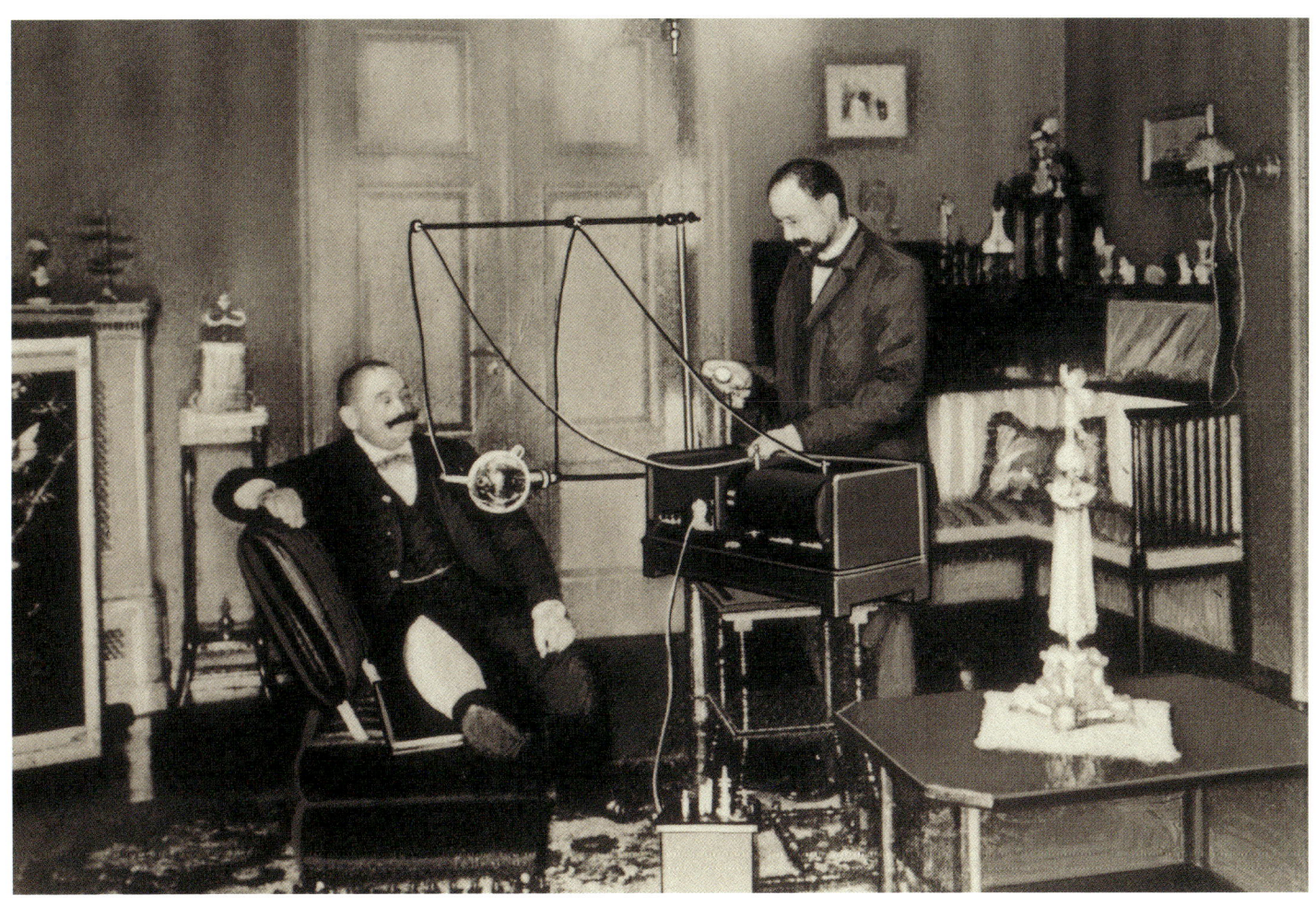

02 Röntgenaufnahmen in ärztlicher Praxis um 1905

gen, was für andere Fachrichtungen zu dieser Zeit noch nicht in gleicher Weise gilt.

In Berlin waren 1906 einschließlich der Praxis von Dr. Levy-Dorn zumindest drei wohl ausschließlich radiologisch tätige Ärzte niedergelassen.[2] 1935 sind bereits 29 rein radiologisch tätige Ärzte im Reichsmedizinalkalender[3] aufgeführt, darunter auch eine Frau.

Tilly Moses, die ihre Approbation 1919 erhielt, ist mit ihrem Mann Bruno Moses, einem Sportarzt und Chirurgen, in einer Gemeinschaftspraxis in Charlottenburg niedergelassen.

Die Jahre des Nationalsozialismus generell und auch direkte Kriegsfolgen hinterlassen auch bei den niedergelassenen Radiologen tiefe Spuren. Das im Krieg stark zerstörte Frankfurt am Main kann dafür als Beispiel dienen. 1933 bestehen in Frankfurt 4 radiologische Praxen.

1945-1970

Im Ärzteverzeichnis der Stadt Frankfurt[4] von 1948 sind dann nur noch zwei niedergelassene Radiologen verzeichnet. Lediglich einer dieser Radiologen ist bereits 1935 im Reichsmedizinalkalender[3] aufgeführt. Der Standort seiner Praxis ist nach dem Krieg noch derselbe; die Räumlichkeiten scheinen die Bombardements von Frankfurt also relativ unbeschadet überstanden zu haben.

Die drei anderen, vor dem Krieg tätigen Radiologen, sind nicht mehr aufgeführt, auch die Praxisstandorte als solche existieren wohl nicht mehr, da der Radiologe, der sich 1949 neu niederlässt,[5] eine andere Praxisadresse hat.

Die apparative Ausstattung einer Röntgenpraxis unterscheidet sich aufgrund der Verhältnisse direkt nach dem Krieg nicht gravierend von der einer Röntgenpraxis vor dem Krieg. Neben Röntgenuntersuchungen der Lunge und des Skelettes werden häufig auch noch Oberflächenbestrahlungen und Tiefentherapie durchgeführt. Nach 1950 werden zunehmend auch Durchleuchtungsgeräte in den Praxen eingeführt.

1913

In einer Denkschrift zur Klärung der Unterrichtsfrage wird hervorgehoben, „dass entsprechend der immer steigenden Bedeutung der Röntgenologie dieses Fach hinfort an den Hochschulen von einem eigenen Vertreter, von einem Dozenten im Hauptamt, gelehrt werden möchte, der für dieses Fach einen Lehrauftrag bekommt."

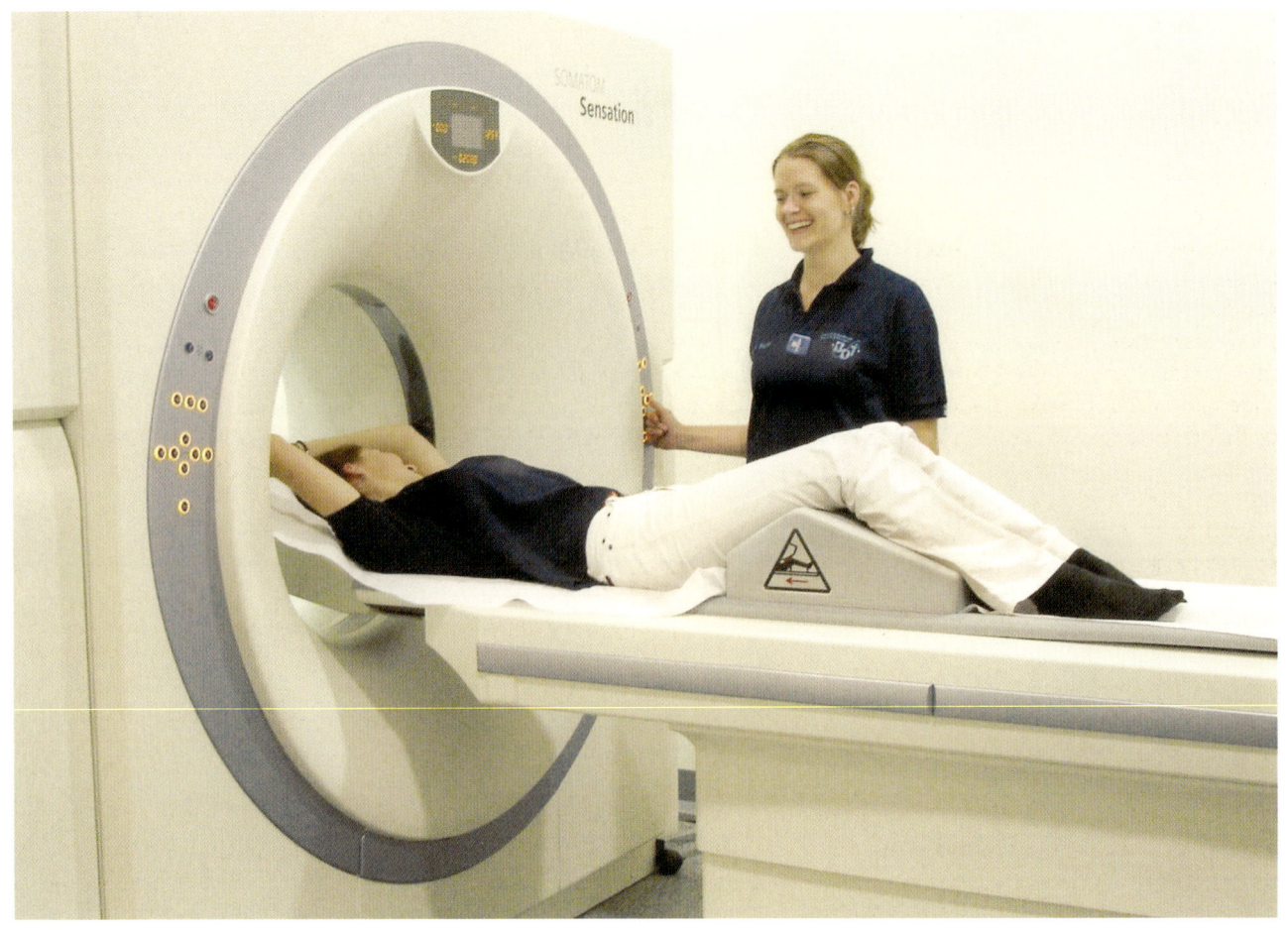

03 Untersuchung an einem Computertomographen der neusten Generation

Nach 1970

Mit dem Generationswechsel in den Praxen Anfang der 70er Jahre kommen junge Radiologen in die Praxis, die in ihrer Ausbildung neue Verfahren erlernt haben.
Mammographie, Ultraschall und nuklearmedizinische Untersuchungen werden durch sie fester Bestandteil der ambulanten Radiologie. Ende der 70er Jahre lassen sich dann auch erste Fachärzte für Nuklearmedizin zusammen mit Radiologen nieder, das Spektrum der ambulant angebotenen diagnostischen und therapeutischen Verfahren erweitert sich dadurch erneut.

Nachdem der erste kommerziell erhältliche Computertomograph 1972 auf den Markt gekommen ist, hält auch diese Technik schnell Einzug in den Praxen. Die ersten Geräte zur Untersuchung des Kopfes werden in der Niederlassung schon 1977 aufgestellt. Die Ganzkörperscanner folgen schnell. 1988 werden z.B. in München schon mehr als 30 CT Geräte in Niederlassungen betrieben, insgesamt stehen in Deutschland zu diesem Zeitpunkt 594 CT Geräte.[6]

Anfang der 80er Jahre wird auch die digitale Subtraktionsangiographie, die 1975 eingeführt wurde, von großen Praxen übernommen. Damit wird auch die Angiographie, die als invasive Untersuchung bislang nur stationär durchgeführt wurde, im ambulanten Bereich verfügbar.

Ab 1981 wird die MRT (Kernspintomographie) in Deutschland klinisch erprobt. Das Deutsche Ärzteblatt stellt die Methode in seiner Juliausgabe 1982 als revolutionäres Verfahren vor.
Schon Ende 1983 steht einer von damals 8 in Deutschland installierten Kernspintomographen[6] in einer Praxis. Obwohl die Krankenkassen zunächst ankündigen, die Untersuchungen nicht zu bezahlen, da eine wissenschaftliche Prüfung der Wertigkeit des Verfahrens noch aussteht, setzt sich die Kernspintomographie in der Praxis schnell durch.
Seit den 90er Jahren werden zunehmend auch invasive Verfahren in die Praxis übernommen. Unter anderem werden interventionelle Eingriffe an peripheren Gefäßen (Ballondilatationen und Stentimplantationen) ambulant durchgeführt.

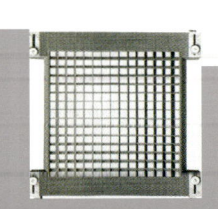

1913
Der Berliner Radiologe G. Bucky entwickelt die stationäre Streustrahlenblende.

1913
A. Salomon, Berlin, fertigt erste Röntgenaufnahmen von Mammakarzinomen am Präparat an.

Die Positronenemissionstomographie (PET) als innovatives nuklearmedizinisches Verfahren, das insbesondere in der onkologischen Diagnostik deutliche Verbesserungen erwarten lässt, wird Mitte der 90er Jahre ebenfalls von einigen großen Gemeinschaftspraxen in der ambulanten Versorgung angeboten.

Die Entwicklung im Gesundheitspolitisches Umfeld

Die in den letzten 25 Jahren neu entwickelten bildgebenden Verfahren haben einen enormen diagnostischen Zugewinn gebracht. Sie wurden alle von den niedergelassenen Radiologen zeitnahe in die ambulante Versorgung übernommen.

Dadurch steigt auch die Zahl der in der Niederlassung betriebenen Großgeräte – vor allem CT und MRT – gegen Ende der 80er und Anfang der 90er Jahre stark an. Da die Politik davon ausgeht, dass durch die zunehmende Zahl der Geräte eine medizinisch nicht indizierte Ausweitung der Leistungen entsteht, wird im Gesundheitsreformgesetz (GRG) 1988 die Standortplanung durch einen Großgeräteausschuss eingeführt. Man erhofft sich davon einen bedarfgerechteren und wirtschaftlichen Einsatz der Großgeräte. Diese Großgeräteabstimmung wird dann aber durch das Zweite Krankenversicherungs-Neuordnungsgesetz 1997 wieder aufgehoben. Bemerkenswert ist, dass im Zeitraum der Standortplanung, also zwischen 1988 und 1997, die Zahl der in Deutschland in Krankenhaus und Niederlassung betriebenen CT Geräte von 594 auf 1405 gestiegen ist. 792 dieser Geräte werden in Krankenhäusern, 613 in Praxen betrieben. Die Zahl der MRT Geräte ist im gleichen Zeitraum von 78 auf 511 angestiegen.[6]

Vor Inkrafttreten der Bedarfsplanung nach 3 SGB V §99 nimmt die Zahl der niedergelassenen Fachärzte, darunter auch die der Radiologen, bis zum 4. Quartal 1993 nochmals deutlich zu. Im Jahr 2004 praktizieren z.B. in Frankfurt mehr als 30, in Berlin mehr als 200 Radiologen.

Handelte es sich in den Anfangsjahren der Radiologie überwiegend um Einzelpraxen, schließen sich jetzt immer mehr Radiologen und Nuklearmediziner zu Gemeinschaftspraxen mit mehreren Mitgliedern zusammen. In Frankfurt sind z.B. im Jahr 2003 weniger als 10% der Radiologen noch in einer Einzelpraxis tätig.

Mit Beginn der Großgeräteplanung werden radiologische Praxen zunehmend auch an Kliniken betrieben, da dort Standorte genehmigt werden. Die dort aufgestellten Großgeräte werden gemeinsam genutzt. Teilweise versorgen die niedergelassenen Radiologen auch die Klinik mit allen radiologischen Leistungen.

Diese neuen, innovativen Kooperationsformen sind, wie auch bereits frühere Entwicklungen in der Radiologie, den jeweils bestehenden Rahmenbedingungen häufig weit voraus.

Die Wahrung berufspolitischer Interessen des Faches war auch deshalb für die Radiologie schon immer außerordentlich wichtig. Bereits 1955 hat sich zu diesem Zweck der Berufsverband der Radiologen und Nuklearmediziner (BVdRN- heute BDR) konstituiert, dem sowohl Ärzte aus der Klinik als auch niedergelassene Radiologen angehören.

Innovationen in der Medizintechnik sind grundsätzlich mit hohen Kosten verbunden, dies gilt von Anfang an auch für die Radiologie.

Für eine Röntgeneinrichtung modernster Bauart musste man im Jahr 1898 bereits 1614 Goldmark bezahlen[1] Man erhielt dafür ein hochleistungsfähiges Röntgengerät, das man an die elektrische Stromversorgung anschließen konnte. Eine „ausprobierte gute Vakuumröhre" – die häufig ausgewechselt werden musste– kostete damals 20 Goldmark.

Zur selben Zeit verdiente ein Angestellter in einer Spitzenposition maximal 800 Mark im Jahr. Daraus ist zu ersehen, dass schon die Pioniere der Radiologie ein nicht unerhebliches finanzielles Risiko auf sich genommen haben. Noch 1906 war die Vergütung radiologischer Leistungen in den deutschen Bundesstaaten nicht generell geregelt. Lediglich für Bayern sind in der Zusammenstellung der Medizinaltaxen für Leistungen der praktischen Ärzte[3] Gebühren für radiologische Leistungen eingetragen.

Für eine Durchleuchtung mit Röntgenstrahlen konnten 10-30 Mark angesetzt werden, für eine „Röntgen-Photographie" 20-50 Mark.

Grundsätzlich bestehen die schon 1906 evidenten Probleme noch immer. Neue Verfahren, die erst nach Verabschiedung einer Gebührenordnung in der kassenärztlichen Versorgung angeboten werden, werden durch diese nicht abgebildet. Ihre generelle Einführung in die kassenärztliche Versorgung oder auch deren Ablehnung, wie bei der PET, erfolgt mit zeitlicher Verzögerung.

Nachdem sich darüber hinaus die Vergütungssituation auch für die ambulante Radiologie in den letzten Jahren nicht verbessert hat, stellt die Einführung neuer Methoden immer wieder ein wirtschaftliches Wagnis für die niedergelassenen Radiologen dar.

Trotzdem haben sie immer wieder in innovative Technik investiert und ermöglichen damit in ihrem Fach zurzeit noch die ambulante Versorgung der Bevölkerung auf hohem Niveau. Im Gegensatz zu anderen europäischen Staaten geschieht dies meist auch noch ohne lange Wartezeiten.

Qualitätssicherung

Die Einführung von Leitlinien zur Qualitätssicherung in der Röntgendiagnostik, der Computertomographie und der Kernspintomographie sowie die Einrichtung der ärztlichen Stellen zur Qualitätssicherung in der Röntgendiagnostik sind einzigartig in der Medizin. Sie garantieren ein hohes technisches und auch fachliches Niveau. Zudem tragen sie in der ambulanten Radiologie wesentlich zu einer Standardisierung bei.

Radiologen sind überall in Qualitätszirkeln der Kassenärztlichen Vereinigungen beteiligt, oder organisieren diese selbst. Der dadurch gegebene regelmäßige Austausch innerhalb des eigenen Faches, aber auch interdisziplinär, ist zu einem wichtigen Instrument der Qualitätssicherung innerhalb des Faches geworden.

Bisher einmalig ist die zwingende jährliche Rezertifizierung für Kassenärzte, die im Rahmen der Versorgung der gesetzlich Krankenversicherten Mammographien durchführen. Die Tatsache, dass der weit überwiegende Teil der Radiologen diese Prüfung bestanden hat, zeigt, welches fachliche Niveau die ambulante Radiologie heute auch auf diesem Gebiet erreicht hat.

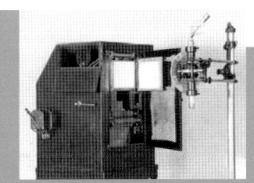

1913
F. Grödel führt erstmals die kinematorische Aufnahme der Herzbewegung im Röntgenbild durch.

1913
Kodak stellt einen Röntgenfilm auf Zellulosenitratbasis vor.

Foto: Linda Putzenhardt

Ephemere Körperbilder in Metallsalzen, Gelatine, flüssigen Kristallen, logischen Gattern

Claudia Reiche, Hamburg

Das Schattenbild der Ehefrau

Das „X-Strahlen-Photo" von Bertha Röntgens beringter Hand ⟶ 01 vom 22.12.1895 hält seit über 100 Jahren den Status einer wissenschaftlichen Ikone: eines bildtechnologisch neuartigen Einblicks in das Innere eines lebenden Körpers. Jenseits des bildlichen Wiedererkennungseffekts gilt es dieses komplexe Zeichen wissenschaftlicher Abbildlichkeit selbst zu bedenken, um so überhaupt die Möglichkeit wissens- und medientheoretischer Analyse zu eröffnen.

Denn Wilhelm Conrad Röntgens Photographie gilt gemeinhin zugleich als sichtbarer Beweis seiner Entdeckung „einer neuen Art von Strahlen" als auch als Initial einer neuen Ära insbesondere medizinischer Visualisierung. Photographiert wurde von Röntgen somit zugleich die technisch-physikalische Basis seiner Bildgewinnung (die Strahlen) als auch eine radikal veränderte Körperansicht (die Hand). Bildgegenstand und Medientechnologie bildeten sich in diesem berühmten Bild also gegenseitig ab und sind mit dem Namen Röntgen in mehrfachen Besitzverhältnissen repräsentativ verbunden: als Entdecker der Strahlen, die im deutschen Sprachraum Röntgenstrahlen genannt werden, als wissenschaftlicher Bildautor und als Ehemann.

Röntgen kann also dreifach beanspruchen, Noch-nie-Gesehenes photographisch dokumentiert und zur Aufnahme der Öffentlichkeit gebracht zu haben: die unsichtbaren Strahlen beim Durchgang durch ein lebendes Medium, die bildlichen Effekte dieser Strahlen hinsichtlich Gestaltabbildung und einen intimen Einblick in den Körper seiner Ehefrau. Röntgens eigene Bildüberschrift lautet wissenschaftlich seriös „Hand mit Ringen", doch wird bald die begleitende Bildinformation kaum mehr fehlen, daß es die Hand seiner Ehefrau Bertha sei, die hier bei einer Belichtungszeit von 25 Minuten strahlenphotographiert wurde und ein teilweise transparentes „Schattenbild"[1] auf dem Photopapier hinterließ. Zudem hat sich das Bild in der Rezeption als das „erste"[2] Röntgenbild durchgesetzt, obwohl Röntgens Datierung zeigt, daß es zwei Tage nach der röntgenphotographischen Aufnahme einer Institutstür entstanden war.

Das Bild einer fremdartigen, aber wiedererkennbaren Gestalt einer weiblichen Hand in elegant entspannter Haltung bot offenkundig den Vorteil, daß es leicht in ein grundlegendes Subjekt-Schema eingebunden werden konnte, das hier durch das Paar Künstler und Modell konstituiert wird: Es bildet so das Geschlechtsverhältnis mit ab. Der Mann kann jetzt als Entdecker einer bisher unbekannten Naturkraft und als Schöpfer einer neuen, rätselhaften, womöglich „wahren" Sichtbarkeit erscheinen, die ihm verbundene Frau als Teil dieser Natur, deren inneres Geheimnis dem erkennenden Blick weiter entschleiert wurde. Es gilt nur noch das Geheimnis der neuartigen Strahlen selbst zu erkennen. Bald machen unter anderem spiritistische Deutungen der Röntgenstrahlen die Runde. „Röntgenstrahlung ist [...] von 1895 an fast zwei Jahrzehnte lang die letzte, aber expressivste Schaubühne der Naturdimension, die für alle Spekulationen [...] offen steht,"[3] und wird als X für alle ungelösten Rätsel der Natur eingesetzt: Mit „Lebenskraft", dem Reichenbach'schen Od in enge Relation gebracht, wird etwa Telepathie und Telekinese durch die Fähigkeit zur Bündelung von Röntgenstrahlen erklärt, wie sie

1914	1914
9. Präsident der DRG Max Lewi-Dorn	Die DRG begründet einen Sonderausschuss für Strahlentherapie.

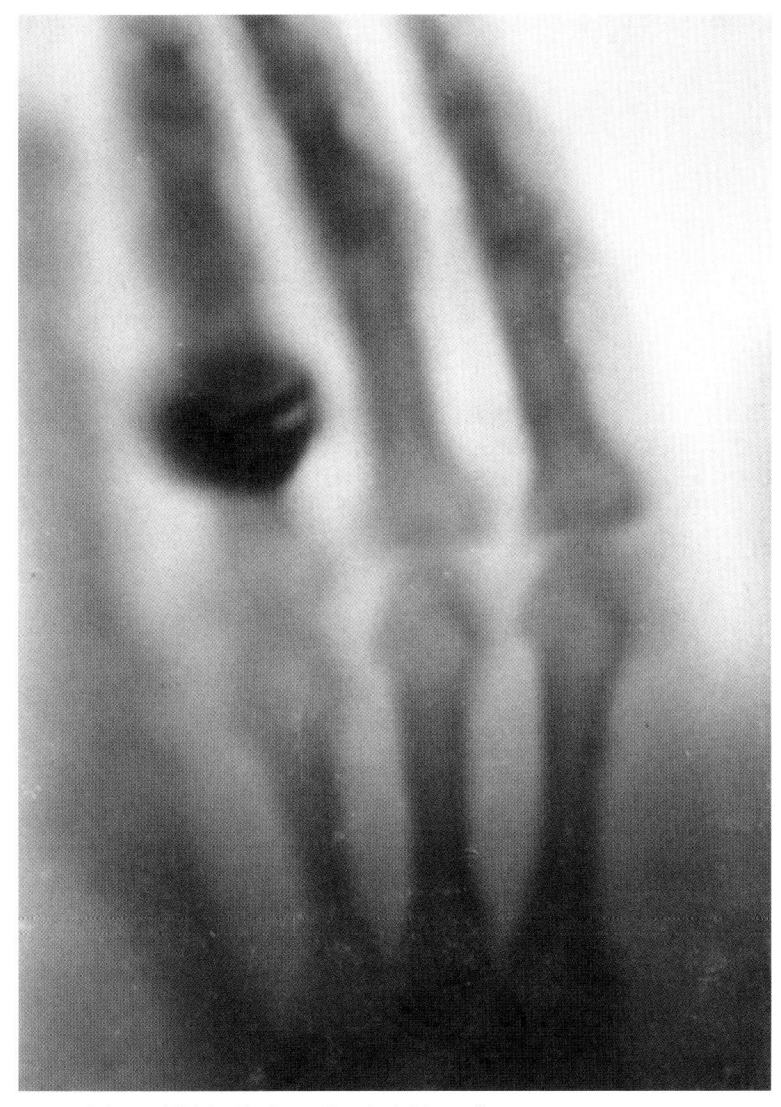

01 Das Schattenbild der Ehefrau, „Hand mit Ringen", 22.12.1895

sensitiven Personen möglich sei.[4] In diesen Versuchen von neuesten naturwissenschaftlichen Entdeckungen bedrohte Reste transzendental-idealistischer Weltbilder übersinnlich zu restituieren, bildet die Identifikation des Männlichen mit dem Geistigen und der Frau mit Natur und Körper die breit akzeptierte Basis.[5] Eine ebenso breite Spur hat die Popularisierung der Röntgenstrahlen durch Schausteller, Karikaturisten und durch heute erstaunende Produkte wie „X-Strahlen-sichere Unterwäsche"[6] hinterlassen. Die rätselhaften Strahlen wurden auch hier als durchdringend zu den „letzten" Wahrheiten aufgefaßt – der Sterblichkeit, der Geschlechtlichkeit – und die Popularisierung reagiert wie der Spiritismus mit Reintegrationsangeboten für eine solcherart von Auflösung bedrohte Identität.
Es läßt sich bezogen auf die Bild-Ikone von Bertha Röntgens Hand so formulieren: Hier findet eine flimmernde Doppelbelichtung von Weiblichkeit und Röntgenstrahlen statt. Die Strahlen sind entscheidender Teil der apparativen, medialen Anordnung wie die Frau wesentlich das kulturelle Medium dieser Photographie ist – sich zugleich gegenseitig beleuchtend. Dem weltweiten Siegeszug eines solchen Bildes als Abbildung eines technisch Neuen bei Integration in ein altes kulturelles Muster der Geschlechter und des Wissens stand der Weg offen und es ist anzunehmen, daß der schnelle Siegeszug der Röntgenphotographie schon im ausgehenden 19. Jahrhundert sich in nicht zu unterschätzendem Ausmaß dieser Verschränkung verdankt. Denn was sonst bisher als Zeichnung und als Meßdaten-Eintrag in Koordinatensysteme Zeichen vom Körperinneren geben mußte – anatomisch von toten Körpern, physiologisch von lebenden – wurde hier photographisch überboten: als unveränderliche Inschrift des durchleuchteten Körpers selbst auf einer photographischen Platte. Solch photographische Gewährleistung von „Objektivität" kombinierte sich wirksam mit dem metaphorischen und tatsächlichen Blick in eine „Tiefe" des Körpers. Unter die Oberfläche schauen zu können, so sahen allemal wissenschaftliche und populäre Wünsche nach unmittelbarem Verstehen aus: mit dem Sichtbaren des ideellen Kerns eines Gegenstands habhaft zu werden – wie in einer apparatetechnisch implementierten Erleuchtung. Nur daß jede medientechnisch materialisierte Erfüllung solch riskanten Wunsches notwendig zu anderem führte. Es konnte das röntgenphotographische Bild des Körperinnern also nur widersprüchlich zum sonderbaren Zeichen sichtbarer Unmittelbarkeit werden und die Hand von Bertha Röntgen mit dem wahren „Wunderstrahlen-Bild" ihrer Hand identifiziert werden, indem der apparate- und phototechnische Versuchsaufbau als Bilderzeuger und dessen Rückwirkungen auf das erkennende Ich ausgeblendet wurden.

Auch ohne dies zu tun, ist ein Bildkörper, dem sich dieser Text widmen möchte, leicht zu übersehen. Dieser Bildkörper ist nämlich sowohl unsichtbar und flüchtig wie das Geschlechtsverhältnis oder das Todesrisiko in ihren wechselnden fehlgehenden Bewältigungsversuchen als dieser ephemere Körper des Bildes auch unablösbar von seinem sichtbaren, materiellen Substrat ist – hier konkret etwa der spezifischen Zersetzung der Silberhalogenidkristalle auf der photographischen Platte im jeweilgen Schwärzungsmuster. Einer überdeterminierten Opposition von Oberfläche und Tiefe, Körper und Geist, Materie und Idee, Weiblichkeit und Männlichkeit entzieht sich solch ein Bildkörper.
Im Falle der „ersten Röntgenphotographie" und allgemein sei dieser Bildkörper als Knotenpunkt[7] der vielfältigen Bild-Diskurse und der bildgenerativen, medientechnischen Konstellation angegeben. Im ‚Schattenbild der Ehefrau' leuchtet er in Gestalt eines wissenschaftlichen Salon-Zaubers des platonischen Höhlengleichnisses auf – mit Strahlen, die statt von der antiken Sonne (des Guten, Wahren und Schönen) vom noch rätselhaften Punkt X ausgehen, dessen Ort zwischen der Idee einer metaphysisch vebürgten Sichtbarkeit und dem Konzept einer wissenschaftlich kritischen Spurendeutung materieller Artefakte zur Debatte steht. Wie sieht nun heute in der medizinisch-populären Bildkultur der Blick in das Körperinnere aus?

1914
M. von Laue erhält den Physiknobelpreis für die Messung der Beugung von Röntgenstrahlen beim Durchgang durch Kristalle.

1915
W. H. Bragg und W. L. Bragg erhalten den Physiknobelpreis für Arbeiten zur Erforschung der Kristallstruktur mit Hilfe von Röntgenstrahlen.

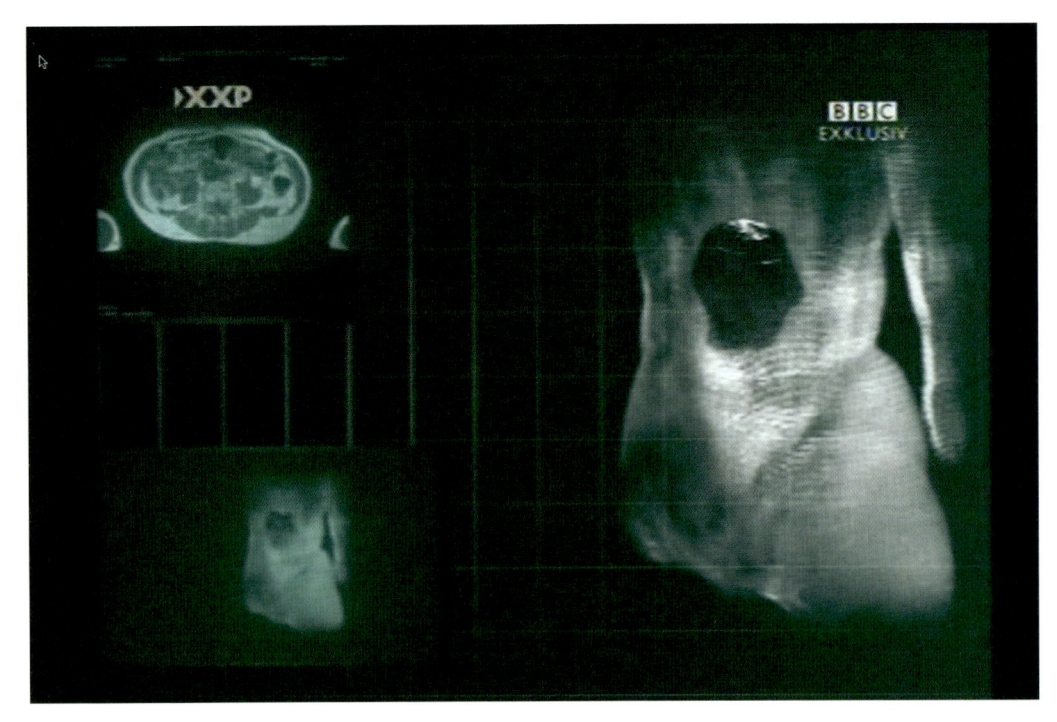

02 Superhuman-Simulationen, zwei- und dreidimensionale Kernspindarstellungen von Diane Ransons Tumor, Screen Capture aus: Supermensch – Die Heilkraft des Körpers, Folge 5, Der Feind in uns, Executive Producer Michael Mosle
© BBC, Großbritannien 2000, gesendet 9.7.2004, XXP

Superhuman Simulationen

Diese Abbildung aus einer BBC Wissenschaftssendung ⟶ **02** aus dem Jahr 2000 wird gewiß nicht den ikonischen Status des Bildes von Bertha Röntgens Hand erhalten, doch kann sie als eindrückliches Beispiel für die Durchsetzung errechneter dreidimensionaler Darstellungen des menschlichen Körpers gelten, die auf schnittbildanatomischen Verfahren beruhen. Der Bericht in der Serie „Supermensch" zeigte zur Darstellung des nachgewachsenen Unterleibskrebs der Lehrerin Diane Ranson drei Bildfenster auf einem gerasterten dunklen Hintergrund. Diese Anordnung läßt die Vorstellung eines medizinischen Programm-Displays mit einer Fülle wählbarer Visualisierungswerkzeuge und Rendering-Optionen aufkommen – ein durch Mouseclicks navigierbares und steuerbares Abbildungscenter. Links oben laufen in einem Loop einige seriell animierte Serien von transversalen Magnetresonanzaufnahmen des Bauchraums, links darunter in der gleichen Größe eine computergenerierte dreidimensionale Verrechnung dieser Schnittbilder zu einem drehenden, frei stehenden, fast transparenten Torso, der, ohne weitere Organstrukturen abzubilden, doch wie von innen leuchtend als geheimnisvolles, attraktives Zentrum einen dunklen, kompakten Innenkörper beherbergt: den großen Tumor. Das gleiche dreidimensionale Bild dreht sich in vielfacher Größe auf der ganzen rechten Seite des dunklen Rasterhintergrunds. In Selbstdarstellungen der Sendung präsentiert sich ein erstaunlich direkter Zusammenhang zwischen den neuartigen, dreidimensionalen und dynamischen Abbildungen des Tumors und wachsendem medizinischen Verständnis des Körpers als einer Art informationsbasiertem Programm: „SUPERMENSCH liefert Aufnahmen des Körpers, wie sie noch nie zuvor zu sehen waren [...] Zum ersten Mal sieht man bewegte Mikroskop-Aufnahmen und erlebt den Kampf unseres Immunsystems gegen eindringende Viren – inszeniert in perfekten Animationen [...]. SUPERMENSCH beobachtet einem Tumor beim Wachsen [...]."[8] „Tumore können riesig groß werden. Diese Wucherungen im Körper werden bis zu 3,5 Kilo schwer, bevor sie den [...] Menschen das Leben kosten [...]. [Die Sendung] zeigt mit spezieller Filmtechnik zum ersten Mal, was für ein außergewöhnliches Ding ein Tumor ist. In Zeitraffer-Aufnahmen wird sichtbar, wie sich der Parasit im Körper einnistet und ständig wächst und dann durch den Körper reist, um sich zu verbreiten."[9]

Kaum wird nach diesen Schilderungen, die eher eine stolze bildliche Autorschaft an „noch nie gesehenen" Bildern über den wachsenden Tumor anzeigen, zu erwarten sein, daß der dokumentarische Bericht im weiteren vom verzweifelten Versuch der verloren gegebenen Patientin Diane Ranson handeln wird, mit einer unerforschten Behandlungsmethode die Blutversorgung des Tumors medikamentös zu zerstören. Dies gelingt anscheinend und ihr Krebs wird sich zurückbilden. Es dominiert jedoch in der bildlichen Darstellungsebene wie im Werbetext dieses TV-Ereignisses die Visualisierung des Tumors im größten Stadium und der Stolz über noch nie gesehene Bilder und „eigens neu gebaute Spezial-Kameras". Es wirkt, als hätte die informationsbasierte, dreidimensionale, animierte bildliche Darstellung des Tumors letztlich den faszinierenden, tödlich lebendigen Feind hervorgebracht, der als Eindringling in den Körper das Immunsystem überlistet und so seine eindrucksvolle, unheimliche Gestalt erreicht. „Intelligent" wie die Funktionsweise des Krebs, der den Code des Immunsystems „überlistet" und also verstanden hat, müssen anscheinend die bildtechnologischen Verfahren in ihren algorithmischen Programmanweisungen sein, um wie der Tumor den materiellen Schutzwall der opaken Materie des Körpers zuunterlaufen, um die neuen, mächtigen, informationsbasierten Bilder herzustellen.

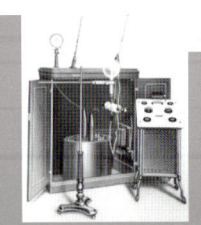

1916

K. Lasser, S&H, Berlin, entwickelt mit dem Drehstromgenerator eine bedeutene Innovation für die Röntgentechnik.

1916

H. Wintz und L. Baumeister, Erlangen, entwickeln mit dem Symmetrieinstrumentarium einen neuen leistungsstarken Röntgengenerator.

Nach dem Vorbild von Computer-Hackern, deren erfolgreiche Viren-Attacken als Beweis ihres überlegenen Verständnisses der angegriffenen Computersysteme gelten, und zwar durch Beherrschung von deren Schwachstellen, werden gleichermaßen Krebs und auch die erfolgreichen medizinischen und TV-Bildermacher der Superhuman-Serie inszeniert.

Nur, wenn der menschliche Körper strikt als Informationssystem gesehen wird, dessen materielle Form und Funktionsweise von diesem befehligt wird, wird diese bildliche Beherrschung auf informatischer Grundlage zugleich als paradoxale Kur gegen den Krebs verständlich: als Idee, es sei durch Drücken einer Reset Funktion, Rückwärtslaufen der Wachstums-Animation oder interaktiver Bildmanipulation im allgemeinen auch der lebende Krebs im Körper besiegbar geworden.

Der Bildkörper, der hier inszeniert wird, wäre der einer simulierten Vaterschaft an diesem potentiell tödlichen Tumor in einem weiblichen Unterleib, über den das existentielle Kommando der Negation als Gabe des Lebens phantasiert wird. Solche abergläubische, widersprüchliche Lebenszeugung (ohne Frau), die hier beansprucht wird, hätte ihren wissenschaftlichen Halt in der weitreichenden Philosophie des multidisziplinären Forschungsgebietes Artificial Life. Wenn die „Basis des Lebens Information" sei und die Simulationswissenschaft von einem möglichen Leben in silicio hypothetisch ausgeht, um entweder Leben „in des Wortes eigentlicher Bedeutung"[10] oder in einer neuen möglichen Form zu erschaffen und kritisch zu erforschen, dann ist hier ein ephemerer Bildkörper strategisch in Betrieb genommen, der mit Wortbedeutungen und suggestiven Sichtbarkeiten spielt, um die logischen Operationen der Boolschen Schaltalgebra in den And-, Or-, and Not-Gates jedes Computers in den kulturellen Diskurs bis zurück zu Schöpfungsmythen zurückzubinden.[11]

Aus der medizinischen Bildwissenschaft bilden sich in den Displayfenstern des Supermensch-Tumors ein aktuelles Großprojekt digitaler anatomischer Erfassung des Menschen ab, das Visible Human Project, das in seiner überwältigenden massenmedialen Resonanz und weltweiten Forschung und Ausarbeitung als avanciertestes Projekt medizinisch-anatomischer Datenvisualisierung gilt. Bereits in der Planungsphase dieses Projekts der National Library of Medicine (US) wurde dieser „sichtbare Mensch" in knappe Worte gefaßt, die das Projekt zu der „first digital description of an entire human being"[12] erklärten. „Ein ganzer Mensch" soll also erstmalig auf digitaler Basis zum „sichtbaren Menschen" geworden sein – in einer nie zuvor gesehenen Bildlichkeit. In präziser paradoxaler Formulierung – als ginge es um Menschensynthese anhand der Daten des Human Genome Projects – zeigt eine typische Schlagzeile zum Visible Human Project als „die phantastische Schöpfung des ersten (echten) digitalen Menschen"[13], wie in einer euphorischen Unentschiedenheit über Gegenstand oder Repräsentation im Namen eines skandalös Neuen „Echtheit" und „Leben" in Bewegung versetzt werden. Der Visible Human hätte in dieser mythischen Fassung als neues „lebendes Bild" nämlich sowohl die Ansprüche aus der Frühzeit des Kinos als auch der Artificial Life Wissenschaft verwirklicht.

Für den Visible Human wurden tatsächlich zunächst Volumendaten eines „complete, normal adult male and female"[14] erfaßt, und zwar durch digitalisierte, photographische farbige Serienschnittbilder tiefgefrorener menschlicher Leichen, ergänzt durch computertomographische und Magnet-Resonanz-Bilder. In blaue Gelatine gebettet, lieferten die Körperpräparate in den seriellen Gefrierschnitten einen Bildhintergrund noch scheibenweise mit, der als Schatten der handwerklich-materiellen Herstellung jedoch unerwünscht war und alsbald zugunsten einer abstrakten Schwärze ausgetauscht wurde. Die Bild-Präsentation der einzelnen Gefrierschnitte erfolgte im ersten Schritt über eine „filmische" Animation. Dem entspricht bildlogisch ganz die Animationsschleife von Magnetresonanzaufnahmen wie ihn der Supermensch-Beitrag in der Visualisierung des Tumors zeigt.

Im nächsten Schritt folgte die eigentliche Arbeit mit den Visible Human Datensätzen, um verschiedene dreidimensionale Rekonstruktionen zu erstellen, die als digitale Menschenmodelle verschiedenen Zwecken wie anatomisch-physiologischen Atlanten und navigierbaren, manipulierbaren Körpern in der virtuellen Realität für Operationssimulatoren der minimal invasiven und telepräsentischen Chirurgie dienen. Denn mit den virtuellen Visible Human-Körpern können ganze Operationsabläufe simuliert werden – sie sind in beliebigen Schnittführungen zu öffnen –, mit virtueller Endoskopie zu durchfahren, wobei die tunnelförmigen Ansichten natürlicher und künstlicher Körperhöhlen in Echtzeit berechnet und exploriert werden können; selbst die physiologischen Abläufe und Bewegungen eines lebenden Körpers sind hier darstellbar. Gerade diesen Stand der tabuüberschreitenden Simulation, die bisherige Unterscheidungen von Dokument und Erfindung, Modell und Gegenstand bis zur situativen und theoretischen Ununterscheidbarkeit unterläuft, zitieren der kleine und der große drehende dreidimensional dargestellte Torso der Krebspatientin in dem linken und rechten Bildfenster des Tumor-Displays in der TV-Darstellung.

Nun wird in der Funktionsweise eines Operationssimulators der Operateur nicht mehr an einem Ort außerhalb des Bildes belassen, sondern in Bewegung versetzt, um wie ein ausdehnungsloser, doch sehender Punkt in die Hohlräume und Tunnel des vergrößerten Körperinneren einzudringen, eingeladen zu seiner phantasmatischen Entmaterialisierung: sich als Element des virtuellen Bild-Raums zu begreifen – wie ein Visible Human, der in sich selbst durch die Datenlandschaften saust und auch selbst Erzeuger und Beherrscher dieses Lebens wäre – eine Allmachtsphantasie, die bis zur Negation der Materie geht und wiederum als geschlechtlich verortet angesprochen werden kann: Der Bildkörper hätte die Struktur eines Fetischs angenommen, wie er beispielsweise an den wechselnden Kristallen der hochauflösenden LCD-Schirme entsprechend der wesentlich unsichtbaren Rechenoperationen des bildgebenden Computers „gesehen" wird.

Gegen die Gefahr einer Fetischisierung solcher Sichtbarkeit im Dienst eines Konzepts von Information – unter Ausblendung seiner problematischen geistesgeschichtlichen Tradition – wäre für eine Medizin- und Bildwissenschaft der Zukunft eine medienhistorische und -theoretische Auseinandersetzung mit den Bild-Produkten und Deutungen älterer medientechnologischer Apparaturen von Nutzen. Warum nicht mit den einst neuen und übersinnlichen Röntgenphotographien beginnen und in heutige Phantasmen vom Superhuman verändernd eingreifen?

1916

W. Trendelenburg, Gießen, entwickelt die Adaptationsbrille.

1916

Eine wassergekühlte Röntgenröhre mit Osmoregenerierung für intensive Tiefenbestrahlungen bis 5mA kostet 192 Mark.

Geschichte der Gesellschaft für medizinische Radiologie der DDR

Wilfried Angerstein, Berlin
Achim Stargardt †, Aachen

Die Geschichte der Gesellschaft für Medizinische Radiologie (GMR) reicht bis in die Tage der Währungsreform 1948 zurück. Schon vor Gründung der DDR gab es in der sowjetischen Besatzungszone Aktivitäten zur Neugründung einer Radiologenvereinigung. Die Professoren Lahm (Chemnitz) und Friedrich (Berlin) waren die ersten Wegbereiter und Organisatoren. Beide hatten zuvor am 1. Nachkriegs-Radiologentreffen im Mai 1947 in Bevensen (bei Hamburg) teilgenommen und kannten die vielseitigen Bemühungen, das wissenschaftliche Leben wieder in Gang zu bringen. Auch der spätere Professor Dalicho drängte schon 1950 auf die Gründung einer Fachvereinigung. Mit Schreiben vom 17. 10. 1950 wandte sich Herr Lahm an potentielle Interessenten: „Herr Prof. Friedrich. [...] hat sich nach entsprechenden Vorarbeiten bereit erklärt, den Vorsitz einer Arbeitsgemeinschaft der leitenden Röntgenologen der DDR zu übernehmen. Ständiger Sekretär: Lahm."

„Die Vereinigung wird unter Vermittlung des Ministeriums für Arbeit und Gesundheitswesen demnächst registriert werden und dann umgehend mit der Arbeit beginnen. Ziel: Förderung der wissenschaftlichen und praktischen Arbeit, Mithilfe bei der Einrichtung röntgenologischer Fachabteilungen und Arbeitsstellen, Ausbildung und Berufsförderung des ärztlichen und medizinisch-technischen Nachwuchses."

Erste Arbeitsthemen waren: Aufstellung von Röntgenkommissionen (Kommissionen zur Beratung der Sozialversicherung bei der Abrechnung von Röntgenleistungen) und Nachkontrolle des Strahlenschutzes, in Anlehnung an eine seit längerem existierende Strahlenschutzverordnung. Als Tagungsort war Berlin vorgesehen. Der Schriftverkehr spiegelte bereits auch später nur zum Teil gelöste Probleme wider: Schaffung zentraler Röntgeninstitute, Leitung durch Fachärzte, Gleichstellung der Radiologen mit Vertretern anderer Fachgebiete, selbständige Lehrstühle, zentrale Universitätsröntgeninstitute. Die Ausbildung des Nachwuchses sollte den großen Einrichtungen mit „geeigneten Fachröntgenologen mit Lehrfähigkeit" vorbehalten bleiben. Die Folge des erwähnten Rundschreibens war am 10.2.1951 eine „Sitzung der leitenden Röntgenologen der DDR zur Gründung einer Gesellschaft für Röntgenologie und medizinische Strahlenheilkunde in Berlin". Das erhalten gebliebene Protokoll gehört zu den „Gründungsdokumenten" der Gesellschaft für Medizinische Radiologie. Den Vorsitz führte Magnifizenz Prof. Dr. Friedrich, der seit 1949 auch Rektor der Berliner Humboldt Universität war. Teilnehmer: Prof. Lahm, Prof. Kramer (Berlin), Dr. Hedfeld (Magdeburg), Dr. Breitländer (Cottbus), Dr. Hamann für Dr. Dalicho (Gera). Angestrebt wurde eine Regional- oder Tochtergesellschaft der Deutschen Röntgengesellschaft, was wegen der politischen Entwicklung jedoch unmöglich wurde. Von Friedrich wurde die Bezeichnung „Berliner Gesellschaft für [...]." vorgeschlagen, der dann die anderen Länder der DDR beitreten sollten. Den Vorstand bildeten: 1. Vorsitzender Friedrich, 1. Sekretär Lahm; Held (damals Berlin), wurde 2. Sekretär. Unter dem 15.10.1951 datieren die ersten

01 Prof. Dr. Dr. hc. Walter Friedrich, Gründungspräsident und nachfolgend Ehrenpräsident der GMR, gestorben 1968
Bild-Quelle: Institut der Geschichte der Medizin der Berliner Humboldt-Universität

---

1917

J. Radon publiziert für die spätere Entwicklung der Computertomographie bedeutsame Arbeiten zur Bestimmung von Funktionen durch ihre Integralwerte längst gewisser Mannigfaltigkeiten.

1917

C. Barkla erhält den Physiknobelpreis für die Entdeckung der charakteristischen Röntgenstrahlung der Elemente.

Satzungen (15 bereits gemeldete Mitglieder), die Trennung in ordentliche und außerordentliche Mitglieder – keine MTR. Der 2. Vorsitzende war jetzt Dr. Hedfeld. Damit waren die Vorbereitungen zur Gründung einer eigenen Röntgengesellschaft in der DDR eigentlich abgeschlossen. Trotzdem kam es damals noch nicht zur Gründung einer Gesellschaft, offenbar eine Folge der Konfrontationspolitik der kommunistischen Machthaber, die dann am 17. Juni 1953 kurzfristig unterbrochen wurde. Für das Intervall bis 1954 fehlen die Unterlagen, auch das Protokoll der Gründungssitzung der GMR, die damals noch „Medizinisch-Wissenschaftliche Gesellschaft für Röntgenologie in der DDR" hieß. In späteren Jahren ist dann „in" gestrichen und „Röntgenologie" durch „Radiologie" ersetzt worden. Den Namen „Gesellschaft für Medizinische Radiologie der DDR" trug die Gesellschaft seit 1967.

Das erste Statut stammt vom 27.2.1954 und wurde am 24.9.1954 vom Ministerium für Gesundheitswesen bestätigt. Sitz der Gesellschaft war während der gesamten Zeit die Berliner Charité in der Schumannstraße. Der Jahresbeitrag betrug 12 M. Damit war die GMR nach der Gesellschaft für Orthopädie die zweite landesweite Gründung einer medizinischen Gesellschaft in der DDR. Eine Namensliste der Gründungsmitglieder liegt – säuberlich getrennt nach Radiologen und Nichtradiologen – vor. 52 Radiologen, 23 Nichtradiologen, unter letzteren 1 Physiker und eine Anzahl „Röntgenassistenten", worunter promovierte Ärzte in Weiterbildung verstanden wurden. Nicht als Physiker, sondern als Radiologe, wurde der Physiker W. Friedrich geführt, offenbar weil man sich den 1. Vorsitzenden der GMR nur als Radiologen denken konnte und Friedrich, ebenso wie in der BRD Rajewski, Chef eines wissenschaftlichen Zentrums war, zu dem auch eine Klinik gehörte (Institut für Medizin und Biologie und Geschwulstklinik der Deutschen Akademie der Wissenschaften Berlin-Buch).

Der Vorstand, der bei der Gründung 1954 amtierte, bestand aus nur 5 Personen: 1. Vors. Prof. Dr. Friedrich, 2. Vors. Prof. Dr. Gietzelt, Sekretär Prof. Dr. Lahm (Karl-Marx-Stadt), Kassenführer und Schriftführer in Personalunion Dr. W. Dalicho (Gera), Vertreter der Radiologen mit privater Praxis Dr. Böhm (Dessau), nach Abgang ersetzt durch Dr. Horst Müller (Freital). Bereits 1955 trat der zweite Vorstand mit einigen personellen Änderungen sein Amt an. Prof. Dr. Friedrich wurde Ehrenvorsitzender, Prof. Dr. Gietzelt wurde 1. und Prof. Dr. v. Keiser (Jena) 2. Vorsitzender.

Damit war ein Stadium kontinuierlicher Aufwärtsentwicklung erreicht. Ab 1955 fanden bis 1972 jährlich Radiologiekongresse statt, danach in zweijährigem Abstand und in den Zwischenjahren so genannte Arbeitstagungen in etwas kleinerem Rahmen.

Eine gewollte Entwicklung war die Bildung zahlreicher Arbeitsgemeinschaften innerhalb der Gesellschaft und eine steigende Zahl kleinerer Tagungen dieser Gliederungen. Es begann mit der Bildung einer Arbeitsgemeinschaft Klinische Strahlenphysik im Jahre 1960, um der ab 1962 rasch steigenden Anzahl von Physikern in der Gesellschaft eine Heimstatt zu geben. Es folgten im Dezember 1964 eine Arbeitsgemeinschaft Nuklearmedizin und später Arbeitsgemeinschaften für Hochvolttherapie, klinische Röntgendiagnostik und Herz-Kreislauf-Diagnostik. Die Arbeitsgemeinschaften für Physik, Nuklearmedizin und klinische Röntgendiagnostik wurden einige Jahre später zu eigenständigen Sektionen erhoben, und 1974 folgte die Bildung einer Sektion Strahlentherapie. Zur Erledigung anfallender Arbeiten, insbesondere bei den Außenbeziehungen der Gesellschaft, wurden 1981 mehrere Kommissionen als Organe des Vorstandes gebildet: Kommission Radiologische Technik, Kommission Qualitätssicherung, Kommission Kongresswesen. Eine ebenfalls gebildete Kommission Kader – obwohl von größter Bedeutung für das Fach und das Gesundheitswesen als Ganzes – wurde nicht wirksam und ging um 1985 wieder ein.

02 Prof. Dr. W. Porstmann, Direktor des Institutes für Kardiovaskuläre Diagnostik der Charité, Humboldt Universität Berlin, zweifacher Nationalpreisträger
Bild-Quelle: Institut der Geschichte der Medizin der Berliner Humboldt-Universität
03 Prof. Dr. W. Oelßner, langjähriger Direktor der Radiologischen Klinik u. Poliklinik der Universität Leipzig; Ehrenmitglied der DRG, GMR, DEGRO, der Sächsischen und der Tschechoslowakischen Gesellschaft für Radiologie
04 Prof. Dr. W. Oelßner (li) zusammen mit Prof. Dr. R. Barke, Direktor der Radiologischen Klinik Dresden und OMR Dr. O. Günther, Chefarzt im Bezirkskrankenhaus „St. Georg", Leipzig (re)
05 Prof. Dr. W. Oelßner zusammen mit Prof. Dr. R. Barke und OMR Dr. R. Schöneich (re), Chefarzt im Bezirkskrankenhaus Cottbus und langjähriger Sekretär der GMR

1918

O. Götze entwickelt den Strichfokus.

1919

H. Albers-Schönberg wird als erster Ordinarius für Röntgenologie an die Universität Hamburg berufen.

In den achtziger Jahren wurden weitere Arbeitsgemeinschaften gebildet:
  AG Kinderradiologie
  AG Mammographie
  AG Lymphographie
  AG Computertomographie u. Magnetresonanztomographie

für die Diagnostik und innerhalb der Sektion Klinische Strahlenphysik u. Radiologische Technik die
  AG Physik in der Röntgendiagnostik
  AG Physik in der Strahlentherapie
  AG Physik in der Nuklearmedizin
  AG Radiologische Technik (ARI)

In der Sektion Strahlentherapie gab es eine AG Afterloading und schließlich wurde eine Sektion Strahlenbiologie gebildet. Das mittlere medizinische Personal wurde in der Arbeitsgemeinschaft Assistentinnen und Funktionsschwestern in der Radiologie zusammengefasst. Für diese Gruppe – einschließlich der Nichtmitglieder – wurden jährlich 2 zentrale, einschließlich Reise und Unterkunft kostenfreie Fortbildungsveranstaltungen mit je etwa 450 Teilnehmerinnen durchgeführt, insgesamt über 50. Die Anzahl der examinierten Röntgenassistentinnen lag zuletzt bei etwa 7 000, fast so viele wie in der BRD.

Die Kommissionen beim Vorstand der GMR

Sie hatten die Aufgabe, die Entscheidungen des Vorstandes in einschlägigen Fragen vorzubereiten und als Beratungsorgane zu fungieren. Arbeitsprogramme regelten die praktische Arbeit. Da die Aufgaben der Medizinischen Gesellschaften auch im Statut des Ministeriums für Gesundheitswesen der DDR festgelegt waren, wurde die GMR von Anfang an in die Vorbereitung von Planungen, z.B. für Geräte, Verbrauchsmaterial wie Filme und Kontrastmittel und in Einschätzungen künftiger Entwicklungen im Rhythmus der 5-Jahres-Pläne mit einbezogen. Beiläufig: Die Planungen bis 1995 sahen 64 Computertomographen und 9 Kernspintomographen vor, Zahlen, die real durch die Wende bedingt um ein Vielfaches übertroffen wurden. Der einzige vor der Wende in der DDR betriebene Kernspintomograph (Charité) war mit Unterstützung durch die Stasi importiert worden, weil gerade in diesem, auf der Embargoliste stehende Typ, Computer verwendet wurden, die auch ohne Wissen der USA von der Stasi angeschafft worden waren. So wollte man eine legale Möglichkeit für die Ersatzteilbeschaffung sicher stellen. Der Kommission Qualitätssicherung oblag insbesondere die Zuarbeit zu den Untersuchungsstandards (den Vorgängern der heutigen Leitlinien) und die Beratung staatlicher Einrichtungen in Fragen der Gütezeichenvergabe für röntgentechnische Produkte.

Eine der Hauptaufgaben der Kommission Radiologische Technik war die Beratung der Industrie bei der Entwicklung einschlägiger Produkte und die Begutachtung von Pflichtenheften. Die Kommission Veranstaltungswesen war zuständig für die zeitlich und inhaltliche Abstimmung der jährlich bis zu 10 Tagungen der Gesellschaft und ihrer Gliederungen sowie deren Anmeldung beim Vorstand und bei der Gesellschaft für Klinische Medizin. Alle Tagungen, einschließlich der Reisekosten, wurden im Wesentlichen über den Staatshaushalt finanziert.

Die „Beschickung" von Tagungen ausländischer Gesellschaften hatte der „Durchsetzung der Außenpolitik der DDR" zu dienen. Sie erfolgte, indem der Vorstand der GMR diese Tagungen zusammen mit Informationen über Themen, Ort und Tagungsleitung beim Ministerium für Gesundheitswesen anmeldete. Stimmte das Ministerium einer Teilnahme im Prinzip zu, hatte der Vorstand einige Personen (meist 2-4 zuzüglich einiger „Ersatzspieler") für die Teilnahme vorzuschlagen. Diese Personen hatten zur vorher stasigenehmigten Gruppe der Reisekader zu gehören, säuberlich getrennt nach Personen, geeignet für das kapitalistische oder nur für das sozialistische Ausland. In der ersten Gruppe befanden sich, wie sich in der Wende herausstellte, eine ganze Reihe von Stasimitarbeitern, jedoch nicht ausschließlich. Alle Kongressreisenden wurden mit Reisedevisen einschließlich für Hotel und Tagegeld ausgestattet.

Um mehr Mitgliedern die Teilnahme an Kongressen insbesondere im sozialistischen Ausland zu ermöglichen, wurden von der GMR mit einigen Partnergesellschaften, z.B. in Polen, Ungarn, Tschechoslowakei, Österreich, Verträge über die wechselseitige, kostenfreie Kongressteilnahme einschließlich Aufenthaltskosten abgeschlossen. Die Unterbringung erfolgte in Internaten, Hotels, Kliniken und Schlössern (!).

Unter dem Namen von der GMR organisierter Kongresstouristik sind so Delegationen von 10 bis 50 Personen zusätzlich zur viel kleineren offiziellen Delegation in die Kongressorte gefahren, besonders zahlreich stets nach Ungarn als dem „westlichsten" der sozialistischen Länder (persönlicher Kostenbeitrag meist 150M all inclusive). Im Gegenzug hat z.B. beim Berliner Kongress 1988 die Zahl der ausländischen Gäste bei 120 gelegen.

Mitgliederentwicklung

Eine Liste der 75 Gründungsmitglieder ist in den „Gründungsdokumenten" enthalten. Innerhalb weniger Monate nach Gründung hatte sich die Mitgliederzahl fast verdoppelt; 1956 gab es 167 Beitragszahlungen. Zwischen 1961 und 1966 stieg die Mitgliederzahl von 195 auf 358; 1967 gab es 410 Mitglieder, darunter 316 Ärzte. Die Zahl stieg bis 1970 auf 558 und bis 1980 auf 1140 Mitglieder an.

Bis 1985 war die Zahl der Mitglieder auf 1479 gestiegen; am 1.1.1989 waren es 1720. Da in dieser Zahl etwa 370 Physiker/Ingenieure und 200 Röntgenassistentinnen und 69 überwiegend nicht mehr berufstätige Rentner enthalten waren, lag die Zahl der Ärzte in der GMR bei etwa 1100, davon 980 Diagnostiker, 40 Nuklearmediziner und 80 Strahlentherapeuten. Eine Aufstellung der korrespondierenden und der Ehrenmitglieder findet sich in der Kurzchronik der GMR.

Besonderheiten der DDR Radiologie

Während die Entwicklung der Röntgentechnik und der Untersuchungs- und Behandlungsmethoden (Strahlentherapie und später auch Interventionsradiologie) von 1896 an sehr rasch und unbehindert verlief, gilt dies nicht für die Herausbildung eines medizinischen Fachgebietes Radiologie.

Die Bemühungen um Eigenständigkeit in der Lehre und als Prüfungsfach hatten große äußere und fast noch größere innere Widerstände zu überwinden. Etwa zwischen 1950 und 1970 wurden nach einzelnen Vorläufern

1920

10. Präsident der DRG
Rudolf Grashey

1920

In der „Erlanger Schule" unter der Leitung von H. Wintz werden nach sorgfältig ausgefeilter Methode einzelne größere Dosen im Sinne der sog. Haut-Erythem-Dosis (HED) verabreicht.

(z. B. Berlin 1939) eigene Lehrstühle für Radiologie weltweit eingerichtet; in Skandinavien von Anfang an gesondert für Diagnostik und Therapie, in beiden deutschen Staaten meist nur allgemein für Radiologie. 1968 wurde die Radiologie eigenständiges Prüfungsfach bei der studentischen Ausbildung. Das 1980 neu bearbeitete, noch sehr konservative Weiterbildungsprogramm in der DDR zum Facharzt für Radiologie wich noch ganz erheblich von dem aller nicht deutschsprachigen Länder ab und ging von einer veralteten Fachgebietsdefinition aus. Aber bereits 1985 setzten auf Betreiben der Vertreter der Röntgendiagnostik in der GMR erneut verstärkte Bemühungen um eine Anpassung des Berufsbildes an den internationalen Stand und die tatsächlichen Bedürfnisse im Gesundheitswesen ein, die dann 1988 zur Änderung der Facharztordnung führten.

In Anpassung an die Fachgebietsentwicklung in allen übrigen Ländern wurden getrennte Facharztweiterbildungsgänge für diagnostische Radiologie, Strahlentherapie und Nuklearmedizin eingeführt. Damit wurde der Weg frei für entsprechende Profilierungen in der Lehre, der MTR- Aus- und Weiterbildung, der Kongressgestaltung und der Eigenständigkeit der Fachgebiete. Ziel war die Leitung aller Röntgenabteilungen durch Fachradiologen und eine flächendeckende, in allen Kreisen der DDR gleich gute Versorgung mit allen Methoden der Radiologie einschließlich der Interventionsradiologie und ein Netz von etwa 30 strahlentherapeutischen Zentren anstelle der größeren Zahl meist kleinerer Abteilungen.

Zu den Besonderheiten der DDR-Radiologie gehörten u. a. 1. die Tatsache, dass der Anstieg der Untersuchungszahlen um 40% von 1972 bis 1974 (nach Freigabe des entsprechenden Filmkontingents) ohne nennenswerten Personalanstieg möglich war; von den etwa 17 Millionen jährlichen Röntgenuntersuchungen in der DDR entfielen über 1/3 auf Tauglichkeits-, Vorsorge- und Reihenuntersuchungen; 2. dass die Anzahl der MTR im internationalen Vergleich sehr hoch lag; 3. dass es eine seit etwa 15 Jahren stabile, flächendeckende Röntgendiagnostik gab, die jedoch nur zu etwa 65% von Radiologen durchgeführt wurde; 4. dass die Versorgung mit Großgeräten nicht annähernd den Bedarf deckte und dass die Strahlentherapie nur zu 50% der Geschwulstbekämpfung diente. 50% entfielen auf die Behandlung gutartiger Erkrankungen, wie Arthrosen, Mastitis u.a. Eine weitere Besonderheit war das Fehlen des Faches Medizinische Physik (Lehrstühle, Institute) an allen Universitäten und Medizinischen Akademien des Landes; ein Mangel, der bis heute in Gesamtdeutschland nicht beseitigt wurde.

In der DDR trat 1964 die erste Strahlenschutzverordnung in Kraft, die nach der Neufassung von 1968 im Jahre 1984 von der Verordnung über die Gewährleistung von Atomsicherheit und Strahlenschutz abgelöst wurde.

Um die Gesamtstrahlenexposition der Bevölkerung möglichst niedrig zu halten und eine landesweit möglichst hohe Untersuchungsqualität zu sichern, wurden für alle häufigeren Untersuchungsarten Standards geschaffen. Zunächst als Empfehlungen der GMR, nach 1980, gemäß eines Beschlusses des Ministerrates zur Standardisierung in der Medizin, als Standards, die von 16 Arbeitsgruppen der GMR erarbeitet und vom (staatlichen) Amt für Standardisierung und Warenprüfung (ASMW) herausgegeben wurden. Alle 5 Jahre hatte eine fachliche Überprüfung zu erfolgen. Durch eine Steigerung der Radiologenanzahl um etwa 700 auf etwa 1700, eine erhebliche Reduzierung der durch (über 10) Rechtsvorschriften angewiesenen Röntgenuntersuchungen und die Reduzierung der Anzahl der Röntgenabteilungen sollten Qualität und Effektivität weiter verbessert werden. Diese Punkte wurden aber nicht mehr realisiert. Die 16 Standards für die Durchführung der häufigsten Röntgenuntersuchungen waren die größte kollektive Leistung der Mitglieder der GMR.

Der Sicherung des Strahlenschutzes und einer hohen Qualität bei der Strahlentherapie und Nuklearmedizin dienten drei spezielle, ebenfalls unter Mitwirkung der GMR erarbeitete Rechtsvorschriften (Richtlinien), die auch heute noch in weiten Teilen als modern gelten können. Zu jedem der 5-Jahres-Pläne gehörte eine Direktive der SED, die eine entsprechende Anleitung für alle staatlichen Organe enthielt. Darin wurde die Radiologie neben einigen anderen medizinischen Fachrichtungen als besonderes Schwerpunktfach aufgeführt. Weiter wurden einige spezielle Methoden der Radiologie herausgestellt. So heißt es in der Direktive für die Planung ab 1985: „Die spezialisierte und hochspezialisierte Betreuung ist planmäßig zu erweitern und zu qualifizieren. Das betrifft insbesondere die Endoskopie, die Ultraschalldiagnostik und Computertomographie, die Hochvoltbestrahlungstherapie [...]. Es sind Voraussetzungen zu schaffen, um neue diagnostische und therapeutische Verfahren wie die Kernspinresonanztomographie, die digitale Subtraktionsangiographie, die aparative Nierensteinzertrümmerung [...] in der DDR anzuwenden". Den meisten Ärzten und Wissenschaftlern war schon damals klar, dass diese Ziele mit den Mitteln der DDR nicht zu erreichen waren. Die allgemeine Unzufriedenheit im Gesundheitswesen führte dann dazu, dass in der ersten frei gewählten Volkskammer der DDR immerhin 15% Ärzte waren.

Die beiden letzten Kongresse der GMR fanden im Oktober 1988 in Berlin mit einer erstmals internationalen Industrieausstellung und Ende Oktober 1990 in Heringsdorf statt. Die zuletzt mehr als 1800 Mitglieder umfassende Gesellschaft wurde in Heringsdorf durch Beschluss der Mitgliederversammlung aufgelöst.

Das Gesellschaftsvermögen, durch Spenden einiger Industriebetriebe zu einer Gesamtsumme von 87 000,53 DM ergänzt, wurde nach Freigabe durch die Bundesregierung im Herbst 1992 (!) der Deutschen Röntgengesellschaft zur Weiterführung des 1966 von der GMR gestifteten und ab 1967 jährlich verliehenen Walter-Friedrich-Preises zusammen mit der Ordnung über die Preisverleihung übereignet.

1921

11. Präsident der DRG
Rudolf Graessner

1921

R. Grashey wird nach dem Tod von H. Albers-Schönberg neuer Herausgeber der RöFo.

Internationale Beziehungen in der Radiologie

Rolf W. Günther, Aachen

Die Außenwirkung der nationalen Radiologie gründet sich auf Leistungen ihrer Mitglieder in Wissenschaft, Lehre und Krankenversorgung, getragen von Publikationen, Vorträgen, Symposien und Kongressen.

Wenn man nun die provokative Frage stellt – was bewegte die Deutsche Radiologie bis etwa 1980 am wenigsten – lautet die Antwort möglicherweise: die internationalen Beziehungen. Wer den im Jahr 1980 veröffentlichten Jubiläumsband „Fünfundsiebzig Jahre Deutsche Röntgengesellschaft"[1] nach dem Begriff „Internationale Beziehungen" sucht, wird nicht fündig.

Abgesehen von individuellen Beziehungen zu Kollegen und Gesellschaften anderer Nationen waren vor und lange nach dem Zweiten Weltkrieg Besuche ausländischer Kongresse oder der Austausch zwischen den nationalen Gesellschaften in der Radiologie spärlich. So begrüßte etwa beim 25. Deutschen Röntgenkongress in Baden-Baden 1934 Karl Frik als Leiter der DRG unter den ausländischen Teilnehmern besonders Gösta Forsell (Schweden) und Hans Schinz (Schweiz). Sicherlich damals wie heute eine Seltenheit: Aufgrund der Sprachbarrieren trifft man bei nationalen Kongressen auch heute kaum ausländische Kollegen.

Ausnahme davon sind der englischsprachige, eigentlich nationale Nordamerikanische Radiologenkongress (RSNA) in Chicago, der jährlich viele Tausende von Radiologen aus aller Welt anzieht, und der französischsprachige Kongress der Französischen Radiologischen Gesellschaft (SFR) – die Journées Francophones de Radiologie in Paris –, ein Anziehungspunkt für die französischsprachige Welt.

Der Wandel in den letzten 25 Jahren könnte nicht gründlicher sein. Die deutschen Radiologen sind heute in der ganzen Welt zu Hause. Kein Kongressort, wo nicht auch deutsche Kollegen ihre wissenschaftlichen Ergebnisse präsentieren und an den angebotenen Fortbildungsprogrammen aktiv teilnehmen. Besonders attraktiv sind neben den großen Kongressen dabei Subspezialitätenkongresse in europäischem und internationalem Rahmen, die auch von deutschen Teilnehmern aktiv mitgestaltet werden, wichtig auch die Mitgestaltung internationaler Fortbildungsprogramme wie etwa beim Internationalen Diagnostikkurs Davos (A. Rüttimann, P. Braun), Nicer Course (H. Petterson), Halley Project (L. Dalla Palma), STAR-Programm (A. Margulis) und bei den EAR Tutorials (R. Rienmüller).

Das Englische als gemeinsame Sprache der Verständigung, die elektronische Kommunikation, Medien, schnelle Verkehrsverbindung und die nötigen Finanzmittel förderten die Internationalen Beziehungen in besonderem Maße. Die nachfolgenden Ausführungen beziehen sich auf die diagnostische und interventionelle Radiologie ohne Strahlentherapie und Nuklearmedizin.

Auslandsbeziehungen der Deutschen Radiologie

Gemeinsame Kongresse
Nach dem Zweiten Weltkrieg hat die Aufnahme internationaler Beziehungen lange Zeit auf sich warten lassen. Zaghafte Versuche der Anknüpfung von Verbindungen und des wissenschaftlichen Austausches gab es etwa

---

1921

H. Burckhardt, und W. Müller, Marburg, führen erste Experimente über die Punktion der Gallenblase und ihre Röntgendarstellung durch.

1921

W. Jäger baut eine Standard-Ionisationskammer (Eichstandard).

1959 (R. du Mesnil de Rochemont, Marburg) gemeinsam mit dem IX. Internationalen Kongreß für Radiologie in München (Präsident B. Rajewsky, Frankfurt/M).
1979 fand in Hamburg unter dem Präsidium von Walter Frommhold der IV. Europäische Röntgenkongress statt, in dem die wissenschaftliche Tagung der Deutschen Röntgengesellschaft (DRG) ebenfalls integriert war.

Lange nach dem Ende des Zweiten Weltkriegs entstand im deutschsprachigen Raum der Wunsch, zusammen mit der österreichischen Röntgengesellschaft (ÖRG) einen gemeinsamen Kongress zu veranstalten – eine kleine „Entente cordiale", die jedoch keine germanophone Antwort auf die Journées Francophones de Radiologie sein sollte. Ein derartiger Kongress fand erstmals 1973 in Wien unter den Präsidenten A. Breit, Passau und K. H. Kärcher, Wien statt. Weitere gemeinsame Kongresse mit der ÖRG folgten: Karlsruhe 1990 (M. Wannenmacher, H. Imhof), Wiesbaden 2001 (M. Reiser, H. Czembirek) und Wiesbaden 2004 (L. Heuser, W. Jaschke).

Universitäre Beziehungen wurden über die Grenzen hinweg in grenznahen Gebieten wie etwa in Freiburg i. Br., Aachen, Berlin und Rostock schon immer gepflegt.
Offizielle Vereinigungen (Affiliations) oder Gesellschaften gibt es zwischen Deutschland und Japan sowie Deutschland und Polen, dabei ist die DRG – anders als etwa die SFR in Frankreich – nicht direkt einbezogen. Zwischen Deutschland (DRG) und Frankreich (SFR) bestehen gute Beziehungen auch ohne formellen Vertrag. Zwischen der italienischen Radiologischen Gesellschaft (SIRM) und der DRG wurde 1998 in Mailand eine Vereinbarung über eine Zusammenarbeit geschlossen (A. E. Cardinale, G. Kauffmann). Eine früher bestehende regionale Verbindung zwischen deutscher und finnischer Radiologie harrt meines Wissens der Wiederbelebung.
Auch zu den Subspezialitätengesellschaften gibt es in europäischem (CIRSE, ESGAR, ESTI etc.) wie internationalem Rahmen auf individueller Basis viele Beziehungen ebenso zu den modalitätenbezogenen Gesellschaften (z. B. ESMRMB, ISMRM).

Deutsch-Japanische Röngenvereinigung / German-Japanese Radiological Affiliation
Die deutsch-japanischen Beziehungen in der Medizin generell blicken schon auf eine Tradition von 300 Jahre zurück[2]. Die ersten Bemühungen einer deutsch-japanischen Röngenvereinigung gehen auf den 4. September 1979 während des Europäischen Röntgenkongresses in Hamburg zurück. Im Hamburger Rathaus wurde ein „Memorandum of Understanding between the German and the Japanese Radiological Society" geschlossen. Unterzeichner dieses Dokumentes waren J. Lissner für die Deutsche und F. Hoshino für die Japanische Röntgengesellschaft sowie W. Wenz und T. Nobechi als Verantwortliche für die praktische Umsetzung der gestellten Aufgaben. Die Vereinigung kümmert sich um den Austausch junger Wissenschaftler und die Organisation eines im zweijährigen Turnus stattfindenden deutsch-japanischen bzw. japanisch-deutschen Workshops. Solche Treffen fanden 1983 in Tokyo, 1984 in Freiburg, 1987 in Kyoto, dann weiter regelmäßig abwechselnd in Deutschland und Japan und schließlich im Jahr 2004 wieder in Berlin statt. Vorsitzende der Vereinigung waren bzw. sind: T. Nobechi, T. Kozuka, K. Hiramatsu und T. Ishigaki auf japanischer Seite sowie W. Wenz, R. Sauer und G. Kauffmann auf deutscher Seite.

Ziele der Vereinigung sind: Austausch von Wissenschaftlern, Kommunikation von radiologischem, wissenschaftlichem und kulturellem Gedankengut in gemeinsamen Tagungen und die Begegnung von Nuklearmedizinern, Radiologen, Radioonkologen und Radiophysikern beider Nationen zu einer schöpferisch verbindenden Diskussionsrunde, als Reminiszenz der „alten" Röntgengesellschaft, in der früher die genannten Disziplinen vereint waren. Obwohl die RöFO eine nationale Zeitschrift ist, spiegeln 61 Publikationen von japanischen Autoren in den Jahren 1900-1988 die ausgezeichnete Beziehung[3] zwischen beiden Ländern wider.

Deutsch-Polnische Gesellschaft für Radiologie (DPRG)
Die DPRG wurde 1993 gegründet; zum Gründungskomitee gehörten unter anderem C. Claussen/Tübingen, K.-J. Lackner/Köln, E. Zeitler/Nürnberg und R. Felix/Berlin. Die polnische Seite wurde von den Professoren Billewicz/Danzig, Marciniak/Breslau, Niezabitowsky/Stettin, Pruszinsky/Warschau, Smajkiewicz/Lublin, und Ziemanski/Posen repräsentiert. Derzeitige Präsidenten der Gesellschaft sind Prof. R. Felix/Berlin und Prof. Moron/Breslau. Die DPRG organisiert die jährliche Tagung, unterstützt den Wissenstransfer und bietet die Möglichkeit der Hospitation und Fortbildung unter anderem durch Vergabe von Stipendien.

Europäische und internationale Initiativen

Europäischer Radiologieverband (European Association of Radioloy – EAR)
Die European Association of Radiology (EAR) wurde am 15. Dezember 1962 von Boris Rajewsky (Frankfurt/M) und Charles Marie Gros (Straßburg) gegründet. Die Organisation wurde formell am 21. September 1964 registriert. Erster Präsident war bis 1967 Boris Rajewski und erster Generalsekretär bis 1975 war Charles Marie Gros. Eine der ersten Aufgaben der jungen Organisation war die Veranstaltung eines europäischen Kongresses.

Die EAR ist eine Vereinigung von derzeit 38 nationalen Gesellschaften und geht damit über die derzeitigen politischen Grenzen der Europäischen Union (EU) hinaus. Die nationalen Gesellschaften sind durch eine Delegation in der Mitgliederversammlung der EAR mit einer Stimme pro Land vertreten. Die EAR hat mehrere Einrichtungen wie Subspecialty-, Education/- und Professional Organization Committee (POC). POC verbindet die EAR mit der UEMS „Radiology Section" und der UEMS (Union Européene des Médecins Spécialistes), die ihrerseits einen direkten Weg zur Europäischen Union darstellt. In die Radiologische Sektion der UEMS (UEMS Radiology Section) entsenden die nationalen radiologischen Gesellschaften der jetzt 25 EU Mitgliedsstaaten jeweils zwei Vertreter. Diese sind gleichzeitig auch Mitglieder im POC der EAR. Die Bedeutung dieser Einrichtungen und Strukturen für die Zukunft der europäischen Radiologie sollte nicht unterschätzt werden.

1921
A. Bingel, Braunschweig, führt als erster in Deutschland Versuche zur Luftencephalographie durch.

1922
12. Präsident der DRG
Franz Maximilian Groedel

Es ist daher das Ziel, in den nationalen Gesellschaften Interesse an einer Beteiligung und Tätigkeit in diesem Rahmen zu verstärken.

Auf Veranlassung einiger europäischer nationaler Radiologiegesellschaften wird derzeit eine engere Verknüpfung von EAR und ECR in einem gemeinsamen Haus diskutiert mit dem Ziel der Schaffung einer Europäischen Radiologiegesellschaft (ESR).

Europäischer Radiologiekongress
(European Congress of Radiology – ECR)

Der erste Europäische Radiologiekongress wurde 1967 in Barcelona/Spanien abgehalten, gemeinsam organisiert von der EAR und dem „Congrès de Radiologie des Pays de Culture Latine". Die Wege der beiden Organisationen trennten sich danach und die EAR führte die ECRs in 4jährigen Abständen fort.

Nach den erfolgreichen Kongressen in Hamburg 1979 (Präsident: Walter Frommhold), Bordeaux 1983 und Lissabon 1987 wurde ab dem Jahr 1991 der Kongress alle 2 Jahre abgehalten und erhielt unter der Leitung von Josef Lissner ein neues Format. Wien, damals am Scharnier von Ost und West, wurde als Kongressort ausgewählt, Englisch wurde Kongresssprache. Der Durchbruch zum neuen europäischen Kongress kam bemerkenswerteweise von der Industrie. Vor die Wahl gestellt, entweder ein neues Konzept für den ECR zu entwickeln oder eine Streichung der finanziellen Zuwendung zu riskieren, entschloss sich J. Lissner – damals Chairman der Röntgendiagnostik in der EAR – , ein neues Format des ECR zu entwickeln.

Die Nordamerikanische Röntgengesellschaft (RSNA) stand bei der Neuorganisation mit ihrem Know-how großzügig zur Seite. Der ECR wurde ein großer Erfolg und reifte unter den nachfolgenden Präsidenten (Albert L. Baert, 1993, 1995, Hans Ringertz, 1997, Roberto Passariello 1999 u.a.) schrittweise zu einem bedeutenden europäischen Forum heran. Wegen des raschen Fortschritts in Wissenschaft und Technik wurde der ECR ab dem Jahr 1999 in jährlichem Rhythmus veranstaltet. Der Kongress gründet sich im Gegensatz zur EAR auf Einzelmitgliedschaften und gibt eine eigene Zeitschrift (EUROPEAN RADIOLOGY) heraus.

Deutsche waren beim ECR bisher immer an vorderster Stelle vertreten sowohl bei der Zahl der Teilnehmer wie bei der Zahl der wissenschaftlichen Beiträge und nahmen führende Positionen ein: Boris Rajewski (Biophysiker, Strahlenbiologe), Gründer und erster Präsident der EAR sowie W. Frommhold (1979), J. Lissner (1991) und R. W. Günther (2000) als Kongresspräsidenten des ECR. Die zunehmende Qualität und Bedeutung der nationalen Kongresse seit der Einführung des ECR neuen Formats widerlegen die Befürchtungen, dass sich dadurch eine Schwächung der nationalen Röntgenkongresse ergeben könne.

Internationale Radiologiegesellschaft
(International Society of Radiology – ISR)

Die ISR wurde bereits 1925 gegründet und hält derzeit Verbindungen zu 86 nationalen Gesellschaften. Nach London 1925, Stockholm 1928, Paris 1931, Zürich 1934 und Chicago 1937 sollte der 6. Internationale Kongress der Gesellschaft 1941 in Hamburg abgehalten werden. Die gesamten Unterlagen der ISR wurden dort während des Zweiten Weltkrieges zerstört. Nach dem Zweiten Weltkrieg wurden die Kongresse wieder aufgenommen (London 1950, Kopenhagen 1953, Mexico City 1956, München 1959). Der 24. Internationale Radiologiekongress findet 2006 in Kapstadt statt. Seit 1989 beschränkt sich der Kongress auf die diagnostische Radiologie mit dem Schwerpunkt „Fortbildung". Beteiligung und Engagement deutscher Radiologen halten sich in Grenzen.

Publikationen deutscher Autoren international

Die deutsche Radiologie ist mit mehreren Zeitschriften wie den Röntgenfortschritten (RöFo), Der Radiologe, Radiologie – Up2date oder Röntgenpraxis üppig ausgestattet. Publikationsorgan der DRG ist die Zeitschrift RöFO, die mit einem für eine deutsche Zeitschrift beachtlichen Impactfaktor von derzeit 1,7 (Juni 2004) bewertet ist und somit auch internationale Beachtung findet. In den letzten 25 Jahren hat sich ein Trend zur Publikation in englischsprachigen Zeitschriften insbesondere in RADIOLOGY entwickelt. Der Anteil ausländischer Publikation hat dort enorm zugenommen, wobei deutsche Autoren zahlreich vertreten sind. Mit EUROPEAN RADIOLOGY wurde von J. Lissner (1991) ein Publikationsorgan geschaffen, das zu einer führenden europäischen Zeitschrift geworden ist und an deren Weiterentwicklung A. L. Baert als nachfolgender Herausgeber (seit 1996) großen Anteil hat. Auch hier sind sowohl im Herausgebergremium als auch unter den Autoren zahlreiche Deutsche vertreten.

Die Beteiligung deutscher Autoren durch Publikationen in anderen englischsprachigen Zeitschriften in Europa wie etwa Acta Radiologica Scandinavica, British Journal of Radiology, Clinical Radiology und Journal of European Radiology ist begrenzt.

Internationaler Austausch von Wissenschaftlern

Viele Radiologen, die in alle Welt – vor allem in die USA – gezogen sind, überwiegend um zu lernen, haben dazu beigetragen, die internationalen Beziehungen zu stärken. Dieser Weg ist von deutscher Seite allerdings meist eine Einbahnstraße; Wissenschaftler aus den USA finden selten den Weg nach Deutschland. Wie bedeutsam heute dieser Erwerb von Wissen in den USA generell bewertet und die Rückkehr von Wissenschaftlern nach Deutschland gefördert wird, zeigt die Einrichtung eines Büros der Deutschen Forschungsgemeinschaft (DFG) in Washington im Jahr 2002, unter anderem vorgesehen zur Betreuung von deutschen Stipendiaten in den USA. Einige der Radiologen, die in den USA geblieben sind, haben führende Positionen erreicht (z.B. Martin Donner, Klaus Ranninger, Ralph Weissleder), aber auch solche, die aus den USA wieder nach Deutschland zurückgekehrt sind.

1922

Die RöFo wird offizielles Publikationsorgan der DRG.

1922

Die Mitgliederzahl der DRG beträgt: 735.

Perspektiven der internationalen Beziehungen

Internationale Beziehungen verdienen es, gepflegt zu werden, nicht nur um den eigenen persönlichen Horizont zu erweitern und Freundschaften zu schließen, sondern vor allem um die Rolle der Radiologie zu stärken, gemeinsame politische Ziele zu verfolgen, gemeinsame Probleme zu lösen und Standards zu erarbeiten. Förderstrukturen wie etwa von RSNA und ECR/EAR helfen beim Aufbau und bei der Entwicklung der Radiologie, wo nötig, und bieten die Möglichkeiten der Fortbildung und Verbesserung der Forschung. Die deutsche Radiologie sollte sich dieser Chancen bewusst sein und ihre Rolle in dem am 1. Mai 2004 gerade geschaffenen größeren Europa durch Ausbau der europäischen und internationalen Verbindungen wahrnehmen.

DANKSAGUNG Wertvolle Informationen haben freundlicherweise beigetragen: R. Felix, Berlin; G. Kauffmann, Heidelberg; J. Lissner, München; O. W. Linton, Bethesda, MD; M. Pech, Berlin; H. Schreyer, Graz; W. Wenz, Freiburg

01 Vertreteter der Europäischen Radiologie (ECR Wien 2002): Executive Committee des European Congress of Radiology (ECR) und EAR-Präsident. Von links nach rechts:
- A. Chiesa
- J. Lissner (ECR-Ehrenpräsident)
- H. Petterson (ECR-Chairman)
- Ch. Herold
- W. Jevtic
- Ph. Grenier (ECR-Präsident)
- H. Carty (2. ECR-Vizepräsident)
- N. Gourtsoyiannis (1. ECR-Vizepräsident)
- A. Adam
- R. Passariello, R. W. Günther (EAR-Präsident)
- J. L. Bloem
- B. Marincek
- A. Baert (Hauptherausgeber von European Radiology)
- M. Reiser

1922
J. Sicard und J. Forrestier führen die erste Myelographie mit dem Jodöl Lipidol durch.

1923
13. Präsident der DRG
Fedor Haenisch

Phantomfotografie – Zyklus Prosecuritas

Jürgen Klauke, Köln
„Prosecuritas"
Text von Peter Weibel, Karlsruhe

Beim Übergang von der Moderne zur Postmoderne hat die Fotografie eine entscheidende Rolle gespielt. Die Aufnahme der Fotografie ins Kunstmuseum hat den Beginn der Postmoderne mitbegründet. So wie die moderne Kunstfotografie versucht hat, sich mit dem formalen Reservoir der modernen Kunst (übernommen aus den historischen Medien wie Malerei) zu schmücken, so hat der postmoderne Künstler die Fotografie verwendet, um die modernistische Autonomie der Kunst zu überwinden und neue konkrete Inhalte, insbesondere der Massenmedien und Medienwelt, einzubringen.

Mit der Frage nach der Funktion von Materialität und Immaterialität in der Kunst brachte Lyotard das Problem der Sichtbarkeit in die postmoderne Diskussion. Für ihn liegt die wesentliche Arbeit des Künstlers darin, „sehen zu lassen, dass es Unsichtbares im Sichtbaren gibt." Das, was sichtbar ist, ist das, was lesbar ist. Ist das Bild die einzige Realität, die sich vor die sinnlich erfahrbare Wirklichkeit stellt, und ist die Wirklichkeit unseren natürlichen Sinnen nicht mehr zugänglich, dann kommt es darauf an, das Bild richtig zu interpretieren, zu lesen. Es gibt nämlich Apparate, die tiefer und weiter in die Realität vordringen als das menschliche Auge. Die fotografischen Bedingungen bestimmen daher auch die Bedingungen der Welt. So bedarf es Experten, welche die Bilder, welche die Apparate von der Welt und der Realität machen, lesen können. So kann man auf Röntgenaufnahmen erkennen, was ein normales Auge am Fuß oder am Kopf nicht sehen kann: was gebrochen ist und ob sich ein Tumor im Gehirn befindet. Die postmoderne Formulierung des Sichtbaren bezieht sich also auf die Technologie des Sehens, auf Bilder der Apparate-Welt, auf die Erfahrung des technischen Sehens. Das technische Sehen lehrt uns, dass es eine (für das Auge) unsichtbare Realität gibt, die in (technischen) Bildern sichtbar werden kann. Die Visibilität bekommt eine neue Grenze. Das Sichtbare und das Verborgene erhalten eine neue Gleichung, das Verborgene kann sichtbar werden, das Sichtbare kann Verborgenes enthalten. Eine unsichtbare Realität kann in Bildern sichtbar werden und eine sichtbare Welt kann in Bildern das Unsichtbare zeigen. Die Bilder werden die Realität, auf die wir uns beziehen, bedeutet nicht nur eine Agonie und ein Verdrängen des Realen, sondern auch ein Verschieben der Zonen der Visibilität. Die variable Visibilität, die neuen Grenzen des Sichtbaren und die neue Dialektik von Sichtbar und Unsichtbar aufgrund der Apparate-Welt, der Technologie des Sehens, sind der Gewinn und ersetzten die Negativität, welche die „Präzession der Simulacra" angeblich verströmt. Das Sichtbare wird behandelt wie ein Regler; das sichtbare Feld wird zu einer mobilen Luke; der Bildschirm ist dieser Regler. Wie ein Regler fährt er die Zonen der Visibilität entlang; das Sichtbare wird verschoben, das Sichtbare verdeckt und das Unsichtbare entdeckt. Eine den (natürlichen) Sinnen unzugängliche Realität, Feld des Unsichtbaren, wird durch die Technologie (die Durchleuchtungs-Schächte) dem Blick zugänglich. Etwas Verborgenes wird sichtbar gemacht. Auf dem Fließband bewegt sich das Gepäck. Aus dieser Zone der Invisibiltät taucht es plötzlich in eine Zone der Visibilität, gibt sein Inneres preis und kehrt wieder zurück in die unsichtbare Zone nach Durchlaufen des Kofferschachtes. Diese variable Visibilität ist ein Charakteristikum der postmodernen Welt nach der elektromagnetischen Techno-Transformation der Erde, nach der Errichtung der Herrschaft der elektromagnetischen Wellen und Strahlen

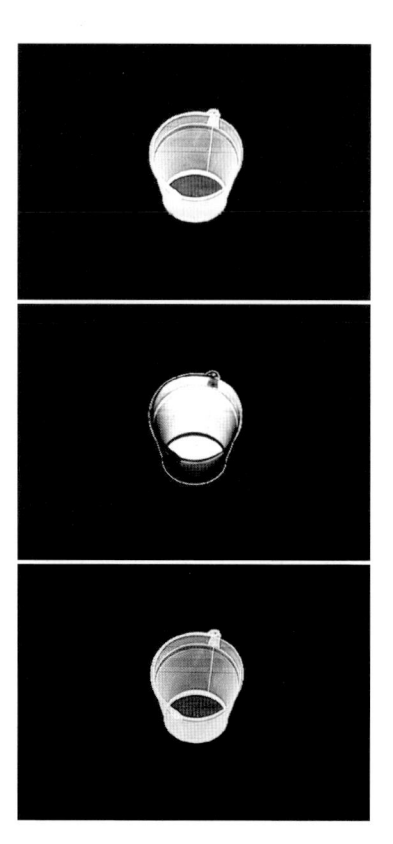

01 Beseelung / Eimer, 1992/1993, dreiteilig, 270 x 120 cm

1923

Der 14. Kongress der DRG findet erstmals außerhalb Berlins in München statt.

1923

F. Haenisch führt erste Untersuchungen zur Frühdiagnose des Dickdarmkarzinoms durch.

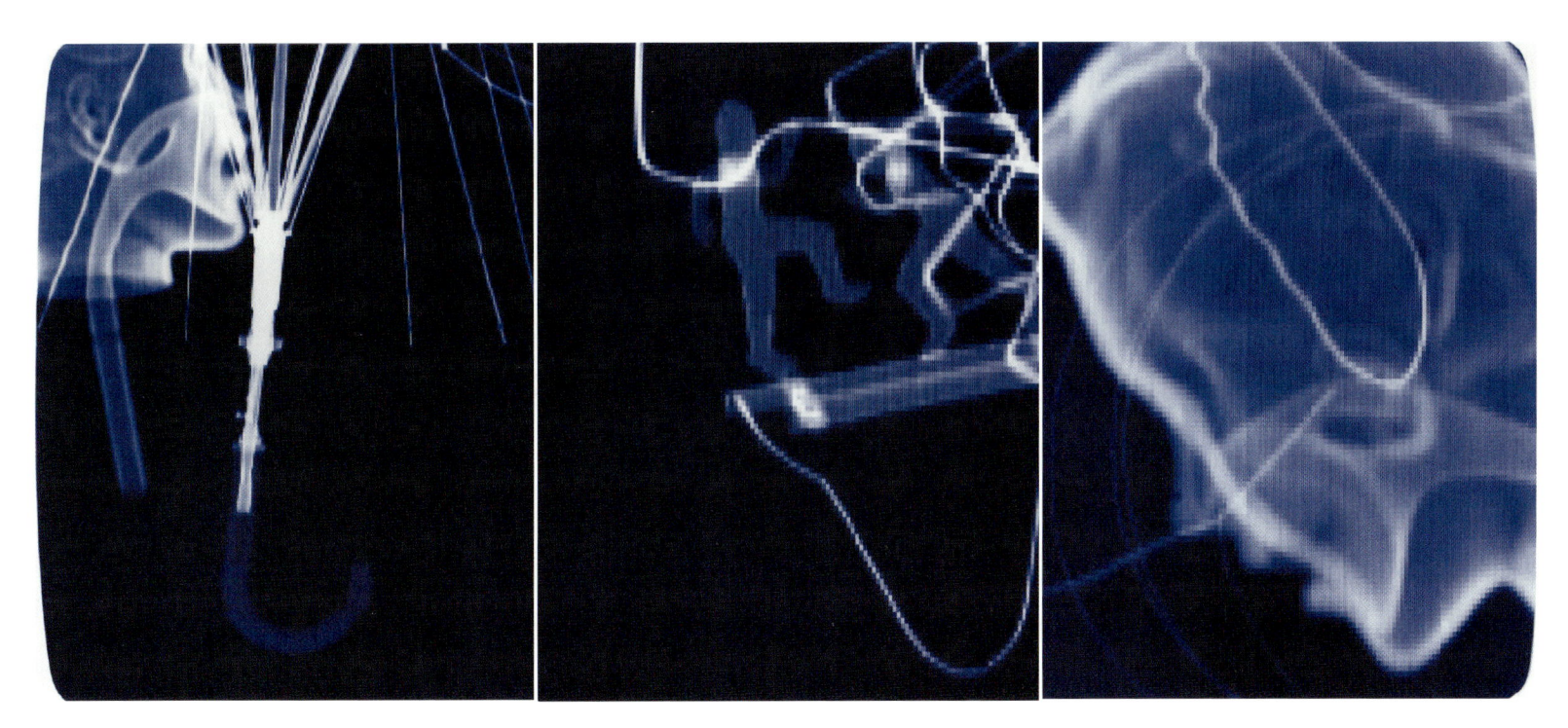

02 Prosecuritas, 1987, dreiteilig, 260 x 600 cm

03 Kulturkoffer,
1990, 180 x 240 cm

1923

W. C. Röntgen stirbt am 10. Februar im Alter von
78 Jahren an einem Darmkarzinom.

1923

J. Berberich und S. Hirsch, Frankfurt am Main, führen
die erste radiologische Visualisierung von Arterien und
Venen am lebenden Menschen durch.

via Radio, TV, Satellit. Insofern könnte man von einer orbitalen Ästhetik sprechen. Was nun durch TV zu Hause herrscht, ist die gesendete – wirkliche oder fiktive – Außenwelt; und diese herrscht so unumschränkt, dass sie damit die Realität des Heims – nicht nur die der vier Wände und des Mobilars, sondern eben die des gemeinsamen Lebens –, ungültig und phantomhaft macht. Wenn das Phantom wirklich wird, wird das Wirkliche phantomhaft. Genau diese postmoderne phantomhafte Welt zeigt uns Klauke in seinem „Prosecuritas"-Zyklus. Indem er nun nicht mehr mit sich selbst oder andere, nicht mehr Gegenstände fotografiert, sondern den Bildschirm jener Durchleuchtungsmaschinen, wie wir sie von internationalen Flughäfen kennen, hat seine Fotografie insgesamt einen postmodernen indexikalischen Charakter bekommen. Abbilder von Bildern, die aus Strahlen bestehen, sind indexikalische Zeichen. Klauke fotografiert in der dritten Phase seiner fotografischen Kunst offensichtlich nicht mehr die Realität, sondern nur mehr Bilder (postmodern condition no. 1). Aber diese Bilder sind auch keine Bilder von Gegenständen mehr, sondern Spuren von Strahlen auf einem Bildschirm, also handelt es sich um Bilder von indexikalischen Zeichen (postmodern condition no. 2). Kein Abdruck oder Abbild der Realität findet mehr statt, sondern eine Abbildung der verstrahlten Welt, der Phantome und Matrizen. Die Fotos dieser dritten Phase haben die Kraft von letzten Bildern. Sie bilden das Gegengewicht des Unsichtbaren gegen das Zuviel an Sichtbarkeit in den Massenmedien. Sie bilden indexikalisch das Negativ zur heilen und positiven Welt der Massenmedien.

Damit ist Klauke endgültig in das Reich der Phantome und Matrizen vorgedrungen, in die Zone des letzten Bildes, in die gespenstische bedrohte Wirklichkeit.
Die aus Strahlen bestehende Bilderwelt, wo Menschen und Dinge nur mehr Reflexe von Strahlen sind, gleichsam die Welt nach der Geschichte, nach dem atomaren Letztschlag, zeigt uns neue gefährliche Zonen der Visibilität. Klauke hat die Sichtbarkeit an die äußerste Grenze vorangeschoben, wo nur mehr die Strahlen sichtbar sind. Er ist in eine Zone letzter Sichtbarkeit und letzter Bilder eingetaucht. Seine Endbilder zeigen uns eine aus Lichtpartikeln und Strahlenspuren zusammengesetzte gespensterhafte Realität, die Medienwelt des postindustriellen Zeitalters, die aus Phantomen und Matrizen besteht. Seine postmoderne fotografische Aktivität ist am Ziel angekommen.

Quelle: Peter Weibel, Eine postmoderne Bedingung der Fotografie: Variable Zonen der Visibilität, in: Jürgen Klauke „Prosecuritas", hrsg. von H. M. Herzog, Ausstellungskatalog Kunsthalle Bielefeld 1994.

04 Beseelung/Stuhl,
1992/1993, dreiteilig, 120 x 270 cm

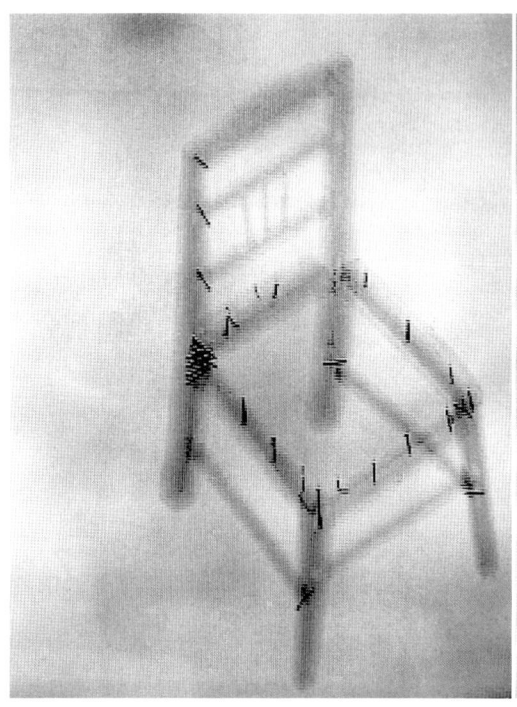

1923
H. Behnken, Berlin, entwickelt eine Methode zur Bestimmung einer absoluten Einheit der Röntgenstrahlendosis.

1924
14. Präsident der DRG
Hermann Wintz

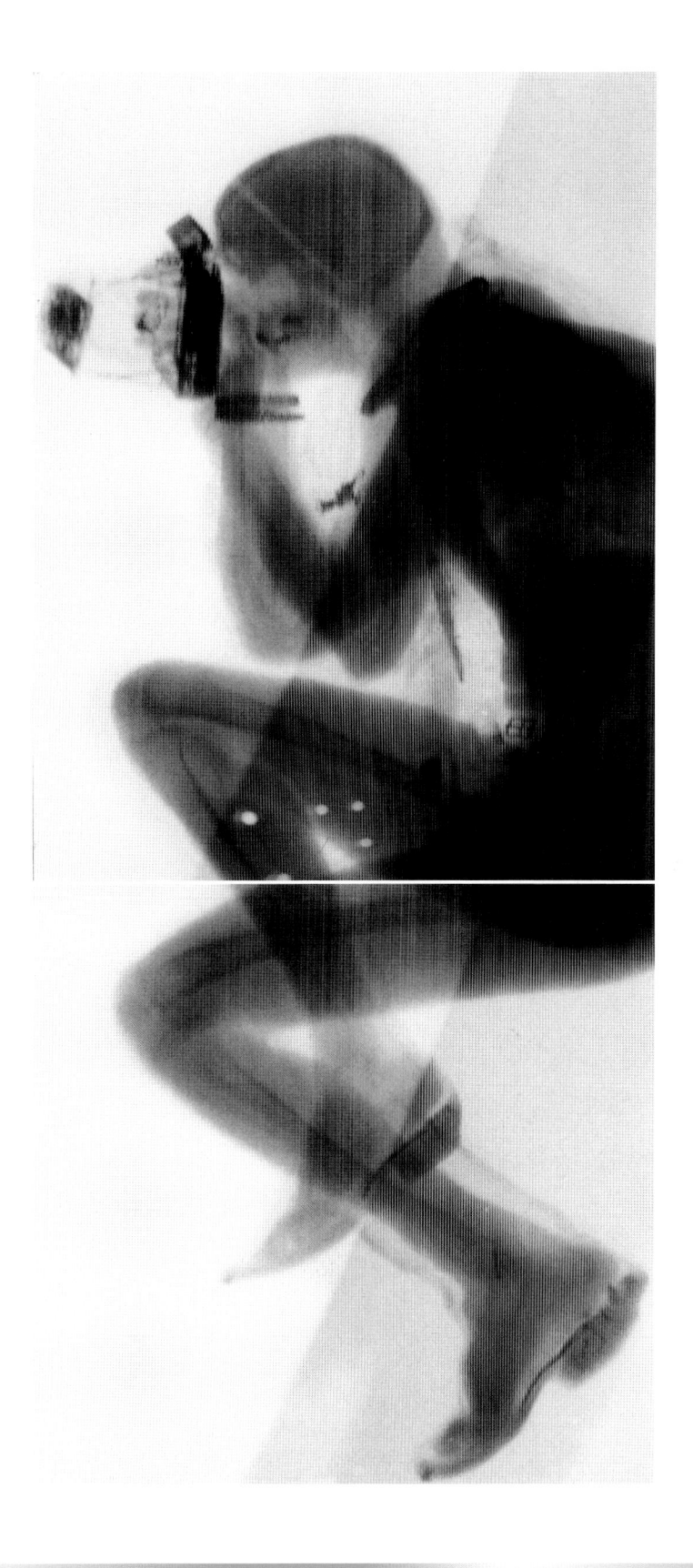

05 Toter Fotograf,
1988/1993, zweiteilig,
330 x 127 cm

1924

A. H. Compton erhält den Physiknobelpreis für die
Entdeckung und Deutung des nach ihm benannten
Comptoneffektes, der die Streuung von Röntgen- oder
Gammastrahlen an quasi freien Elektronen beschreibt.

1924

Einführung des Facharztes für
Röntgen- und Lichtheilkunde

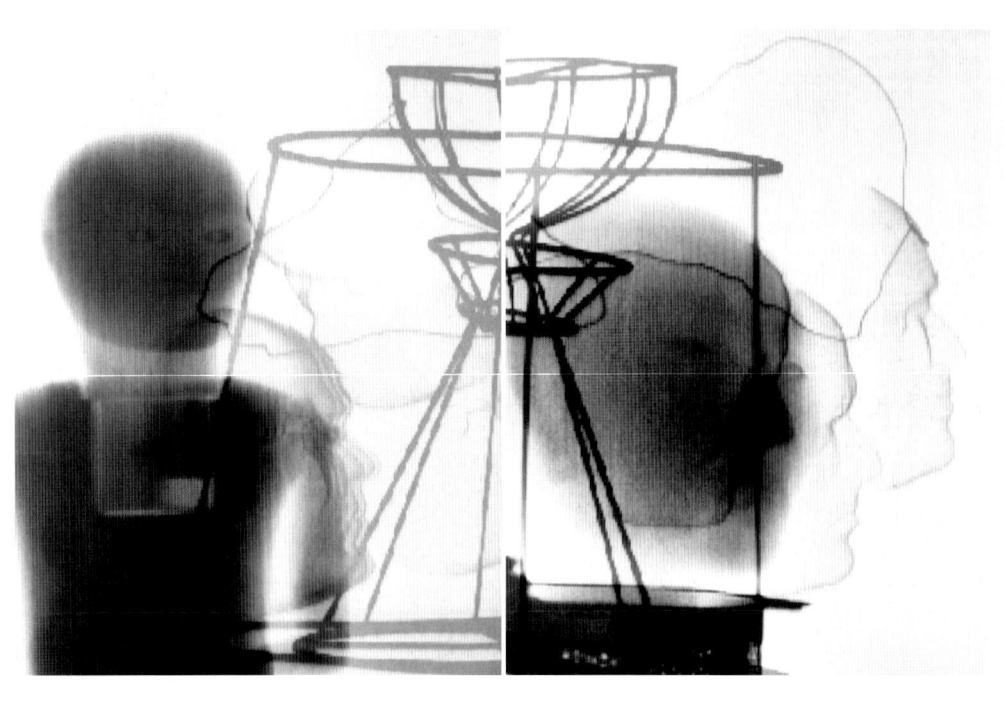

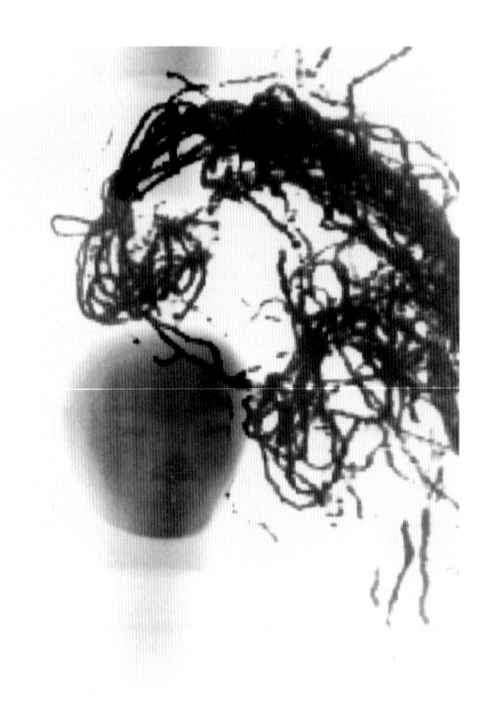

06 Abseits,
1988, dreiteilig, 165 x 375 cm

1924

H. Küstner, Göttingen, weist Fehler in der Bestimmung von Strahlendosen in Einzelfällen bis zu 267% nach.
Die DRG beschließt die Einführung einer Standardisierung in der Röntgendosimetrie.

1925

Erstmals wird in Deutschland der Strahlenschutz staatlich geregelt. In der staatlichen Verordnung (RGBl. I, S. 69) werden die durch Röntgenexposition hervorgerufenen Krankheiten als Berufskrankheiten anerkannt.

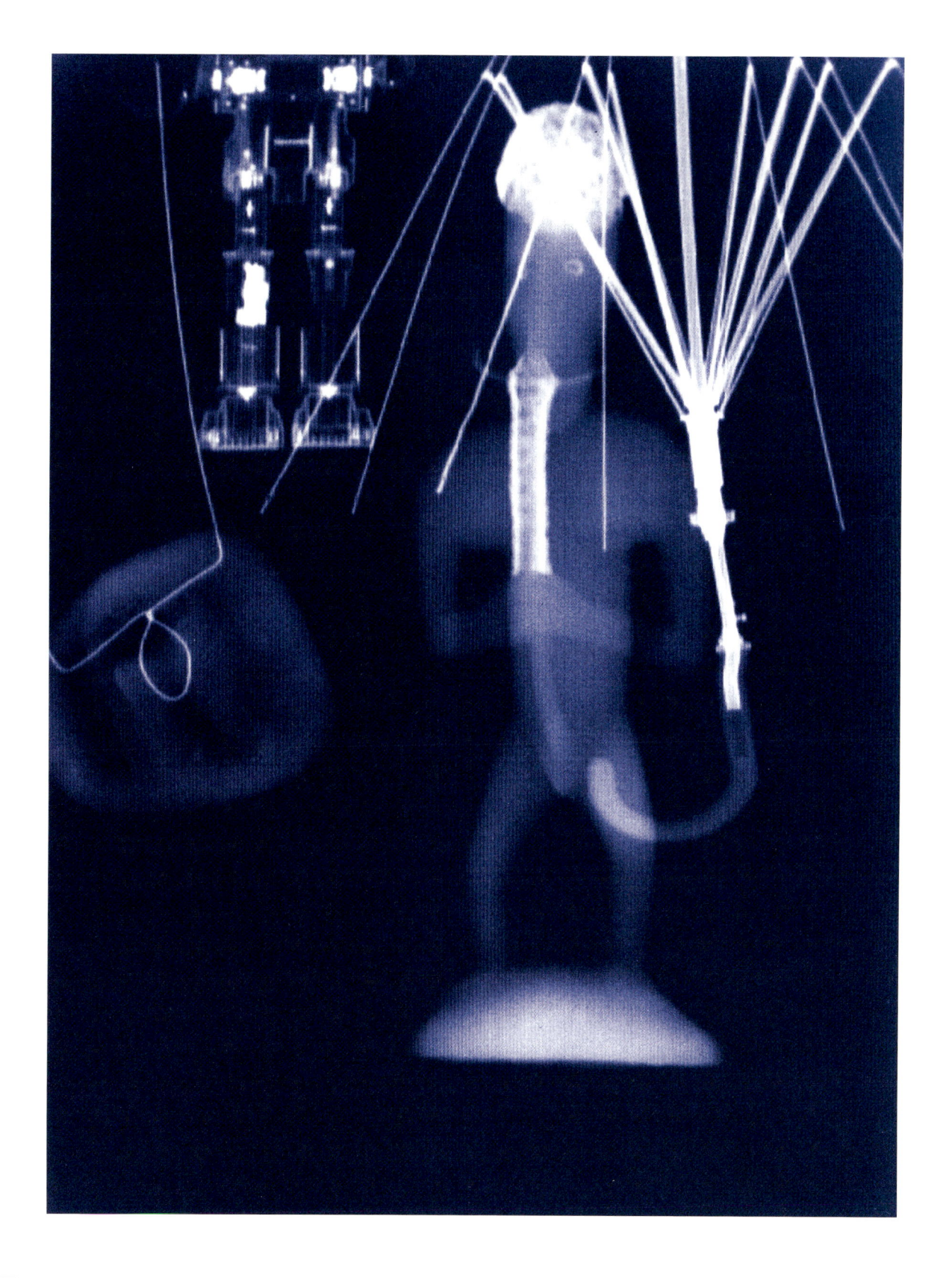

07 Fragezeichen,
1987, 245 x 180 cm

1925

15. Präsident der DRG
Hans Dietlen

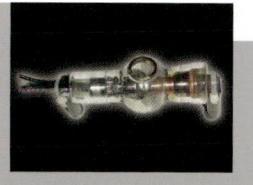

1925

Eine Coolidge-Röhre mit Rippenkühlung
und Präzisionsfokus kostet 325 Mark.

Vom Film zum Bit – Entwicklung der Digitalen Radiographie

Karl-Friedrich Kamm, Hamburg

In den vergangenen 30 Jahren ist die Digitale Radiographie zu einem Routineverfahren herangewachsen, ohne das die medizinische Bildgebung nicht mehr denkbar wäre.

Was waren die Auslöser für diese Entwicklung?

Die Voraussetzungen zur digitalen Radiographie wurden bereits zu Beginn der 70er Jahre des 20. Jahrhunderts geschaffen. Für militärische Fernerkundung und die Weltraumforschung wurden Möglichkeiten gesucht, Bilder über große Distanzen sicher, schnell und verlustfrei zu übertragen. Hierzu mussten Vorgehensweisen und Werkzeuge entwickelt werden, mit deren Hilfe die Bildinformation in einzelne Datenpakete zerteilt und codiert wird. Es entstanden digitale Bildmatrizen, die aus Pixeln und Grauwerten bestanden. →01 Um die Übertragung gegen Störungen zu sichern, wurden fehlertolerante Verschlüsselungs- und Kompressionsverfahren erforscht. Das eigentliche Ziel war es, wichtige Details aus Bildern zu extrahieren und Objekte und Strukturen, die mit herkömmlichen optischen Verfahren nicht sichtbar waren, darzustellen.

In der Medizin stießen diese Entwicklungen auf Resonanz, da die bisher üblichen, filmbasierenden Verfahren eine direkte Sichtbarmachung, platzsparende Speicherung, Übertragung, Darstellung und vor allem Verarbeitung und automatische Auswertung nicht oder nur schwer zuließen.

Wie können feine Knochen- und Gefäßstrukturen schärfer und kontrastreicher dargestellt werden?

Welche Verfahren ermöglichen eine Vermeidung von Überlagerungen, eine Reduktion des Streustrahlenanteils und eine Reduktion der Strahlendosis? Diese Begrenzungen der bisherigen filmbasierenden Arbeitsweise regten weltweit Forschungsgruppen an, neue Abbildungsverfahren zu erforschen. Nur große Forschungslabors mit leistungsfähigen, große Räume füllenden Rechnern und Bildprozessoren, konnten in den 50-70er Jahren diese Arbeiten durchführen. Zunächst wurden Filme mit hochauflösenden Filmabtastern für Übertragung, Auswertung und Speicherung digitalisiert. Ziele waren die Bestimmung des Informationsgehalts von medizinischen Bildern sowie densitometrische und geometrische Auswertungen (z. B. der Herzkontur) in Bildern oder Bildserien.

Als erstes digitales, bahnbrechend neues Verfahren setzte Anfang der 70er Jahre die Computer-Tomographie CT die Fachwelt in Aufregung. Schnitte durch den Körper konnten aus Schwächungsprofilen errechnet werden und somit das Problem der Überlagerung lösen. Die starke Einblendung des Strahlenfächers führte zu einer Reduktion des Streustrahlenanteils. Mit diesem Verfahren wurde es zum ersten Mal möglich, die geringen Schwächungsunterschiede zwischen grauer und weißer Substanz im Gehirn bildlich darzustellen. Diese Kontrastauflösung war nicht möglich mit den bisherigen Röntgenverfahren, die Knochenstrukturen gut abbildeten. Die Anzahl der Bildelemente war sehr begrenzt, so dass die mit den ersten CTs erreichbare Ortsauflösung niedrig blieb und kleine Objekte nicht darstellbar waren. Dies stand im Gegensatz zur bis dahin gültigen Maxime, dass möglichst viele Linienpaare pro mm darstellbar sein sollten. Die Kontrastauflösung, d.h. die Möglichkeit niedrige Kontraste im Bild abzubilden, spielte noch eine untergeordnete Rolle.

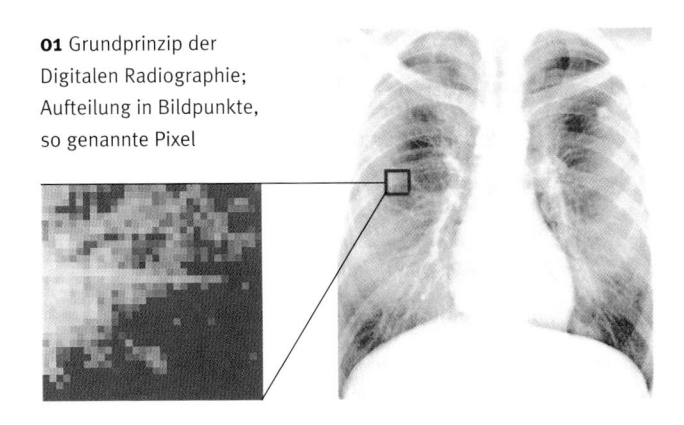

01 Grundprinzip der Digitalen Radiographie; Aufteilung in Bildpunkte, so genannte Pixel

---

1926

16. Präsident der DRG
Martin Haudeck

1926

A. Binz und C. Räth entwickeln mit Unterstützung von Schering-Kahlbaum an der Landwirtschaftlichen Hochschule Berlin das später als Uroselectan bezeichnete Kontrastmittel zur Darstellung der Niere und Harnwege.

Um dieses Verfahren auch für die Projektionsradiographie zu erproben, wurden Thoraxaufnahmen im Scanogrammbetrieb aufgenommen. Diese ersten digitalen Projektionen des Thorax zeichneten sich vor allem durch eine verbesserte Darstellung kontrastarmer Strukturen aus.
Eine weitere Wurzel der Digitalisierung war die bereits in den 20er Jahren entwickelte Fernsehtechnik, bei der mit einem zeilenweisen Abtasten Bilder als analoge elektromagnetische Signale aufgezeichnet und übertragen werden. Durch Einführung der Durchleuchtung mit Bildverstärker-Fernsehtechnik wurde die Radiologie in den 50er Jahren revolutioniert. ⟶02 Später gelang es, Fernsehsignale in Echtzeit, das heißt während des Aufbaus eines einzelnen Bildes zu digitalisieren. Zunächst wurde die Aufzeichnung digitaler Einzelbilder innerhalb von 40 Millisekunden, mit 625 Zeilen möglich. Dann jedoch als Bildserien in immer schnellerer Folge und mit wachsender Auflösung.
Die Kontrastauflösung spielt auch die entscheidende Rolle bei der Entwicklung des zweiten Verfahrens der digitalen Radiographie: der Digitalen Subtraktionsangiographie (DSA), die ab Anfang der 80er Jahre klinische Routine wurde. Die ersten klinischen Studien konzentrierten sich auf die Darstellung arterieller Gefäße nach intravenöser Gabe von Kontrastmittel. Hierbei erreicht das Kontrastmittel stark verdünnt das interessierende Gefäßgebiet. Durch Aufnahme und Speicherung von Maskenbildern vor Ankunft des injizierten Kontrastmittels im interessierenden Gefäß können diese anschließend von den Bildern der Kontrastmittelpassage subtrahiert werden. Als Ergebnis verschwinden alle Strukturen, die im Verlauf der Untersuchung ihre Position nicht verändert haben. Das Ergebnis ist eine kontrastreiche Darstellung der Blutgefäße ohne Überlagerung störender überlagerter und kontrastreicher Knochenstrukturen. Die Darstellung der subtrahierten Bildsequenzen wird vom Untersucher direkt im Untersuchungsbereich auf Bildschirmen kontrolliert.

Mit Verbesserung der Vorgehensweise und vor allem durch verbesserte digitale Prozessoren, mit denen höhere Bildfrequenzen bei gleichzeitig größeren Matrixgrößen eingesetzt werden konnten, wurde die intravenöse Angiographie durch direkte Gefäßdarstellung mit arterieller Injektion ersetzt. Parallel zur DSA in der Angiographie ging die Suche nach Anwendungsmöglichkeiten der digitalen Bildverarbeitung in der Kardiographie weiter. Zunächst wurden zum Ersatz der umständlichen und aufwendigen 35 mm Filmtechnik diese Filme digitalisiert, um Funktionsparameter der Herzens wie Ejektionsfraktion, Schlagvolumen, Wandstress oder Vitien in der Kinderkardiologie zu analysieren. Der komplette Ersatz der Filme gelang erst zu Beginn der 90er Jahre durch direkte Digitalisierung der Videobilder in Echtzeit mit 25 Bildern pro Sekunde. Problematisch war die Dokumentation dieser schnellen Bildfolgen, da zuerst nur Videobänder oder spezielle digitale Bänder zur Verfügung standen. Durch Einführung der beschreibbaren digitalen Compact Disk (CD) Mitte der 90er Jahre und durch Definition eines allgemein anerkannten Speicherformates im Rahmen des DICOM Standards (Digital Imaging and Communication in Medicine) wurde auch diese Lücke geschlossen. Gelang die Digitalisierung anfangs nur über den Zwischenschritt Film oder Fernsehbild, so wurde nun nach Detektoren gesucht, die eine direkte Umwandlung des Strahlenbildes in ein digitales Bild ermöglichen.

Die Forschung konzentrierte sich auf die Aufnahme großformatiger Einzelbilder mit hoher Auflösung. Ein erster Schritt war die Weiterentwicklung der mit der Computertomographie erprobten Scanogrammtechnik. Die Untersuchungsregion wurde schrittweise mit einem Schlitz abgetastet, während das Strahlenbild hinter dem Patienten mit einer Detektorzeile abgetastet und anschließend digitalisiert wurde. Prototypen für die Thoraxdiagnostik wurden erprobt. Ein weiteres Verfahren war Anfang der 80er Jahre die digitale Lumineszens-Radiographie, DLR. Mit der DLR wurde es möglich, die Domäne der großformatigen Röntgenaufnahmen mit Kassetten durch eine digitale Methode zu ersetzen. Die DLR verwendet Leuchtstoffe, die in ihrer Struktur den üblichen Verstärkerfolien ähneln. Der Unterschied besteht in der Dotierung, die bewirkt, dass die bei Belichtung auftreffende Energie größtenteils nicht sofort in Licht umgewandelt wird. Zur Auslesung des Röntgenbildes wird die Folie nach der Belichtung zeilenweise durch einen Laserstrahl abgetastet. Dabei regt die zusätzlich eingestrahlte Energie die angeregten Kristalle des Leuchtstoffes partiell zur Emission von Licht an, das gemessen wird. Die registrierte Spannung wird pixelweise digitalisiert und das Ergebnis in der Bildmatrix abgelegt.
Ein Ziel war noch nicht erreicht: der Ersatz von Kassetten zur Reduktion von Arbeitsschritten und zur Steigerung der Effizienz. Als erster integrierter Detektor wurde ab den 90er Jahren eine Selentrommel für die Thoraxdiagnostik eingesetzt. Die Leitfähigkeit einer vor der Aufnahme elektrisch aufgeladenen Selenschicht verändert sich durch Bestrahlung so, dass sich die Ladungsverteilung auf der Oberfläche ändert. Im zweiten Schritt wird dieses elektrische Strahlungsbild abgetastet und digitalisiert. Durch die Verwendung von Selen wird der Zwischenschritt der Umwandlung in ein Lichtbild übersprungen.

02 Struktur der Cäsium Jodid Eingangsschicht

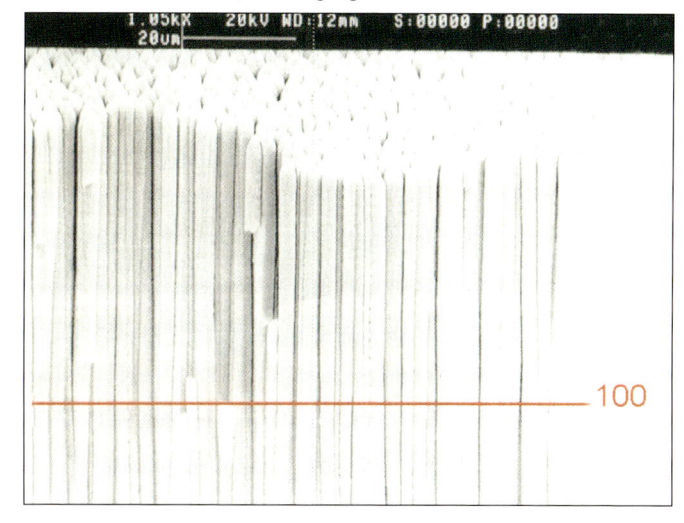

1927

17. Präsident der DRG
Richard Werner

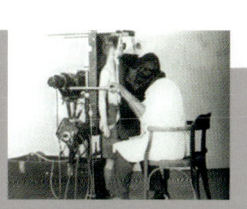

1927

H. Redecker, Berlin, entwickelt grundlegende Voraussetzungen für den Einsatz der Röntgendiagnostik für die Früherkennung von Lungentuberkulose.

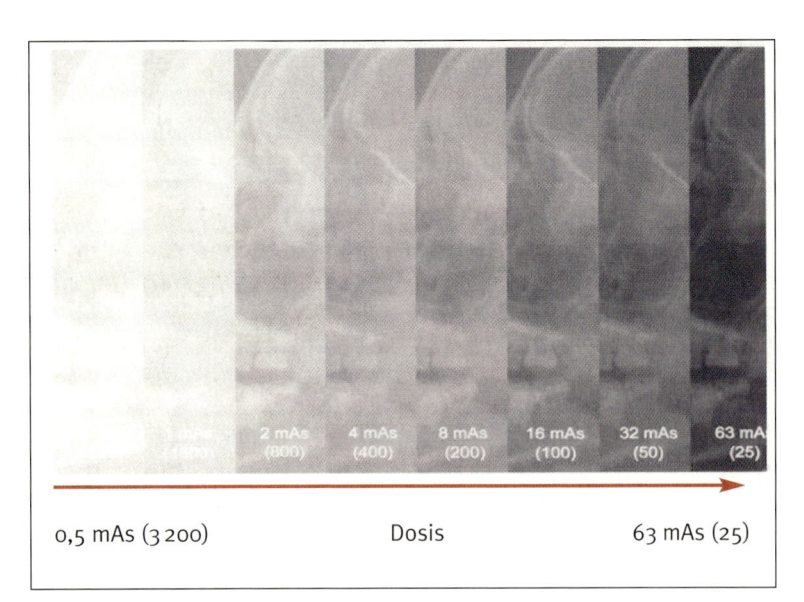

03 Belichtungsspielraum Film-Folien-System

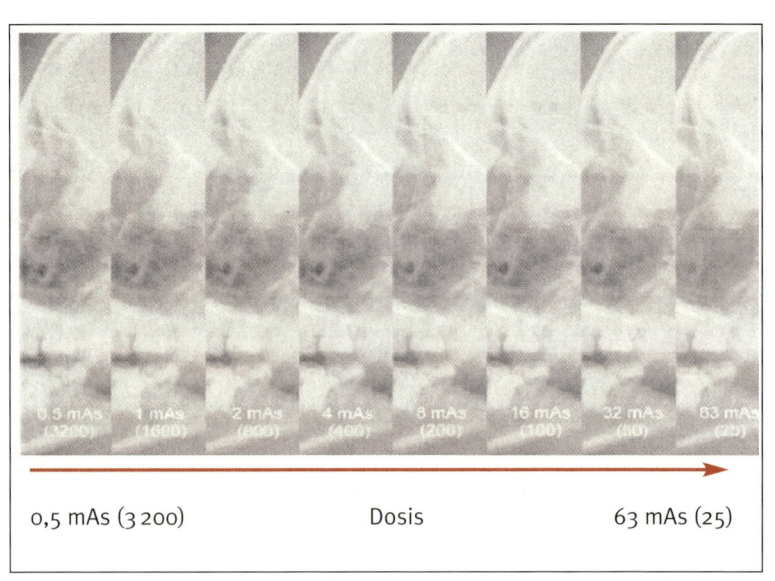

04 Belichtungsspielraum digitaler Detektor

Wurden die Selenschichten noch auf eine Trommel aufgebracht, die mechanisch abgetastet wurde, so dominieren seit Beginn des 21. Jahrhunderts Flachdetektoren, die grundlegend aus zwei Schichten aufgebaut sind: Zunächst einer strahlenempfindlichen ersten Schicht, die das Strahlenbild in ein Lichtbild bzw. in eine Ladungsverteilung umsetzt ⋯→**02**. Die zweite Schicht besteht aus amorphem Silizium, in der durch Diffusion Leiterbahnen und Halbleiterschaltelemente erzeugt worden sind, über die das Licht- bzw. Ladungsbild gemessen und digitalisiert wird. Flachdetektoren ermöglichen es, ein Bild je nach Bauart mit 4 bis 9 Millionen Pixeln in einem Moment aufzunehmen.

Die digitale Radiographie erfordert einen großen apparativen und damit finanziellen Einsatz. Kann dieser Aufwand durch die Möglichkeiten und Vorteile gerechtfertigt werden?
Im Gegensatz zu den Film-Folien Systemen ⋯→**03** weisen digitale Detektoren ⋯→**04** einen wesentlich größeren Dynamikumfang und eine lineare Übertragungscharakteristik auf. Bilddaten können deshalb in einem weiten Bereich der Dosis aufgenommen werden, begrenzt nur durch Übersteuerung bei zu hoher Dosis und durch wachsenden Rauschanteil im Bild bei sehr niedriger Aufnahmedosis. Somit ist es möglich, die Dosis gemäß der Fragestellung anzupassen. Die größere Toleranz gegenüber Dosisschwankungen führt zu einer Reduktion von Fehlaufnahmen. Auf Grund des großen Dynamikumfangs wären die dargestellten Bilder ohne Bildverarbeitung kontrastarm. Hier setzt die automatische Bearbeitung der Daten ein, um durch Veränderung des Dynamikumfangs, Kontrastanhebung und Kompensation des Rauschens schwach erkennbare Bilddetails besser sichtbar zu machen.

Weitere Vorteile digitaler Bildverarbeitung sind die

- Aufteilung der Bildentstehung in einzeln optimierbare Stufen
- Ausgleich von Belichtungsunterschieden innerhalb eines Bildes
- Bessere Sichtbarmachung feiner Strukturen und Kontraste
- Bessere Ausnutzung des Quantenangebotes. 2-3 fach höhere Effizienz bei Detektoren basierend auf Cäsium Jodid und Selen
- Getrennte Darstellung einander überlagernder Objekte
- Funktionsanalysen, z. B. Flussdynamik
- Darstellung und Vermessung dreidimensionaler Strukturen
- Reduktion des Streustrahlenanteils und des Rauschens im Bild
- Konsistente Bildqualität

Digitale Bilddaten ermöglichen gänzlich neue Darstellungen von Körperpartien und -funktionen in Raum und Zeit. Schon der Einsatz einfacher digitaler Bildspeicher in der Durchleuchtung führt zu einer Reduktion der Dosisbelastung für Patient und Untersucher.
Durch immer weitere Beschleunigung der Rechen-, Speicher- und Übertragungsgeschwindigkeit wurde es möglich, das Röntgenbild bereits kurz nach der Aufnahme auf dem Bildschirm darzustellen. Ohne Sofortbilder wären deshalb die heutigen interventionellen Behandlungsmethoden nicht möglich.

1927
W. Teschendorf berichtet erstmals über Erfolge mit der Ganzkörperbestrahlung bei Leukämien und anderen Blutkrankheiten.

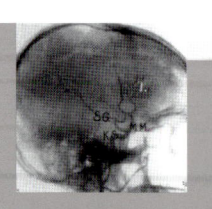

1927
E. Moniz praktiziert die erste zerebrale Angiographie durch Injektion einer Natriumjodid-Lösung in die operativ freigelegte A. carotis.

Erst durch die Repräsentation von Bildern in einer einheitlichen, digitalen Form, den Bits, wird es möglich, diese Daten in universeller Form zu bearbeiten, zu übertragen und zu speichern. Der Platzbedarf für die Archivierung ist im Vergleich zu Filmen wesentlich niedriger.

Der Austausch von Bilddaten zwischen verschiedenen Systemen war in den ersten Jahren der digitalen Radiographie problematisch bzw. oft gar nicht möglich. Beginnend 1985 konnte erst in vielen Jahren intensiver Zusammenarbeit von Radiologen und Ingenieuren mit dem DICOM Standard (Digital Imaging and Communication in Medicine) ein Rahmen geschaffen werden. DICOM erlaubt es, Bilder und die dazugehörigen Daten so zu speichern und zu übertragen, dass sie mit unterschiedlichen Geräten dargestellt und weiterbearbeitet werden können. Zusätzlich werden auch alle wichtigen Patienten-, Untersuchungsdaten und vor allem Dosiswerte zusammen mit den Bildern gespeichert. Da durch die digitale Radiographie die Erstellung mehrfacher Originale eines Bildes keine Utopie mehr ist, können Bildverluste auf einfache Weise vermieden werden.

Zeitaufwendige Arbeitsschritte entfallen, da die digitale Radiographie ohne Kassetten und Dunkelkammer auskommt. Die Auswahl der Arbeitsliste, Anwahl der Untersuchungseinstellungen, Bildverarbeitung und Darstellung werden durch Automatisierung weitgehend erleichtert. Symbole ermöglichen eine intuitive Bedienung.

Wer waren die Pioniere in Deutschland?

In Deutschland waren mehrere Gruppen aus Hochschulen und Industrie in enger Zusammenarbeit mit internationalen Forschungsgruppen an der Entwicklung der digitalen Radiographie maßgeblich beteiligt. Anfangs entwickelten die Forschungsgruppen nicht nur neue Programme und erprobten klinische Methoden, sondern mussten auch ihre Werkzeuge selber bauen. Dies waren vor allem Bildprozessoren und -speicher als Schlüsselkomponenten und die dafür benötigten Steuer-, Analyse- und Darstellungsprogramme. Alle Forschungsgruppen zu erwähnen, würde den Platz dieses Essays sprengen. Deshalb soll versucht werden, die herausragenden Arbeiten zusammenzufassen.

In Deutschland begann in den 70er Jahren die Forschungsgruppe in Kiel um Prof. Heintzen ausgehend von videodensitometrischen Untersuchungen an kardiologischen Bildserien die ersten DSA Bilder und digitalen Kardiogramme zu entwickeln. Hierzu wurde ein eigenes Bildverarbeitungssystem Namens ISAAC entwickelt. Parallel hierzu erforschte Prof. Höhne an der Universitätsklinik in Hamburg die Verarbeitung von Bildsequenzen und die Extraktion von Funktionsparametern. Später konzentrierte sich diese Gruppe darauf, um aus räumlichen Folgen von Schnittbildern dreidimensionale Ansichten zu rekonstruieren. Es entstand der international viel beachtete VOXELMAN. Die Gruppe um Prof. Meyer Ebrecht in Hamburg entwickelte die ersten Strategien für die Archivierung von Bildern und Prozessoren (PICASSO) und Bedienkonzepte für Bildarbeitsplätze. Er war Mitorganisator der weltweit ersten PACS Konferenz 1982.

Dem Austausch von Ideen und Erfahrungen dienten in den 80er Jahren mehrere Tagungen. Im deutschen Raum sollen hier vor allem das Klinischradiologische Seminar (1981) von Prof. Frommhold und Gerhardt und die Frankfurter Gespräche über Digitale Radiographie in Bad Nauheim, organisiert von Prof. Riemann und Kollath (1984, 1986, 1988), die Expertentreffen in Mannheim von Prof. Georgi und Busch (1990, 1991), die internationalen Symposien in Hamburg (Höhne, 1981) und Kiel (Heintzen, 1982) und die ab 1995 von Prof. Lemke in zweijährigem Turnus organisierten CAR (Computer Assisted Radiology) Konferenzen gennant werden.

Der Stellenwert der neuen digitalen Verfahren im Vergleich zur Film-Folien basierenden Diagnostik wurde Im Rahmen von zwei Konsensuskonferenzen (Organisation: Drs. Braunschweig, Busch, Klose) bestimmt. Auf der Konsensuskonferenz Digitale Radiographie im Jahre 1997 wurde die Äquivalenz der diagnostischen Aussagefähigkeit der digitalen Radiographie mit Film festgestellt. Als Ausnahme wurde die digitale Mammographie und die digitale Kinderradiologie gesehen. Die Anforderungen an die Monitorbefundung wurde 2001 diskutiert und festgelegt. Wichtige klinische Studien zur Anwendung und zum Einsatz der neuen digitalen radiographischen Verfahren sind an allen deutschen Universitäten erarbeitet worden.

Nach 30 Jahren ist die digitale Radiographie nun erwachsen und wird auf breiter Basis in der Routine eingesetzt. Verfahren wie die digitale Subtraktionsangiographie, die digitale Kardiographie, die digitale Durchleuchtung mit Bildspeicherung und Verarbeitung haben die bisherigen filmbasierenden Aufnahme vollständig ersetzt. Buckyaufnahmen werden mehr und mehr mit digitalen Verfahren erfasst und die Mammographie steht zu Beginn des 21. Jahrhunderts im Zentrum des digitalen Umbruches. In Normen und Leitlinien sind Verfahren zur Qualitätssicherung und Forderungen zur Fachkunde beschrieben. Vor allem durch weite Verbreitung der seit jeher digital arbeitenden Schnittbildgerate CT/MR und durch zunehmende Installation von Netzwerken und computerunterstützter Organisation, Dokumentation und Archivierung entsteht die Notwendigkeit auch die klassische filmbasierende Radiologie zu digitalisieren.

Wie geht die Entwicklung weiter?

Das digitale Bild und vor allem Bildserien zur Darstellung von Bewegungsvorgängen gewinnen mehr und mehr an Bedeutung. Die gerätetechnische Entwicklung ist in Bezug auf Leistungsfähigkeit der Rechner, Speicher, Übertragungsmedien bei weitem noch nicht abgeschlossen. Die Geräte werden kompakter und schneller werden. Neue Detektorprinzipien mit besserer Ausnutzung des Quantenangebotes und höherer Auflösung deuten sich an. Mit neuen Bedienkonzepten wird die Handhabung der Geräte erleichtert und vereinheitlicht. Die Vernetzung der bisher vereinzelt betriebenen Geräte wird stark zunehmen. Die Ausbildung wird sich auf einen konzertierten und sinnvollen Einsatz der verschiedenen Verfahren konzentrieren. Durch die Erarbeitung von Leitlinien, Normen und Richtlinien wird die Unsicherheit bei der Handhabung und der Sicherung der Bildqualität eingeschränkt werden. Es werden neue Arbeitsweisen für vollständig digital arbeitende Abteilungen für bildgebende Verfahren entwickelt, in denen Filme nur noch selten in die Hand genommen werden.

1927

H. R. Schinz veröffentlicht das erste umfassende Lehrbuch der Röntgendiagnostik mit besonderer Berücksichtigung der Chirurgie.

1928

18. Präsident der DRG
Walter Friedrich

Was haben die Beatles mit der Computertomographie zu tun?

Werner Bautz, Erlangen
Will Kalender, Erlangen

Dienstag, 6. Februar 1977, Universitätskinderklinik Tübingen, Morgenvisite auf Station C. „Die Krampfanfälle von Florian häufen sich. Wir brauchen eine Computertomographie, um endlich weiterzukommen. Bitte versuchen Sie einen Untersuchungstermin in Heidelberg oder Ulm zu bekommen. – Haben Sie Lust, mitzufahren?" Was für eine Frage an einen Medizinalassistenten! Wenige Tage später stand ich im Bezirkskrankenhaus Günzburg bei Ulm vor einem Siretom der Fa. Siemens und war enttäuscht: Ich hatte mir die Wundermaschine, von der alle Welt sprach, einfach größer vorgestellt. Florian lag mit dem Kopf in einer kleinen runden Öffnung im Gerät und wurde unter merkwürdigen Geräuschen „gescannt". In einem quälend langen 5 Minuten-Takt entrollte sich auf einem winzigen Monitor ein Bild, das mir der zuständige Oberarzt erklärte: „Sehen Sie das Ventrikelsystem? Hirndruckzeichen, Hirnödem [...], kein Tumor." Nach etwas mehr als einer Stunde war alles vorbei und wir fuhren mit einem Packen Polaroidbilder nach Tübingen zurück. Dem 6 Monate alten Florian blieben dank der neuen Technik belastende Untersuchungen wie Hirnangiographie oder Pneumencephalographie erspart.

Mit der Computertomographie (CT) war ein Wunsch in Erfüllung gegangen, der so alt war wie das „Röntgen" selbst: Die Abbildung des Körpers in überlagerungsfreien Schichten. Schon kurz nach der Entdeckung der Röntgenstrahlen findet man am 7. Januar 1896 in der Frankfurter Zeitung in einem Beitrag folgende visionäre Gedanken: „[...] und läßt man der Phantasie weiter die Zügel schießen, stellt man sich vor, daß es gelingen würde, die neue Methode des photographischen Prozesses mit Hilfe der Strahlen aus den Crookeschen Röhren so zu vervollkommnen, daß nur eine Partie der Weichteile des menschlichen Körpers durchsichtig bleibt, eine tiefer liegende Schicht aber auf der Platte fixiert werden kann, so wäre ein unschätzbarer Behelf für die Diagnose zahlloser anderer Krankheitsgruppen als die der Knochen gewonnen." Eine richtige Einschätzung, sieben Jahrzehnte vor der Computertomographie, der wichtigsten Erfindung in der Röntgentechnik seit der Entdeckung der Röntgenstrahlen.

Als Erfinder der Computertomographie gilt der englische Ingenieur Godfrey Newbold Hounsfield (1919 – 2004). 01 Während des 2. Weltkrieges war er Radartechniker bei der britischen Armee. Nach dem Krieg erhielt er eine Elektrotechnikerausbildung in London und trat nach dem Abschluß 1951 in die Firma EMI Ltd. (Electric and Musical Industries Ltd.) ein, die in der Schallplattenproduktion sehr erfolgreich war. Weniger bekannt ist, daß EMI Ltd. sich damals auch mit der Erforschung und Entwicklung elektronischer Produkte beschäftigte und das mit unerschöpflich scheinenden finanziellen Ressourcen aus dem Unterhaltungssektor. In den Tagen des Kalten Krieges widmete Hounsfield sich zunächst wiederum der Radartechnologie und Waffenleitsystemen. Mitte der 50er Jahre befaßte er sich dann mit der aufkeimenden Computertechnik und wurde 1958 Projektleiter eines Teams, das den ersten volltransistorisierten Computer Großbritanniens (EMIDEC 1100) konstruierte. Danach wechselte Hounsfield an die Central Research Laboratories der Fa. EMI Ltd. Hier hatte er volle wissenschaftliche Freiheiten; er konnte allen Interessen nachgehen, wenn nur ein kommerzieller Erfolg der Projekte möglich schien.

01 Godfrey Newbold Hounsfield (1919-2004)

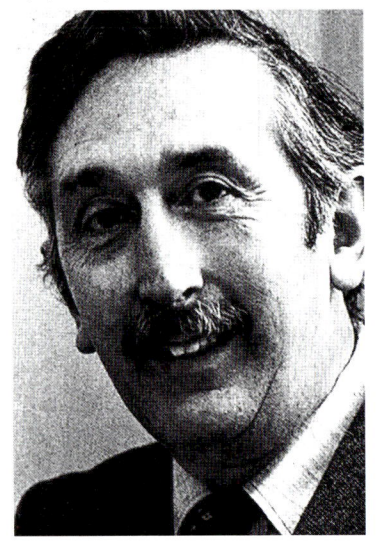

1928

T. Blühbaum, K. Frik, H. Kalkbrenner, Berlin, führen Thorotrast für die Angiographie ein.

1928

Die von H. Behnken, Berlin, eingeführte Röntgendosiseinheit 1 R wird auf dem 2. Internationalen Röntgenkongress in Stockholm offiziell anerkannt.

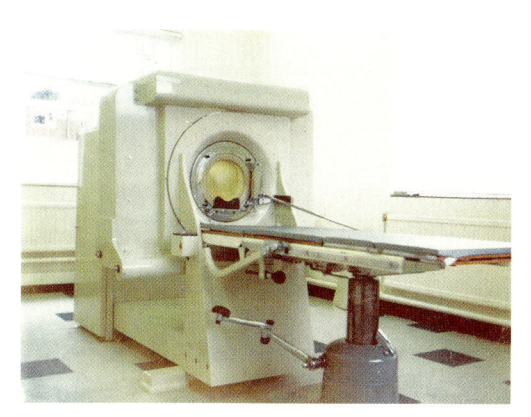

02 1971 begann Godfrey Newbold Hounsfield mit ersten Feldversuchen. Er installierte den Prototypen seiner Anlage in der Praxis des Neuroradiologen James Ambrose im Atkinson Morley's Hospital in Wimbleton.

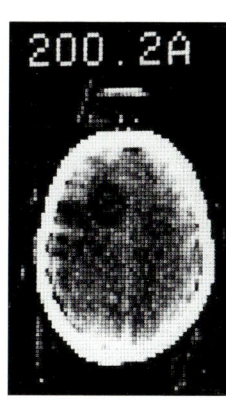

03 Der erste Patient war eine Frau, bei der Ambrose einen bösartigen Gehirnprozess vermutete. Nach etwa 20 Minuten war das erste Schnittbild rekonstruiert. Das Diagramm zeigte normales Gewebe und klar abgegrenzt die pathologischen Strukturen einer kreisrunden Läsion.

So beschäftigte er sich mit der computerisierten Verarbeitung von Bildern und der Mustererkennung. Dabei stieß er auf die Arbeiten des böhmischen Physikers J. Radon, der Anfang des 19. Jahrhunderts in Leipzig lehrte. Demnach war es möglich, aus einer Serie von Projektionen eines Objektes, die aus unterschiedlichen Richtungen aufgenommen wurden, ein zweidimensionales Schnittbild zu berechnen. Während eines Spaziergangs kam folgender Gedanke in ihm auf: Wenn ein Computer Bildcharakteristika in Photographien erkennen konnte, warum nicht auch in Röntgenbildern? Hounsfield versuchte die Arbeiten von Radon auf die Röntgendiagnostik anzuwenden. Er begann mit seinen Arbeiten 1967 und es vergingen mehrere Jahre, bevor die Computertechnologie so weit fortgeschritten war, daß er seine Ideen verwirklichen konnte. Bemerkenswert ist, daß er seine Entwicklungen ohne Kenntnis der Arbeiten des holländischen Physikers H. A. Lorentz, der bereits 1905 vor Radon die mathematischen Grundlagen lieferte, des amerikanischen Neurologen William Oldendorf und insbesondere des südamerikanischen Physikers A. M. Cormack vollbrachte, die schon 1957 bzw. 1963 weitreichende Vorarbeiten geleistet hatten.

Das erste Labormodell eines CT lieferte bereits beachtliche Ergebnisse. **04** Damit machte Hounsfield Aufnahmen von Laborgerätschaften und menschlichen Hirnpräparaten sowie frischen Hirnen von Schlachttieren, die er persönlich durch den Londoner Verkehr transportierte. Die positiven Ergebnisse, die Hounsfield mit dem Prototyp-Scanner erzielte, waren aber nicht ungetrübt: Die Aufnahmezeit für ein Computertomogramm betrug anfänglich neun Tage, vielleicht akzeptabel für Präparate, nicht aber für lebende Patienten. Hinzu kamen die langen Rechenzeiten; die im Jahre 1967 verfügbaren Computer benötigten für die Bildberechnung mehr als zwei Stunden.

Der besondere Verdienst von Hounsfield war es, innerhalb kurzer Zeit die CT-Technik so weiterentwickelt zu haben, daß nach wenigen Jahren ein erstes CT-Gerät klinisch erprobt werden konnte. Dabei kooperierte er mit den Radiologen James Ambrose und Louis Kreel am Atkinson-Morley's-Hospital in Wimbledon, einem Vorort von London. Hier wurde am 1.10.1971 die erste Patientenuntersuchung mit einem Prototyp-Schädel-Scanner durchgeführt. Sie war ein voller Erfolg. Ein Hirntumor wurde diagnostiziert und erstmals wurde das klinische Potential des neuen Verfahrens sichtbar. Die ersten Veröffentlichungen im Jahre 1973 wurden enthusiastisch von der Fachwelt aufgenommen. 1979 erhielt Hounsfield zusammen mit Cormack den Nobelpreis für Physiologie und Medizin.

Für zwei Jahre hatte EMI Ltd. eine Monopolstellung für CT-Geräte und der Begriff „EMI-Scanner" wurde synonym für CT-Geräte benutzt. Viele Medizingeräte-Hersteller erkannten die Perspektiven der Computertomographie und konstruierten CT-Geräte mit der Zielsetzung, schnellere und im Ganzkörperbereich einsetzbare Geräte zu entwickeln. Bereits 1974 wurde an der Georgetown-University in Washington ein Ganzkörper-CT (Pfizer Medical System 0100) installiert. Bei den ersten Ganzkörpergeräten war die Bildqualität durch die bei minutenlangen Aufnahmezeiten unvermeidlichen Artefakte noch sehr eingeschränkt.

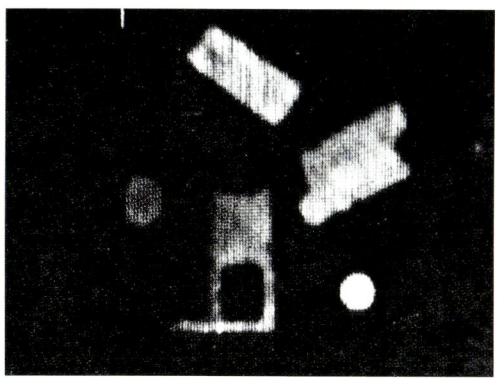

04 CT-Laborsystem von G. N. Hounsfield:
a) Meßanordnung: Laborgerätschaften als Meßobjekte auf einer Drehscheibe
b) Computertomogramm dieser Anordnung

1928

Der britische Bakteriologe A. Flemming beobachtet erstmals die bakterienauflösende Wirkung von Penicillin.

1929

19. Präsident der DRG
Hans Meyer

Der Weg war aber gewiesen und es kam, gefördert durch die großen Erfolge der Computertechnologie, zu einer explosionsartigen Weiterentwicklung der CT. Auf dem Höhepunkt des Booms, in den späten 70er Jahren, boten insgesamt 18 Firmen CT-Geräte an. Die meisten von ihnen, darunter auch EMI Ltd., mußten sich aus dem für viele ruinösen Wettbewerb der Firmen zurückziehen.

Historisch gesehen, fand in den siebziger Jahren des letzten Jahrhunderts die Weiterentwicklung des Schädel- zum Ganzkörperscanner statt, mit denen man in den 80er Jahren schnelle Einzelschichtuntersuchungen durchführen konnte. Parallel zur Computertomographie wurden aber auch die Sonographie und die Magnetresonanztomographie zu hochleistungsfähigen Instrumenten der radiologischen Diagnostik entwickelt, und es gab nicht wenige Unkenrufe, die in Anbetracht der Erfolge der Konkurrenzverfahren die nahende Bedeutungslosigkeit der CT prophezeiten. Wie wir wissen, verlief die Entwicklung anders. Die CT ist unverändert eine der wichtigsten Säulen der bildgebenden medizinischen Diagnostik. Dazu haben zwei Meilensteine in der CT-Entwicklung beigetragen: die Spiral-CT 1989 und die Mehrschicht-Technik 1998.

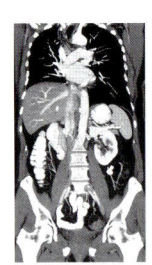

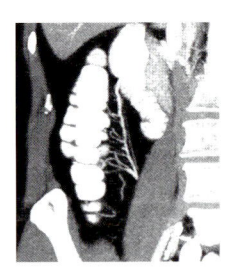

06 Mehr-Schicht-Spiral-CT (64 Schichten) des Rumpfes
Abb. links - Rekonstruktion einer frontalen Schicht aus dem Volumen Datensatz (Schichtdicke 0,4 mm)
Abb. rechts - Bildausschnitt mit Darstellung des Colon ascendens und der A. colica dextra

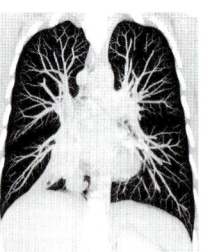

07 Lungengefäße. MSCT (64 Schichten) Datensatz mit
Abb. links - frontaler und
Abb. rechts - sagittaler Rekonstruktion (interaktive MIP)

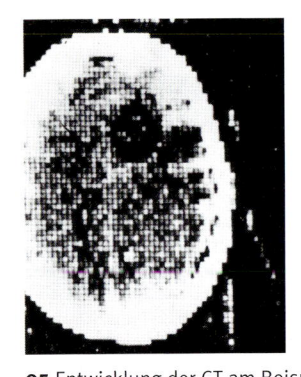

05 Entwicklung der CT am Beispiel von Hirnuntersuchungen. Bildqualität in den Jahren 1972, 1974 und heute

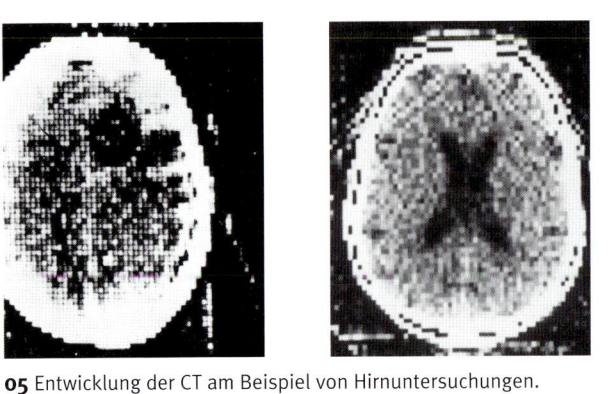

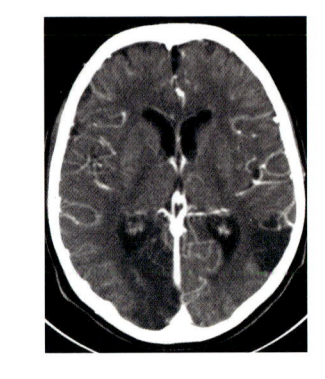

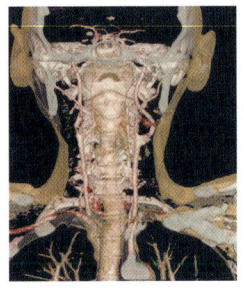

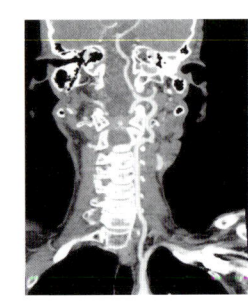

08 MSCT der hirnversorgenden Arterien.
Abb. links - 3D-Darstellung der Gefäße mit arteriosklerotischen Veränderungen;
Abb. rechts - frontale Sekundär-Rekonstruktion

Die Einführung der Rotationsscanner mit Schleifringtechnologie (Siemens und Toshiba, 1987) war die Basis für die Entwicklung der Spiral-CT (SCT), die W. A. Kalender auf dem nordamerikanischen Röntgenkongreß der RSNA im Jahre 1989 vorstellte. Bei diesem Verfahren wird der Patient während der Aufnahme kontinuierlich durch das Meßfeld verschoben, der Röhrenfokus führt dabei relativ zum Patienten eine spiralförmige Bewegung durch. Erstmalig war es so möglich, einen CT-Volumendatensatz in einer einzigen Atemanhaltephase des Patienten aufzunehmen und auch atembewegte Organe, wie z. B. die Lunge oder die Leber, lückenlos abzubilden. Die Spiral-Technik war revolutionär und setzte sich sehr schnell durch. Bei ihrer Weiterentwicklung wurden aber Grenzen sichtbar, die lange Zeit unüberwindlich schienen: Die Meßzeit und damit der Untersuchungsbereich war durch die Dauer der möglichen Atemanhaltephase des Patienten begrenzt und reichte maximal für eine Thorax- oder eine Abdomen/Becken-Untersuchung. Große Untersuchungsbereiche wurden immer mit großen Schichtdicken, d. h. einer geringen Ortsauflösung in der Körperlängsachse (z-Richtung) erkauft. Wollte man diese Limitationen überwinden, mußten die Untersuchungszeiten verkürzt oder Meßvolumina pro Zeit vergrößert werden.

1998 kam hier der Durchbruch, als gleichzeitig vier Medizingerätehersteller Mehrschicht-SCT (MSCT)-Geräte vorstellten. Diese Geräte waren in der Lage, bei einer Rotation der Aufnahmeeinheit gleichzeitig 4 Schichten in weniger als einer Sekunde aufzunehmen. Diese Leistungsexplosion resultierte in kürzeren Scanzeiten und vor allem dünneren Schichten über große Scanvolumina.

1929
G. Bucky entwickelt die Grenzstrahltherapie.

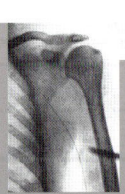

1929
W. Forssmann führt im Selbstexperiment die erste Katheterisierung des rechten Herzens durch.

„Isotrope Voxel" ist das Schlagwort, das sich mit der MSCT verbindet, kubische Voxel, die einen Volumendatensatz bilden, dessen Ortsauflösung in der Körperlängsache (z-Richtung) gleich gut ist wie in der axialen Ebene (x/y-Richtung). Aus den ursprünglichen vier Schichten sind heute 64 Schichten geworden. Hochauflösende multiplanare Rekonstruktionen (MPR) und 3D-Bildrekonstruktionen aus dem Volumendatensatz wurden möglich in einer vorher nicht für möglich gehaltenen Bildqualität. Abbildung 5 stellt die Entwicklung der Bildqualität anhand von Schädeluntersuchungen seit den Anfängen der CT dar. ⟶05

Die CT erfährt gegenwärtig eine Blütezeit. Alle klinischen Indikationen können problemlos routinemäßig mit sehr kurzen Scanzeiten von 5 bis 30 Sekunden bearbeitet werden. Bislang unbekannte Einblicke in die Anatomie und Pathologie tun sich auf und neue Anwendungen, wie in der Gefäßdiagnostik, der Herzdiagnostik und der gastrointestinalen Diagnostik mit virtuell endoskopischen Darstellungen finden zunehmend Anwendung in der Routine. ⟶06 bis ⟶11

Wohin geht die Entwicklung? Ist das Leistungsspektrum noch zu steigern? In der Tat kann man der CT einen hohen „Reifegrad" attestieren. Eine weitere Erhöhung der Detektorzeilenzahl oder eine Verkürzung der Rotationszeiten ist immer willkommen, wird aber wahrscheinlich keine entscheidenden Verbesserungen der klinischen Leistungsfähigkeit bewirken. Großes Potential ist hingegen im Einsatz der für die Radiographie entwickelten elektronischen Flachbilddetektoren für CT-Spezialanwendungen zu sehen, wie zum Beispiel die Entwicklung von CT-fähigen C-Bogen-Geräten für den Einsatz im OP. Ähnliches gilt für den Einsatz von Spezialgeräten in der präklinischen Forschung und in der zerstörungsfreien Materialprüfung.

Die Computertomographie hat die hochgesteckten Erwartungen der Anfangszeit erfüllt und weit übertroffen. Bei breiter Verfügbarkeit, weltweit sind mehr als 30 000 CT-Geräte installiert, ist sie eine wenig belastende Untersuchungsmethode mit hoher Aussagekraft, die oft eine rasche Diagnosefindung auch in Notfallsituationen ermöglicht und viele invasive Verfahren verdrängt oder erheblich eingeschränkt hat. Mit der CT fand die zweidimensionale schichtweise Darstellung der Anatomie zum ersten Mal volle Akzeptanz in der Radiologie. Sie hat das Fach verändert und seine Bedeutung gestärkt.

Ach ja, was haben die „Beatles" mit der CT zu tun? Es ist eine interessante historische Fußnote aus den Anfangszeiten der CT. Eine Gruppe junger Musiker aus Liverpool, die „Beatles", machten ihre ersten Schallplatten bei EMI Ltd. Ihr Erfolg verhalf ihnen und der Firma zu viel Geld. Als der „Beatle" Paul McCartney nach einer Investitionsmöglichkeit für sein Geld suchte, stieß er auf G. N. Hounsfield in den Central Research Laboratories von EMI Ltd. und er dachte sich, daß es wohl eine gute Wahl wäre, wenn er sein Geld für einen humanitären Zweck, die Computertomographie, einsetzen würde. Retrospektiv eine in jeder Hinsicht gute Investition.

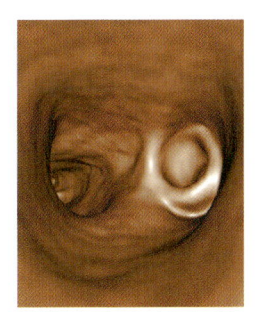

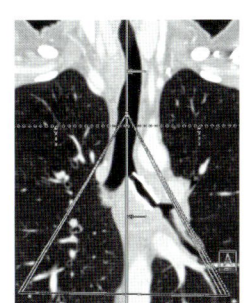

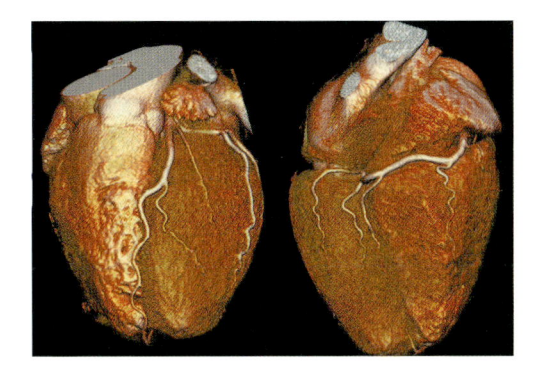

10 MSCT (64 Schichten) der Koronararterien: 3D-Darstellungen

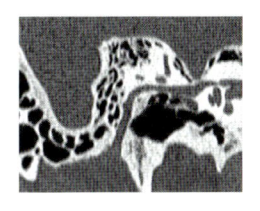

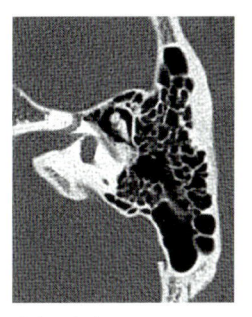

09 Virtuelle Bronchoskopie bei einem Patienten mit einem Bronchialkarzinom
Abb. links - Blick auf die Trachealbifurkation und den mit einem Stent versorgten linken Hauptbronchus;
Abb. rechts - zeigt die Position und den Blickwinkel in einer frontalen MPR

11 Hochauflösende MSCT des Felsenbeins
Abb. links - axiale Schicht (Schichtdicke 0,5 mm)
Abb. mitte - gekurvte Sekundärrekonstruktion entlang des Canalis facialis
Abb. rechts - 3D-Darstelllung der Bogengänge und der Schnecke

1929

R. Grashey wird zum Ordinarius für Radiologie an die Universität zu Köln berufen.

1929

R. Grashey, H. Holthusen, H. Holfelder geben die „Röntgen-Praxis" heraus.

Dosisbewusstsein und Dosisreduktion in der Computertomographie

Michael Galanski, Hannover
Hans-Dieter Nagel, Hamburg

Computertomographische Untersuchungen sind ein wesentlicher, unverzichtbarer Bestandteil moderner bildgebender Diagnostik. Technische Weiterentwicklungen wie die Spiral-CT zu Beginn und die Mehrschicht-CT zum Ende des letzten Jahrzehnts haben die Leistungsfähigkeit moderner CT-Geräte enorm gesteigert. Die Modalität CT hat – trotz konkurrierender Schnittbildtechniken wie MR und Ultraschall – ihren Stellenwert nicht nur bewahrt, sondern weiter ausgebaut. Abzulesen ist dies an der stetig steigenden Anzahl installierter Geräte und vorgenommener CT-Untersuchungen. Dass CT auch Nebenwirkungen aufweist und – ähnlich wie in anderen industrialisierten Ländern – für rund ein Drittel der medizinisch bedingten Strahlenexposition der bundesdeutschen Bevölkerung verantwortlich ist, wurde erst zu Beginn der neunziger Jahre einem größeren Personenkreis bewusst.[1] In der Folgezeit entwickelte sich hierzu innerhalb der radiologischen Gemeinde eine zunehmend intensiv geführte Diskussion, bei der zumeist Hersteller und Anwender von CT-Geräten im Kreuzfeuer der Kritik standen.[2]

Wie konnte es zu dieser Entwicklung kommen? Zwar war bereits seit längerem bekannt, dass der Vorteil einer überlagerungsfreien Darstellung, wie sie die Schnittbildtechnik bietet, ihren Preis in Form einer erhöhten Dosis pro Untersuchung hat. Durch den verhältnismäßig geringen Anteil der CT am Spektrum röntgendiagnostischer Maßnahmen von nur wenigem Prozent wurde dies jedoch lange Zeit nur als individuelles Problem, das durch den erzielten diagnostischen Nutzen mehr als gerechtfertigt erschien, wahrgenommen. Hinzu kam, dass in der CT als digitaler Modalität eine zu hohe Dosis nicht so offensichtlich wird, wie dies beispielsweise in der traditionellen Röntgenaufnahmetechnik durch eine zu hohe Schwärzung der Aufnahme der Fall ist. Das Fehlen eines Konsenses, welche Dosis für welche Fragestellung erforderlich ist, gepaart mit dem Wunsch nach einer guten „Bildqualität" und Lücken in der Ausbildung des Anwenders, haben schließlich dazu geführt, dass das ohnehin erhöhte Dosisniveau im Laufe der Zeit mit zunehmender Leistungsfähigkeit der Geräte weiter anstieg.

Maßnahmen wie die 1992 veröffentlichte CT-Leitlinie der Bundesärztekammer (BÄK)[3] oder die Multicenter-CT-Studie der Deutschen Röntgengesellschaft (DRG)[4] im Jahre 1996 waren erste Schritte zur Dosisreduzierung. Ein umfassendes Konzept zur nachhaltigen Verbesserung der beschriebenen Situation war damit jedoch nicht verbunden. Die entscheidende Erkenntnis einer vom ZVEI Ende 1997 vorgenommenen Bestandsaufnahme war, dass das Problem nur in einer Gemeinschaftsaktion unter Einbeziehung aller beteiligten Kreise und aller infrage kommenden Aspekte zu lösen sei. Dies führte zur Gründung der Konzertierten Aktion Dosisreduktion CT unter Federführung der Deutschen Röntgengesellschaft im Mai 1998. Dringender Handlungsbedarf wurde insbesondere auf den Gebieten Aus- und Weiterbildung, Ermittlung der klinischen Anforderungen an Dosis und Bildqualität und Anwendungsempfehlungen gesehen.

Was war also zu tun, um die Strahlenexposition pro Untersuchung auf das diagnostisch erforderliche Maß zu reduzieren? Idealerweise würde diese Aufgabe von der Technik übernommen, und in der Folgezeit wurden von

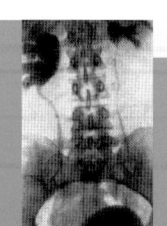

1929
M. Swick und A. von Lichtenberg testen erfolgreich in Berlin das Uroselectan an Patienten.

1930
20. Präsident der DRG
Hermann Holthusen

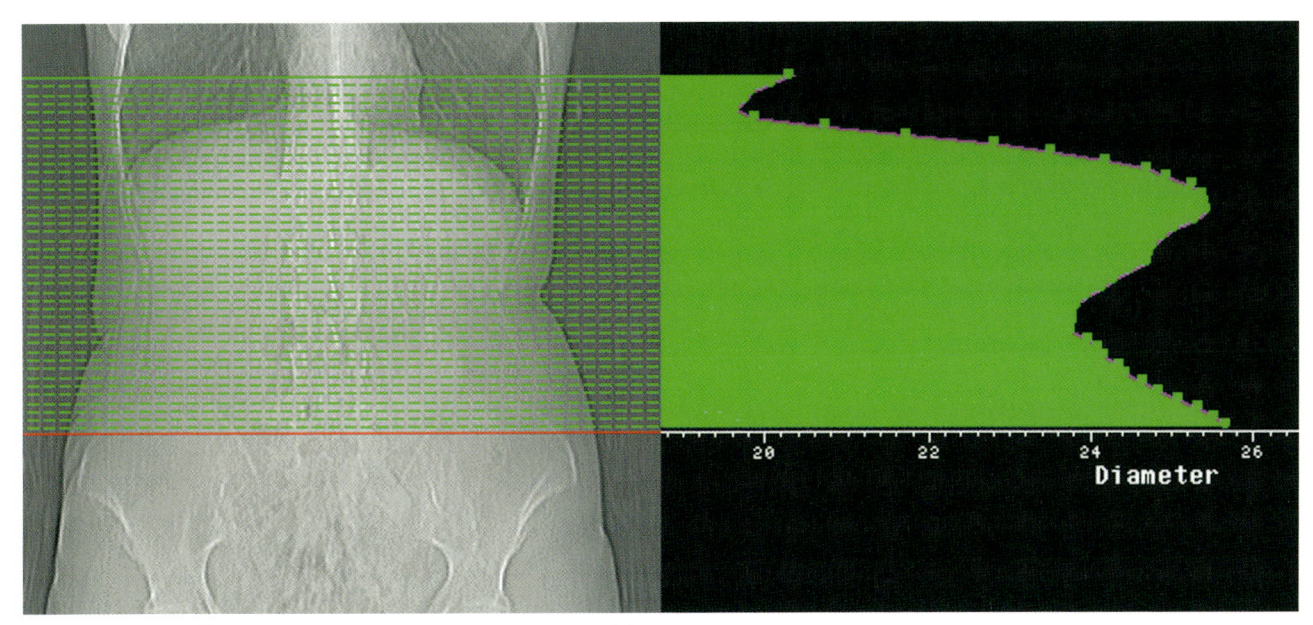

01 Verwendung des Übersichtsradiogramms zur Bestimmung des effektiven Patientendurchmessers, mit dem sich die individuelle Anpassung der Expositionsparameter an die Patientenanatomie vornehmen lässt

Herstellerseite auch eine Reihe vielversprechender Lösungen entwickelt. Beispielsweise automatische Dosisregelungen, die eine Anpassung des Dosisniveaus an die individuelle Anatomie des Patienten ermöglichen. Dazu wird anhand der Übersichtsaufnahme, die ohnehin zu Planungszwecken erstellt wird, ermittelt, wie stark die Strahlung je nach Körperregion geschwächt wird. **01** Zusätzlich besteht die Möglichkeit, diese Anpassung gezielt vorzunehmen, indem je nach Winkelposition der Röntgenröhre und ihrer Lage zur Patientenlängsachse die Strahlenemission (und damit die Patientendosis) so moduliert wird, dass das Detektorsystem stets dieselbe Strahlenmenge erhält. Auf diese Weise muss die Exposition nicht mehr auf den jeweils ungünstigsten Fall abgestimmt werden (z.B. Schulter oder Becken im lateralen Strahlengang). Vielmehr kann überall, wo günstigere Schwächungsverhältnisse vorliegen, mit verringerter Intensität und entsprechend reduzierter Dosis für den Patienten gearbeitet werden.

Ein weiterer Lösungsansatz sind spezielle Algorithmen zur Bildrekonstruktion und -nachverarbeitung. Sie ermöglichen eine Rauschreduktion, d.h. eine Glättung des Bildes, ohne merkliche Verschlechterung der räumlichen Auflösung. Dies kann entweder zur Verbesserung der Bildqualität oder zur Dosisreduktion genutzt werden. Außerdem wurden verbesserte Darstellungsmöglichkeiten entwickelt, die es beispielsweise erlauben, die Dicke der dargestellten Schicht nachträglich und in Echtzeit zu verändern. Damit kann speziell bei Mehrschicht-CT-Untersuchungen in Dünnschichttechnik zwischen den beiden Extremen „kontrastreich, aber verrauscht" und 'rauscharm, aber kontrastreduziert' quasi stufenlos variiert und eine sichere Diagnose erzielt werden, ohne dass – wie anfänglich üblich – das Rauschen durch erhöhte Dosis kompensiert werden muss.

Doch ähnlich wie in der Automobiltechnik, wo ABS, Airbag und andere technische Hilfen Unfallrisiko und -folgen zwar mindern, aber nicht ausschließen können, spielt auch in der CT-Anwendung der Faktor Mensch die entscheidende Rolle. Dies beginnt mit der Indikationsstellung und der Festlegung der erforderlichen Bildqualität je nach Fragestellung, setzt sich über die Länge des zu scannenden Körperabschnitts und die Anzahl der Scan-serien (z.B. Kontrastmittelphasen) fort und endet bei der bevorzugten Art der Bilddarstellung. Wie Umfragen gezeigt haben, resultiert daraus eine Schwankungsbreite der applizierten Patientendosis, die weitaus größer ist als das Reduktionspotential der apparativen Maßnahmen. Die Technik ist damit zwar eine wichtige Voraussetzung, aber keine Garantie für eine indikationsgerechte und dosisoptimierte Arbeitsweise. Die im Rahmen der „Konzertierten Aktion" ergriffenen Maßnahmen haben sich deshalb vorrangig auf den Aspekt Anwendung konzentriert.

1931
21. Präsident der DRG
Hans Holfelder

1931
R. Janker, J. Jakobi, W. Schmitz führen in Tierexperimenten erste Untersuchungen mit gleichzeitig aufgenommenem Elektrokardiogramm, Ionogramm und Röntgenkinematogramm durch.

Eines der Hauptprojekte war die Definition der klinischen Anforderungen an Dosis und Bildqualität. Um den Status quo zu ermitteln, wurde 1999 zunächst eine bundesweite Umfrage zur CT-Expositionspraxis vorgenommen[5], die auf überraschend große Resonanz in der CT-Anwenderschaft stieß (rund 50% Beteiligung). Wichtigstes Ergebnis der Umfrage im Vergleich zur Situation Anfang der 90er Jahre war, dass die durchschnittliche Dosis pro CT-Untersuchung um 30% gesunken war, ⟶02a in erster Linie durch die Einführung des Spiral-CT und die damit verbundenen Leistungsbegrenzung erzwungen. Zugleich war jedoch ein Anstieg der jährlich vorgenommenen Untersuchungen um 60% zu verzeichnen, ⟶02b der die Dosisreduktion pro Untersuchung praktisch kompensierte, so dass daraus insgesamt eine leichte Erhöhung des CT-Anteils an der Kollektivdosis resultierte.

Aus dem umfangreichen Datenbestand wurden Vorschläge zur Aufstellung diagnostischer Referenzwerte erarbeitet, die vom Bundesamt für Strahlenschutz (BfS) weitgehend übernommen wurden.[6] Sämtlichen Umfrageteilnehmern wurden ihre Ergebnisse im Rahmen einer „Feedbackaktion" übermittelt. Dies erfolgte in einer Form, die ihnen nicht nur eine Einschätzung des aus ihrer Arbeitsweise resultierenden Dosisniveaus lieferte, sondern auch Hinweise darauf, aus welchen Gründen ihre Dosiswerte vom bundesweiten Durchschnitt abweichen. Gewissermaßen als „Abfallprodukt" dieser Aktivitäten entstand mit CT-Expo eine Software zur Dosisevaluierung in der CT, mit der Dosisberechnungen vorgenommen und die mit Umfrage und Feedbackaktion eingeleiteten Maßnahmen in Eigenregie weitergeführt werden können.[7]

Auf gleiche Weise und mit ähnlich guter Beteiligung wurde 2002 die Expositionspraxis in der Mehrschicht-CT (MSCT) mit einer Zusatzumfrage erfasst.

Wie die Umfrageergebnisse zeigten, bewegte sich das durchschnittliche Dosisniveau entgegen ersten Publikationen, die von einem überproportionalen Anstieg der Strahlenexposition durch MSCT berichteten, im üblichen Rahmen[8]. Allerdings erwies sich das Dosisniveau der neueren Vierschichtgeräte im Vergleich zu modernen Einzelschichtgeräten (Spiralscanner mit Festkörperdetektor) und den bereits seit längerem verwendeten Zweischichtgeräten als um knapp einen Faktor 2 überhöht. Hauptgrund war, dass sich die Mehrzahl der Anwender zum damaligen Zeitpunkt in der Umstiegsphase auf die neue Technologie befand und die damit einhergehenden Vor- und Nachteile noch nicht richtig zu werten wusste.

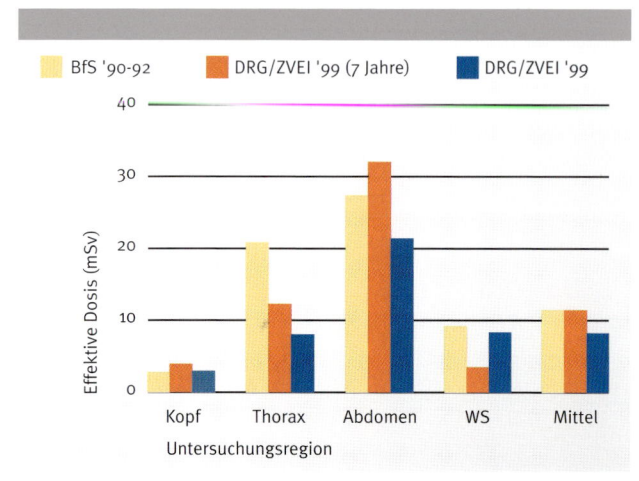

02 Vergleich der Ergebnisse der bundesweiten CT-Umfrage 1999 von DRG und ZVEI mit den im Zeitraum 1990-92 ermittelten Werte für die effektive Dosis (02a, links) und die Untersuchungsfrequenzen (02b, rechts)

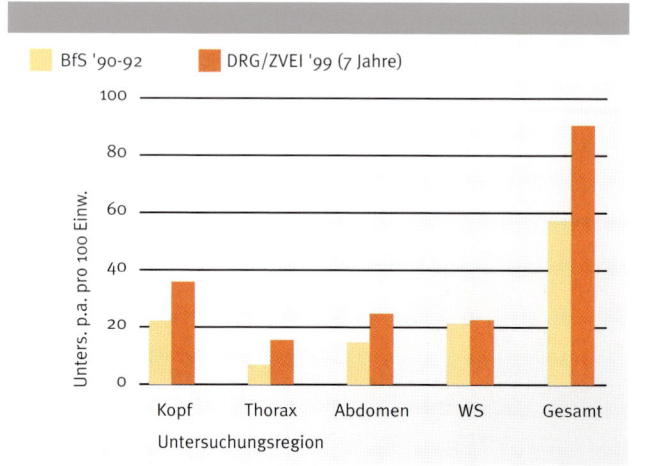

1932

22. Präsident der DRG
Leonhard Grebe

1932

Der Münchener Arzt R. Schindler entwickelt das flexible Gastroskop.

Die eigentliche Frage der adäquaten Dosis wurde in einer Multicenterstudie angegangen.⁹ Dazu wurden insgesamt 32 Radiologen in 12 bundesweit verteilten radiologischen Einrichtungen klinisches Bildmaterial, das mit unterschiedlich hoher Dosis erzeugt wurde, in geblindeter Form zur Bewertung vorgelegt. Die Ergebnisse ---›03 zeigten, dass eine Dosisreduktion auf 40 bis 50%, bezogen auf den Mittelwert der CT-Umfrage, auch für Niedrigkontrastfragestellungen als vertretbar und die diagnostische Aussage nicht limitierend akzeptiert wurde. Im Hochkontrastbereich wie Thorax und Skelett erwiesen sich sogar Dosiseinsparungen von mehr als 50% gegenüber dem Mittelwert der CT-Umfrage als möglich.

Wie lassen sich die Erkenntnisse, die in den Umfragen und in der Multicenterstudie gewonnen wurden, praktisch umsetzen? Zu diesem Zweck wurde zunächst ein ‚Leitfaden zur Bewertung und Optimierung der Strahlenexposition bei CT-Untersuchungen' erstellt.¹⁰ Darin finden sich Anwendungsempfehlungen, die sich primär an den Mittelwerten der CT-Umfrage orientieren und je nach Fragestellung und gerätetechnischer Voraussetzung zusätzlich abgestuft sind. Mindestanforderung ist die Einhaltung der diagnostischen Referenzwerte, die um rund 30% oberhalb der Mittelwerte der Umfrage liegen. Damit haben Gerätehersteller, Anwender und ärztliche Stellen eine Orientierungshilfe zur Verfügung, mit der sich die Voreinstellung der Standard-Scanprotokolle ab Werk bzw. eine nachträgliche Optimierung vornehmen lässt. Eigentliches Ziel ist jedoch die Verankerung dieser Empfehlungen in der CT-Leitlinie der Bundesärztekammer, deren Überarbeitung derzeit im Gange ist. Der dritte, als besonders vordringlich angesehene Aktionspunkt betrifft die Aus- und Weiterbildung. Das Thema „Computertomographie" war in den bisherigen Strahlenschutzkursen zum Erwerb der Fachkunde in Anbetracht der Komplexität und der Dosisrelevanz dieser Technik nicht adäquat berücksichtigt. Entsprechend gering sind zumeist die Kenntnisse über die strahlenschutzrelevanten Aspekte der CT-Anwendung. Das erste Projekt im Rahmen der Konzertierten Aktion war daher ein 1999 erschienenes Lehrbuch.¹¹ Es führt in die Grundlagen der CT-spezifischen Dosimetrie ein und zeichnet die Abhängigkeiten von Dosis und Bildqualität auf.

Darüber hinaus wurde ein spezielles Kursangebot erarbeitet, mit dem die wesentlichen Inhalte vermittelt werden. Ein erster Pilotkurs wurde Anfang 2002 von der GSF Neuherberg im Auftrag der Bayerischen Landesärztekammer veranstaltet. Aufgrund der Vorgaben der Euratom-Patientenrichtlinie ist mit Neufassung der Fachkunde-Richtlinie ein sechsstündiger „Spezialkurs Computertomographie" geplant, der für Radiologen, welche die Fachkunde im Strahlenschutz neu erwerben, bindend sein soll.

Rückblickend betrachtet, hat es sich als sinnvoll erwiesen, die Lösung der Problematik in Eigenverantwortung von Anwendern und Geräteindustrie zu suchen. Durch diese Selbstverpflichtung haben die bisher erarbeiteten Ergebnisse eine wesentlich höhere Akzeptanz erfahren, als dies bei rein administrativem Vorgehen üblicherweise der Fall ist, ohne damit die wichtige Rolle des Gesetzgebers in Frage zu stellen. Angesichts der zu erwartenden Zunahme computertomographischer Untersuchungen, die Ausdruck der Leitungsfähigkeit der Methode sind, sollte es zumindest gelingen, den CT-Anteil an der medizinisch bedingten Kollektivdosis stabil zu halten. Die wesentlichen Voraussetzungen hierfür sind in den letzten Jahren geschaffen worden. Nun kommt es darauf an, diese Ergebnisse in der Praxis auf breiter Basis erfolgreich umzusetzen.

03 Ergebnis der Multicenterstudie zur Bestimmung der indikationsgerechten Dosis für die Untersuchungsregionen Leber/Niere (LE/NI), Thorax (THO), Gesamt-Abdomen (ABDBE) und Becken (BE) im Vergleich zu den Mittelwerten der CT-Umfrage 1999 und den Startwerten des Ausgangs-Bildmaterials

1932

W. Vogel, Berlin, berichtet über die radiologische Visualisierung von Mammatumoren.

1932

A. Brasch und F. Lange entwickelt bei AEG, Berlin, einen Stoßgenerator mit 1 Million Volt.

Kontrastmittelforschung – Geschichte und Perspektive

Ulrich Speck, Berlin

Wahrnehmung und Realität

Es wird häufig von einer Zunahme der Geschwindigkeit von Wissenszuwachs und dessen Umsetzung in die Praxis gesprochen. Betrachtet man die Anfänge der Röntgendiagnostik ist dieser Eindruck nur schwer nachzuvollziehen. Wir können beanspruchen, daß heute bei der Umsetzung von Erkenntnissen aus der Forschung Sicherheit und Nutzen sorgfältiger untersucht und abgewogen werden als in der Frühzeit der Radiologie, rascher als die medizinisch-diagnostische Anwendung der Röntgenstrahlen kann sich jedoch kaum eine neue Technik verbreiten. In den ersten 12 Monaten nach Röntgens Entdeckung und deren Publikation gab es bereits eine Vielzahl von diagnostischen Röntgenuntersuchungen, darunter auch die ersten Anwendungen von „Kontrastmitteln" bei Patienten.[1]

Wenn die seit Jahrzehnten erfolgreichen und nützlichen heute gebräuchlichen Kontrastmittel als „unspezifisch" bezeichnet werden, scheint auch dies eine überwiegend durch Gewohnheit und Wiederholung entstandene Wertung zu sein. Der Nutzen dieser Kontrastmittel basiert auf einer in der Praxis geschätzten, in der Diskussion über zukünftige Entwicklungen auf eigentümliche Weise verdrängten Spezifität.

Meilensteine der Kontrastmittelforschung – Was ist die Richtung?

Die Stufen des Entwicklungsprozesses der Kontrastmittel und deren Anwendung bis heute sind im nachhinein leicht erkenntlich und rasch aufgezählt:

- Darstellung der offenen Körperhöhlen (Magen-Darm, Harnwege) mit knochenähnlichen Materialien (Kalziumverbindungen), Verbindungen schwerer Metalle in Form von Suspensionen, später auch Kolloiden, der Metalle selbst als Sonden oder Schrotkugeln und von Gasen als wenig röntgendichte Kontrastmittel. Geblieben ist das 1910 eingeführte Bariumsulfat.

- Identifizierung der Jodsalze als vergleichsweise untoxisch und kontrastdicht

- Erweiterung der diagnostischen Möglichkeiten durch Bindung des Jods an organische Moleküle: Verbesserung der Verträglichkeit und gezielte Veränderung der Pharmakokinetik und Entwicklung von minimal invasiven Techniken zur selektiven Verabreichung der Kontrastmittellösungen: Angiographie, Myelographie, Arthrographie, Lymphographie, ERCP etc.

- Ablösung der spezifischen Kontrastmittel und Applikationswege für die primäre Diagnostik durch die sogenannten unspezifischen extrazellulären Kontrastmittel, intravenöse oder orale Verabreichung und Schnittbildverfahren

- Zunehmende Nutzung der bildgebenden Verfahren, spezifischen Zugangswege und Kontrastmittel für minimalinvasive therapeutische Eingriffe

- Einführung der Radiopharmaka als Grundlage der diagnostischen Nuklearmedizin sowie Übertragung des Prinzips „Kontrastmittel" auf die Magnetresonanztomographie und Sonographie.

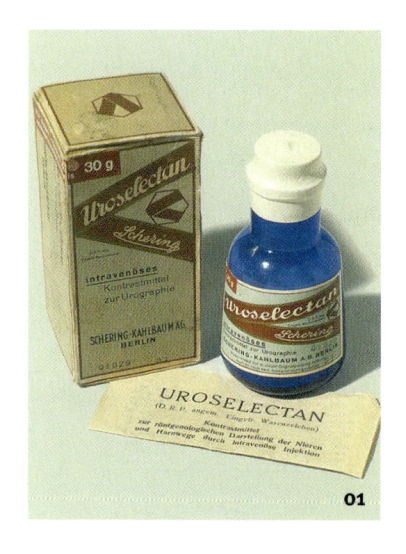

01

1933
23. Präsident der DRG
Hans Meyer

1933
Die Siemens Reiniger Werke (SRW), Erlangen, entwickeln die Pantix-Drehanodenröhre mit Hochtemperatur-Strahlungskühlung.

Was in dieser Darstellung als ein kurzer, überwiegend geradliniger Entwicklungsgang erscheint, war bei näherer Betrachtung ein Weg mit zahlreichen Verzweigungen, unvorhersehbaren Erfolgen, Sackgassen, Zweifeln und längeren Perioden des Stillstandes. Am Ende stand häufig die langfristige Festlegung auf ein bestimmtes Prinzip.

Bariumsulfat wurde um 1910 als Ersatz für toxischere, kontrastärmere und teurere Präparate auf Basis von Wismut, Zirkonium und Thorium als Kontrastmittel für die Magen-Darm Diagnostik eingeführt. Es hat sich durchgesetzt, wurde seither vielfach in der Form und Anwendung verbessert, ist aber bisher nicht wirklich ersetzt worden.

Jod ist heute das „Wirkprinzip" nahezu aller Röntgenkontrastmittel. Die sehr gute Strahlenabsorption von Jodsalzen wurde bereits früh entdeckt. Dennoch waren die Anfänge der Anwendung als Kontrastmittel eher zögernd. Jodsalze und Verbindungen standen in den Jahren 1910-1930 in Konkurrenz zu verschiedenen Metallverbindungen, insbesondere den kolloidalen Thoriumoxidzubereitungen (z.B. Thorotrast®, Heyden). Ausreichend röntgendichte Jodsalzlösungen waren bei lokaler Verabreichung (z.B. retrograde Urographie) schmerzhaft. Die Darstellung der Harnwege nach intravenöser Injektion war unzuverlässig, kontrastarm und mit Nebenwirkungen behaftet. Die Jodsalze waren in der peripheren (Brooks, 1924) und cerebralen Angiographie zweifellos sehr schlecht verträglich.

Jod ließ sich fest an organische Moleküle binden. Jodöle wurden in der Myelographie, Ventrikulographie und Angiographie (auch als Emulsion) zur Darstellung von Körperhöhlen und der Lymphographie verwendet sowie nach intravenöser Gabe als Emulsion zur Darstellung von Leber und Milz. Geblieben ist die arterielle Injektion zur Embolisierung hypervaskularisierter Lebertumore. Die Cholegraphica sind als oral oder intravenös zu verabreichende Präparate über Jahrzehnte weiterentwickelt worden. Am fruchtbarsten hat sich die Entwicklung der Urographika erwiesen. Zunächst war die kontrastreiche Darstellung der Harnwege nach intravenöser Injektion ein großer, nach sehr vielen fehlgeschlagenen Versuchen schon kaum mehr erwarteter Fortschritt. Das mit dem ersten Präparat (Uroselectan®, Schering AG; 1929 ⋯⋯>01) eingeleitete Prinzip erwies sich dann aber als chemisch und biologisch außerordentlich erfolgreich und entwicklungsfähig. In kurzem zeitlichen Abstand folgten dem monojodierten Uroselectan® dijodierte Verbindungen und dann erst nach weiteren ca. 20 Jahren das trijodierte Amidotrizoat (Urografin®, Schering AG).
Während die Radiologie immer neue Anwendungsmöglichkeiten für diese universell einsetzbaren Präparate entwickelte, trat die chemische Forschung die folgenden 15 Jahre auf der Stelle.

Ein neuer Schub kam Ende der sechziger, Anfang der siebziger Jahre in die Kontrastmittelforschung: Almen (1969) erkannte und publizierte, daß die meisten der mit den damals gängigen Kontrastmitteln vom Typ Amidotrizoat/Diatrizoat in der Angiographie beobachteten Nebenwirkungen durch die hohe Osmolalität der Lösungen und viel weniger durch die chemische Struktur der Verbindungen bedingt waren. Die norwegische Firma Nycomed entwickelte Metrizamid (Amipaque®, 1976) als ersten Vertreter der nichtionischen, niederosmolaren Kontrastmittel. Amipaque® war extrem teuer, instabil und nur in kleinen Mengen als gefriergetrocknetes Pulver erhältlich. ⋯⋯>02 E. Felder bei Bracco hatte vermutlich als erster erkannt, daß die Nachteile von Amipaque® mehr mit dessen spezifischer Struktur als mit dem Prinzip der nichtionischen Kontrastmittel verbunden waren. Sein Iopamidol (in Deutschland Solutrast®) wurde das erste nichtionische Kontrastmittel für die Angiographie, zahlreiche ähnliche Produkte anderer Firmen folgten in kurzen Zeitabständen. Schering entwickelte ein erstes nichtionisches Dimer, womit das Prinzip der Blutisotonie bei allen gebräuchlichen Jodkonzentrationen realisiert wurde. Die Urographika waren von Anbeginn wasserlöslich und relativ inert. Die heutigen nichtionischen Kontrastmittelmoleküle werden passiv durch den Körper gespült, gelangen dorthin, wohin der Flüssigkeitsstrom sie trägt und verteilen sich darüber hinaus ausschließlich durch Diffusion soweit der Weg nicht durch intakte Zellmembranen versperrt ist.

Unspezifische Kontrastmittel – ein Mißverständnis?
Parallel zur Entwicklung dieser Klasse der als unspezifisch bezeichneten Röntgenkontrastmittel sind die bis 1930 und in den Folgejahren eingeführten ‚spezifischen' Röntgenkontrastmittel völlig verschwunden oder zur Bedeutungslosigkeit herabgesunken. ⋯⋯>03
Seit ca. 25 Jahren ist kein „spezifisches" Röntgenkontrastmittel mehr eingeführt worden, obwohl der Wunsch nach organ- oder pathologiespezifischen Kontrastmitteln insbesondere nach Einführung der Computertomographie in den siebziger Jahren sehr deutlich geäußert wurde, plausibel klang und die Forschung an Universitäten und in den Kontrastmittelfirmen sich intensiv um ein Mehr an Spezifität bemühte. Inzwischen wird überwiegend die Meinung vertreten, daß die für die Röntgentechnik erforderlichen hohen Dosierungen die Entwicklung spezifischer Kontrastmittel nicht erlauben, weil die biologischen Transportvorgänge bzw. die Bindungskapazität biologischer Moleküle dafür nicht ausreichend sind. Dies ist auch richtig, aber vermutlich nicht der einzige, vielleicht nicht einmal der wichtigste Grund.

Ebenso richtig ist, daß die „unspezifischen" Kontrastmittel geeignet sind, für viele Erkrankungen wichtige und typische pathophysiologische Veränderungen aufzuzeigen. ⋯⋯>04 Die Nutzung dieser Marker von Perfusion, Permeabilität, Diffusion und Verteilungsräumen wird durch die sich stetig verbessernde räumliche und zeitliche Auflösung der unterschiedlichsten Röntgengeräte und Computertomographen und deren Fähigkeit zur quantitativen Messung wesentlich verstärkt. Weitere Vorteile der gebräuchlichen nichtionischen Kontrastmittel sind die gute Verträglichkeit, der geringe Preis und letztlich auch die enorme Erfahrung mit der Anwendung und Interpretation der Ergebnisse.

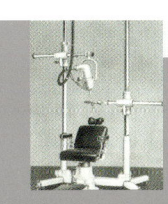

02

1933
H. Chaoul, Berlin, entwickelt die Nahbestrahlungsmethode.

1934
24. Präsident der DRG
Karl Frick

Jedes auf andere Weise spezifische Röntgenkontrastmittel wird an diesem Standard gemessen und nur eingesetzt werden, wenn die zusätzlich gewonnene Information Aufwand, Kosten und mögliche Verträglichkeitsrisiken rechtfertigen. Dies bedeutet eine sehr hohe Eintrittsschwelle für neuartige Produkte.

Kontrastmittel für Magnetresonanztomographie – Unterschiede und Ähnlichkeiten

Als die Magnetresonanztomographie die Bühne der Radiologie betrat, wurde die Frage gestellt, ob sie als spektroskopisch chemisches Verfahren nicht viel zu schade sei, um „Bilder zu machen". Die wahre Berufung der MRT sei die Biochemie, sprich Spektroskopie. Kontrastmittel würden schon gar nicht gebraucht, weil der mittels Physik optimierbare Weichteilkontrast in Verbindung mit der Spektroskopie jedes Gewebe und jede Gewebeveränderung erkennen lasse.

Die Entwicklung der MRT hat seither eine unvorstellbar positive Entwicklung genommen, allerdings in eine andere Richtung. Die MRT ist ein bildgebendes Verfahren mit großer Leistungsfähigkeit geworden. Kontrastmittel[2] geben Auskunft über zusätzliche Funktionen (Permeabilität, Transportvorgänge, Speicherung) und Räume (z.B. extrazelluläres Kompartiment der Gewebe).

Kontrastmittel für die MRT basieren auf gänzlich anderen Prinzipien als Röntgenkontrastmittel. Gadolinium hat in der MRT einen ähnlich bevorzugten Platz eingenommen wie das Jod im Röntgen. Mit dem Gadolinium DTPA (Magnevist®) wurde 1988 von Schering das erste paramagnetische Kontrastmittel eingeführt. Inzwischen gibt es 5 ähnliche Präparate. Alle zeichnen

Entwicklung extrazellulärer (unspezifischer) und „spezifischer" Kontrastmittel

„Unspezifische" Kontrastmittel		Spezifische Kontrastmittel
Jodid	(1 Jod)	Lipiodol, andere jodierte Öle – Lymphographie, Myelographie etc.
Uroselactan	(1 Jod)	
Methiodal	(1 Jod)	Suspensionen, Pulver – Bronchographie, andere Körperhöhlen
Diodan	(2 Jod)	
Acalrizoal	(3 Jod)	Cholacystographika, oral
Amidolrizoal	(3 Jod)	Thorotrast® – Angiographie, Leber- und Milzdarstellung
Nichtionische Monomera	(3 Jod)	
Ionisches Ölmar	(2x3 Jod)	Hepatoselectan® (Emulsion eines jodieten Öls)
Nichtionisches Ölmar	(2x3 Jod)	
Gadolinium DTPA (und andere Gd Cholate)	(1 Gd)	Mangan DPDT (Teslascan®) – Leber (Myokard, Pancreas)
		Magnatio – Leber, Milz (Lymphknoten, atheromatöse Plaques, Minimora u.a.)
		Gd EOB DTPA (Primovisk®) – Labor

03

Spezialität extrazellulärer Kontrastmittel nach intravenöser Injektion

Blutfluss	– Ischämie, Infakt, Nekrosa
	– Entzündung
	– Tumor
Kapillarpermeabilität	– Blut-Hirn Schranke
	– Entzündung
	– Tumor
Extrazellulärer Raum	– Blutvolumen, Vaskulisierung
	– normale Gewebe
	– erkrankte Gewebe

04

sich durch hohe Wirksamkeit und sehr gute Verträglichkeit aus. Die Pharmakokinetik der Komplexe ist identisch mit derjenigen der ‚unspezifischen' nichtionischen Röntgenkontrastmittel, die Anwendungsgebiete sind ähnlich. Auch für die MRT wurden und werden ‚spezifische' Spezialpräparate entwickelt, so führt das Mangan DPDP (Teslascan®, GE/Amersham) zu einer Signalanhebung in Leber, Herzmuskel und Pancreas. Es gibt weitere Leberkontrastmittel; Kontrastmittel für die Erkennung normalen Lymphknotengewebes und Produkte, deren Verteilung mehr oder weniger auf den Intravasalraum beschränkt sind, befinden sich in Entwicklung. Die bisher eingeführten Präparate werden nur in beschränktem Umfang verwendet, die Zulassung durch die Behörden hat sich z.T. als sehr schwierig erwiesen, u.a. weil inzwischen hohe Anforderungen an den Nachweis des diagnostischen Nutzens gestellt werden. Mehr als 90% der Anwendungen fallen heute auf die ‚unspezifischen' Kontrastmittel vom Typ Magnevist®. Dies ähnelt in zu auffälliger Weise der Situation der Röntgenkontrastmittel, um durch Zufall erklärbar zu sein.

Der nächste Schritt

Molekulare Bildgebung?

Die Dominanz der gut verträglichen, vielseitigen und preiswerten Marker der Perfusion, Permeabilität und des extrazellulären Raumes im Röntgen und MRT ist nicht zu leugnen. Die Bedeutung dieser Kontrastmittel wird durch die technische Entwicklung (schnelle Bildgebung, gute räumliche Auflösung) weiter gestützt. Die bisherige Erfahrung läßt nicht erkennen, daß die etablierten Kontrastmittel viel Platz für Produkte lassen, die bestimmte Gewebe/Erkrankungen spezifisch darstellen. Das einzige bedeutende Beispiel für anderweitig spezifische Präparate ist die Fluordesoxyglucose als nahezu universell-spezifischer Tumormarker (Marker eines erhöhten Energiestoffwechsels). Spezifische Kontrastmittel sind teuer sowie in der Breite der Anwendung durch ihre Spezifität begrenzt. Sie werden eine Bedeutung erlangen, wo sie einen unabweisbaren Beitrag zur Diagnose und Behandlung ausreichend vieler Patienten erbringen. Ein solcher Beitrag ist besonders dort zu erwarten, wo sie den Weg zu einer spezifischen Therapie auf gleicher molekularer Basis weisen.

1934

W. Steenbeck entwirft in Berlin Siemensstadt eine erste Versuchsanlage eines Betatrons.

1934

K. Frik fordert die Einrichtung von selbständigen zentralen Röntgenabteilungen in allen größeren Krankenhäusern. Radiologie soll als Pflichtlehrfach von Fachvertretern mit Sitz und Stimme in der Medizinischen Fakultät gelehrt werden.

Röntgenkontrastmittel ohne Jod?

Metallchelate erreichen bereits heute annähernd die Röntgendichte von jodierten Kontrastmitteln. ⟶05 Sie haben sich in der MRT in niedriger Dosierung als sehr gut verträglich erwiesen und sind in Einzelfällen oder Studien als Ersatz für jodierte Kontrastmittel eingesetzt worden,[3] auch wenn der Nutzen z.B. im Hinblick auf die Nierenverträglichkeit bezweifelt wird.[4] Toxikologische und klinische Phase 1 Prüfungen haben Hinweise darauf gegeben, daß Dosierungen bis 1.5 mmol/kg (entspricht einer Röntgendichte von ca. ca. 300 mg Jod/kg) ertragen werden. Metallionen absorbieren Röntgenstrahlen höherer Energie besser als Jod. Sie würden damit ein energieselektives Röntgen bei geringerer Strahlenexposition ermöglichen. Ein Einsatz als Röntgenkontrastmittel erfordert Innovationen seitens der Röntgentechnik und/oder Chemie, um die Anforderungen im Hinblick auf Nutzen, Verträglichkeit und Kosten zu erfüllen.

Kontrastmittel als Therapeutika?

Kontrastmittel sind sichtbare Moleküle und Zubereitungen. Die bildgesteuerte Therapie hat in mancher Hinsicht den chemischen Traum des „magic bullet" ersetzt. Kontrastmittel als Träger von Arzneistoffen (deren Sicherheitsmarge bei systemischer Verabreichung gering ist) können eine örtlich begrenzte bildgesteuerte und daher sicher überwachte Therapie ermöglichen. Die Verbindung bildgesteuerter selektiver Verabreichung mit spezifischer Bindung der Wirkstoffe mag zu einer systemisch nahezu nebenwirkungsfreien Therapie führen. Die therapeutische Dimension spezifisch bindender sichtbarer Strukturen könnte der „Molekularen Bildgebung" eine zusätzliche Rechtfertigung und wirtschaftliche Basis geben. Möglichkeiten finden sich nicht nur bei den Radiopharmaka sondern z.B. auch in der Gruppe der MR-Kontrastmittel, speziell der Magnetite.[5]

Schlußfolgerung

Die Dominanz der Darstellung von anatomischen Strukturen und Fluß in Verbindung mit weitgehend inerten, extrazellulären, niedermolekularen Kontrastmitteln legt die Forderung nach einer Alternative nahe. Als diese wird die molekulare Bildgebung betrachtet, die die Richtung für die Forschung der kommenden Jahrzehnte weist und bereits viele überzeugende und spektakuläre Ansätze hervorgebracht hat. Unberücksichtigt bleiben bei dieser Betrachtung die Restriktionen für die Entwicklung und klinische Anwendung, die sich unter anderem aus den langen Entwicklungszeiten und den Kosten ergeben. Es ist daher vorstellbar, daß das diagnostische Potential der molekularen Bildgebung ebenso wie das Potential der Spektroskopie überschätzt wird und wir uns im Hinblick auf die Kontrastmittelforschung eher in einer Orientierungsphase befinden, in der nach neuen Konzepten gesucht wird. Die Weiterentwicklung des Nutzens der „unspezifischen" Kontrastmittel, der Einsatz von Kontrastmitteln und Pharmaka in Verbindung mit bildgesteuerten minimalinvasiven Verfahren und Verbindung von spezifischen (molekularen) Diagnostika mit therapeutischen Substanzen könnten als künftige Entwicklungsrichtungen ebenfalls in Betracht kommen.

05 a Vergleich der Strahlenabsorption von Gadolinium und Jod in der Computertomographie; 15,7 mg Gadolinium/ml (=0.1 molar) sind deutlich dichter als 15,7 mg Jod/ml

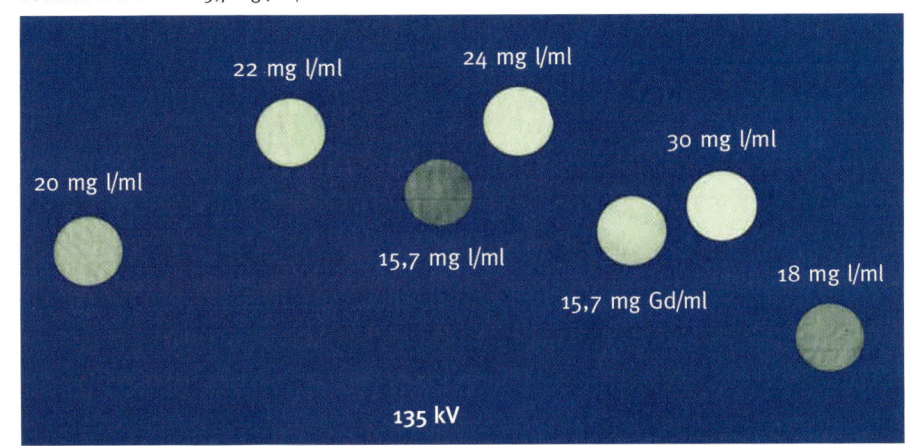

05 b Langsame und anhaltende Anreicherung von Gadolinium EOB DTPA in normalem Leberparenchym nach intravenöser Infusion (Schmitz et al. 1997)

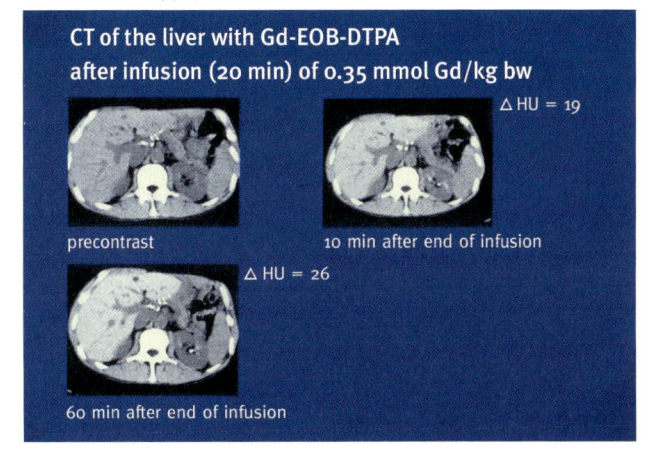

1935

E. Pohl, Kiel, entwickelt mit dem Omniskop ein Spezialgerät zur Untersuchung mit Kontrastmitteln.

1935

Eine Röntgenröhre kostet 3 200 Mark.

Informations- und Kommunikationstechnologie in der Radiologie – Ein unpopuläres Essay

Heinz Lemke, Berlin

Informations- und Kommunikationstechnologie (ICT) in der Radiologie hat etwas mit Veränderung und Fortschritt zu tun. Erkennen, Einleiten und Unterstützen von Innovationsprozessen basierend auf der ICT-Technologie stehen dabei im Mittelpunkt. Spätestens seit Entwicklung und Einführung der ICT-Technologie am CT-Scanner hat dieser Innovationsprozess in der Radiologie begonnen. Eine grundlegende Veränderung der Arbeitsweise in der medizinischen Diagnostik und teilweise in der Therapie geht mit diesem Innovationsprozess einher. Als Katalysator dient die fortschreitende Leistungsfähigkeit der ICT (siehe z.B. Moore'sches Gesetz ···>02).
Folgende Erkenntnis oder Feststellung lässt sich hieraus ableiten.

„Fortlaufende und teilweise sich beschleunigende Entwicklungen in der ICT sowie gesellschaftliche und wirtschaftliche Veränderungen im Gesundheitswesen bewirken mittel- bis langfristig eine fundamentale Veränderung der diagnostischen und therapeutischen Prozesse in der Medizin. Die Arbeitsabläufe (Workflows) in der Radiologie sind hiervon in besonderem Maße betroffen."

Die ICT wird die Radiologie in den kommenden Jahren grundlegend verändern. Allein die Leistungsverdopplung elektronischer Rechensysteme innerhalb von 18-24 Monaten („Moore'sches Gesetz") wird die Möglichkeiten der Informationserstellung, -verarbeitung, -darstellung und -verwaltung revolutionieren. Der Arzt im Allgemeinen und der Radiologe im Besonderen wird seinen Patienten eine wesentlich sicherere Diagnose und eine gezieltere Therapie anbieten können. Gleichzeitig bestehen Synergien mit aktuellen Entwicklungen in der Medizintechnik. Aus heutiger Sicht liegen Schwerpunkte dieser Entwicklung im Bereich Bildgebung, Informationsintegration und Systemsicherheit. Vergleichbar mit Entwicklungen in diversen Industriebranchen ist eine neue Denkweise erforderlich, eine gemeinsame Sprache für Techniker und Radiologen. Die Computerassistierte Radiologie (CAR) wird sich zu einer neuartigen wissenschaftlichen Disziplin entwickeln, deren ethischer Anspruch in der sorgsamen Abwägung von Machbarem und Nützlichem in der kommenden „Technisierung" in der Radiologie liegen muss. Erst nach dieser Abwägung kann ein Fortschritt für den Arzt und seine Patienten in Aussicht gestellt werden. Beispiele der Vorteile, die für den Patienten, den Arzt und die gesamte Gesellschaft erwartet werden, sind ... ···>01

... für den Patienten	... für den Arzt	... für die Gesellschaft
• geringere Strahlenbelastung, weniger Invasivität	• verbesserte Planung und Simulation von Prozeduren	• verbesserte Behandlung altersbedingter Erkrankungen (weniger nicht-greifbare Kosten) durch stärkere Patientenorientierung
• geringere Liegezeiten, ggf. ambulante Behandlung	• (Teil-) Automatisierung von radiologischen Aktivitäten	• verbessertes wirtschaftliches Entwicklungspotential durch innovative Entwicklungen und Anwendungen moderner CARS (Computer Assisted Radiology and Surgery)-Systeme
• verbesserte Risikoabschätzung diagnostischer Prozeduren	• präzise Abgrenzung von Gewebegebieten	
• höhere diagnostische Sicherheit	• quantitative räumliche Befundung und Bewertung	
	• multimediale Integration von Informationen	• Kostenreduzierung im Gesundheitswesen durch verbesserte Effizienz
	• visuelles Feedback	
	• verbesserte Ausbildung und radiologisches Training an virtuellen Systemen	

01

1936

R. Janker, Bonn, entwickelte die indirekte Kinematographie.

1936

P. Debye erhält den Nobelpreis für Chemie für seine experimentellen Arbeiten zur Bestimmung von Molekülstrukturen durch die Untersuchung von Dipolmomenten sowie über die Beugung von Röntgenstrahlen und Elektronen in Gasen.

> „Change is scientific, progress is ethical; change is indubitable,
> whereas progress is a matter of controversy."
> Bertrand Russell, „Philosophy and Politics", Unpopular Essays (1950)

Die in diesem Kontext angesprochenen Informations- und Kommunikationstechnologien sind eng verknüpft mit der modernen Bildgebung am Patienten und mit IT-basierten Verfahren zur bildgestützten Diagnose und Therapie.

Eine grundlegende Frage im Kontext der Radiologie ist: Was sind die treibenden und was sind die hindernden Kräfte für eine Computerassistierte Radiologie (CAR)? Welchen Beitrag hierzu leistet z.B. die Europäische Union im Allgemeinen oder Deutschland im Besonderen?

Die treibenden Kräfte basieren sicherlich auf Innovationsfreudigkeit, Risikobereitschaft, pro-aktiver Einstellung, usw. Es ist zu beobachten, dass die wesentlichen Beiträge zur Entwicklung von CAR aus den Forschungslaboratorien und entsprechenden Instituten in den USA kommen. Typische Beispiele hierfür sind:

- DICOM - entwickelt vom American College of Radiology und der National Electrical Manufacturers' Association
- PACS - Pionierarbeiten durch militärische Projekte (z.B. DINPACS) in den USA, aber auch grosse Systementwicklungen an der Universität von Pennsylvania, in Kansas City und der University of California Los Angeles (UCLA)
- CAD - nahezu alle Entwicklungen in diesem Bereich haben ihren Ursprung an der University of Chicago mit einigen weiteren Beiträgen von japanischen Universitäten
- IHE - Initiativen und Entwicklungen der Radiological Society of North America (RSNA) und der Healthcare Information and Management Systems Society (HIMSS)

Wo war Europa und insbesondere Deutschland bei diesen Basisentwicklungen der computerassistierten Radiologie, außer dass man abgewartet und Ergebnisse aus den USA eventuell adaptiert hat?
Eine Erklärung könnte vielleicht aus einer Betrachtung der behindernden Kräfte in Europa kommen. Ein möglicher, wenn auch willkürlicher Vergleich zwischen den treibenden und den behindernden Kräften in den USA und Europa ist in der Tabelle wiedergegeben. ⟶ 02

Treibende Faktoren in den USA	Behindernde Faktoren in Europa
Flexible Anlagekultur	Erhaltung der Arbeitsplatzkultur
Kaufmännische Infrastruktur des Gesundheitswesens	Soziales Gesundheitswesen
Kalkulierte Risikobereitschaft	Sicherheitsbedürfnis
Wettbewerbsgesellschaft	Regierungs- u./o. Verbandskontrolle
Technologischer Führungsanspruch	Keine Veränderung, wenn es auch „per Hand" funktioniert
Geschwindigkeitsorientierte Dienstleistungen	Qualitätsorientierte Dienstleistungen
Einbeziehung von Beratern	„Do it yourself"-Mentalität
„Versuch und Irrtum"-Einstellung	„Abwarten u. Teetrinken"-Einstellung
Persönliche Gewinnorientierung	Wenn etwas schiefgeht „Jemandem die Schuld geben"
Globalisierung ist eine Chance	Globalisierung ist eine Bedrohung

Was lässt sich aus diesen Beobachtungen (Sachverhalten?) schließen? Ist die Radiologie ein Teil des allgemeinen Mangels an Innovation in Europa? Trifft dies z.B. auch auf andere medizinische Disziplinen zu? Letzteres scheint nicht so zu sein. Im Vergleich zu den Aktivitäten der Chirurgen, z.B. in Deutschland, lässt sich konstatieren, dass bei den Chirurgen ein erhebliches Maß an Innovationsfreudigkeit und Anwendungsbereitschaft vorhanden ist. Beispiele hierzu sind über einen längeren Zeitraum angelegte große Forschungsprojekte wie der von der DFG geförderte Sonderforschungsbereich SFB 414 zum Thema Computerassistierte Chirurgie, die von Chirurgen mitinitiierte Gründung einer Deutschen Gesellschaft für Computer- und Roboter-Assistierte Chirurgie (CURAC) oder die vom BMBF geförderte Gründung eines Innovationszentrums für Computer-Assistierte Chirurgie (ICCAS). Ähnliche Entwicklungen lassen sich auch außerhalb Deutschlands beobachten, z.B. der italienischen Gesellschaft für Computer-Assistierte Chirurgie (SICTECA) oder das Japan Institut für Computerassistierte Radiologie und Chirurgie (JICARS).

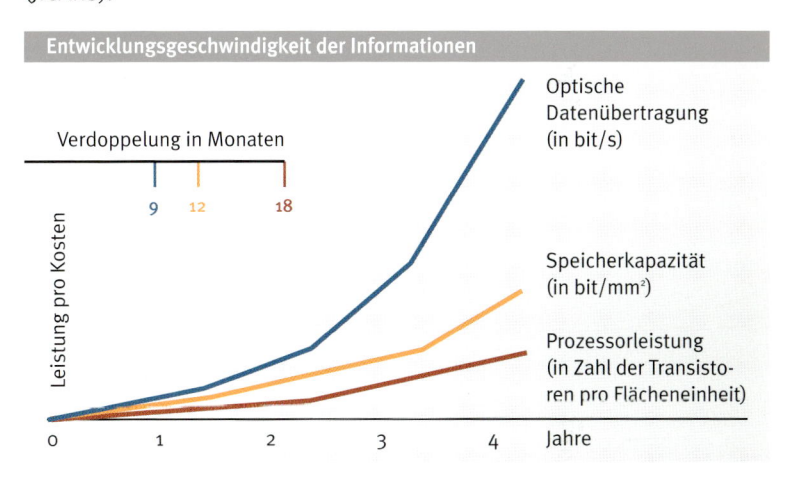

Entwicklungsgeschwindigkeit der Informationen

Verdoppelung in Monaten: 9, 12, 18
- Optische Datenübertragung (in bit/s)
- Speicherkapazität (in bit/mm²)
- Prozessorleistung (in Zahl der Transistoren pro Flächeneinheit)

(Leistung pro Kosten vs. Jahre)

Für die Radiologie gibt es nichts Äquivalentes, weder in Deutschland noch in Europa, obwohl der Ausdruck CAR schon Anfang der 80er Jahre geprägt wurde, mehrere Jahre bevor CAS (Computer Assisted Surgery) sich daraus entwickelte. Bemerkenswert ist auch, dass es seit etwa 10 Jahren ein CAS-Journal gibt, aber keine CAR- oder ein äquivalentes Journal.

Die USA sind aber auch in diesem Bereich an der Spitze, z.B. mit der Society for Computer Applications in Radiology (SCAR), mit dem Journal of Digital Imaging sowie der offiziellen Zeitschrift Academic Radiology der Association of University Radiologists, welche seit dem 1. Januar 2004 eine CAR-Sektion eingeführt hat mit etwa 2 bis 3 CAR-Artikeln pro Ausgabe.

Deshalb zum Abschluss dieses Essays eher noch eine Frage: Ist es ethisch vertretbar, dass sich die europäische und insbesondere die deutsche Radiologie an dem Innovationsprozess der ICT in der Radiologie nicht maßgeblich beteiligt und somit die Möglichkeiten des Fortschritts im Gesundheitswesen nicht wesentlich mit beeinflusst? Oder auch, vielleicht etwas unpopulärer: Was können wir von den Chirurgen hierzulande lernen?

1936

H. Vieten, Düsseldorf, entwickelt ein Verfahren und eine Apparatur zur Anfertigung von Schichtaufnahmen in beliebig gestalteten Schichten.

1936

Am 4. April wird durch A. Béclère der Gedenkstein an die Pioniere und Opfer der Röntgenstrahlen vor dem Krankenhaus St. Georg in Hamburg eingeweiht.

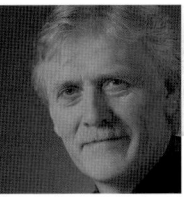

Computer Aided Diagnosis – Probleme und Chancen

Klaus-Jochen Klose, Marburg
Heinz-Otto Peitgen, Bremen

Computer Aided Diagnosis (CAD) ist darauf ausgerichtet, präzisere Diagnosen zu ermöglichen und Therapieentscheidungen zu unterstützen. Zu diesem Zweck werden mathematische Methoden entwickelt, die patientenindividuell anatomische Strukturen, funktionelle Eigenschaften und pathologische Veränderungen erfassen. Dabei muss berücksichtigt werden, dass die bildgebenden Verfahren Verzerrungen aufweisen, dass Rauschen und Bewegungsartefakte auftreten und die Realität nur in einer begrenzten Auflösung widergespiegelt wird. Eine besondere Herausforderung besteht darin, Visualisierungen zu entwickeln, die diese Ungenauigkeiten berücksichtigen und nicht eine Exaktheit vorspiegeln, die nicht vorhanden ist.

Computerunterstützung in der Radiologie

Während es noch vor etwa zehn Jahren weit verbreitete Zweifel daran gab, dass die Radiologie von einer Computerunterstützung profitieren kann, kann man heutzutage hohe Erwartungen an die Computerunterstützung konstatieren. Dass eine (weitgehende) Computerunterstützung in der Radiologie technisch möglich und sinnvoll ist, wird heute kaum bestritten. Für diesen Meinungsumschwung sind vor allem folgende Entwicklungen verantwortlich:

- Durch das enorm verbesserte Preis-Leistungsverhältnis bei Computern und Bildschirmen ist die rechentechnische Grundlage für die effiziente Verarbeitung und Anzeige großer Bilddaten vorhanden.

- Standards, wie DICOM für den Austausch von Bilddaten, haben – trotz mancher Unzulänglichkeiten – eine hohe Akzeptanz gefunden.

- Die technologische Weiterentwicklung hat einen Durchbruch des Internets auf breiter Front ermöglicht. Dies hat weitgehende Konsequenzen für den Austausch von Bildern und anderen medizinischen Dokumenten und ermöglicht teleradiologische Anwendungen.

- Verfahren zur Verschlüsselung von Daten sind mittlerweile kommerziell verfügbar. Außerdem ist ein rechtlicher Rahmen geschaffen, der festlegt, wie der Schutz von Patientendaten bei einer computergestützten Verarbeitung gewährleistet werden kann.

Zugleich ist ein großer Aufschwung in den Gebieten zu beobachten, die sich der Computerunterstützung widmen und mit der Radiologie und Chirurgie zusammenarbeiten. Neue Konferenzen wie die seit 1985 bestehende CAR-Tagung erleben einen ständigen Aufschwung in den Teilnehmerzahlen. Seit 1997 ist die CAR ausgeweitet worden auf chirurgische Anwendungen (CARS, Computer Assisted Radiology and Surgery), worin auch die Bedeutung der Zusammenarbeit von Radiologen und Chirurgen deutlich wird. Neue Lehrstühle und Institute wurden gegründet, in denen Ingenieure, Naturwissenschaftler und Informatiker neue Verfahren entwickeln, um die bildbasierte Arbeit in der Medizin zu unterstützen. Dies hat dazu beigetragen, dass die mathematischen Methoden und die Software für die Radiologie erheblich weiterentwickelt wurden. Automatische CAD-Systeme für die Brustkrebsdiagnose sind seit wenigen Jahren weltweit im Einsatz und haben das Potenzial, eine Zweitbefundung durch einen Radiologen zu ersetzen.

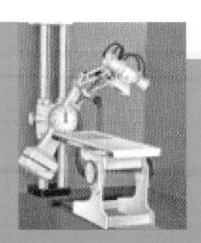

1937
W. Baensch wird Ordinarius für klinische Röntgenologie an der Universität Leipzig.

1937
Einführung der Bewegungsbestrahlung in Deutschland durch F. Dessauer, R. du Mesnil de Rochemont und A. Kohler.

Probleme der computergestützten Radiologie

Trotz der tief greifenden Verbesserung der Rahmenbedingungen kann von einem praktischen Durchbruch digitaler Befundung kaum die Rede sein. Computerunterstützung in der Radiologie beschränkt sich weitgehend auf die Ablage und den Austausch digitaler Bilder. Der Kern der radiologischen Tätigkeit, die Befundung, wird jedoch weiterhin überwiegend mit herkömmlichen Methoden vorgenommen – digitale Bildverarbeitung, 3D-Visualisierung und Interaktion spielen eine untergeordnete Rolle. Ein Durchbruch bei der Nutzung dieser Möglichkeiten scheint, von einigen Nischen wie Brustkrebsbefundung abgesehen, noch nicht in greifbare Nähe gerückt zu sein. Wie kann diese Diskrepanz erklärt werden?

Computergestützte Befundung in der Radiologie ist bisher nicht von „innen" gewachsen – es ist bisher keine eigene wissenschaftliche Bewegung innerhalb der Radiologie entstanden. Auch die forschenden Radiologen sehen in der Computerunterstützung eher ein Werkzeug als ein Feld für eigene aktive und kreative Gestaltung. Den Entscheidungsträgern ist bewusst, dass die konsequente Anwendung computergestützter Radiologie die klinischen Abläufe grundlegend verändert. Dabei werden aber vor allem Risiken und Integrationsprobleme gesehen.

Zukunft von CAD in der Radiologie

Wie ist die Entwicklung von CAD in der Radiologie einzuschätzen? Zur Beantwortung dieser Frage ist es notwendig, verschiedene Phasen zu unterscheiden. Die Entwicklung grundlegender Werkzeuge der Bildverarbeitung ist weitgehend abgeschlossen. Darauf aufbauend werden gegenwärtig integrierte Systeme entwickelt, in denen die Werkzeuge so kombiniert werden, dass einzelne Fragestellungen gezielt unterstützt werden. Ein Ausblick auf zukünftige Entwicklungen zeigt, dass auch komplexere Fragen, wie die nach geeigneten Therapien, mit CAD unterstützt werden können.

Abgeschlossene Entwicklungen

In der Vergangenheit sind große Anstrengungen unternommen worden, um grundlegende Algorithmen der Bildverarbeitung und Visualisierung so zu modifizieren, dass sie in der Radiologie anwendbar sind, und um neue Algorithmen zu entwickeln. Methoden zur Anpassung von Helligkeit und Kontrast, zur Unterdrückung von Rauschen, zur Verstärkung von Kanten und andere basale Bildverarbeitungsmethoden sind intensiv untersucht worden. Im Bereich der Visualisierung wurden z.B. Verfahren zur Anzeige beliebiger Schichten eines Datensatzes und Projektionsmethoden (z.B. Maximum-Intensity-Projektion für die Gefäßdarstellung) entwickelt. Damit existieren prinzipiell Werkzeuge, mit denen diagnostische Prozesse unterstützt werden können. Deren Anwendung und geeignete Parametrisierung setzt jedoch detailliertes Wissen über die einzelnen Verfahren in Verbindung mit diagnostischen Fragestellungen voraus. Daher ist eine Computerunterstützung auf dieser Basis nur möglich, wenn entsprechend spezialisiertes Personal zur Verfügung steht. Dies ist aber selbst in Forschungseinrichtungen die Ausnahme.

Aktuelle Entwicklungen

Kennzeichnend für aktuelle Entwicklungen ist die Kombination der grundlegenden Werkzeuge zu Softwareassistenten, welche auf spezifische Fragestellungen und oft auch auf bestimmte Arten von Bildern zugeschnitten sind. Beispiele dafür sind Systeme zur Detektion von Mikrokalk in Mammographien, zur Detektion von Polypen in virtuellen Kolonoskopien oder zur Stenoseerkennung in den Karotiden.

Dabei werden Modelle der pathologischen Veränderungen entwickelt und Filter und andere bildanalytische Verfahren entsprechend parametrisiert, um die erwarteten Strukturen hervorzuheben. Als Beispiel wird in Abbildung 1 ein Brusttumor gezeigt, **01** in dem eine heterogene Anreicherung von in die Blutbahn injiziertem Kontrastmittel in verschiedenen Farben dargestellt ist. Die komplexe und versteckte Information einer zeitaufgelösten Messung lässt sich in anschaulicher Weise visualisieren und lenkt so den Blick auf ungewöhnliche Gewebeeigenschaften.

Aufbauend auf derartigen Filtern werden quantitative Verfahren integriert, um z.B. die Bösartigkeit von Läsionen einzuschätzen. Ziel ist es, dass die Verfahren automatisch die Fälle „vorsortieren" und es dem Arzt dadurch ermöglichen, sich auf die unklaren und verdächtigen Fälle zu konzentrieren.

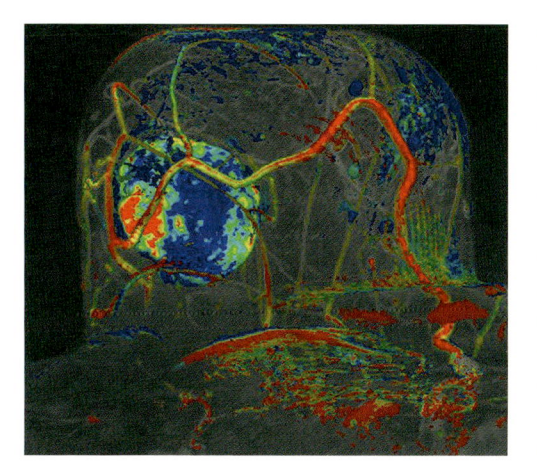

01 Kontrastmittelanreicherung in einer Brustläsion. Die unterschiedlichen Farben geben Aufschluss über die Gefäßeigenschaften (Angiogenese) und die Verteilung des Kontrastmittels in verschiedenen Kompartimenten des Tumorgewebes. Verteilungsmuster und Morphologie sind wichtige Parameter für die Diagnose von Brustkrebs.

Zukünftige Entwicklungen

Das Potenzial einer Computerunterstützung in der Radiologie geht weit über die zuvor beschriebenen Systeme hinaus und ermöglicht neue Formen der Diagnosestellung und Therapieplanung. Zukünftige Entwicklungen werden dadurch charakterisiert sein, dass ein kreativer und komplexer Problemlösungsprozess unterstützt wird, der auch Therapieentscheidungen beinhaltet. Bilder werden nicht nur verarbeitet, sondern sind auch die Grundlage wichtiger Messungen. Somit erschließen sie Morphologie und Funktion gleichzeitig, wobei eine Vielzahl möglicher miteinander verbundener Fragestellungen existiert. Daraus resultiert, dass der Umgang mit diesen Systemen patienten- und untersucherindividuell sehr verschieden ist und die Systeme entsprechend anpassbar sein müssen. Derart interaktive Systeme sind vielfältiger Natur und nicht mehr untersucherunabhängig, wie noch bei den zuvor beschriebenen, weitgehend automatisch arbeitenden Systemen.

1938

Der 29. Deutsche Röntgen-Kongress wird in München von 893 Mitgliedern und weiteren Teilnehmern besucht.

1938

Erste Beschreibung der Phlebographie zur Darstellung der tiefen Beinvenen

Ein Beispiel für derart komplexe Probleme ist die Planung neurochirurgischer Eingriffe auf der Basis von Diffusions-Tensor-Bildgebung (DTI) sowie funktioneller und morphologischer Magnetresonanzbildgebung. Hierzu werden die multi-modalen Bilddaten registriert und fusioniert, damit patientenindividuell sichtbar wird, welche Areale des Gehirns für bestimmte Funktionen zuständig sind und welche kortikalen und subkortikalen Strukturen unbedingt geschont werden müssen. Auf dieser Basis kann die Planung eines geeigneten minimalinvasiven oder offenen Zugangs verbessert werden. Abbildung 2 zeigt die obere Hälfte des Gehirns zusammen mit einer farbkodierten Darstellung der Nervenfasern, 02 die vom motorischen Zentrum zur Wirbelsäule führen. Diese Art der Darstellung basierend auf DTI und MRT kann bei der Behandlung eines zentralen Tumors dazu dienen, die Funktion des motorischen Zentrums zu erhalten.

Die Bildregistrierung, also die Integration und Fusion von Bildern, die zu unterschiedlichen Zeitpunkten an unterschiedlichen Modalitäten entstanden sind, ist eine der grundlegenden Fragestellungen, die ohne eine Computerunterstützung nicht bearbeitet werden können. Die prinzipielle Beschränktheit der Aussagekraft einzelner Bilder kann durch die Integration mehrerer Bilder zu einer virtuellen Welt überwunden werden.

Präoperative Planung in der Leberchirurgie

Als Beispiel für das Potenzial der Computerunterstützung in der Radiologie gehen wir auf eine Entwicklung im Bereich der Leberchirurgie genauer ein. Seit Jahrzehnten wechseln Hoffnungen und Enttäuschungen bei der Suche nach neuen Krebstherapien. Gerade in den letzten Jahren werden große Hoffnungen in gentechnische Therapiemethoden gesetzt. Ob diese erfüllbar sind, ist nicht abzuschätzen. Gleichzeitig ist in der Öffentlichkeit kaum bekannt, dass die weitaus überwiegende Zahl der Krebspatienten, die geheilt werden, durch chirurgische Maßnahmen gerettet wird. Daraus folgt, dass Innovationen in der Tumorchirurgie eine große Wirkung auf die Überlebenswahrscheinlichkeit versprechen. Deshalb hat die Tumorchirurgie noch großes Potenzial im Kampf gegen Krebs.

Durch innovative Optimierung chirurgischer Methoden auf Basis radiologischer Bildinformation kann kurzfristig eine große epidemiologische Wirkung erzielt werden. Die hierfür notwendigen Schritte bewegen sich nicht im Bereich des Spekulativen, wie etwa im Bereich der gentechnischen Therapien, sondern erfordern die Lösung technologisch überschaubarer Probleme, die in die gegenwärtige Chirurgie mit kalkulierbarem Aufwand und verhältnismäßig geringen Kosten gut integriert werden können.

Mit weltweit über 15 Millionen und über 70 000 Neuerkrankungen pro Jahr in Deutschland gehören Leberkarzinome zu den wichtigsten Tumorerkrankungen mit großer klinischer Relevanz und sozioökonomischem Impact. Das Potenzial und der patientenindividuelle Erfolg eines tumorchirurgischen Eingriffs an der Leber werden von drei Faktoren bestimmt:

- Resektion des Tumors inklusive eines gesicherten tumorfreien Randes
- Optimierung der Funktionalität der verbleibenden Restleber
- Maximale Reduktion des operativen Traumas

Die Entfernung eines Tumors inklusive eines tumorfreien Randes ist von Bedeutung, weil so gewährleistet wird, dass keine Tumorzellen in der Leber verbleiben, und dass bei der chirurgischen Arbeit keine Tumorzellen freigesetzt werden und eine Metastasierung provozieren. Für die Überlebensfähigkeit nach Resektion ist es entscheidend, ein bestimmtes kritisches Restvolumen nicht zu unterschreiten. Dieses Restvolumen wird durch das Körpergewicht des Patienten definiert und hängt außerdem wesentlich von der Vitalität der Leber ab. Gleichzeitig ist es von entscheidender Bedeutung, dass die Restleber im Hinblick auf ihre komplexen Gefäßversorgungen voll funktionsfähig bleibt. Die Reduktion des operativen Traumas wirkt sich günstig auf den Genesungsprozess und die Immunkondition des Patienten aus. Durch innovative Technologien können diese Faktoren sehr günstig beeinflusst werden. Die Methoden der Leberchirurgie profitieren von der Tatsache, dass eine Restleber nach Chirurgie das Potenzial hat, im Laufe weniger Monate zu einer Leber mit annähernd dem präoperativem Volumen zu regenerieren. Aktuelle Untersuchungen im Zusammenhang mit der Leber-Lebend-Spende haben gezeigt, dass der Regenerationsprozess allerdings wesentlich davon abhängt, wie gut es gelingt, eine Restleber in ihren vaskulären Funktionen zu erhalten.

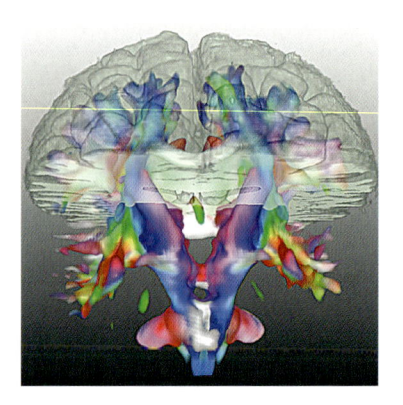

02 Obere Hälfte des Gehirns zusammen mit einer farbkodierten Darstellung der Nervenfasern, die vom motorischen Zentrum zur Wirbelsäule führen, basierend auf Diffusions-Tensor-Bildgebung

Neue innovative bildbasierte Softwaremethoden erlauben in Kombination mit komplexen mathematischen Methoden, diese Risiken zu erkennen, quantitativ zu bewerten und für eine interaktive Planungsumgebung bereitzustellen. Auf Grundlage der Risikobewertung erlauben weitere innovative, computergestützte Methoden eine Risiko vermeidende Planung des Eingriffs unter Einbeziehung der patientenindividuellen chirurgischen Machbarkeit. Auf diese Weise lässt sich die Funktionalität der Restleber optimieren und gleichzeitig das Ziel erreichen, den Tumor oder multiple Tumore inklusive tumorfreier Ränder sicher zu entfernen.

Diese innovativen Methoden können auch für die Ablation von Tumoren durch hochfrequenten Strom oder ihre laparoskopische Bearbeitung angepasst werden und erlauben auch dann eine Risikoerkennung und darauf basierende Planung. Darüber hinaus geben diese Methoden neue wichtige Impulse für die Chirurgie der Leber-Lebend-Spende. Schließlich liegt die Ausdehnung auf andere chirurgische Gebiete, wie etwa Tumore der Lunge und der Niere, oder Gehirntumore (vgl. Abbildung 2), in Reichweite.

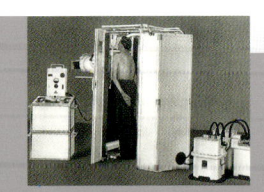

1939

R. Janker, Bonn, entwickelt Schirmbildgeräte für den Praxiseinsatz bei Röntgenreihenuntersuchungen.

1939

25. Präsident der DRG
Werner Knothe

Ein Beispiel aus der kurativen Leberchirurgie

Die drei nachfolgenden Bilder zeigen zunächst eine typische radiologische Schnittbildaufnahme einer Leber mit eingefärbten Risikogebieten sowie ein Beispiel einer Risikoanalyse. Abbildung 3 zeigt eine computertomographische Schichtaufnahme, 03 drei Tumore in Braun sowie die Gebiete der Leber, die bei Entfernung der Tumoren mit zusätzlichem Sicherheitsrand von 1 cm ihre Funktion verlieren, in Rot. Abbildung 4 zeigt eine computergestützte Risikoanalyse in dreidimensionaler Ansicht. 04 Die Tumore sind nun grün dargestellt. Das im oberen Bild sichtbare Gefäß ist die abführende Lebervene. Rot sehen wir die Gebiete gefärbt, die bei Entfernung der Tumore inklusive eines tumorfreien Randes von 1 cm nicht mehr entsorgt würden. Im unteren Bild ist die zuführende Pfortader zu sehen. Rot sehen wir hier die portalvenösen Versorgungsgebiete gefärbt, die demselben tumorfreien Rand entsprechen. Für die präoperative Risikobewertung müssen folglich beide Ergebnisse in Betracht gezogen werden.

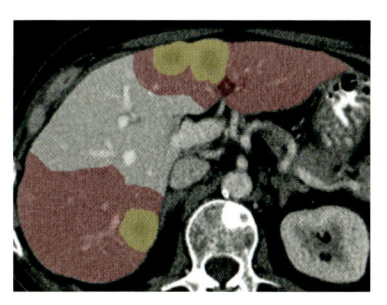

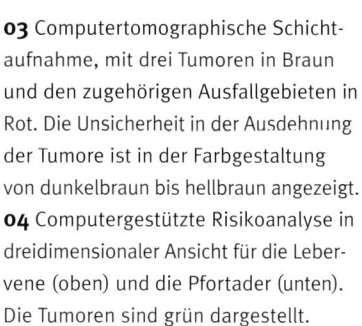

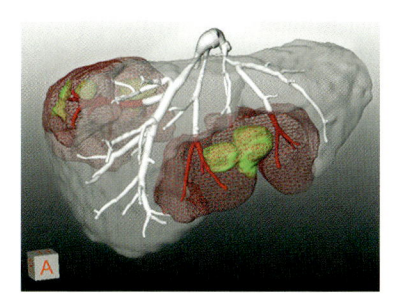

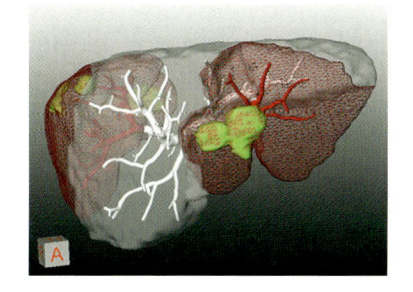

03 Computertomographische Schichtaufnahme, mit drei Tumoren in Braun und den zugehörigen Ausfallgebieten in Rot. Die Unsicherheit in der Ausdehnung der Tumore ist in der Farbgestaltung von dunkelbraun bis hellbraun angezeigt.
04 Computergestützte Risikoanalyse in dreidimensionaler Ansicht für die Lebervene (oben) und die Pfortader (unten). Die Tumoren sind grün dargestellt.

Visualisierung von Unsicherheit

Bei rekonstruierten Visualisierungen liegt eine große Gefahr darin, dass sie eine Exaktheit vortäuschen, die in Wahrheit nicht gegeben ist. Eine Metastase, die beispielsweise in einer 3D-Visualisierung als scharf abgegrenzte Oberfläche dargestellt wird, ist sowohl in Wirklichkeit als auch auf den zur Verfügung stehenden Bildern i. d. R. unscharf begrenzt. Bei krankhaften Veränderungen ist eine Plausibilitätskontrolle anhand anatomischer Gegebenheiten kaum möglich. Daraus ergibt sich die Anforderung, dass das Maß an Unsicherheit, mit der Objekte segmentiert werden, ihre Darstellung beeinflusst. Eine Metastase, deren scheinbare Ausdehnung von subtilen Veränderungen der Verteilung eines Kontrastmittels abhängt, sollte demnach mit anderen Mitteln wiedergegeben werden als beispielsweise ein sicher zu segmentierender Knochen.

Fehlerabschätzung für die quantitative Analyse

Die Unsicherheit über die tatsächlichen Gegebenheiten muss in noch stärkerem Maße bei der quantitativen Analyse berücksichtigt werden. Die quantitative Analyse – die Vermessung von Abständen, Volumina oder Intensitätsverteilungen – ist für die Beurteilung vieler Erkrankungen wesentlich. Exakte quantitative Analysen sind ohne Computerunterstützung unmöglich.

Allerdings können quantitative Angaben eine gefährliche Entscheidungssicherheit vortäuschen. Daher muss sorgfältig abgeschätzt werden, welche Genauigkeit für die Diagnosestellung erforderlich ist und unter welchen Umständen diese Genauigkeit trotz der Unsicherheit im Bilddetail aufgrund von Partialvolumeneffekten und Messrauschen erreichbar ist.
Beispielsweise liegt der Anteil der Partialvolumen-Voxel für eine Läsion mit einem Durchmesser von 2,0 cm, bei idealer Bildgebung und einer Schichtdicke von 3,0 mm, bei ca. 65%. D.h. nur ein Drittel der mit der Läsion in Kontakt stehenden Voxel werden vollständig von der Läsion erfasst. Ein Computerassistent kann, anders als der Mensch, diese Übergangszone reproduzierbar modellieren und dem Arzt eine entsprechende Fehlerabschätzung anbieten.
Die Anforderungen an eine quantitative Analyse können jedoch sehr unterschiedlich sein. So reicht es zur Beurteilung eines Krankheitsverlaufes, z.B. bei einer Tumorerkrankung, oft aus, wenn die computergestützte Volumetrie die relative Veränderung des Volumens korrekt widerspiegelt. Zentrale Bedeutung hat dabei eine hohe Reproduzierbarkeit und die Genauigkeit der Quantifizierung von Änderungen. Deshalb ist eine Analyse aller Messfehler und ihrer Fehlerfortpflanzung notwendig, insbesondere da kleine Messfehler bei der Quantifizierung von relativen Änderungen oft dramatisch verstärkt werden.

Partizipative Entwicklung von Softwareassistenten

Komplexe Probleme, wie die OP-Planung in der Tumorchirurgie, erfordern die Entwicklung hochkomplexer Softwareassistenten, die die Datenaufbereitung mit robusten Verfahren unterstützen. Die Entwicklung solcher Softwareassistenten stellt hohe Anforderungen an die Integration von sowohl radiologischem als auch technischem Know-How und damit an die Zusammenarbeit zwischen Entwicklern, Radiologen und kooperierenden Klinikern. Eine partizipative Entwicklung, bei der ein Anwender mit Entwicklern in einem Team zusammenarbeitet und nicht nur Vorschläge kommentiert, sondern eigene Vorschläge in die Entwicklung einbringt, ist hierbei die ideale Vorgehensweise. War die Forschung während der ersten 100 Jahre der DRG eine Methodenentwicklung, die durch Innovationen im Bereich der Hardware und Kontrastmittel bestimmt wurde, wird in den nächsten Jahrzehnten die Entwicklung von Assistenten hinzutreten. Die besondere Herausforderung wird darin bestehen, diese Forschung als genuines Feld der Radiologie zu gestalten.

1939

K. Frik wird Direktor und gleichzeitig Inhaber des Lehrstuhls für Röntgenologie am neu gegründeten Universitätsinstitut für Röntgenologie und Radiologie an der strahlentherapeutischen Klinik der Charité Berlin.

1939

Die 30. Tagung der DRG findet in Stuttgart statt.

Entwicklung, Bedeutung und Perspektiven der Mammographie

Rüdiger Schulz-Wendtland, Erlangen

Als Salomon im Jahre 1913 aus der Chirurgischen Universitätsklinik Berlin zum ersten Mal über die Anwendung der Röntgenstrahlen zur Untersuchung der weiblichen Brusterkrankungen im Archiv für Klinische Chirurgie berichtete, galt dies nicht der Einführung einer neuen klinischen Diagnostikmethode, sondern der wissenschaftlichen Erforschung der Karzinomformen und der Karzinomausbreitung. Er hatte Röntgenaufnahmen von Operationspräparaten nach Mammaablatio gemacht und die röntgenologischen Zeichen des Karzinoms studiert. Liest man die erste Publikation über die Mammographie, so ist man erstaunt, wie viel Salomon damals bereits wusste, wie viel später vergessen wurde und wie wenig hinzuzufügen notwendig war, um den heutigen Stand der Mammographie zu erreichen.

Seine Erkenntnisse fasste Salomon zusammen: „Die Röntgenfotografien excidierter Mammapräparate geben demonstrable Übersichtsbilder über Ausbreitung und Folgen der Krebse, durch diese Bilder im Verein mit histologischer Untersuchung der verdächtigen Randpartien ergibt sich die Notwendigkeit, mindestens drei Fingerbreit entfernt von der peripher fühlbaren Grenze des Tumors die Excision desselben vorzunehmen". An weiteren diagnostischen Maßnahmen bestand kein Interesse. So ist es erklärlich, dass in den 20er Jahren nur eine Publikation von Kleinschmidt, PAYRsche Universitätsklinik in Leipzig, über die Röntgenuntersuchung der weiblichen Brust im Lehrbuch „Die Klinik der bösartigen Geschwülste" von Zweifel und Payr (1927) zu finden ist. Von ihm stammt die erste veröffentlichte Röntgenaufnahme einer weiblichen Brust bei einer Lebendigen. Mit Beginn der 30er Jahre erschien eine Großzahl von Publikationen über die Mammographie, hauptsächlich in Südamerika von Dominguez (1929, 1930), Baraldi (1935) und Goyanes und Mitarbeiter (1931), fast zur gleichen Zeit aber auch in Nordamerika beginnend mit Warren (1930), Ries (1930), Seabold (1931), Loockwood und Stewart (1932). In Deutschland beschäftigte sich Vogel (1932) mit der Röntgendarstellung von Mammatumoren. Er demonstrierte Fälle von Karzinom, Sarkom und „Mastitits chronica cystica" und berichtete dabei über eine Beobachtung, wie er eine zystische Mastitis zusammen mit einem haselnussgroßen Karzinom fand. Es waren insbesondere der Chirurg Payr und seine Leipziger Schule, die sich zu Anfang der 30er Jahre für die Mammographie als diagnostische Methode einsetzten.

So kommt dann auch die nächste bedeutsame Publikation von Finsterbusch und Gros (1934) über die „Kalkablagerungen in den Milch- und Ausführungsgängen beider Brustdrüsen" aus der PAYRschen Klinik.

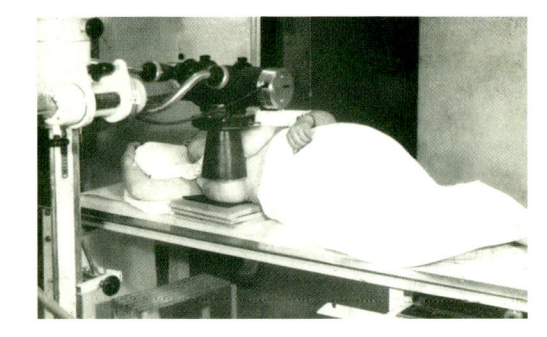

01 Frühe Mammographie-Aufnahmetechnik nach R. Leborgne, 1953

1939

Der 2. DRG Kongress steht unter dem Zeichen der Auseinandersetzung zwischen „Auchröntgenologen und Nurröntgenologen". Vertreter der Deutschen Gesellschaft für Chirurgie wollen keine selbständigen Röntgeninstitute. Man will „mit eigenen Augen" sehen.

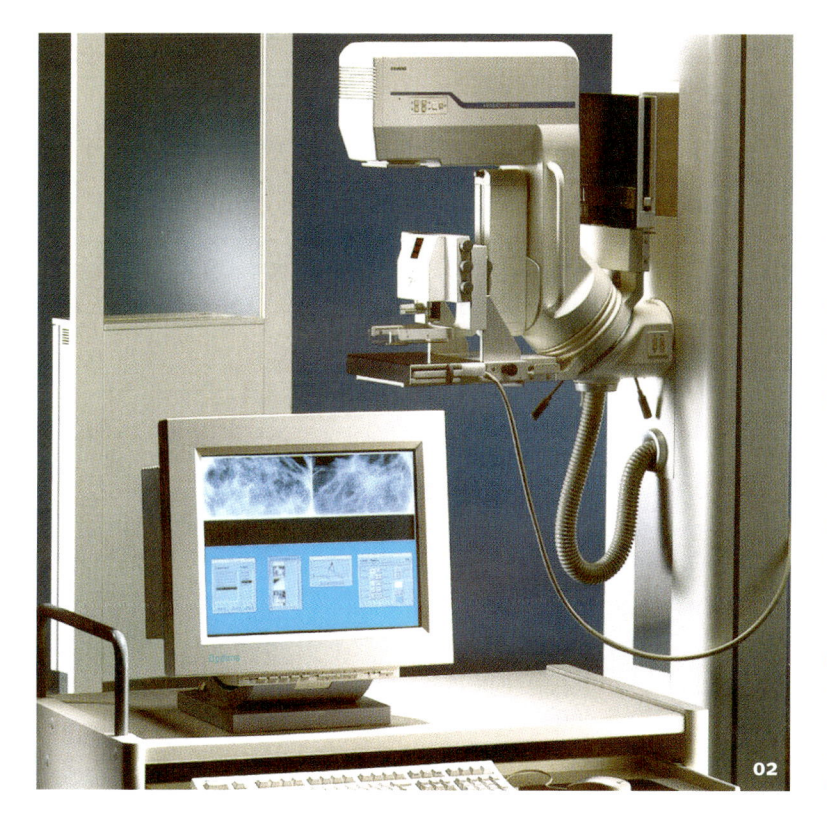

In Deutschland wurde es dann aber wieder sehr ruhig um die Mammographie, während sie sich in Amerika rasch entwickelte und größere Ausbreitung fand. Wir verdanken insbesondere Leborgne, dem Schüler von Dominguez, in den 40er Jahren vergleichende Untersuchungen zwischen Mammographie und pathologischer Anatomie. Leborgne (1953) war es auch, der eine Systematik der Kalkablagerungen in der weiblichen Brust aufstellte und sich speziell mit den Mikrokalzifikationen im Mammakarzinom beschäftigte. Er veröffentlichte eindrucksvolle Vergleichsbilder, in denen beim Komedo-Karzinom dieser Mikrokalk im Röntgenbild, im Operationspräparat und im histologischen Präparat gezeigt wird. Dabei unterschied er zwischen multiplen, in Gruppen liegenden Mikrokalzifikationen beim Karzinom, einzelnen kleinen Kalkablagerungen und großen kompletten Verkalkungen eines Fibroadenoms, Verkalkungen in den Arterien der Brust und in der Wand von Zysten. Gershon-Cohen war es dann, der zusammen mit der Pathologin Ingleby (1960) sowohl die Kenntnis über die Röntgen-Symptomatik verfeinerte als auch komparative Studien über die Brusterkrankung in der Röntgenaufnahme und im pathologisch-anatomischen Bild anstellte und sie in dem bemerkenswerten Buch mit dem Titel „Comparative Anatomy, Pathology and Roentgenology of the Breast" beschreibt. Vergleichende Untersuchungen solcher Art publizierten auch Reimann und Seabold (1933). Es gibt danach kaum noch etwas wirklich Neues. Alles ist schon versucht worden: die Milchgangsdarstellung, zuerst von Ries (1930) mit Lipiodol später von Leborgne (1944) mit wasserlöslichem Kontrastmittel, die Pneumomastie (Baraldi, 1935) mit Injektion von Luft retromammär und die Stereoskopie (Fray und Warren, 1932).

02 Modernes Mammographiegerät mit digitaler Stereotaxie (Intervention)
03 Digitale Mammographie; Mammakarzinom rechts T1cN0Mx, gutartiger Befund links

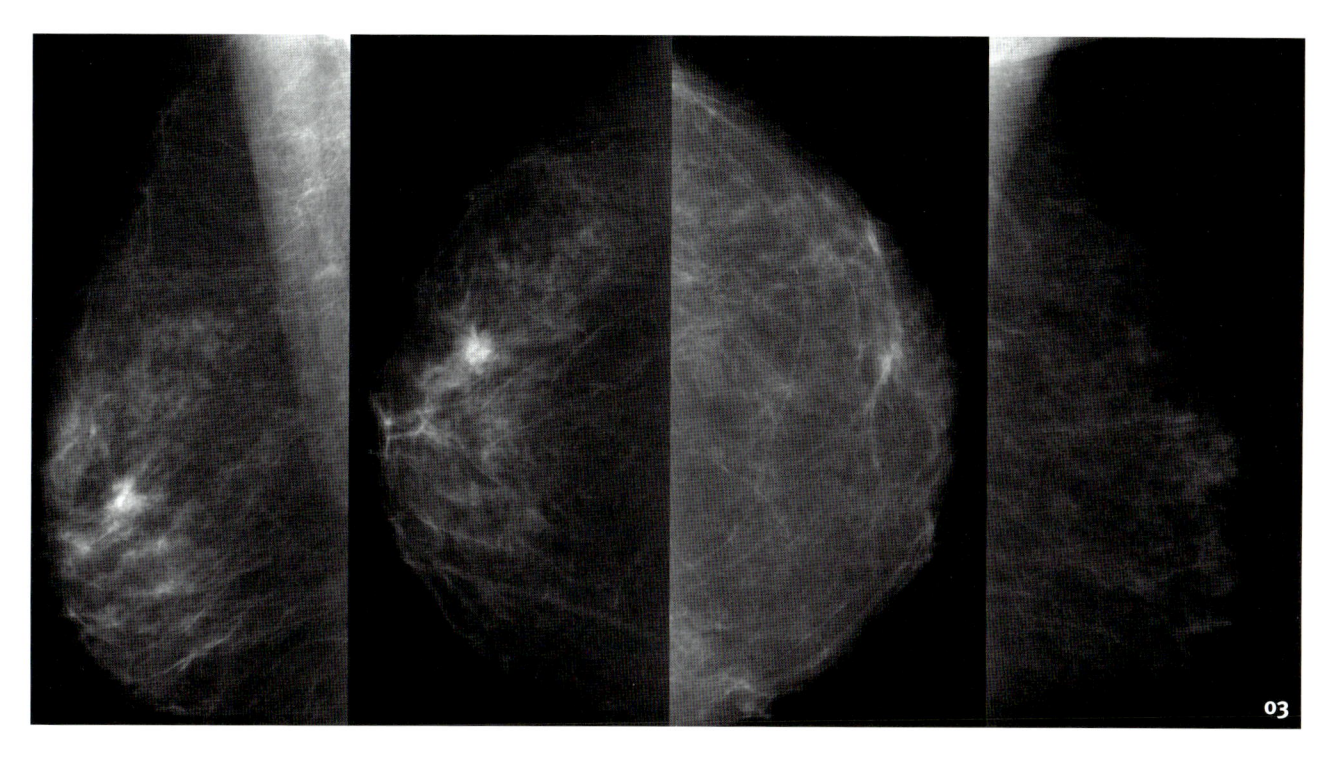

1940

M. Dohrn und P. Dietrich, Schering Berlin, entwickeln ein neues Röntgenkontrastmittel (Biliselctan) zur Darstellung der Gallenblase.

1940

Mit der „Ersten Verordnung über die Berufstätigkeit und die Ausbildung medizinisch-technischer Gehilfinnen und medizinisch-technischen Assistenten" wird die Berufsbezeichnung MTA geprägt.

In Frankreich waren es Ledoux-Lebard und Mitarbeiter (1933), Espaillat (1933), Gros und Sigrist (1951), die sich schon frühzeitig mit der Mammographie befassten und damit das Interesse an ihr auch in Europa wieder entfachten – dargestellt in dem Buch „Les Maladies du Sein". In Holland berichtete von Ronnen (1956) in Academic Press über die Mammographie. In Deutschland war die Methode seit Kleinschmidt, Vogel, Finsterbusch und Gross völlig in Vergessenheit geraten. So gelangte die Kenntnis von der Mammographie nach ausgiebiger Erforschung und Perfektionierung erst im Jahre 1957 wieder von Amerika über Frankreich zurück nach Deutschland. Es waren Becker und Runge, Heidelberg, die ihre Mitarbeiter Werner und Buttenberg im Jahre 1956 zu Gros nach Straßburg schickten, um sich über die Methode zu informieren. Diese hatte bei Gros bereits einen hohen diagnostischen und technischen Stand erreicht und wurde darauf hin in der Heidelberger Universitätsklinik im Winter 1956/57 eingeführt. Kübler (1955) und Reinhardt (1953) hatten diese Entwicklung in Deutschland schon kurz zuvor eingeleitet. Buttenberg und Werner gaben 1962 ihre Monographie über Mammographie – Technik, Röntgenatlas, Statistik – heraus.

In den Jahren von 1930-1960 hatte die Mammographie in ihrer zweiten Phase eine beachtliche Vervollständigung des Wissens über die diagnostischen Möglichkeiten und Vergleichbarkeit des Röntgenbildes mit dem pathologisch-anatomischen Präparat erfahren. Sie blieb aber beschränkt auf einige wenige Zentren mit sehr erfahrenen Spezialisten, die sich dieses Gebietes mit Interesse und Erfolg annahmen. Eine weltweite diagnostische Bedeutung erlangte die Mammographie in diesen Jahren nicht. Es bestand weiterhin kein spezieller klinischer Bedarf an einer zusätzlichen Untersuchungsmethode der weiblichen Brust, da die Kombination von Operation und Radio-Therapie auf bessere Behandlungsergebnisse bei Mammakarzinom hoffen ließ. Die Technik der Mammographie wurde im Detail verfeinert, es gelang jedoch keine prinzipielle Verbesserung. Es begann dann in der dritten Phase das allgemeine Suchen nach einer besseren Aufnahmetechnik, um den Ansprüchen der Methode gerecht zu werden und die diagnostisch bedeutsamen feinsten Details abbilden zu können. In Amerika bemühte sich besonders Egan um einen möglichst hohen Stand der Aufnahmetechnik mit gleichmäßiger Qualität der Röntgenaufnahmen. In Österreich entwickelte Dobretsberger die Isodensmethode, um die hohen Kontrastunterschiede des im Röntgenbild schwierig darzustellenden Organs zu harmonisieren und durch das Eintauchen der Brust in mit Alkohol gefüllte Plexiglasbehälter die Aufnahmebedingungen zu normieren. Andere versuchten statt dieses umständlichen Fluidograph-Verfahrens eine Trockenmethode mit Ausgleich der Kontrastunterschiede durch zusätzliche Absorptionskörper aus Plexiglas, Schaumstoff oder ähnlichem. Bald jedoch erkannte man, dass jeder zusätzliche Streukörper und jede Erhöhung der Aufnahmespannung die Bildqualität verschlechterten.

Man wandte sich intensiv der Verbesserung der Weichstrahltechnik zu. Die Konstruktion von Spezialröhren mit Dünnschlifffenster, die Herabsetzung der Aufnahmespannung auf 28-30 kV und die Benutzung von Industrie-Prüffilmen statt der normalen Röntgenfilme brachte eine wesentliche Verbesserung der Mammographiebilder. Ein bedeutsamer Schritt vorwärts wurde dann erst wieder durch Gros erreicht. Es war sein Verdienst, dass er die Vorteile der charakteristischen Eigenstrahlung des Molybdän für die Mammographietechnik erkannte (1966). Mit der Konstruktion von Molybdän-Röhren wurde der nächste Schritt der technischen Weiterentwicklung der Mammographie getan und die notwendige Perfektion für eine breite klinische

04 Der Senograph (Französisch für „Bild der Brust"), das erste spezielle Röntgenaufnahmegerät für die Mammographie, wurde 1966 von Charles M. Gros entwickelt.

1941
R. Pohlmann, Erlangen, entwickelt ein erstes abbildendes Ultraschallsichtgerät mit Flitterzelle für die Materialprüfung.

1942
K. Dussik berichtet über die Möglichkeiten hochfrequente mechanische Schwingungen als diagnostisches Mittel zu verwenden.

Anwendung erreicht. Den endgültigen technischen Fortschritt auf dem Gebiet der Mammographie-Technik verdanken wir aber Friedrich, der 1977 die wissenschaftlichen Vorraussetzungen, die physikalischen Möglichkeiten und die Technik zur Anwendung eines Weichstrahl-Streustrahlen-Rasters geschaffen hat. Hiermit gingen einher die Verbesserungen der Filmqualität und die Entwicklung neuer Verstärkerfolien. Parallel hierzu verliefen die Verbesserungen der Apparatetechnik und die Konstruktion von Röntgenröhren mit einem immer kleineren bildgebenden Röntgenfokus von zuerst 0,6 x 0,6 mm, dann 0,4 x 0,4 mm bis zu den jetzigen bildgebenden Röntgenröhren mit Doppelfokus 0,3 x 03 mm für die Übersichtsaufnahmen und 0,1 x 0,1 mm für spezielle Mikrofokusvergrößerungsaufnahmen (1977). In Deutschland entwickelten sich im Laufe der Jahre mehrere hochqualifizierte Mammographiezentren. In der Kölner Schule (Hoeffken) wurden insbesondere die diagnostischen Möglichkeiten zur Analyse der winzigen Mirkokalkpartikel mit der Mikro-Fokus-Vergrößerungstechnik überprüft. Der große Verdienst von Lanyi war dann die differenzierte Analyse der Mikroverkalkungen als Einzelpartikel und der Gruppenformation in seinem grundlegenden Buch „Diagnostik und Differenzialdiagnostik der Mammaverkalkungen", das 1986 publiziert wurde. In Heidelberg hat von Fournier die Bedeutung der Mammographie durch den Vergleich der klinischen und der mammographischen Befunde überprüft und wesentliche neue Erkenntnisse für die Frühdiagnostik publiziert. In München haben Hüppe und an der Universitätsfrauenklinik Vaillant Wesentliches zur Einführung der Mammographie in die Früherkennung des Brustkrebses beigetragen. Vaillant hat außerdem für die interventionelle Diagnostik mit stereotaktischer Stanzbiopsie eine spezielle Apparatur entwickelt. In Hamburg ist von Frischbier ein Mammographie-Zentrum mit besonders hoher Qualifikation aufgebaut worden und von Frischbier ist dann zusammen mit Hoeffken die Deutsche Mammographie-Studie geleitet worden.

2001 begann der flächendeckende Aufbau eines Mammographie-Screenings in Pilotprojekten (Wiesbaden, Reichel; Bremen, Junkermann; Weser-Ems, Hecht) auf der Basis der Europäischen Qualitätsrichtlinien und Europäischem Vorbild (Schweden, Andersson; Norwegen, Skaane; Niederlande, Hendrickx; Großbritannien, Wilson). Dieses Vorhaben soll für ganz Deutschland bis 2005/2007 verwirklicht sein. Parallel erfolgte seit 1988 die Entwicklung der digitalen Mammographie. Digitale Bildempfänger haben gegenüber Film-Folien-Systemen den größten Vorteil, dass zwischen der Dosis in der Bildempfängerebene und der Größe des Detektorsignals ein linearer Zusammenhang über einen sehr großen Dosisbereich besteht. Hinzu kommen Vorteile bei der gezielten Bildnachverarbeitung, der Archivierung und der Bildübermittlung. Über den Weg der digitalen Lumineszenzradiographie (DLR) sind heute gleichwertig hochauflösende Speicherfolientechniken sowie Vollfeld-digitale Systeme auf der Basis von amorphem Silizium (a-Si)-, amorphem Selen (a-Se)- und CCD-Detektoren im Einsatz mit äquivalenten Ergebnissen im Vergleich zur konventionellen Mammographie. Grundlegende Arbeiten sind hierzu erschienen aus Berlin (Bick), Göttingen (Fischer, Funke, Hermann) sowie Erlangen (Bautz, Schulz-Wendtland). 2004 ist in Erlangen (Bautz, Schulz-Wendtland) die erste volldigitale Gynäkologische Radiologie in Deutschland (Vollfelddigitale Mammographie mit a-Se und CCD-Detektoren, digitale hochauflösende Speicherfolie, digitalen interventionellen Techniken, CT und MRT, integriert in ein PACS-System) verwirklicht worden.

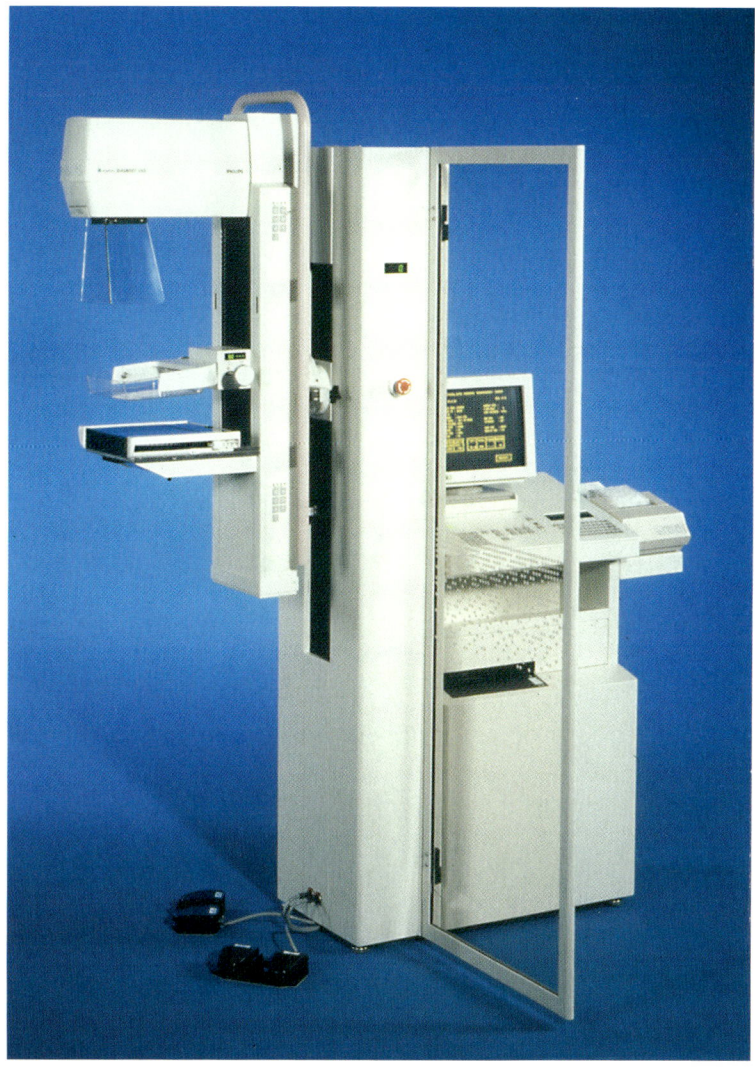

05 Digitales Vollfeld-Mammographiegerät

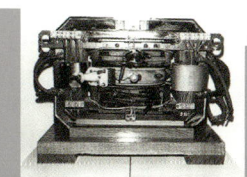

1942

K. Gund, SRW Erlangen, entwickelt das erste medizinische Betatron mit 6 MeV für die Hochvolttherapie.

1944

Begründung der Nahbestrahlungsmethode durch H. Chaoul und F. Wachsmann

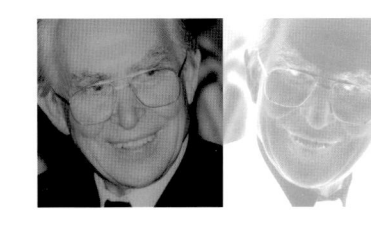

Was hat Ultraschall zum Wohle des Patienten beigetragen?

Alfred Kratochwil, Wien

Die Ultraschalldiagnostik hat sich in den letzten 40 Jahren in fast allen medizinischen Fachgebieten etabliert. Dahinter verbirgt sich eine enge und fruchtbare Zusammenarbeit von Medizinern, Technikern und Computerspezialsten, die es verstanden, technische Neuerungen ihrem Interessensgebiet nutzbar zu machen.

Am Beginn stand ein einfaches Materialprüfgerät mit einer Anleitung, wie man Einschlüsse und Risse im Gussstahl erkennt und wie man Schweißnähte auf ihre Dichte prüft. Diese einfachen A Bildgeräte wurden bald von B Bildgeräten mit Compound Technik oder von schnellem B Bildgerät abgelöst. Die verbesserte Darstellung der Gewebestruktur verdanken wir der Grauwert-Technik, bei der die Bildpunkthelligkeit von der Echoamplitude gesteuert wird. Die ersten Bewegungen konnten, durch das von den Kardiologen entwickelte Realtime-Verfahren, sichtbar gemacht werden. Einen Quantensprung der Ultraschalldiagnostik stellt die Auswertung der in Gefäßen herrschenden Strömungsverhältnisse mit Hilfe des Doppler Prinzips dar, zunächst in Grau, dann in Farbcodierung. Zusätzliche Information brachte der Power Modus mit Darstellung kapillarer Strömungen. Potenziert werden die Gefäßdarstellungen durch die Verwendung von Ultraschallkontrastmittel. Ein Vorstoß in neue Dimensionen gelang mit der 3D Darstellung. Das Untersuchungsobjekt wird in viele Einzelbilder zerlegt, diese werden im internen gespeichert abgelegt und dann am Monitor in multiplanarer Form als Längs-, Quer- und Koronarschnitt dargestellt. Der Cursor, Schnittpunkt der 3 Raumachsen, ist im Volumen frei beweglich; er dient zur Identifizierung anatomischer Strukturen in ihrer räumlichen Zuordnung und ist Zentrum möglicher Rotationen des Volumens um die Raumachsen. Algorhitmen erlauben die Darstellung unterschiedlicher Bildqualitäten eines Volumens, wie der Oberfläche, der Gefäße und Hohlorgane im Minimum- oder der Knochen im Maximum-Modus. Die dreidimensionalen Darstellungen des Gefäßbaums werden entweder als Angiogramm, oder Glass Body dargestellt. Das 4D Verfahren bietet, mit der Aufzeichnung von 30 Bildern/Sekunde, die Darstellung von Bewegungsabläufen, vor allem aber die dreidimensionale Untersuchung des fetalen Herzens, mit und ohne Dopplereffekt. Inversionsfilter ermöglichen die isolierte Darstellung von Gefäßen und Hohlräumen.

Durch die Untersuchung dünner Gewebeschichten von 2-6 mm Dicke wird eine Kontrastverbesserung durch Rauschunterdrückung im 3D/4D Verfahren erreicht. Diese Technik lässt sich sowohl im Längsschnitt als auch in der koronaren Ebene anwenden. Sie führt zur besseren Darstellung kleiner Lebermetastasen. Schließlich erlaubt die 4D Technik ein genaues Absuchen eines Organs nach multifokalen Herden. Praktisch unverzichtbar ist diese Technik zur gezielten Punktion kleiner Tumoren von knapp 2-3 mm und zur Platzierung von Markierungsdrähten. Wenn wir nach den Vorteilen der Sonographie im Vergleich zu anderen medizinischen bildgebenden Untersuchungstechniken fragen, so ist dies die fehlende Strahlenbelastung, die Doppler-Untersuchungsverfahren, der Einsatz von Ultraschall-Kontrastmittel, die immer vorhandene Einsatzmöglichkeit und, nicht zu vergessen, die gute Kosten/Nutzenrelation. Wenn wir uns nun fragen, welchem Fachgebiet die Ultraschalldiagnostik bisher am meisten genützt hat, so ist dies zweifellos die Geburtshilfe und Frauenheilkunde.

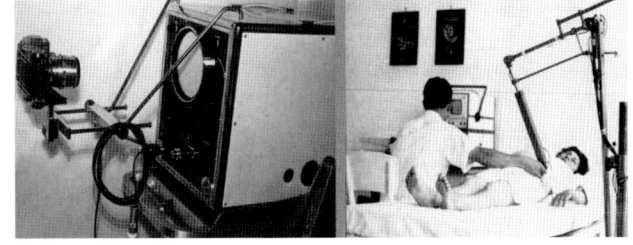

01 links - Materialprüfgerät 1964
rechts - 1966 Prototyp. Schnittbildgerät für 2D Darstellung

1947

Das erste überregionale Treffen der Radiologen im norddeutschen Raum nach dem Krieg findet vom 15.-18. Mai in Devensen unter der Leitung von H. Holthusen statt.

1947

Aufstellung des ersten Betatrons mit 6 MeV von Siemens in Göttingen

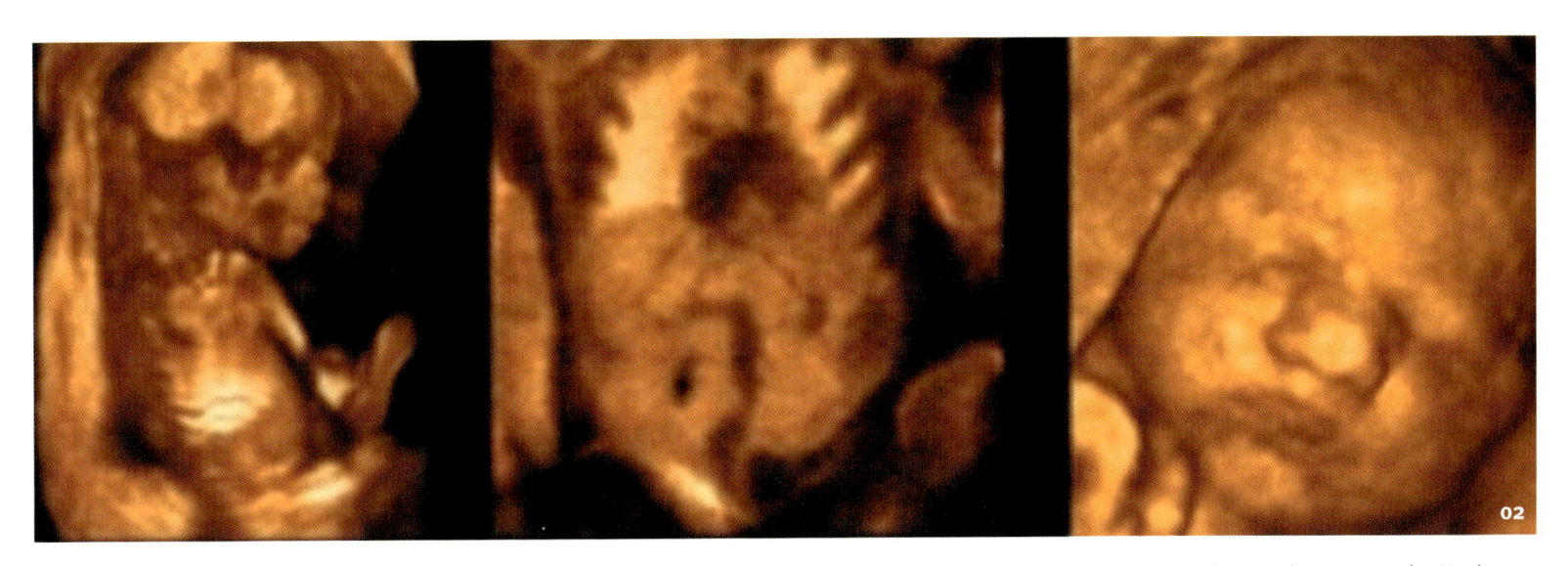

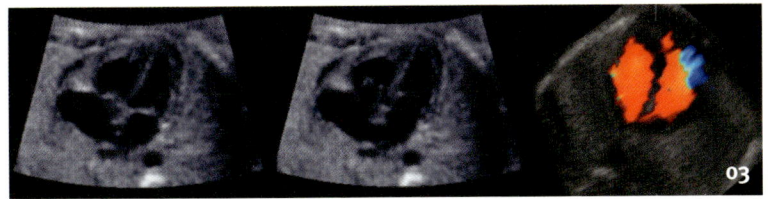

Bis Mitte 1960 war das im Uterus heranwachsende Kind ⇢02 von der Umwelt praktisch völlig abgeschlossen. Röntgenaufnahmen wurden nur ausnahmsweise im letzen Schwangerschaftsdrittel vorgenommen und beschränkten sich auf Lagebestimmungen, Beckenmessungen und in Ausnahmefällen auf Bestimmung der Fruchtreife anhand der Ossifikationszentren. Heute hingegen werden, auch bei normalem Schwangerschaftsverlauf, mindestens drei Ultraschalluntersuchungen durchgeführt, um jede mögliche Abweichung von der Norm so früh als möglich zu erkennen. Die Qualitätssicherung der Befunde wird durch 3 Kompetenzebenen abgedeckt. Die meisten Fehlbildungen werden heute, durch die Ultraschalldiagnostik erkannt. Nur in wenigen Einzelfällen ist eine zusätzliche MR, CT Untersuchung zur Differentialdiagnose nötig. Die in der Schwangerschaft durchgeführten 3/4D Untersuchungen des fetalen Herzens ⇢03 bilden schon heute die Grundlage für die postnatale Operationsplanung. Wohin die Tendenz in Zukunft geht, zeigt die möglichst frühzeitige Diagnose des Down Syndroms mit Messung der Nackenfalte und der Darstellung der Nasenbeine des Feten in der 11-13 SSW und der gleichzeitigen Bestimmung anderer biochemisch relevanter Parameter. In Zukunft sollten die meisten Fehlbildungen schon vorm Ablauf des gesetzlichen möglichen Interruptionstermin erkannt werden. In der Gynäkologie bringen die endosonographischen 3D Techniken wesentliche Vorteile in der Sterilitätsdiagnostik durch die Diagnose uteriner Fehlbildungen, die Bestimmung des Endometrium-Volumens, Darstellung und Messung der Follikel und des Gelbkörpers sowie der Messung der Durchblutung von Uterus und Ovar. Diese Ergebnisse wirken sich bei der IVF auf die Ultraschallgezielte Entnahme der Eizelle und Implantation der Blastozyste aus. Kleine Myome und Endometrioseherde sind mit der heutigen Technik leicht erkennbar. Da die 3D Untersuchung in der Sterilitätsdiagnostik oft aussagekräftiger als die HSG ist und Ultraschall-Kontrastmittel auch für die Durchgängigkeitsprüfung der Eileiter eingesetzt werden könnten, besteht die Möglichkeit, dass in wenigen Jahren die strahlenbelastete HSG der Vergangenheit angehört. In der gynäkologischen Tumordiagnostik nimmt die USD einen hervorragenden Platz in der Erkennung von Primär- und Rezidvtumoren ein. Dies ist vor allem ein Erfolg der 3D Technik und der Darstellung Neoangiesien mit dem Power Modus. Dies gilt für Zervix,- Korpus-, Vaginal- und Ovarial-Karzinome. ⇢04

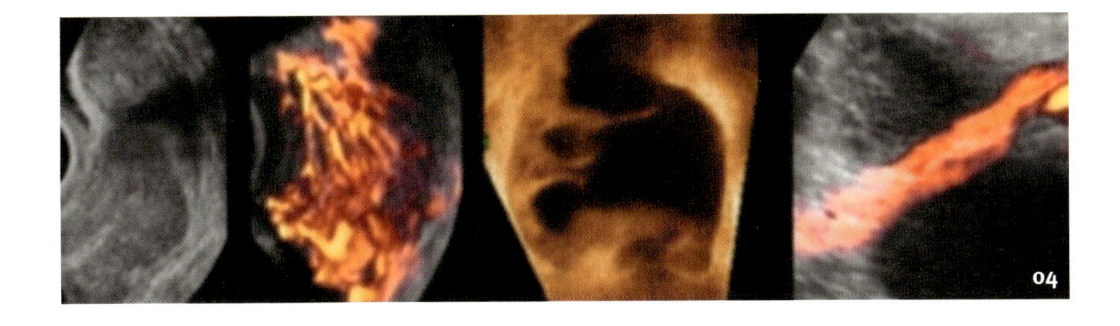

1948

Ein erster größerer Radiologenkongress in den so genannten Westzonen findet vom 6.-8. Mai 1948 in Karlsruhe statt. Es kommen aus allen vier Besatzungszonen Deutschlands etwa 400 Teilnehmer.

1949

26. Präsident der DRG
Hermann Holthusen

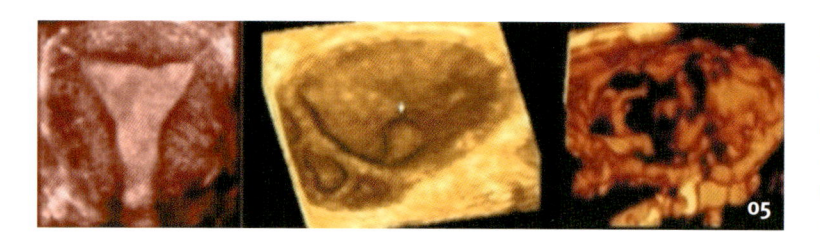

Die Darstellung von Neoangiesien mit Kontrastmittel berechtigt zur Hoffnung der verbesserten Frühdiagnostik bei Adnextumoren in der Menopause. 3D gemessene Tumorvolumina bilden die Basis für die Beurteilung eines therapeutischen Erfolges nach Chemo- oder Strahlentherapie. „Mammadiagnostik". Die Ultraschalluntersuchung ist, wegen der Unfähigkeit Mikrokalk darzustellen, nicht als Screening Methode einsetzbar, kann aber die Mammographie ausgezeichnet ergänzen und sollte immer als Zusatzmethode verwendet werden. Der 3/4D Technik verdanken wir eine bessere Differenzierung zwischen benignen und malignen Veränderungen. Gutartige Veränderungen weisen Kompressionszeichen auf, maligne Tumore hingegen ein ausgeprägtes Retraktionsmuster oder „star pattern sign". In einer dritten, undefinierten Gruppe finden sich neben vorwiegenden Kompressions- auch Retraktionszeichen, die meist nur auf eine kurze Strecke erkennbar sind. Während bei der Gruppe mit Kompressionszeichen eine halbjährliche Kontrolle genügt, muss bei den beiden anderen Gruppen die Diagnose durch Biopsie abgeklärt werden. Die 3/4D Technik ermöglicht die Biopsie auch kleiner Tumore mit einem Durchmesser von 2-3mm. Die Zielgenauigkeit benötigt daher für eine histologisch gesicherte Diagnose eine geringere Anzahl an Biopsien und gestattet die korrekte Platzierung eines hook wires. Mammographie und Sonographie ergänzen einander hervorragend, bei der röntgenologisch dichten Brust ist die Sonographie, il, bei der fettreichen Brust hingegen die Mammographie im Vorteil.

Untersuchung der Abdominalorgane

Das Abdomen mit seinen Organen, Gefäßsystemen, 07 Lymphknoten und Räumen ist ein weites Betätigungsfeld vieler medizinischer Fachgebiete. Der Wert der Sonographie wird hier an den Resultaten der konkurrierenden Untersuchungsverfahren, CT, MR gemessen. Es ist verständlich, dass der Leber als größtem Organ auch die größte Beachtung geschenkt wird. Die Komplexität ihrer Aufgaben spiegelt sich in ihrem differenzierten Aufbau aus Parenchym, Arterien, Venen Gallenwegen, welche jeweils als eigene Einheit erkranken können. Bei der Vielzahl der Krankheitsursachen mag die Unterteilung in umschriebene und diffuse Veränderungen des Parenchyms zunächst genügen. Die STEATOSE ist die häufigste durch Alkohol bedingte Leberveränderung. Mit zunehmenden Verfettungsgrad steigt die diagnostische USD Trefferquote auf 90%. Die Diagnose einer regionalen Steatose bietet dagegen vielfältige Probleme. Die Diagnose könnte durch Kontrastmittelapplikation verbessert werden. Unterschiedliche Krankheitsursachen, unterschiedlichen Ausprägungsgrades können zum zirrhotischen Umbau der Leber führen. Alle Untersuchungsmodalitäten weisen bei allen eine eingeschränkte Sensibilität auf.

Die Treffsicherheit der Sonographie ist mit 84-88% nicht sehr hoch, doch gelingt es durch USD die Zahl der Punktionen einzuschränken. Solitär oder multipel auftretende umschriebene Veränderungen der Echogenität weisen heute, durch Verbesserung des Auflösungsvermögens, eine diagnostische Treffsicherheit von 84% auf gegenüber 72% beim Spiral CT. Bildgebende Untersuchungsverfahren sind in der Diagnostik von Gallenblasen und Gallenwegserkrankungen 06 von zunehmender Bedeutung. Die Sonographie ist zum Nachweis und Ausschluss biliärer Erkrankungen das Mittel der Wahl, unterstützt durch die FKDS und Laboruntersuchung. Die Information aus einer qualifiziert durchgeführten Untersuchung, ergänzt durch Doppleruntersuchung, sind so groß, dass die erhobenen Befunde zusammen mit der klinischen Situation und Labor im Normalfall die Diagnose ermöglichen. 08 Nur selten ist ein weiteres diagnostischer Verfahren notwendig. Die Sonographie hat viele, die früher bei diesen Erkrankungen das Mittel der Wahl waren, abgelöst oder ihre Anwendung stark eingeschränkt. Dazu gehören die orale und intravenöse Cholangiographie, die Röntgen-Leeraufnahme. Selbst das CT ist in der Beurteilung der Gallenblasenwand ist der Sonographie unterlegen.

In der Diagnostik der Cholostase bzw. Ikterus hat CT und USD eine ähnliche Aussagekraft hinsichtlich der Differenzierung der obstruktiven von der

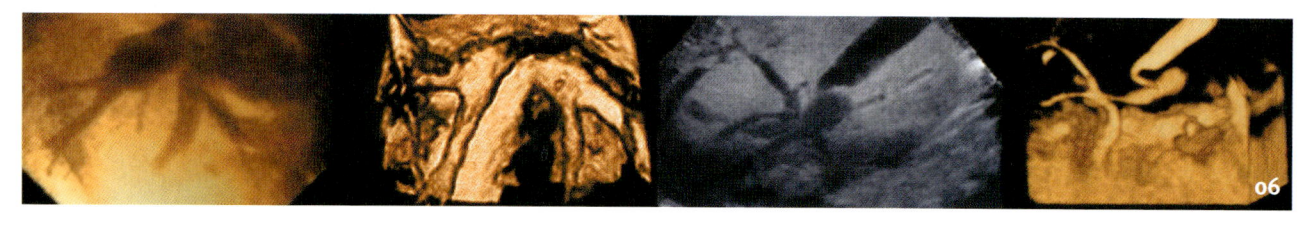

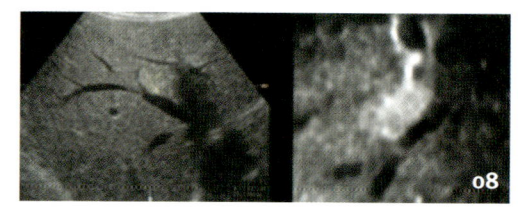

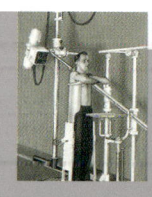

1949

A. Gebauer und F. Wachsmann, Erlangen, entwickeln einen Transversalplanigraphen.

1950

27. Präsident der DRG
Gustav Schulte

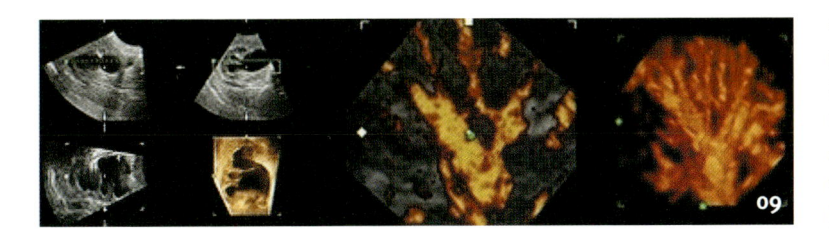

funktionalen Cholostase, der Verschlusslokalisation und Verschlussursache. Das CT ist der USD in der Beurteilung des distalen Gallenganges und in Einzelfällen in der Beurteilung des Pankreaskopfes überlegen. Dagegen sind Gallenwege in ihrem Verlauf sonographisch besser darstellbar. Nach wie vor ist die ERCP beste Methode zur anatomiegerechten Darstellung der Gallenwege. Die erfolgreiche Kontrastierung ist auch bei erfahrenen Untersuchern auf 80-90% reduziert. Der Sonographie kommt in der Beurteilung des portalen Gefäßsystems eine herausragende Bedeutung zu. Mit der Sonographie kann der praehepatische Block in 81% und der intrahepatische Block in 88% korrekt bestimmt werden. Auch der Nachweis der Portosystemischen Kollateralgefäße gelingt mühelos. Der bei Portaler Hypertension zur Entlastung angelegte TIPS bedarf der Kontrolle, da es nach Anlage des Shunts zu erheblichen hämodynamischen Veränderungen im portalen Kreislauf, mit der Gefahr der potentiellen Shuntdysfunktion, kommen kann. Bei Verwendung von Echokontrastmittel liegt die Sensibilität bei 98%. Die beweisende Differenzialdiagnose des Pankreas Ca. zur chronischen Pankreatitis gehört zu den schwierigsten Aufgaben der präoperativen Pankreasdiagnostik. Mit der Sonographie und dem CT ist eine gültige Diagnose eines Pankreaskarzinoms nur durch den Nachweis von Lebermetastasen und vergrößerten LK möglich. Selbst die ERCP kann für sich allein keine verbindliche Diagnose erstellen. Da es bei diesen Tumoren zur Infiltration des retroperitonealen Fettkörpers kommt und Gefäßveränderungen möglich, sind findet hier auch die FKDS eingesetzt. Große Beachtung muss auch den Strukturen und Organen des Retroperitoneums gewidmet werden. Metastatischer Befall infradiaphragmaler und parietaler Lymphknotenstationen ist in 70-80% durch USD und CT nachweisbar. Ähnliches gilt für maligne Lymphome, exaktes Staging ist wesentliche Voraussetzung für eine effiziente Therapie. Sonographie und CT eignen sich vor allem zur Diagnose des abdominellen Befalls, wobei die Infiltration von Leber und Milz besser durch die Sonographie als durch CT erkannt wird. Ein diffuser Organbefall ist mit keiner Methode erkennbar.

Von den vielen, sonographisch darstellbaren Gefäßen sollen die Aortenaneurysmen herausgegriffen werden. Bei CT und Sonographie ist die diagnostische Wertigkeit mit 98% gleich groß. Das CT ist der USD in der Abgrenzung von der A.ren.dext. überlegen. Die retroperitoneal gelegenen Nieren sind der USD gut zugänglich. ⸺ 09 Anomalien wie Doppel Hufeisen-Beckenniere können allein mit der USD bewerkstelligt werden. Auch die Darstellung der durch postrenale Obstruktion bedingte Hydronephrose weist eine hohe Sensitivität von 96% auf. Die Ursachenerkennung liegt jedoch nur bei 20%. STEINE werden in 1/3 der Fälle zufällig erkannt. Diagnostische Schwierigkeiten ergeben sich bei der Lage im Mittelkomplex. Zysten sind sonographisch eindeutig nachweisbar und bedürfen keiner anderen Diagnostik. Solide Tumoren sind ab einer Größe von 0,5 cm darstellbar. In einem symptomfreien Zustand werden diese Tumoren meist nur zufällig entdeckt.
Beurteilung, Größe, Volumen, Staging. Die transplantierte Niere sollte postoperativ sonographisch überwacht werden, um rechtzeitig eine postrenale Obstruktion zu erkennen. Postoperative perirenale Flüssigkeitsansammlungen sind zwar leicht nachweisbar, ihr Inhalt ist aber sonographisch nicht zu differenzieren. Die Volumetrie und FKDS des Nierenparenchyms könnten Aufschluss über Abstoßungsreaktionen ermöglichen. Die Möglichkeit der Darstellung aller Blasenwandschichten mittels hoch auflösender Sonden wäre im Tumor Staging der Zystoskopie deutlich überlegen. Die 3D Darstellung der Prostata bietet neben den diagnostischen Möglichkeiten (einer detaillierten Organdarstellung) eine exakte Volumenbestimmung, wie sie vor allem für die Seedimplantation notwendig ist. Mit großem Gewinn ist die Technik auch für die postoperative Rezidivediagnostik einsetzbar. Für die Proktologie wurden hochauflösende, 360 Grad rotierende Sonden entwickelt, die eine große Aussagekraft bei der Beurteilung von Fisteln und Abszessen haben und eine maximale Schonung der perianalen Zone bietet. Zur Behandlung des Rectumkarzimoms stehen heute, abhängig vom Ausbreitungsgrad, unterschiedliche Operationsverfahren zur Verfügung, die bei ausreichender Radikalität nur einen minimalen Verlust der Lebensqualität erzielen. Daraus ergibt sich die Notwendigkeit einer genauen Kenntnis der Höhenlokalisation, Ausdehnung des lokalen Tumorbefalls und des lokalen Lymphknotenbefalls. Die zuverlässigste Diagnose wird nur durch die Ultraschalldiagnose und kein anderes bildgebendes Verfahren erreicht! Die Infiltrationstiefe wird in 83% korrekt bestimmt. Die lokale Tumorausbreitung wird in 12% bedingt durch Entzündung überschätzt und in 9% unterschätzt. Die Erkennung lokaler Lymphknoten weist eine Sensitivität von 72-78% und eine Spezifität von 77-90% auf. Postoperative Lokal-Rezidive sind nur sonographisch und Biopsie erfassbar, da CT und MR nicht zwischen Narben- und Tumorgewebe differenzieren können. Sonographisch können Rezidive ab einer Tumorgröße von 2 mm dargestellt werden.

Zusammenfassend kann festgestellt werden, dass die Sonographie heute ein bildgebendes Verfahren repräsentiert, welches keineswegs den Vergleich mit den anderen bildgebenden Techniken fürchten muss. Diese Ergebnisse sind mit optimalen Geräten und qualifizierten Untersuchungsbedingungen von qualifizierten Untersuchern erreichbar.

1950

SRW Erlangen entwickelt mit dem Reflektoskop das erste Ultraschallimpulsgerät.

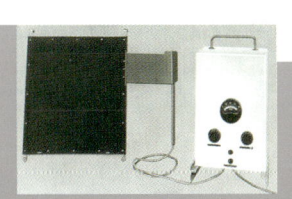

1950

H. Franke, SRW, baut in Erlangen den ersten Belichtungsautomaten.

Entwicklung und Bedeutung der Interventionellen Radiologie in Deutschland

Dierk Vorwerk, Ingolstadt
Rolf W. Günther, Aachen

In den über 100 Jahren ihrer Existenz hat sich die Radiologie mit vielen attraktiven Töchtern umgeben. Wenn wir vielleicht auch nur aus eigener Anschauung behaupten möchten, dass als die schönste von ihnen die Interventionelle Radiologie zu gelten hat, so soll daran erinnert werden, dass sie aber sicherlich eine der traditionsreichsten ist.

In einer Zeit, als die Radiologie nicht über Schnittbilder verfügte, Computertomographie und MRT unbekannte Größen darstellten, der Ultraschall in den Kinderschuhen steckte und Radiologen auf die klassischen Mittel der Nativradiologie angewiesen waren oder allenfalls Kontrastmittel zur Darstellung des Gastrointestinaltraktes oder der harnableitenden Organe verwendeten, da schlug die Geburtsstunde der interventionellen Radiologie. Entscheidend für die Interventionelle Radiologie war die Entwicklung von bildgebenden Geräten, Instrumenten (Katheter, Führungsdrähte), Kontrastmitteln und der damit verbundenen Möglichkeit des perkutanen Zugangs.

Entwicklung der Interventionellen Radiologie

Zunächst entwickelt sie sich als invasive diagnostische Radiologie, die präformierte Gang- und Gefäßstrukturen nutzte, um diagnostische Zusatzinformationen zur erhalten. Der Wunsch zur invasiven Diagnostik erwachte schon früh bei den Pionieren der Radiologie, wenn auch einer weiteren Entwicklung enge Grenzen gesetzt waren, fehlt es doch an Kontrastmitteln, entscheidenden Entwicklungen in der Metall- und Kunststoffverarbeitung und selbstverständlich in der Datentechnik.

Ähnlich wie das Gesamtgebiet der Radiologie hat auch die interventionelle Radiologie dann aber immer wieder von neuen industriellen Entwicklungen profitiert und sie schnell für die eigenen Zwecke nutzbar gemacht.

Erste Schritte der invasiven Diagnostik

Entscheidende Probleme waren zu lösen, bevor eine klinische Anwendung denkbar war. Die Anforderungen waren insbesondere in der Darstellung der Blutgefäße besonders anspruchsvoll.

Es fehlte an geeigneten, ungefährlichen Kontrastmitteln zur Darstellung der Gefäße, an geeigneten Instrumentarien zur Sondierung, an Zugangstechniken sowie an dedizierten Abbildungssystemen.

Die Grundideen wurden allerdings bereits früh entwickelt. Postmortale Angiogramme wurden bereits 1896 durch Haschek und Lindenthal angefertigt. Angewendet wurde ein Medium, das nur an der Leiche ungefährlich einsetzbar war. Nicht vaskulär applizierbar war das bereits 1901 entwickelte ölhaltige Lipiodol. Nach Einsatz von wässrigen Brom- und Jodsalzlösungen für die Gefäßdarstellung wurde 1927 das Thorotrast, 1929 das Uroselectan durch Schering, in den 30er Jahren das Iodopyracet (Cardiotrast) und erst in den 50er Jahren die ersten ionischen Kontrastmittel zur intravasalen Diagnostik eingesetzt, die ab 1975 durch nichtionische Mittel ergänzt wurden.

Die Darstellung der Gefäße erforderte aber auch entscheidende Fortschritte in der Röntgentechnik selbst. Hierzu zählen die Gerätentwicklungen durch Robert Janker und die Entwicklung von Seriographie und analoger Subtraktion durch Ziedses des Plantes (1934).

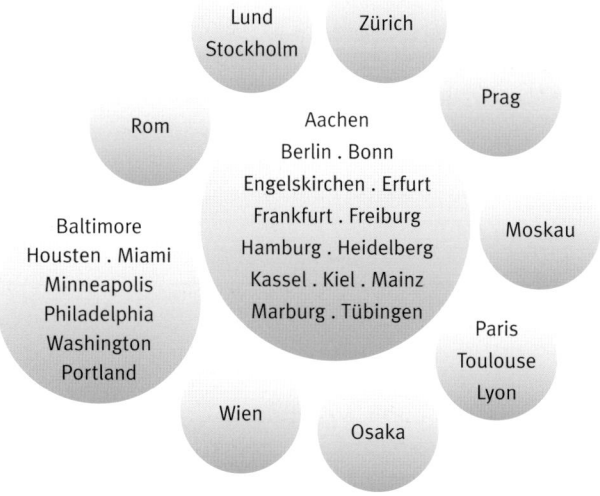

Tab 1 Frühe Kristallisationspunkte in der Entwicklung der Interventionellen Radiologie

- Lund, Stockholm
- Zürich
- Prag
- Aachen, Berlin, Bonn, Engelskirchen, Erfurt, Frankfurt, Freiburg, Hamburg, Heidelberg, Kassel, Kiel, Mainz, Marburg, Tübingen
- Moskau
- Rom
- Baltimore, Houston, Miami, Minneapolis, Philadelphia, Washington, Portland
- Paris, Toulouse, Lyon
- Wien
- Osaka

1950

Die Röntgenröhre für die Siemens Röntgenkugel kostet 570 DM.

1950

H. G. Bode, W. Paul, G. Schubert, Göttingen, führen erste Untersuchungen zur Elektronentherapie menschlicher Hautkarzinome mit dem Gund'schen 6 MeV Betatron durch.

Bereits 1927 wurde die erste cerebrale Angiographie nach Freilegung der A. carotis durch E. Moniz durchgeführt, ab den 30er Jahren setzte sich die Direktpunktion der A. carotis communis durch. 1929 führte dos Santos die erste translumbale Aortographie durch.

Bereits 1912 wurde von Bleichröder, dann – weltweit anerkannt durch Ehrung mit dem Nobelpreis – durch W. Forssmann 1929 im Selbstversuch das rechte Herz katheterisiert. Auch der venöse Zugang setzte damals noch eine Venae sectio voraus.

Erst die Beschreibung der Seldingertechnik 1953 mit der gesteuerten Einführung von Kathetern über einen Führungsdraht in die Blutbahn ohne operative Freilegung des Gefäßes hat die Einführung der perkutanen Kathetertechniken wesentlich erleichtert. Die Qualität der Katheter ließ zunächst sehr zu wünschen übrig, da sie kaum sichtbar oder formbar und in ihren physikalischen Eigenschaften stark beschränkt waren, bestanden sie zunächst aus Gummi, später Teflon und Polyurethan. Die Erfordernisse der selektiven Katheterisierung insbesondere der Koronararterien machte die Entwicklung drehstabiler Katheter mit vorgeformten Spitzendesigns notwendig, wobei die entscheidenden Schritte in den 60er Jahren vollzogen wurden.

Ihre Blüte erreichte dann die selektive angiographische Diagnostik ab 1960. In Deutschland ist ihr Fortschritt mit Namen wie Hettler, Zeitler, Porstmann, Wenz, Düx, Thurn und Georgi verbunden.

Die invasive Darstellung der Gallengänge reicht ebenfalls bis in die 30er Jahre des letzten Jahrhunderts zurück, als 1937 durch Huard und Do-Xun Hop in Französisch-Indochina die erste perkutane Technik der transhepatischen Cholangiographie beschrieben wurde. In Deutschland wurde das Verfahren vor allem von W. Wenz aufgegriffen und angewandt.

Auch die ersten Anfänge der retrograden Cholangiographie – als Vorläuferin der ERCP – wurde von Radiologen (Rabinov und Simon 1965) beschrieben, wobei ein peroraler Katheter unter fluoroskopischer Kontrolle in die Papille vorgebracht wurde.

Bereits 1906 wurde die erste retrograde Pyelographie unter Verwendung von kolloidalem Silber und Applikation durch einen Ureterenkatheter durch Voelker und Lichtenberg angewendet und stellte damit lange die einzige Kontrastuntersuchung der harnableitenden Organe bis zur Entwicklung nierengängiger Kontastmittel dar.

Bereits 1882 führte E. v. Leyden in Berlin eine erste durchleuchtungsgezielte Biopsie der Lunge zur diagnostischen Abklärung einer Pneumonie durch; systematische Lungenbiopsien wurden 1934 durch Martin und Ellis, Knochenbiopsien wurden 1935 von Robertson und Ball mitgeteilt. Dennoch blieben die Möglichkeiten der Biopsie auf nativradiologisch sichtbare Ziele beschränkt; die Möglichkeiten wurden erst durch Sonographie und Computertomographie revolutioniert.

Von der invasiven Diagnostik zur interventionellen radiologischen Therapie

Die Möglichkeiten der invasiven Diagnostik legten es nahe, diese Möglichkeiten auch therapeutisch zu nutzen.

Die 60er und 70er Jahre waren geprägt von bahnbrechenden Entwicklungen in der arteriellen Intervention, auch wenn es lange Zeit nicht so aussah, als würden sich die neuen Entdeckungen tatsächlich durchsetzen.

Die transluminale Gefäßlumenbougierung durch Ch. Dotter (1964) entwickelte sich aufgrund der technischen Grenzen zunächst nur langsam und wurde nur an wenigen Zentren auch in Deutschland am Leben erhalten (E. Zeitler und F. J. Roth), bis die Einführung des Ballonkatheters durch Grüntzig (1974) und Olbert (1977) das Verhältnis von eingeführtem und aktivem Katheterdurchmesser so entscheidend verbesserte, dass die Methode schnell weitere Verbreitung fand. In dieser Phase wurde bald das ganze Spektrum der intravaskulären Therapie in ihren Stammprinzipien klinisch oder experimentell beschrieben: die intraarterielle Lyse, die Embolisation mit Gewebekleber (1975) und die Stentimplantation (1969), die intravasale Fremdkörperentfernung (1967) sowie der nichtoperative Verschluss des Ductus Botalli (1967). Mit dieser Phase sind unter anderen die Namen Dotter, Zeitler, Olbert, Porstmann, Gianturco und Rösch verbunden.

Die Verbesserung und Miniaturisierung des Kathetermaterials erlaubte nun die Entwicklung von Mikrokathetern, die die Embolisationstechniken revolutionierten und eine interventionelle Neuroradiologie erst möglich machten. Zahlreiche Publikationen aus dieser Zeit beschäftigen sich mit neuen Feldern der Embolisationstechnik und geeigneten Materialien wie Spiralen, Partikeln und Gewebeklebern.

Bereits 1952 wurden erste therapeutische transhepatische Drainagen beschrieben, die in den 70er Jahren zunehmend verbessert und damit weltweit – darunter auch in Deutschland – Anwendung erfuhren. Die 1962 erstmals durch Mondet erfolgte Enfernung von Steinen aus dem Gallenwegssystem über einen T-Drain unter Verwendung einer Fasszange wurde von Burhenne 1972 unter Verwendung eines Dormiakörbchens modifiziert. Die transhepatische interne Drainage sowie perkutane Verfahren zur Steinzertrümmerung wurden verfeinert.

In der interventionellen Uroradiologie wurde die perkutane Nephrostomie von Radiologen breit im klinischen Alltag etabliert (R. W. Günther) und zahlreiche neue Verfahren zur Steintherapie entwickelt, deren Bedeutung allerdings mit der transkutanen Lithotrypsie an Bedeutung wieder verloren haben. Die Einführung der Computertomographie erlaubte nicht nur eine Erweiterung der diagnostischen Biopsie auch auf parenchymatöse Organe, sondern auch die Übertragung von Drainagetechniken auf Flüssigkeitsverhalte und Abszesse überall im Körper.

Interventionelle Radiologie 1980 bis heute

Die 80er und 90er Jahre stellen eine der bislang aktivsten Perioden in der interventionellen Radiologie dar. Zunehmend gewinnt die perkutane Gefäßintervention an klinischer Anerkennung, da sie auch insbesondere durch die klinische Applikation von endoluminalen Metallprothesen (Stents) in bestimmten Gefäßabschnitten dauerhaft erfolgreicher und auch sicherer geworden sind sowie die Anwendungsbreite der neuen Verfahren verbessert ten. Bei der klinischen Evaluierung von Stents spielten hierbei zahlreiche deutsche Zentren ▶**Tab**. 1 international eine führende Rolle, wobei einer der ersten Stenttypen durch E. P. Strecker entwickelt wurde. Neben der Stenttherapie wurden in dieser Zeit zahlreiche neue Gerätschaften in die Gefäßtherapie eingeführt: Laser zur Angioplastie, Rotationskathetersysteme (Rotablation, Kensey-Nash-Katheter, Amplatz-Drill, TEC-Katheter),

1950

Die Mitgliederzahl der DRG beträgt: 638.

1951

28. Präsident der DRG
Robert Janker

Afterloadingsysteme, hydrodynamische Katheter, Atherektomiesysteme und viele mehr. E. Starck setzt die Aspirationsthrombektomie 1984 klinisch bei einer großen Patientenzahl ein.

Einige dieser Systeme haben überlebt, andere haben sich als Irrweg herausgestellt. Manche haben ihre Nischenindikation gefunden, von einigen kennt man noch nicht einmal mehr den Namen. Als revolutionäre Neuerung kann hingegen nur der Stent – und sein Abkömmling – der Stentgraft gelten. Letzterer hat dann den endoluminalen Weg in der Aneurysmatherapie sowohl der thorakalen als auch der abdominellen Aorta möglich gemacht. Auch wenn diese Verfahren in ihren Ergebnissen bislang immer noch kritisch im Vergleich zum operativen Vorgehen gesehen werden müssen, sind sie in vielen Institutionen bereits in den klinischen Alltag übernommen worden. Die Begeisterung, mit dem die endoluminale Aortenprothetik von vielen Gefäßchirurgen aufgenommen worden ist, hat allerdings dazu geführt, dass diese Technik an den meisten Kliniken bestenfalls – aus Sicht der Radiologie – interdisziplinär angewendet wird.

Die Angioplastie der A. carotis hat nach einem langen Weg den Weg in den klinischen Alltag als Stentangioplastie gefunden, aus Deutschland sind Mathias und Kachel entscheidend daran beteiligt. Die interventionelle Neuroradiologie entwickelte die Methoden der endoluminalen Therapie von Hirnarterienaneurysmen zu einem anerkannten Standardverfahren sowie die selektiven Lysen bei thrombotischen Verschlüssen von Hirnarterien (Zeumer).

Auf dem venösen Sektor wurden zur Prävention von Lungenembolien auch in Deutschland perkutan implantierbare Cavafiltern entwickelt (R. W. Günther) die die operative Implantation ersetzte. Weiterhin wurde die perkutane Therapie beim Hämodialyseshunt für Stenosen und Thrombosen etabliert und weiterentwickelt, so dass hier mittlerweile ein fast komplettes perkutanes Lösungsangebot zur Verfügung steht. Die von J. Rösch experimentell beschriebene TIPSS-Technik wurde von G. Richter und der Freiburger Arbeitsgruppe erstmals klinisch umgesetzt und zu einer standardisierten Methode entwickelt. Auf dem Gebiet der venösen Thrombektomie und Thrombolyse der zentralen und peripheren Venen wurden zwar methodische Ansätze gewonnen; eine breite klinische Anwendung blieb diesen Verfahren bislang aber verwehrt.

In der Gallenwegintervention wurde die Verwendung von Metallstents in die Behandlung eingeführt; allerdings steht die perkutane Intervention zum einen in Konkurrenz zu den immer ausgefeilteren endoskopischen Verfahren; zum anderen wandern die perkutanen Verfahren zunehmend in die Hände der Gastroenterologen ab.

Die interventionellen Uroradiologie in Deutschland verschwand – im Gegensatz zu einigen anderen europäischen Ländern – fast vollständig aus der interventionellen Radiologie in die Urologie. Diagnostische Biopsieverfahren adaptierten zusätzlich die MRT als steuerndes Medium, entwickelten sich weiter fort mit Einführung lokaler Tumortherapieverfahren mit Alkoholablation, Radiofrequenzablation, Lasertherapie und Brachytherapie. Eine große Zahl insbesondere deutscher Radiologen in Ost und West haben zu der Weiterentwicklung der Interventionellen Radiologie beigetragen. Ihre gemeinsame Arbeit ist das Fundament, auf dem die moderne interventionelle Radiologie ruht. Sie alle im Rahmen dieser Arbeit namentlich zu erwähnen, ist hingegen ein unmögliches Unterfangen und wir bitten hierfür für Verständnis.

Zukünftige Entwicklungen

Eine allgemeingültige Beschreibung der zukünftigen Entwicklung abzugeben, gehört immer zu den riskantesten Vorhaben. Dennoch zeichnen sich bereits jetzt schon Trends ab, die für die kommenden Jahre prägend sein können. Durch Einführung der digitalen Flachbettdetektoren-Technologie an großen Angiographieanlagen werden sich neue interessante Aspekte für die interventionelle Radiologie mit Erstellung dreidimensionaler Angiographien und Fluoroskopien und der gleichzeitigen Erstellung von Schnittbildinformationen ergeben. Die intraarteriellen Verfahren werden sich in immer neue Gefäßabschnitte wie bis in die distalen Unterschenkelabschnitte oder die intracerebralen Gefäße ausdehnen und sich endgültig in anderen wie der A. carotis int. etablieren. →01

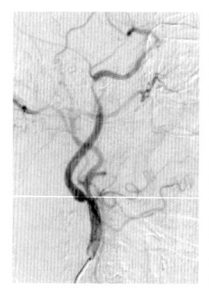

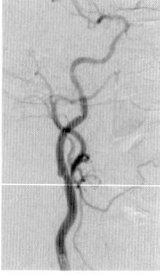

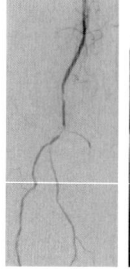

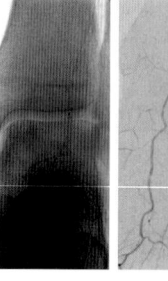

01 Stent-PTA der mittleren Abschnitte der A. carotis int. rechts
a) vor und
b) nach Stent-Implantation

c) Doppelstenose der A. dorsalis pedis als einzigem fußversorgenden Gefäß,
d) Mikro-PTA-Ballon vor Ort und
e) erfolgreiche Rekanalisation post-PTA

Stentmodifikationen wie selbstauflösende Stents, die auch als Medikamententräger verwendet werden können, bieten interessante neue Ansätze nicht nur in der Therapie der Atherosklerose. Die endoluminale Endprothetik wird sich weiter ausbreiten, neue aktive Implantate, die als Biosensoren zur Verfügung stehen, ebenso wie künstliche Klappen am Herzen oder den Venen sind attraktive Zukunftsziele. Interventionelle Techniken werden als Trägertechniken für die molekulare Medizin oder zum Beispiel zur Zelltransplantation dienen.

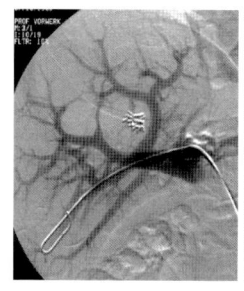

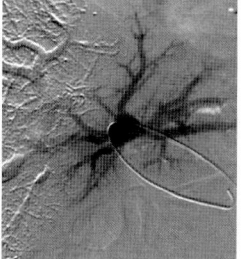

02 Pfortaderembolisation zur Augmentation des linken Leberlappens vor rechts-Hemihepatektomie
a) Portogramm nach Zugang über den linken Pfortaderast
b) Nach Embolisation des rechten Pfortaderastes mit Ethibloc-Lipiodol

Die tumorablativen Verfahren insbesondere an der Leber auch in Kombination mit bekannten Techniken wie der Embolisation/Chemoembolisation ⤑02 werden sich fest in der onkologischen Therapie etablieren und sicher noch verschiedene Modifikationen erlangen. Ihre Bedeutung auch für benigne Veränderungen wie für die Behandlung des Uterusmyoms oder des Osteoidosteoms ⤑03 wird sich auch in Deutschland stabilisieren. Neue Anwendungsgebiete wie die Ablation von Nierentumoren, Raumforderungen der Lunge, Knochen-Metastasen und andere werden in einem onkologisches Gesamtkonzept ihren Stellenwert finden. Als Führungsmedium wird zunehmend neben CT und Angiographie die MRT in Erscheinung treten.

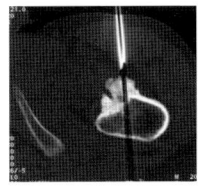

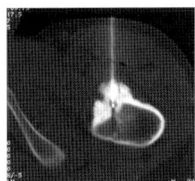

03 Radiofrequenzablation eines Osteoidosteoms des Femur. Rechts – Bei Anbohrung des überschießenden osteoplastischen Knochens zur Erreichung des Nidus. Links – Während der Platzierung einer Einzelnadel innerhalb des Herdbefundes

Stellenwert der interventionellen Radiologie in der Medizin

Die interventionelle Radiologie durchlebte in ihrer Existenz immer wieder eine zyklische Entwicklung, die typisch für das Fach, aber eher unangenehm aus Sicht der Radiologie war. Bleiben die interventionellen Verfahren ausschließlich diagnostischen Zwecken vorbehalten, schließen sie Lücken und werden von den zuweisenden Disziplinen als willkommen angesehen. Wandeln sich die Verfahren allerdings zu therapeutischen Eingriffen, so werden sie von anderen Fächern als Konkurrenz empfunden. Der entstehende Konflikt wird zunächst fast immer durch breite Ablehnung des neuen Verfahrens zugunsten der etablierten Methoden abgearbeitet. Verfügt der „Inhaber" der Patienten selbst über die geeigneten Bildverfahren wie Ultraschall oder auch Teilgebietsröntgen, werden die interventionellen Verfahren relativ schnell aus der Radiologie in die jeweiligen konkurrierenden Disziplinen (Gastroenterologie, Urologie) transferiert. Ist der Zugang zum bildgebenden Verfahren (Angiographie, CT, MRT) durch die konkurrierende Disziplin nicht einfach zu erreichen, dann wird den neuen Verfahren die Anerkennung länger verwehrt bleiben, dies bietet allerdings die Chance, dass sie sich stärker in der Radiologie verankern. Diesen Weg haben klassischerweise die perkutanen Gefäßinterventionen beschritten; auf dem ähnlichen Pfad befindet sich zum jetzigen Zeitpunkt die Technik der Myomembolisation.

Insgesamt ist die Bereitschaft gewachsen, neue, weniger invasive Verfahren schneller anzuerkennen und umzusetzen, wobei der Einfluss von Massenmedien und Internet auf die Laienmeinung eine wesentliche Rolle spielt. Daneben wächst aber auch das Ziel aller Disziplinen, diese Verfahren ihrem jeweiligen Einfluss zu unterstellen. Der Radiologie wird hierbei allerdings immer noch ungern eine tragende Rolle zugebilligt, da sie eigentlich nicht als klinische Disziplin anerkannt wird.

Stellenwert der interventionellen Radiologie in der Radiologie

Neben den diagnostischen Schnittbildverfahren hat die interventionelle Radiologie innerhalb der Radiologie in den letzten Jahren und Jahrzehnten wesentlich als Schrittmacher im Fach gedient. Die Einbindung interventioneller Techniken in bildgebende Verfahren wie Ultraschall, CT und MR eröffnet neue fortschrittsweisende Entwicklungen und Aspekte; Interventionsradiologie ist einer der Fundamente für das gesamte Fach. Manchem Radiologen erscheint die interventionelle Radiologie als dem Fach im Grunde wesenfremd, ist sie doch anders als die reine diagnostische Radiologie mit einem direkten Patientenkontakt und aktivem therapeutischen Handeln verbunden, welches zu einer anderen direkten Beziehung zwischen Arzt und Patient führt, während der ausschließlich diagnostisch tätige Radiologe in einer solchen Beziehung eher als außerhalb stehend und distanziert zu sehen ist. Die interventionelle Radiologie führt damit zu einem Arzt-Patienten-Verhältnis klassischer Prägung mit allen Konsequenzen und einem anderen Maß an Verantwortlichkeit.

Zukunftsperspektiven

Wie auch zunehmend die Kernspintomographie, steht die Interventionelle Radiologie ständig unter dem Druck, sich zu wandeln. Wenn vor Jahren die interventionelle Uroradiologie weitgehend aus der Radiologie verschwunden ist und biliäre Interventionen mit Gastroenterologen geteilt werden müssen, so sind es heute die vaskulären Interventionen, die in den Focus anderer Fächer wie Kardiologie und Gefäßchirurgie geraten sind.

Ein Wegbrechen der Interventionsradiologie – wohin auch immer – wäre – bei gleichzeitigem Druck auf die Alleinvertretung der Kernspintomographie – ein Schlüsselfaktor für eine erhebliche Abwertung der Allgemeinradiologie im Ganzen. Die Fachgesellschaften müssen daher streng darauf bedacht sein, die Interventionsradiologie zu stärken und – auch allein aus Überlebensinstinkt – in der Allgemeinradiologie zu halten.

Interventionelle Radiologie ist aber nur dann erfolgreich zu halten, wenn nicht nur die Expertise für die Techniken beim Radiologen liegt, sondern auch der Radiologe als der behandelnde Arzt durch Patient und Öffentlichkeit wahrgenommen wird. Dies kann nur dann gelingen, wenn nicht nur das Expertenwissen für die technische Durchführung, sondern auch für die klinischen Probleme beim Radiologen vorhanden sind und formal in der fachärztlichen Ausbildung verankert werden.

Die Chancen für mehr direkte Patientenverantwortlichkeit durch den Radiologen stehen in Deutschland zur Zeit recht günstig, da zum einen die Direktzuweisung insbesondere für Krankenhausradiologen erleichtert wird, zum anderen die „Macht der Betten" im stationären Bereich im Sinken begriffen ist und sich zunehmend ein Trend zur ambulanten Therapie entwickelt. Damit stehen auch dem interventionellen Radiologen nunmehr Instrumente zur Verfügung, sich gegen wachsende Begehrlichkeiten insbesondere im vaskulären Bereich zu wappnen. Die Schlüsselfaktoren Bildgebung und Patientenzugang sind damit erstmals in der Hand des interventionellen Radiologen vereint – eine Chance, die es zu nutzen gilt.

1952

29. Präsident der DRG
Gerhard Hammer

1952

H. Gajewski, F. Wachsmann und D. Matthes führen in Erlangen die Hartstrahltechnik ein.

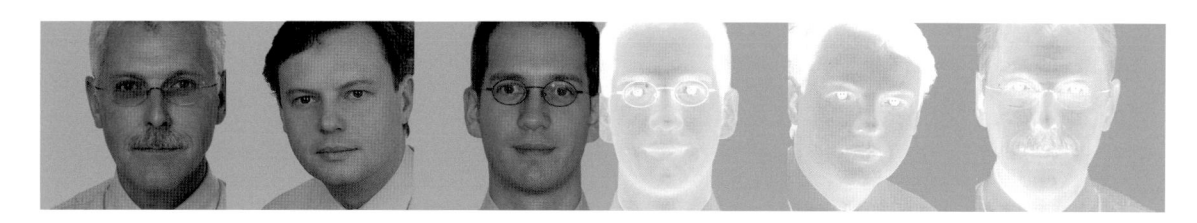

Bedeutung der MRT in der Radiologie – Verdankt die moderne MRT ihr Gesicht den klinischen Bedürfnissen der Radiologie?

Maximilian Reiser,
Olaf Dietrich,
Michael Peller, München

Im Jahr 2003 wurden dem Chemiker Paul C. Lauterbur und dem Physiker Peter Mansfield der Nobelpreis in Physiologie oder Medizin für ihre Entdeckungen im Bereich „Abbildung mit Magnetresonanz" verliehen – und ohne Zweifel haben die beiden Laureaten mit der Entwicklung der Magnetresonanztomographie (MRT) einen Meilenstein gesetzt –, dessen Bedeutung für die radiologische Diagnostik kaum überschätzt werden kann. Doch spiegelt diese Auszeichnung zweier Naturwissenschaftler mit dem Medizin-Nobelpreis die tatsächlichen Verhältnisse in der Radiologie wider? Hängt die Radiologie (wenn nicht gar die gesamte moderne Medizin) wirklich so sehr von den Naturwissenschaften ab, dass sie diesen Disziplinen zu bedingungslosem höchstem Dank verpflichtet sein sollte? Oder ist nicht die umgekehrte Betrachtung mindestens ebenso zutreffend und die überaus erfolgreiche Weiterentwicklung der modernen diagnostischen Werkzeuge eine Folge der nicht nachlassenden Forderungen der Radiologen, die sich weder von den Argumenten der Grundlagenforscher noch der Hersteller von ihren Wünschen nach mehr, nach schnellerer, nach robusterer und nach aussagekräftigerer Bildgebung abbringen ließen?

Rückblickend kann man den Anfang der Geschichte der Magnetresonanztomographie in einer Entdeckung sehen, für die ebenfalls zwei Naturwissenschaftler mit dem Nobelpreis ausgezeichnet wurden: Der Schweizer Felix Bloch und der Amerikaner Edward Mills Purcell erhielten 1952 den Physiknobelpreis für ihre Entwicklung von Messmethoden der Kernspinresonanz (NMR). Zu diesem Zeitpunkt und in den folgenden Jahren war ein Einsatz der NMR in der medizinischen Diagnostik noch in weiter Ferne, und daran änderten auch erste NMR-Relaxationszeit-Experimente an Zellkulturen und am Menschen in vivo, wie sie in den 60er Jahren des letzten Jahrhunderts durchgeführt wurden, nicht viel. Der Bezug zur Medizin wuchs mit den In-vitro-Untersuchungen Raymond Damadians an Tumorgewebe Anfang der 70er Jahre, aber auch weiterhin blieb die NMR auf – aus klinischer Sicht – exotische Anwendungen im Labor beschränkt. Dort allerdings trat sie einen enormen Siegeszug an, der 1991 mit dem Nobelpreis für Chemie an den Schweizer Richard R. Ernst von der ETH Zürich für seine Beiträge zur Entwicklung der hochauflösenden NMR-Spektroskopie gewürdigt wurde. Die Einflüsse, die letztlich zur Entwicklung der bildgebenden Magnetresonanzexperimente führten, kamen, wenn auch indirekt, aus dem medizinischen Bereich, in dem in den frühen 70er Jahren die ersten Schnittbilder mit den damals neuen Computertomographen erzeugt wurden. Diese Idee konnte nun von Lauterbur und Mansfield aufgenommen werden, um ähnliche Bilder mit dem ganz anderen Signalentstehungsmechanismus der NMR zu erzeugen. Auf diese Weise wurden in der zweiten Hälfte der 70er Jahre erste MR-Schnittbilder des menschlichen Körpers aufgenommen; berühmt wurde die Querschnittsaufnahme eines Thorax durch Damadian. Obwohl die Bilder für damalige Verhältnisse sensationell waren, so blieb die Aufnahmedauer von mehreren Stunden und die geringe Ortsauflösung von ungefähr 6 mm doch ein unüberwindlich scheinendes Hindernis für den Einsatz der Methode in der Klinik.

Mit diesen ersten Bildern entstand daher der Wunsch, die Aufnahme zu beschleunigen und gleichzeitig die Bildqualität zu verbessern – ein Wunsch,

1952

D. H. Howry und W. R. Bliss gelingen die ersten zweidimensionalen Ultraschallschnittbilder menschlicher Organe.

1952

F. Bloch und E. M. Purcell erhalten den Nobelpreis für Physik für die Entwicklung verfeinerter und vereinfachter Methoden zur Messung magnetischer Kraftfelder im Atom.

der bis heute unverändert Gültigkeit hat. Die MRT-Systeme der frühen 80er Jahre zeigten eine gewisse Vereinheitlichung der Technik: Die Spinecho-Sequenz mit der Akquisition fourierkodierter Rohdaten hatte sich durchgesetzt und ermöglichte die Aufnahme relativ hochaufgelöster Bilder innerhalb einiger Minuten. Damit war die MRT diagnostisch brauchbar geworden, aber viele Anwendungen litten noch unter den langen Aufnahmezeiten. Eine Bildgebung des Abdomens bei angehaltenem Atem oder gar eine Darstellung des schlagenden Herzens waren mit dieser Technik nicht denkbar.

Erst 1986 wurden zwei Verfahren vorgestellt, mit denen sich die Aufnahmezeiten von mehreren Minuten auf einige Sekunden reduzieren ließen. Einerseits schienen Axel Haase, Jens Frahm, Dieter Matthaei, Wolfgang Hänicke und Dietmar K. Merboldt vom Max-Planck-Institut für biophysikalische Chemie in Göttingen die Bitten der Radiologen erhört zu haben und präsentierten die FLASH-Sequenz, mit welcher T1-gewichtete Bilder innerhalb weniger Sekunden aufgenommen werden konnten. Fast zeitgleich wurde von Jürgen Hennig gemeinsam mit A. Nauerth und Hartmut Friedburg an der Universität Freiburg die RARE-Sequenz (rapid acquisition with relaxation enhancement) vorgestellt, die protonendichte- oder T2-gewichtete MR-Bilder in Form eines einzigen Echozugs refokussierter Spinechos auslesen kann. Diese sehr schnelle Auslese wurde jedoch mit Abstrichen bei der Bildqualität und der räumlichen Auflösung erkauft, so dass Kompromisslösungen zwischen der konventionellen Spin-Echo- und der neuen RARE-Sequenz eingeführt wurden. Unter dem Namen Turbo-Spin-Echo- oder Fast-Spin-Echo-Sequenzen gehören diese bis heute zu den wichtigsten Sequenzen in der morphologischen Bildgebung.

Spätestens jetzt stellte sich heraus, dass die außerordentliche Komplexität, welche die Entwicklung und Verbreitung der MRT bisher vor allem behindert hatte, zugleich auch die Quelle einer überaus fruchtbaren Flexibilität wurde. Durch die immer neue Zusammenstellung von Sequenzen aus Hochfrequenz-Pulsen und Gradientenfeldern ließen sich Bilder mit unterschiedlichsten Kontrasten in sehr verschiedenen Aufnahmedauern akquirieren. Eine weitere Technik zur sehr schnellen Bildgebung war bereits in den 70er Jahren von Mansfield vorgestellt worden: die echoplanare Bildgebung (EPI). In der Praxis scheiterte die EPI-Bildgebung zunächst an den technischen Eigenschaften der MRT-Systeme; erst nachdem die Magnetsystemhersteller die Mediziner erhört hatten und die ersten abgeschirmten Gradientensyteme herstellten, ließen sich EPI-Sequenzen auch in der Klinik einsetzen.

Ein weiterer Wunsch der Radiologen an die MRT-Hersteller ist bis heute, die Feldstärke der Geräte zu erhöhen, um so die Abbildungsqualität, insbesondere das Signal-zu-Rausch-Verhältnis zu verbessern. Damadian nahm sein erstes Thorax-Schnittbild noch bei einer Feldstärke von 0,05 Tesla auf; frühe MRT-Systeme wie das Siemens Magnetom von 1983 verfügten immerhin schon über die zehnfache Feldstärke von 0,5 Tesla. Bis heute hat sich die Feldstärke typischer Klinik-Geräte auf 1,5 Tesla bis 3 Tesla erhöht; ⟶ **01, 02** leider geht diese Entwicklung auch immer wieder mit einer Vergrößerung der benötigten Magnete einher, die somit gleichzeitig den Zugriff auf den Patienten erschweren. Deshalb wünschten sich gerade interventionell tätige Radiologen möglichst offene Systeme, die seit den 90er Jahren in Form von offenen Elektromagneten (Siemens) oder sogenannten Double-Doughnut-Systemen (General Electric) aus zwei hintereinander stehenden Ringmagneten statt einer langen Röhre realisiert wurden. Nachdem schon Anfang der 80er Jahre die technische Entwicklung die Aufnahme vieler Organe in vertretbarer Zeit zuließ, war der nächste große Wunsch der Radiologie, mit pathologiespezifischen Bildkontrasten zu sichereren Diagnosen zu gelangen. Wie schon von konventionellen Röntgen und dem CT bekannt, standen bald auch für die MRT Kontrastmittel auf dem Wunschzettel. Die Erfüllung dieses

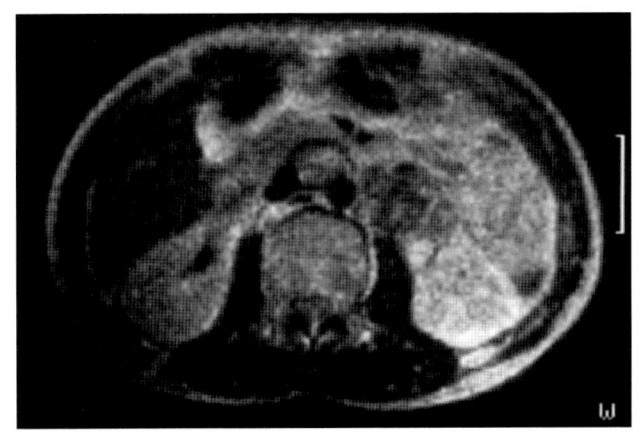

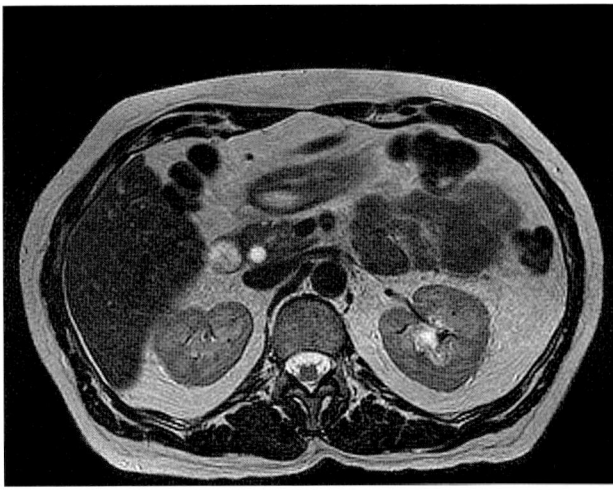

01, 02 Axiale Aufnahmen unterschiedlicher Gerätegenerationen: Beide Aufnahmen zeigen axiale Schnitte durch den menschlichen Körper. Oben eine Aufnahme vom Februar 1984 bei einer Feldstärke von 0,35 T (Magnetom, Siemens) und unten vom September 2004 bei 1,5 T (Magnetom Avanto, Siemens). Obwohl ein direkter Vergleich bezüglich der Sequenzparameter nur bedingt möglich ist, zeigt sich hier der deutliche Fortschritt in der Aufnahmequalität in der klinischen Routine.

1953

30. Präsident der DRG
Richard Glockner

1953

H. Langecker, A. Harvart, K. Junkmann, Schering Berlin, entwickeln Trijod-3-acetaminobenzosäure (Biligrafin) als Kontrastmittel.

Wunsches wurde dadurch erschwert, dass die Protonen-MRT kaum eine direkte Kontrastmitteldarstellung im Körper ermöglichte. Eine Lösung dieses Problems wurde von Hanns-Joachim Weinmann von der Schering AG, Berlin präsentiert: Die paramagnetische Wirkung von Gadolinium in einem DTPA-Chelat lässt sich ausnutzen, um den Kontrast in T1-gewichteten MR-Aufnahmen zu beeinflussen.

Mit Magnevist brachte Schering 1988 das erste auf Gadolinium basierende MR-Kontrastmittel auf den Markt, dessen Grundidee, die Wirkung des paramagnetischen Gadoliniums, bei der überwiegenden Anzahl aller heutigen MR-Kontrastmittel weiterhin Anwendung findet.

Mit der Verfügbarkeit von Kontrastmitteln wuchsen auch wieder die Anforderungen der Radiologen an die Bildgebung, indem diese sehr schnell

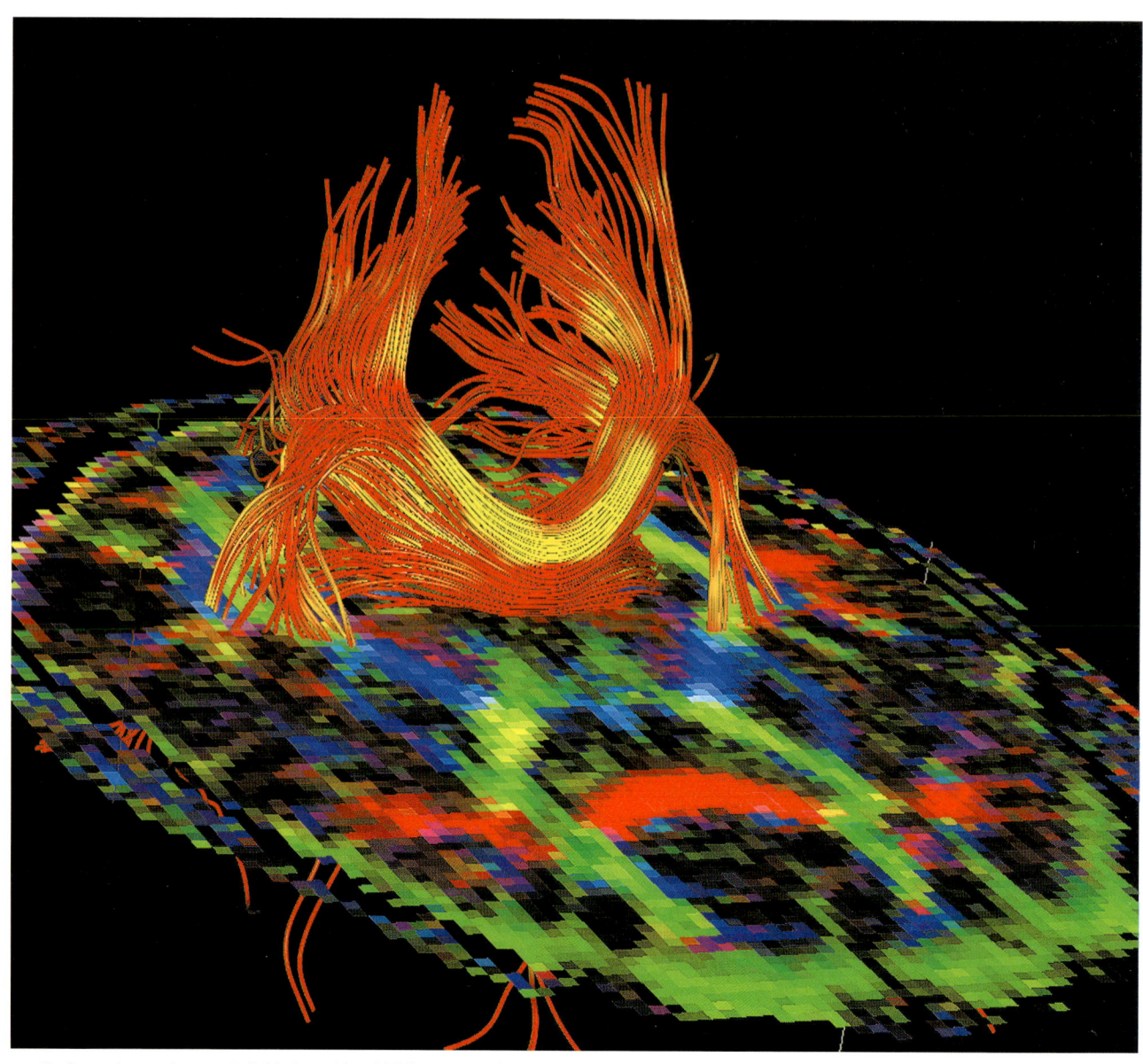

03 Moderne Anwendungsmöglichkeiten: Die Abbildung zeigt die Rekonstruktion einiger Nervenfaserverläufe im Bereich des Corpus callosum aus Diffusionstensor-Bilddaten, aufgenommen mit paralleler Bildgebung bei 1,5 Tesla. (Auswertung mit „DTI Task Card", The General Hospital Corporation, Boston, USA)

1953
W. Teschendorf entwickelt die Teleröntgentherapie zur Ganzkörperbestrahlung bei Blutkrankheiten.

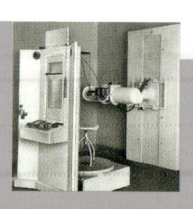

1953
F. Wachsmann und G. Barth, Erlangen, begründen die technische und klinische Bewegungsbestrahlungsmethode.

erkannten, dass nicht nur die Anreicherung des Kontrastmittels nützlich ist, sondern auch der dynamische Durchgang des Kontrastmittels durch ein Organ oder durch das Gefäßsystem. Eine Messung des Kontrastmittelbolus würde sowohl eine Perfusionsmessung als auch eine MR-Angiographie ermöglichen. Um diese Art der Messung jedoch mit möglichst hoher Orts- und Zeitauflösung durchführen zu können, waren wiederum schnellere Messmethoden erforderlich. Und gerade zu einem Zeitpunkt, als es Mitte der 90er Jahre so schien, als wäre das Potential der MRT-Entwicklung ausgereizt und als würde das Rufen der Radiologie nach noch schnelleren Techniken ungehört verhallen, wurde mit der parallelen Bildgebung ⇢ 04 eine Technik vorgestellt, die wieder einmal die Datenakquisition deutlich beschleunigen konnte. Mit den beiden Grundtechniken SMASH von Daniel K. Sodickson aus Boston und SENSE von Klaas P. Pruessmann an der ETH Zürich wurden zwei Methoden eingeführt, die bis heute die Bildgebung in immer mehr Bereichen beschleunigen. Insbesondere profitierten Kontrastmittel-Untersuchungen von der parallelen Bildgebung, mit der nun MR-Angiographien mit einer Ortsauflösung aufgenommen werden konnten, die kaum mehr unter jener der konventionellen Subtraktionsangiographie liegen.

Die neuesten Wünsche bestehen z.B. nach einer „Molekularen Bildgebung" oder auch nach spezifischen Kontrastmitteln, die eine gezielte Darstellung pathologischer Vorgänge erlauben. Gerade für die molekulare Bildgebung ist eine weitere, ganz erhebliche Steigerung der Sensitivität und der erreichbaren Signalhöhe erforderlich. Diese Signalsteigerung durch weitere Erhöhung der Feldstärke, wie es schon bei einigen Forschungsgeräten für Untersuchungen am Menschen bei 7 T eingesetzt wird, erscheint auf Grund der Kosten, der technischen Probleme und der physiologischen Effekte bei diesen starken Magnet- und den damit einhergehenden Gradientenfeldern fraglich. Aber auch hier deutet sich ein Ausweg an. Die Anwendung hyperpolarisierter Kerne, wie C13, könnte eine Steigerung des Signals verbunden mit einer spezifischen Darstellung erlauben. Das würde jedoch bedeuten, die reine Protonenbildgebung zu verlassen.

Die genannten Beispiele belegen zum einen die große Bedeutung der MRT für die radiologische Diagnostik, zum anderen jedoch auch die nicht minder große Bedeutung, welche die Radiologie auf die ständige Weiterentwicklung der MRT hatte. Die durch die klinischen Erfordernisse bestimmten Anforderungen haben technische und methodische Entwicklungen stimuliert und vorangetrieben, durch welche die Magnetresonanztomographie zu einer robusten, schnellen und ungemein aussagekräftigen diagnostischen Methode wurde. Aufgrund der Integration von detailgenauer morphologischer Bildgebung, räumlich kodierter Information über physiologische und metabolische Parameter und in Zukunft wohl auch molekularer und genetischer Diagnostik dürfte das Entwicklungspotenzial der Magnetresonanz-Diagnostik größer sein als das anderer bildgebender Verfahren. Zusammen mit den jetzt bereits verfügbaren Optionen der „Ganzkörper-Untersuchung" könnte sich die Vision einer ganzheitlichen, umfassenden Diagnose-Methode erfüllen.

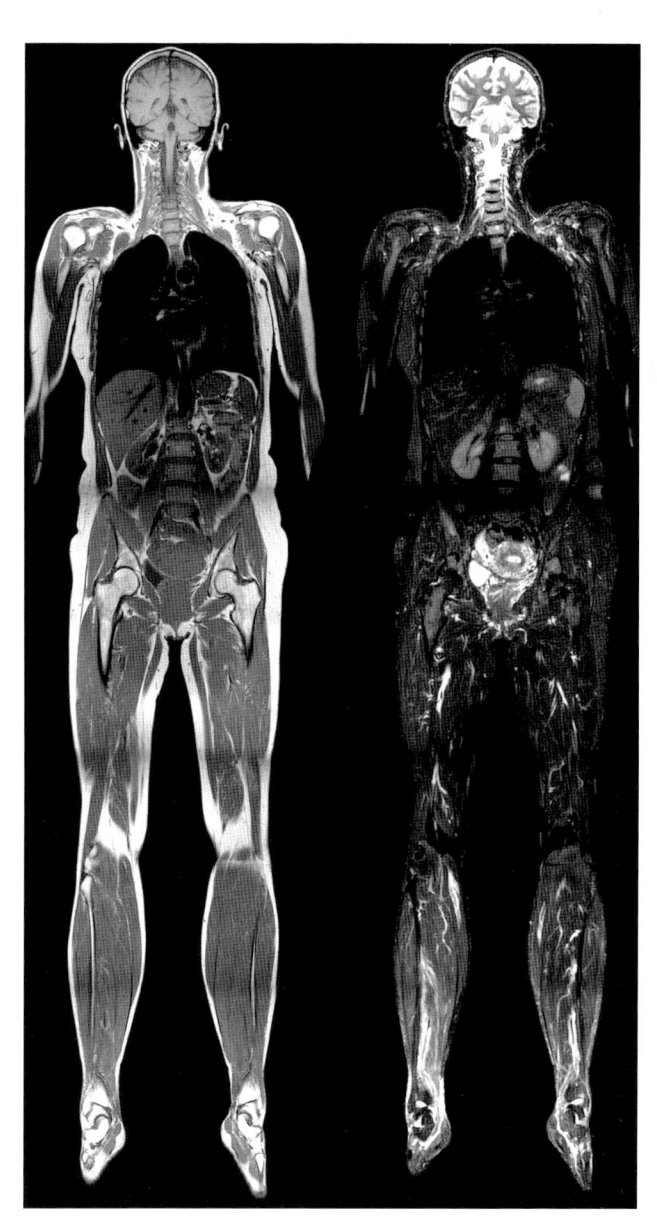

04 Moderne Anwendungsmöglichkeiten: Ganzkörper-Metastasen-Suche mit paralleler Bildgebung an einem 32-kanal-MRT-System bei 1,5 Tesla (links – T1-gewichtete Aufnahme, rechts – STIR-Aufnahme)

1953
I. Seldinger beschreibt eine neue Methode der Angiographie mithilfe von Kathetern.

1953
F. Crick und J. Watson entwickeln mit dem Doppelhelixmodell des DNS-Moleküls die Grundlagen der modernen Genetik.

Nuklearmedizin und Radiologie – Rückblick und Ausblick

Ulrich Feine, Tübingen

Als mir im Jahr 1961 der Facharzt für Röntgen- und Strahlenheilkunde zuerkannt wurde, existierte für die junge Nuklearmedizin kein eigener Facharzt. Zwar trug die älteste medizinische Fachzeitschrift für die Anwendung der Röntgenstrahlen, die „Fortschritte auf dem Gebiete der Röntgenstrahlen" („RöFo"), bereits seit 1956 den Zusatz „– und der Nuklearmedizin", doch zeigt gerade der wechselnde Name des Organs der Deutschen Röntgen-Gesellschaft (übrigens selbst acht Jahre älter als die DRG), wie sich beide Fachgebiete in der Folge entwickelten und bis heute ihr Verhältnis zueinander immer wieder neu definieren: 1989 wurde die „Nuklearmedizin" im RöFö-Titel zugunsten der Formulierung „– und der neuen bildgebenden Verfahren" gestrichen; seit 1999 liest man nur noch „– und der bildgebenden Verfahren". Die Anerkennung zum Facharzt für Nuklearmedizin erhielt ich selbst erst 1978 auf Vorschlag der Ärztekammer, vier Jahre nach Berufung auf den Tübinger Lehrstuhl. An meiner eigenen Berufsbiographie lassen sich daher die besonderen Beziehungen der Radiologie zu ihrer mittlerweile erwachsenen Tochter Nuklearmedizin recht gut beleuchten.

Henry Becquerel entdeckte 1896 die „mysteriösen" Strahlen, die vom Uran ausgingen, Marie Curie nannte diese Emission „Radioaktivität". Georg von Hevesy und Herrmann Blumgart verwandten 1923 bzw. 1927 als erste natürlich radioaktive Substanzen als biologische Tracer: v. Hevesy Wismut-210 als Indikatorelement, Blumgart radonhaltige Lösungen zur Messung des Blutflußes am Menschen. Den Streit, wer nun der Vater der Nuklearmedizin sei, löste der Verfasser der „Vignetts of Nuclear Medicine"(Mallinckrodt Inc. 1967), Marshall Brucer, elegant: „May be I can compromise by saying that Hevesy is the Father of NUCLEAR medicine and Blumgart the Father of nuclear MEDICINE."

Mit der Entdeckung der künstlichen Radioaktivität durch das Ehepaar Joliot-Curie 1934 ergaben sich neue Perspektiven. In den USA kam es während des 2. Weltkrieges als Folge des Atomprogrammes zu diagnostischen und therapeutischen Anwendungen des Jod-131, das bei der Uranspaltung anfiel (J. Hamilton, M. Soley, R. Evans). Das Neutronenprodukt Jod-128 war schon Ende der 30er Jahre als Tracer für Schilddrüsen-Untersuchungen verwandt worden (S. Hertz, A. Roberts, R. Evans).

Nach dem 2. Weltkrieg entstanden auch in Europa die ersten Radioisotopenlabors. C. Winkler behandelte 1948 als erster in Deutschland einen Schilddrüsenkarzinom-Patienten mit Jod-131. Nach der Währungsreform war es möglich geworden, aus Harwell (England) Radioisotope zu beziehen. Winkler baute ab 1950 in Bonn eine selbständige Nuklearmedizinische Klinik auf. Eine ganze Reihe weiterer Ärzte starteten in dieser Zeit erste Radioisotopen-Untersuchungen und -Behandlungen, wie W. Horst innerhalb der Radiologie im Eppendorfer Klinikum Hamburg, in Freiburg F. Odental, später G. Hoffmann, beide an der Medizinischen Klinik unter Heilmayer, der den Isotopen-Methoden viel Interesse entgegenbrachte und mit v. Hevesy, der nach dem 2. Weltkrieg wieder in Freiburg lehrte, guten Kontakt hatte. E. H. Graul, von der Dermatologie in Münster kommend, baute 1954 eine Isotopenabteilung in Marburg/Lahn auf, H. W. Knipping, Internist in Köln und Fucks, Physiker in Aachen, konstruierten eine Gamma-Retina zur Lungenuntersuchung mit Radioisotopen. In Köln hatte W. Maurer seit 1946 an der Medizinischen

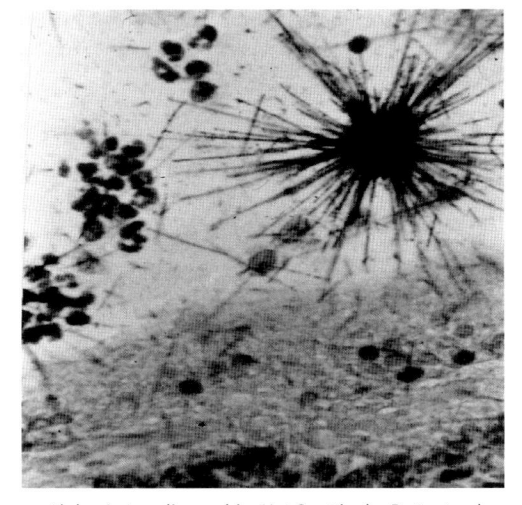

01 Alpha-Autoradiographie: Hot Spot in der Rattentrachea

1954

31. Präsident der DRG
Heinz Lossen

1954

Gründung der Medizinisch-Wissenschaftlichen Gesellschaft für Röntgenologie in der DDR am 27. Februar. Gründungspräsidenten: W. Friedrich und F. Gietzelt

Klinik ein Isotopenlabor betreiben, K. Scheer an der Strahlentherapie in Heidelberg unter J. Becker. Einige weitere könnten noch benannt werden. So gingen die ersten Schritte mit der Radioisotopentechnik im klinischen Betrieb von ganz unterschiedlichen Fachgebieten zeitgleich an mehreren Universitätskliniken aus. Für die DRG organisierte 1950 in Karlsruhe der Radiologe H. Schoen erstmals eine Arbeitstagung über die neuen Untersuchungs- und Behandlungsmethoden, die nicht invasiv und für den Patienten bei geringster Strahlenexposition auch sonst nicht belastend sind.

1952 schickte mich mein damaliger Chef und Doktorvater H. E. Bock an die Zürcher Radiologische Klinik des Universitätsklinikum zu H. R. Schinz, um dort das „Röntgen" zu erlernen, selbstverständlich für eine spätere internistische Nutzung an seiner Marburger Medizinischen Klinik. In Zürich hatte der Physiker der Strahlen-Klinik, J. Joyet, einen Radiojod-Test zur Schilddrüsendiagnostik eingerichtet und hielt 1954 einen ersten Radioisotopenkurs über Indikatoren ab. Auch Therapien mit künstlichen Radioisotopen, Goldkolloidinjektionen bei Peritonealcarzinose des Ovarial Ca's (ab 1948) und die Cobalt-60 Blasenfüllung zur Bestrahlung des Blasencarzinoms, an der mir früh die Problematik der Therapie mit offenen langlebigen radioaktiven Substanzen auf einer Krankenstation bewusst wurde, konnte ich kennenlernen. Aber wo erhielt man in den frühen 50er Jahren eine Grundlagenausbildung für die Klinische Anwendung dieser Radioisotope? In Europa waren die Möglichkeiten an den wenigen schon tätigen Labors sehr eingeschränkt, doch durch Zufall bekam ich über meinen Freund Karl Aurand, Assistent bei Boris Rajewsky am MPI für Biophysik in Frankfurt, eine Stelle angeboten. Biologische Grundlagen und physikalische Messtechniken der ionisierenden Strahlen, der verschiedensten Strahlen-Quellen, vor allem auch der natürlichen Strahler, Uran, Radium und Folgeprodukten waren das Forschungsprogramm im Institut an der Forsthausstrasse. Dort erlernte ich die Grundlagen der Nuklearmedizin in Physik und Strahlenbiologie, insbesondere die Messtechnik der ionisierenden Strahlen von der Blasen/Ionisationskammer über das Geiger-Müller-Zählrohr (das ich schon 1931 von Hans Geiger, damaliger Direktor des Physikalischen Instituts in Tübingen, Vater meines Schulfreundes Jürgen, demonstriert bekommen hatte) bis zu den ersten Szintillationszählern. Low-background-Countern, Antikoinzidenz-Schaltungen, Ganzkörpermessungen und v.a.m wurden uns Ärzten von den Physikern O. Muth, A. Schraub, W. Pohlit, M. Dorneich u. a. vermittelt. Ich selbst konnte die ersten Alpha-Autoradiographien am histologischen Schnitt demonstrieren. 01 Bei Institutsveranstaltungen lernte ich Persönlichkeiten wie Otto Hahn, v. Hevesy, H. Holthusen, aber auch den damaligen Atomminister Strauss persönlich kennen. 02

Viele junge, später bekannte Nuklearmediziner waren am MPI zu Gast oder hatten dort gearbeitet, wie C. Winkler, E. H. Graul, sein damaliger Doktorand Hundeshagen und K. Scheer, der 1964 den ersten Lehrstuhl für Nuklearmedizin in Heidelberg erhalten sollte, S. Grebe in Frankfurt u.a.m. Unter Rajewskys Leitung wurde die erste Datensammlung und das erste Nachschlagewerk im Strahlenschutz „Strahlendosis und Strahlenwirkung" zusammengestellt, 1956 das erste Strahlenschutz-Symposium in Deutschland abgehalten und das Buch „Grundlagen des Strahlenschutzes" veröffentlicht.

An beidem war ich beteiligt. Eine Strahlenschutzverordnung gab es noch nicht, lediglich die Richtlinien der ICRP (International Commission for Radiation Protection). Das „Atomgesetz" (Gesetz für die friedliche Nutzung der Kernenergie) war ab 1959 die Basis für die erst viel später erschienene Stahlenschutzverordnung.

Von Frankfurt aus schlug ich Robert Bauer in Tübingen, der mich an seine zentralisierten Röntgenabteilungen holen wollte, vor, auch eine kleine Radioisotopen-Einheit an der neu entstehenden Strahlenklinik, die den ersten Elektronen-Kreisbeschleuniger in Deutschland, das Betatron von Brown-Boveri, beherbergen sollte, einzurichten. 1956 starteten wir mit der Nuklearmedizin an der neuen Klinik. Von den nuklearmedizinischen Verfahren, die Mitte der 50er Jahre d.v.Jh. in Diagnostik und Therapie klinisch interessant waren, standen die Schilddrüsenfunktions-Untersuchungen an erster Stelle.

02 Otto Hahn, Boris Rajewsky, Georg von Hevesy im Gespräch, 1956, MPI Frankfurt am Main

1954

H. Holthusen wird mit der Béclère-Medaille des Centre Antoine Béclère in Paris ausgezeichnet.

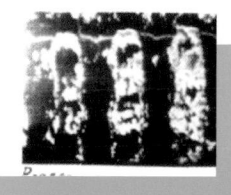

1954

I. Edler und C. H. Hertz begründen mit einem bei Siemens gebauten Reflektroskop die Echokardiographie.

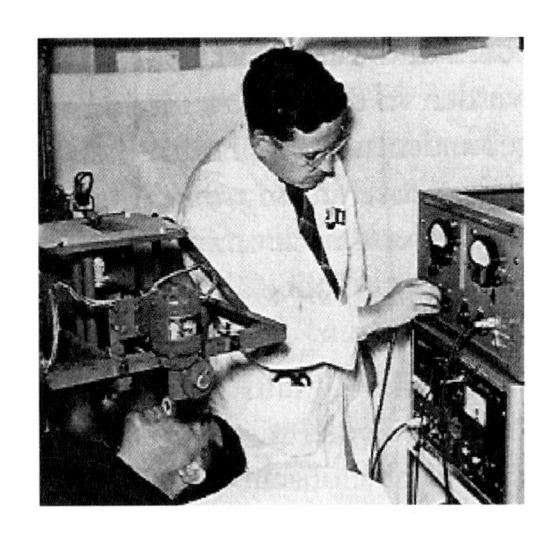

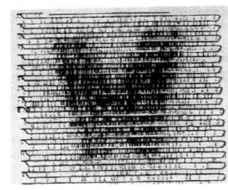

Jod-131 war mit seiner HWZ von 8 Tagen ideal für in vivo- und in vitro-Tests sowie für die Szintigraphie, neben der Funktionsdiagnostik das zweite und wichtigste Standbein der nuklearmedizinischen Diagnostik. Blut/Ery-Volumenbestimmungen und viele andere Laboruntersuchungen waren mit Radioisotopen möglich. Schilddrüsen-Überfunktion und Schilddrüsenkarzinome wurden therapeutisch mit Jod-131 behandelt, Phosphor-32 wurde bei Polycythämia vera und Leukämien zur Therapie verwandt.

Mit der Schilddrüsen-Szintigraphie wurde es erstmals möglich, heiße Schilddrüsenknoten mit lokaler Überfunktion zu erkennen. B. Cassen hatte 1951 in den USA den ersten rektilinearen Scanner konstruiert. ⟶ 03

Die Nuklearmedizin als bildgebendes Verfahren konnte starten und brachte Darstellungsmöglichkeiten parenchymatöser Organe und anderer Körpergewebe, wie sie die Röntgendiagnostik damals nicht hatte. Hier entstand die erste „molekulare Bildgebung", wie man die nuklearmedizinische Technik der Szintigraphie vom ersten Scanner bis hin zum hoch auflösenden PET heute bezeichnet. Wurde eine entsprechend radioaktiv markierbare, für das Organ spezifische Stoffwechselverbindung appliziert, war eine Darstellung mittels Scanner möglich. Organe und Gewebe „leuchteten im Körper auf", formulierte die Presse. Zur Untersuchung brauchte man einen Messplatz, zuerst nur mit Geiger-Müller-Gamma-Zählrohren ausgestattet, Flüssigkeitszählrohren und Beta-Counter, angeschlossen an Strahlungsmessgeräten, natürlich noch mit Röhren bestückt und entsprechend anfällig. 1957 kam in Tübingen ein selbst zusammengestellter Nierenfunktionsmessplatz mit Szintillationszählern ⟶ 04 dazu, Perabrodil hatte Schering für uns mit Jod 131 markiert. Dann im selben Jahr der erste Scanner, ein Siemens Nukleograf. ⟶ 05

Ein heisses Labor mit Hot Box ⟶ 06 war für die Präparation den Radioaktivitäten vorgesehen mit entsprechendem Kontaminations- und Strahlenschutz. Radiojod-Therapie konnte in einem Einbettzimmer der Strahlentherapiestation provisorisch durchgeführt werden.

Die „Radioisotopie" fand in der Klinik rasch grossen Anklang und auch das Interesse der Fachgesellschaften. Eine Radioisotopen-Arbeitsgemeinschaft (RIAG) wurde in der DRG gegründet, parallel dazu eine Arbeitsgemeinschaft Radioisotopen in der Gesellschaft für innere Medizin (ARIGIM). Auch die erste Namensänderung der RöFo fällt in diese Zeit. Erst 1963 wurde für das neuentstandene Fachgebiet eine eigene Gesellschaft für Nuklearmedizin auf Initiative von J. Becker, Strahlentherapeut in Heidelberg, gegründet. Die Zahl der Untersuchungsanforderungen überstieg in Tübingen bald die vorhandenen Kapazitäten, und Fakultät und Klinikumsleitung mussten einsehen, dass nur ein Neubau den Anforderungen gerecht werden konnte. Zusammen mit dem jungen Architekten des Uni-Bauamtes, H. Crienitz, besichtigten wir die wenigen bestehenden nuklearmedizinischen Abteilungen in Deutschland, der Schweiz, Österreich und Frankreich. Ein halbes Jahr lang hospitierte ich an der Reaktorschule in Harwell und dem Royal Marsden Hospital, dem alten Cancer Hospital Londons. Fast alle Abteilungen, die wir sahen, waren in Kellerräumen, ehemaligen Luftschutzbunkern oder Baracken untergebracht, die Bettenstationen entsprechend dunkle Kammern ohne Tageslicht. Dort wurden Patienten das Bunkergefühl nicht los. In England war die technische Ausrüstung zwar auf hohem Niveau, die Räumlichkeiten jedoch meist überaltert, sanierungsbedürftig oder nur provisorisch, was der Qualität der wissenschaftlichen Arbeit jedoch keinen Abbruch tat. Wir entschlossen uns zu einer eigenen Konzeption und planten Diagnostik-, Therapie- und Verwaltungsräume mit hellen, modernen Arbeitsplätzen, aber unter strenger Strahlenschutzkonzeption. Vorbei die Zeiten, in denen kostbares Radium in Schreibtischschubladen bewahrt oder (wie während der französischen Besatzung in Tübingen) von unseren Diakonissen in den Schuhen aus der Klink geschmuggelt wurde!

Radioaktive Patienten sollten auf einer 10-Bettenstation im Tageslicht untergebracht werden. Doch zunächst fand sich keine städtische oder staatliche Behörde zuständig oder gar kompetent, die Baugenehmigung zu erteilen. Eine gute Idee rettete uns: Wir schlugen dem Rektor vor, eine „Strahlenschutzkommission" zu ernennen, die alle Tätigkeiten und Einrichtungen mit radioaktiven Stoffen im Uni-Bereich

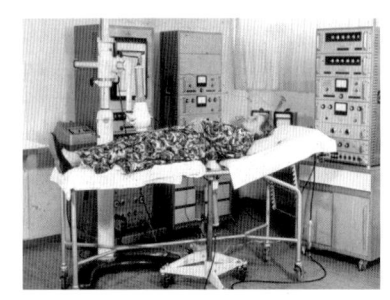

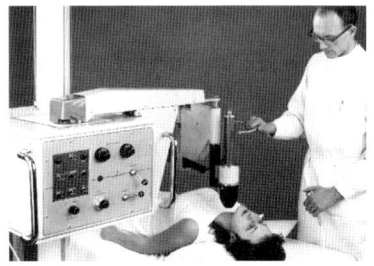

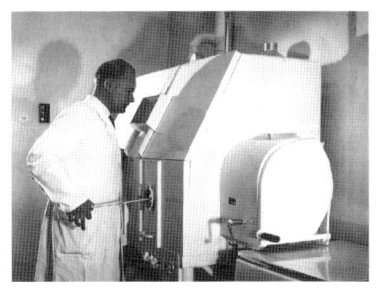

03 Erster Rectilinearer Scanner von B. Cassen mit Schilddrüsen-Szintigramm 1951

04 Nierenfunktionsmessplatz Tübingen 1957
05 Nukleograph von Siemens 1957
06 Präparation in der Hot Box

1955
32. Präsident der DRG
Albert Kohler

1955
K. Bischoff (SRW) führt Selen-Sperrschichtgleichrichter in die Radiologie ein.

begutachten und genehmigen bzw. bei Neubauten die Genehmigungsfähigkeit bestätigen sollte. Stadt und Regierungspräsidium waren einverstanden, und wir bekamen den Grünen Punkt zum Bau. Bis die Strahlenschutzverordnungen alles regelte, diente die Tübinger Strahlenschutzkommission auch anderen Universitäten als Vorbild. Unsere Strahlenschutzkonzeptionen, z. B. Therapiestation, mündeten nicht selten im Normenausschuss Radiologie, in dem ich bis 1985 mitarbeitete, in die entsprechende DIN.
1961 bezogen wir den ersten speziell konzipierten nuklearmedizinischen Klinikneubau mit Therapie-Bettenstation in Deutschland. Die Tagespresse zeigte sich begeistert davon, dass in den lichten Räumen die Patienten keine „Bunkergefühle" mehr zu haben brauchen, wie in anderen alten Provisorien. In den 60er Jahren stiegen die Zahlen der angeforderten Untersuchungen und Therapien weiter. Bald mussten wir Diagnostikflächen und Raumzahl verdoppeln. Die Möglichkeiten der bildgebenden Verfahren schienen riesig, u.a. durch die Gamma-Camera, →07 die Anger 1956 in den USA entwickelt hatte und mit der über einen großen Szintillations-Kristall Radioaktivitätsabläufe simultan bildlich dargestellt werden konnten. Die nuklearmedizinische Funktionsdiagnostik z. B. des Herzens, der Nieren, der Lunge brachte zusammen mit der Computertechnik völlig neue Möglichkeiten. Mit radioaktiven Generatoren standen immer weitere kurzlebige Radionuklide ständig zur Verfügung (sog. „Radioaktive Kühe" wie z.B für Tc 99m). Der Radioimmunessay (R. Yalow 1959) kam in den 70er Jahren über die Nuklearmedizin in allen großen klinischen Labors zur Anwendung. Wie die ganze Radiologie profitierten wir von high tech Verfahren; die CT hielt Einzug, und den Ultraschall führten auch wir Nuklearmediziner in den Untersuchungsgang der Schilddrüse und der Niere ein. Die jungen Teams des ebenso jungen Faches waren aufgeschlossen gegenüber allen neuen Technologien. In Tübingen waren wir 1974 die ersten, die alle Patientendaten über den zentralen Rechner der Abteilung (nicht des Klinikums, wie man uns bedrängte, und was noch Jahre gedauert hätte) erfassten und bis heute innerhalb von 1-2 sec abrufen können. Auch die gesamte Radioaktivitätserfassung und -verwaltung lief über unser Programm.
1967 erschien in zwei Bänden das erste deutsche Lehrbuch der „Nuklearmedizin – Szintigraphische Diagnostik" von U. Feine und K. zum Winkel –, sowie „Nuklearmedizin Funktionsdiagnostik und Therapie" von D. Emrich, damals also noch mit Trennung von Szintigraphie und Funktionsdiagnostik. Die Funktions-Szintigraphie lief an.
Wichtiges Element der Fortbildung und des Gesprächs mit der Radiologie war ab 1968 der Internationale Diagnostikkurs Davos (IDKD), den A. Rüttimann als Radiologe und P. Braun als Internist begründeten und in dem ich die Nuklearmedizin von Anfang an als Teil des Kursprogramms betreut habe. Die Einführung des RöCT Anfang der 70er Jahre d.v.Jh. brachte uns starke Konkurrenz, aber durch die Aufnahmen mit rotierender Camera und Single Photonen Emissions Tomographie (SPECT) mit 1 oder mehreren Camera-Köpfen →10 konnte die Nuklearmedizin als erste Körperschnittbilder, natürlich mit

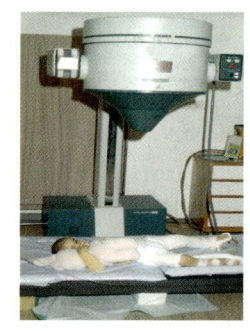

07 Gamma-Camera, hier mit Pinhole-Vorsatz zum Jod-131-MIBG-Ganzkörper Szintigramm

schlechterer Auflösung und immer nur auf Basis einer bestimmten Körperfunktion (z.B. des Knochenstoffwechsels mit Tc markierten Phosphaten), u.a. m erstellen. Die Camerafunktionsdiagnostik für Herz, Niere, Lungen und Leber erreichte hohe Untersuchungszahlen bei steigender Aussagekraft. Als dann jedoch in den 80er Jahre die Magnetresonanztomographie aufkam, meinte mancher Radiologe, das Ende der selbständigen Nuklearmedizin voraussagen zu müssen, da mit CT und MR alles zu erledigen wäre, so auch Walter Frommhold, der maßgeblich an der Schaffung des Tübinger Nuklearmedizinischen Lehrstuhls, eines der ersten in Deutschland, mitgewirkt hatte. In einer Karikatur zu seinem 60 Geburtstag 1981 rückten wir das Bild selbstironisch zurecht: Die Nuklearmedizin bewegt sich zwar im Kielwasser der omnipotenten Radiologie, sie bleibt jedoch – nicht zuletzt wegen ihres molekularbiologisch-therapeutischen Proprium im eigenen Boot! →08
Zusammen mit Heidelberger Nuklearmedizinern gelang es erstmals, das kindliche Neuroblastom mit Metastasen mit 131J-Metajodbenzylguanidin (MIBG) darzustellen. Wir leiteten daraufhin in Tübingen auf Veranlassung der Kinderklinik mit hohen therapeutische Dosen einen neuen, inzwischen weltweit eingeführten Therapieweg mit MIBG-J-131 für das Neuroblastom

08 Gratulation zum 60. Geburtstag von Walter Frommhold

1955

A. Ganssen führt in München erste NMR-Messungen zur Bestimmung von Relaxationszeiten von Flüssigkeiten durch.

1955

Gründung des Berufsverbands der Deutschen Radiologen und Nuklearmediziner (BVDRN) als Vertretung niedergelassener Radiologen und Krankenhausradiologen.

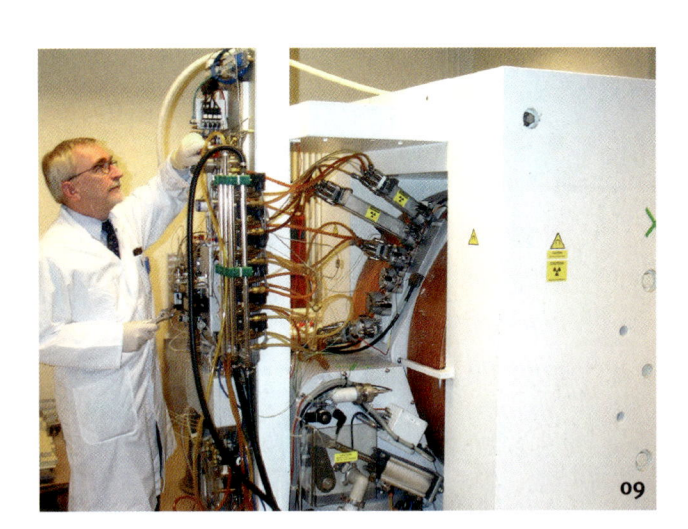

ein, der für die kleinen Patienten oft lange Remissionen und zudem weitgehend Schmerzfreiheit ergab; Heilungen allerdings nicht, da zur Behandlung nur ganz fortgeschrittene Stadien zu uns kamen.

Inzwischen werden weitere markierte Stoffwechselprodukte, aber auch Immunkörper radioaktiv beladen, um Tumortherapien über innere Bestrahlung zu erproben. Die Radiopharmazie etablierte sich als eigenständiger Bereich innerhalb der Nuklearmedizin, ohne den die neuen Technologien wie SPECT und PET nicht sinnvoll genutzt werden können und die Strahlentherapie neue Wege erproben kann. Tübingen bekam eine Radiopharmazeutische Sektion (J. Machulla), deren Herzstück ein Cyklotron 09 zur Erzeugung kurzlebiger Strahler speziell für die Verwendung beim PET ist.

Die Positronenemissionstomographie (PET) 11 brachte die diagnostischen Möglichkeiten der Nuklearmedizin durch hohe Auflösung und vielseitige molekularchemische Möglichkeiten einen großen Schritt weiter. In den 3 letzten Jahren meiner Tätigkeit bis 1995 durfte ich den ersten Ganzkörper-PET Deutschlands in meiner Abteilung aufstellen und noch hochinteressante Untersuchungen vor allem mit Fluor 18-markierter Glukose durchführen, die im Hirnstoffwechsel, aber auch in malignen Tumoren eine wichtige Rolle spielt und sich im Tumor anreichert, vor allem in den stärker entdifferenzierten. Zudem lassen sich die Positronenemitter (C11, N13, O15, F18)

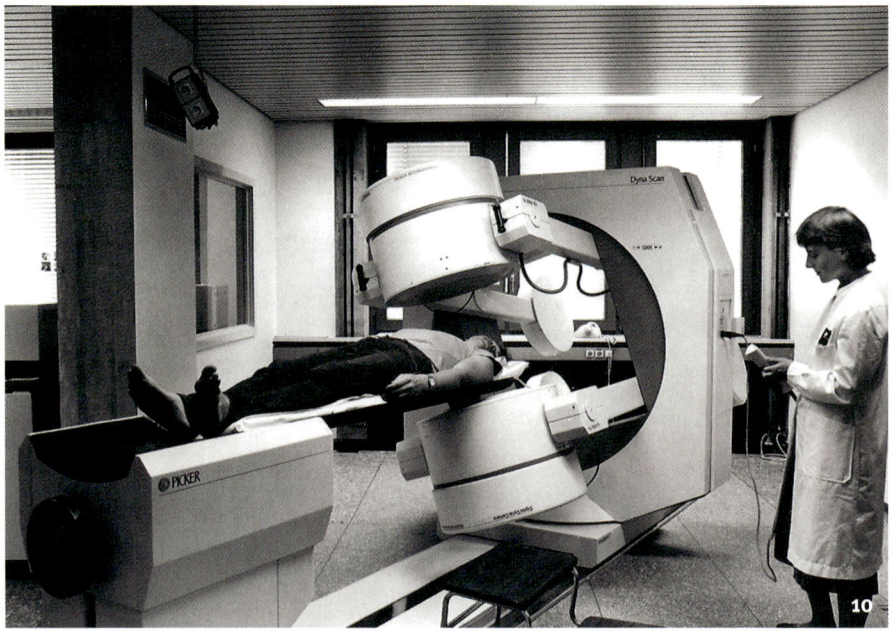

09 J. Machulla an seinem Cyklotron Tübingen 1993
10 Doppelkopf-SPECT-Camera
11 Ganzkörper-PET in Tübingen 1992
12 OHIO Nuclear Doppelkopf Ganzkörper-Scanner

radiochemisch gut als Marker in organische Verbindungen einbauen. Die PET-Technologie verbindet mit ihrer hohen Auflösung zusammen mit dem weiten Feld der Radiochemie, der Positronenemitter und echter Quantifizierung eine hohe klinische Relevanz.

Der Ganzkörperscan gestattet eine Tumor- und vor allem rasche Metastasensuche in einem Untersuchungsgang und ist auch in der Skelettdiagnostik nicht mehr wegzudenken. Ganzkörperdarstellungen gelangen schon in den 70er Jahren d. v. Jh. In Tübingen wurde der erste 8-Zoll-Kristall-Doppelkopf-Ganzkörperscanner (Nuclear Ohio) aufgestellt, 12 der die Metastasensuche im Skelett wesentlich verbesserte und von uns für eine quantitative Auswertung programmiert werden konnte. Inzwischen haben neue Systeme wie die Doppelkopf-Camera-Szintigraphie 10 und eben die PET-Systeme die Ganzkörpertechnik übernommen. Bei Ganzkörperdarstellungen von Schilddrüsen-Ca.-metastasen zeigen sich alternative Speicherungsmuster von Jod-131 und Fluor-18-Glukose (Flipflop-Effekt) in den differenzierteren und weniger differenzierten Herden. 13 Auch heute noch ist trotz GKCT und MR der Knochenscan die einfachste und sicherste Methode zur Knochen-Metastasensuche. In der Zukunft wird die Nuklearmedizin durch

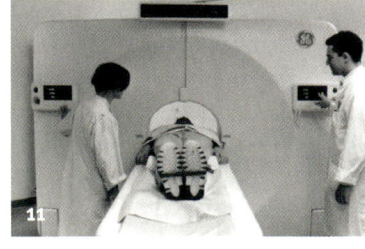

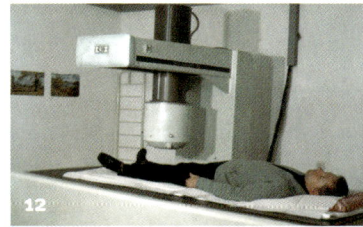

1956
33. Präsident der DRG
Boris Rajewski

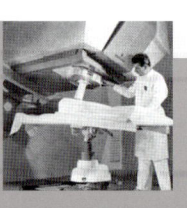

1956
B. Rajewski führt mit einem 42 MeV-Betatron am Max-Planck-Institut für Biophysik in Frankfurt erste strahlentherapeutische Behandlungen mit Elektronen im Energiebereich über 20 MeV durch.

Anwendung radioaktiv markierter Stoffwechselsubstrate, Rezeptorliganden, Peptide und Antikörper vielfältige neue Untersuchungen für Klinik und Forschung anbieten können. Während bis in die 80er Jahre d. v. Jh. die USA in Klinik und Forschung meist führend war, kann unsere junge Forschergeneration inzwischen erfolgreich mithalten. Dazu passen wegweisende Entwicklungsarbeiten deutscher Firmen in Zusammenarbeit mit US-Partnern auf dem Gebiete der Technologie. In der Wechselbeziehung von Radiologie und Nuklearmedizin hat sich durch die Computer-Vernetzung der Radiodiagnostik mit MR, CT und dem ganzen Rö-Archiv über PACS (Picture Archiving and Communication System) und RIS (Radiologie Informations System) eine bedeutsame Entwicklung angebahnt. Über diese Systeme sind gegenseitig Befunde und Bilder abrufbar und ermöglichen in kürzester Zeit den Vergleich schon am Arbeitsplatz, um anatomische Lokalisation (CT; MR) mit der molekularen Bildgebung (PET; SPECT) zur Deckung zu bringen. Saßen in den Anfangsjahren des PET der Tübinger Chef der Radiodiagnostik C. Claussen und ich Abende lang über den Bildern, um die Darstellung der Metastasen in PET und CT zu vergleichen, kann der Endbefund heute kurzfristig gefertigt werden. Intelligente, selbständige Software wird erprobt, um vergleichbare Bilder gegenüber stellen, superponieren und fusionieren zu können (sekundäre Fusion), und damit dem auswertenden Arzt in kürzester Zeit genauere Informationen zu liefern.

In die gleiche Richtung geht die Kombination PET/CT ⟶ **14** und vorher schon SPECT/CT (Hawkeye, GE). ⟶ **15** 1992, auf dem Amerikanischen Radiologiekongresses in Chicago, wo erstmals von uns die Möglichkeit einer solchen Kombination für primäre Fusion mit verschiedenen Firmen diskutiert wurde, hielt man diese noch für technisch schwer realisierbar. Mit derartigen Kombinationsgeräten ist ohne Umlagerung des Patienten die molekulare Herdlokalisation im Körper mit der genauen anatomischen Lokalisation z.B. eines Tumors oder von Metastasen im ganzen Körper einfach und sicherer darzustellen, als mit der sekundären Fusion. Nun ist die Technik soweit, und weltweit kommen bereits zahlreich diese Geräte zum Einsatz, der Nutzen für die Patienten ist hoch.

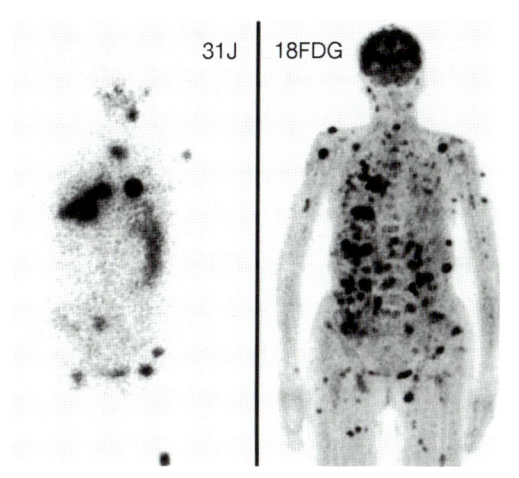

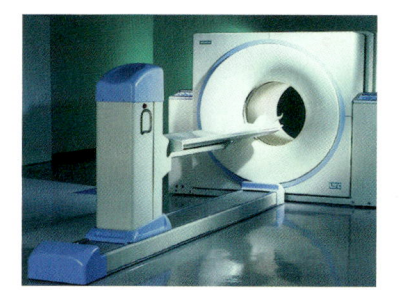

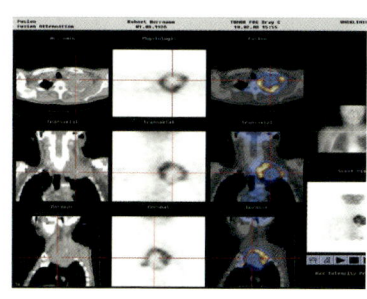

14 oben – Neues PET-CT
unten – Fusionsbilder PET/CT

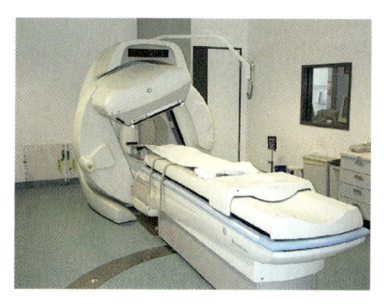

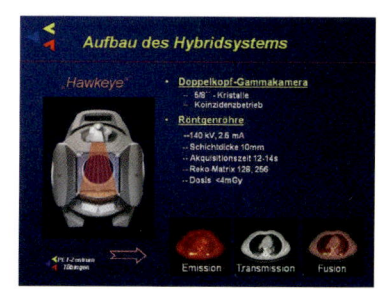

15 oben – Hawkeye Tübingen 2000
unten – Hawkeye Schematische Darstellung und Fusionsbild

Eine vieldiskutierte Frage lautet, ob diese neuen Kombinations-Geräte in der Röntgen-Diagnostik oder in der Nuklearmedizin zu Hause sind. Die von mir am Tübinger Klinikum schon immer angestrebte enge Zusammenarbeit zwischen der Radiologie und der Nuklearmedizin wurde von meinem Nachfolger R. Bares durch die oben genannte beidseitige Konsultation und Zugriff über PACS in beide Richtungen weiterhin deutlich verbessert. Da ist es vielleicht nicht mehr entscheidend, wo heute das neue PET/CT Gerät steht, wenn man auch wohl diese Geräte-Kombination wegen der schnellen Radiopharmazeutischen Entwicklung eher der Nuklearmedizin unterstellen möchte. Konsequent wäre aus meiner Sicht ein Department „Bildgebende Verfahren" als Kombination von Radiologie mit CT MR/US und Nuklearmedizin mit SPECT und PET und PET/CT, daran angeschlossen eine Radiochemie für effektive Arbeit von SPECT und PET. In einem solchen Zentrum können dann Fachärzte beider Disziplinen, mit der Klinik und ihren organspezifischen Wünschen, effektiv zusammenarbeiten. Eine Frage der Organisation und des guten Willens. Ich sehe sehr positiv in die Zukunft für mein favorisiertes Fach, die Nuklearmedizin, und wünsche eine gute, erfolgreiche Zusammenarbeit mit der großen Schwester, der DRG!

13 Schilddrüsen-Ca Metastasen; wechselnde Speicherung von li.131J; re: Fluor-18-FDG

1956

W. Forßmann erhält den Nobelpreis für Physiologie und Medizin für seine bahnbrechende Entdeckung der Herzkatheterisierung und den pathologischen Veränderungen im zirkularen System sowie der Entwicklung der Herzsondierung zur klinischen Routinemethode.

Geschichte der Neuroradiologie in Deutschland

Friedhelm E. Zanella, Frankfurt

Die Erstbeschreibung der Röntgenstrahlen durch Wilhelm Conrad Röntgen am 28. Dezember 1895 in Würzburg war auch der erste Schritt zur radiologischen Diagnostik des zentralen Nervensystems. Bereits 1896 fertigte H. Welcker in Halle die erste seitliche Schädelaufnahme an, allerdings mit einer Aufnahmezeit von einer Stunde.

Der röntgenologischen Beschäftigung mit dem ZNS wurde schon früh dadurch Rechnung getragen, dass an einigen Orten spezielle „neuroradiologische Untersuchungsstätten" installiert wurden. In Frankfurt wurde im Sachsenhäuser Krankenhaus bereits 1902 eine Röntgenabteilung gegründet, in der der Hals-Nasen-Ohrenarzt Gustav Spiess Röntgenuntersuchungen am Kopf vornahm. Er veröffentlichte seine Ergebnisse im ersten Heft der „Fortschritte auf dem Gebiet der Röntgenstrahlen" 1909. „Neuroradiologische Abteilungen" gab es 1910 in Halle (neuropsychiatrische Universitätsklinik) und 1924 in Jena (Universitätsnervenklinik). Alice Rosenstein, eine Neurologin, die 5 Jahre bei O. Förster tätig war, verfügte 1930 – vorübergehend bis 1933 – über einen „Röntgenraum" in der neuro-psychiatrischen Universitätsklinik Frankfurt. Der Neurologe Bannwart stand 1936 einer Röntgen-„Abteilung" in der Universitäts-Nervenklinik München vor.

In Wien arbeitete Arthur Schüller in der radiologischen Abteilung der Universität unter der Leitung von Guido Holzknecht und leistete dort die eigentliche Pionierarbeit über die Röntgendiagnostik am Schädel. Der junge Neurologe und Psychiater publizierte 1905 eine Arbeit über die Schädelbasis mit dem Titel „Archiv und Atlas der normalen und pathologischen Anatomie in typischen Röntgenbildern. Die Schädelbasis im Röntgenbilde" und gebrauchte in diesem Zusammenhang erstmals den Namen „Neuro-Röntgenologie". Obwohl der Nürnberger Neurologe Wilhelm Fürnrohr schon im darauf folgenden Jahr 1906 das erste neuroradiologische Buch mit dem Titel „Die Röntgenstrahlen im Dienste der Neurologie" veröffentlichte, gilt Schüller auch durch seine lebenslange Aktivität auf diesem Gebiet als Vater der Neuroradiologie. 1921 publizierte der Braunschweiger Internist Bingel drei Arbeiten über die „intralumbale Lufteinblasung". Er wählte dafür die Bezeichnung „Enzephalographie". 1922 wurde Herbert Peiper, ein Assistent der von v. Schmieden geleiteten Frankfurter chirurgischen Klinik, als Austauschstudent für 7 Monate in die USA geschickt, wo er unter anderem bei dem Neurochirurgen H. Cushing in Boston arbeitete. Zurückgekehrt spezialisierte er sich auf die Neurochirurgie und legte bereits 1924 eine Arbeit über die „Röntgenographische Darstellung des Rückenmarks" vor. Zusammen mit Otto Jüngling veröffentlichte er 1926 ein Buch über die Ventrikulographie und Myelographie in der Diagnostik des zentralen Nervensystems und führte international das Wort „Myelographie" ein.

Mit der Luftenzephalographie beschäftigen sich in Deutschland der Neurologe Schaltenbrand und sein Mitarbeiter Dyes (1934-1937). Bis in die 50er Jahre publizierten insbesondere Neurochirurgen zahlreiche Arbeiten über die zerebrale Angiographie. Olivecrona/Tönnis/Bergstrand (1936) legten eine Monographie über die Gefäßmissbildungen und Gefäßgeschwülste vor. Löhr (1936) berichtete über Hirngefäßverletzungen, Häussler (1938) über die stereognostische Karotisangiographie, Fischer (1938, 1939) über die „vordere Hirnarterie". Das Hauptinteresse der neuroradiologisch ausgerichteten

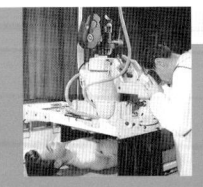

1956

C. H. F. Müller entwickelt den ersten Bildverstärker mit Chirurgiestativ und optischer Betrachtung mit Binokular.

1956

Kodak stellt mit dem X-Omat das Filmtransportsystem vor, das fertige Filme in nur sechs Minuten produziert.

Neurochirurgen galt zum damaligen Zeitpunkt verständlicherweise der zerebralen Angiographie. So berichtete Kautzky 1948 über gefäßreiche parietale Glioblastome. Aus der Kölner Klinik veröffentlichten Tönnis und Schiefer 1959 die Monographie: „Die Zirkulationsstörungen des Gehirns im Serienangiogramm". In der Bonner Klinik (Röttgen) publizierte Grote 1954/55 ähnliche Untersuchungen.

Die Rolle der Neuroradiologie bestand bis zu diesem Zeitpunkt mehr in der zuverlässigen Filmentwicklung. Dies änderte sich 1953 durch die revolutionierende Technik des transfemoralen Zugangs, die als „Katheterangiographie" auf den Schweden Seldinger zurückgeht, und die allmähliche Zunahme der Bedeutung der interventionellen Angiographie. Erste endovaskuläre Behandlungsversuche im Gehirn wurden zunächst an Gefäßmissbildungen vorgenommen. So setzte Lehmann erstmals 1967 Flüssigembolisate („Kleber", Zyanoacrylate) bei der endovaskulären Therapie von Gefäßmissbildungen des Gehirns ein. Als Pionier der Lysetherapie ist Hermann Zeumer zu nennen, der erstmals im Jahre 1982 auf Grund des in der Regel fatalen Spontanverlaufs die intraarterielle lokale Fibrinolyse beim akuten Verschluss der A. basilaris beschrieb. Dotter publizierte 1964 die Möglichkeiten der PTA für die peripheren Gefäßgebiete. Grüntzig verfeinerte die Technik 1974 entscheidend, so dass die PTA letztendlich auch im Bereich der supraaortalen hirnversorgenden Gefäße eingesetzt werden konnte. Matthias (1987) und Bockenheimer (1983) publizierten dabei erste Ergebnisse der Katheterdilatation hirnversorgender Arterien.

Bis zum Beginn der CT-Aera (1975) dominieren Neurochirurgen als Autoren einer Vielzahl wissenschaftlicher Arbeiten zu neuroradiologischen Themen. So ergänzten und erweiterten Wende und Tänzer erst 1976 das 1955 zunächst nur von Kautzky und Zülch veröffentlichte Buch „Neuroradiologie auf neuropathologischer Grundlage". Der Neuropathologe und Neurologe Zülch hat wiederholt grundlegende neuroradiologische Fragen aufgegriffen. Bahnbrechende Innovationen mit der computerisierten Abbildung der Weichteilstrukturen des Körpers mittels Anwendung von CT, Ultraschall und MRT revolutionierten in den 70er und 80er Jahren die gesamte Radiologie. Weil sich diese neuen Techniken zunächst an bewegungsarmen Strukturen wie Gehirn und Rückenmark etablierten, förderten sie die Entwicklung neuroradiologischen Spezialwissens. Dennoch wurde auch die Einführung und Weiterentwicklung der Computertomographie in Deutschland primär von Neurochirurgen vorangetrieben. Es entstand frühzeitig ein Verbund zwischen den neurochirurgischen Kliniken bzw. den neurochirurgischen Abteilungen in Berlin-Charlottenburg, München und Mainz, aus dem eine Anzahl von Arbeiten und Monographien resultierten: Kazner und Lanksch: Cranial computerized tomography (1976), Lanksch, Grumme, Kazner: Computertomography in Head-injuries (1979); Kazner, Wende, Grumme, Lanksch, Stochdorph: Computertomographie intrakranieller Tumoren aus klinischer Sicht (1981). Erst 1982 erschien von neuroradiologischer Seite die Monographie: „Kranielle Computertomographie" von Nadjmi, Piepgras und Vogelsang. Konsequenterweise fand mit der Zunahme der Aufgaben die Neuroradiologie verstärkt Anerkennung. So fand am 25. April 1963 während der Tagung der Deutschen Röntgengesellschaft in Baden-Baden die vorläufige Gründungsversammlung für eine deutsche „Neuroradiologische Arbeitsgemeinschaft" statt, der neuroradiologisch Interessierte beitreten konnten. Zum vorläufigen Vorsitzenden wurde Prof. Klar (Heidelberg) gewählt, zum zweiten Vorsitzenden Prof. Diethelm (Mainz). Leider besteht kein Protokoll über diese Sitzung.

Am 06.09.1963 fand dann am Tagungsort im Kurhaus der Stadt Wiesbaden die Mitglieder- und offizielle Gründungsversammlung der Arbeitsgemeinschaft statt. Dabei erarbeitete die Versammlung eine Satzung, wobei als Beisitzer aus dem Gebiet der Neurologie Prof. Zülch, als Beisitzer aus dem Gebiet der Psychiatrie Prof. Decker und als Schriftführer Prof. Hallen (Heidelberg) gewählt wurde. Es wurde festgelegt, dass die erste Tagung der Arbeitsgemeinschaft im April 1964 in Wiesbaden im Anschluss an die Tagung der Deutschen Röntgengesellschaft stattfinden soll, für die vom Vorstand der Deutschen Röntgengesellschaft ein halber Tag zugestanden wurde. Die Arbeitsgemeinschaft existierte bis 1970.

Auf Initiative und unter der Leitung von Sigurd Wende wurde am 18.12.1970 in Mainz die „Deutsche Gesellschaft für Neuroradiologie e.V." (DGNR) gegründet. Als Vorläufer des heutigen Berufsverbandes wurde zeitgleich zur Gründung der DGNR eine „Sektion der Neuroradiologen" gegründet, die sich aus Ärzten zusammensetzte, deren „Haupttätigkeit auf dem Arbeitsgebiet der Neuroradiologie liegt und die mindestens drei Jahre hauptsächlich auf diesem Gebiet tätig waren."

Der erste Präsident der DGNR war Hans Hacker, der 1971 auch die erste Jahrestagung der DGNR organisierte. Bis 1981 wechselte der Vorsitz jedes Jahr und der jeweilige Vorsitzende der DGNR richtete auch die Jahrestagung aus. Nach einer Satzungsänderung, die die Präsidentschaft für jeweils drei Jahre vorsah, wurde Sigurd Wende als erster regulärer Präsident gewählt. Er hatte die Präsidentschaft von 1981-1986 inne. Nachfolgende Präsidenten der Gesellschaft waren Uwe Piepgras von 1987-1989, Karsten Voigt von 1990-1996, Armin Thron von 1997-1999 und Martin Schumacher seit 2000. 1987 wurde das Fach Neuroradiologie der allgemeinen Radiologie als Teilgebiet Subspezialität zugeordnet.

Die Deutsche Gesellschaft für Neuroradiologie vergibt zwei wichtige Preise, zum einen die Ziedses des Plantes-Medaille, die 1974 von der Deutschen Gesellschaft für Neuroradiologie e.V. und der Physikalisch-Medizinischen Gesellschaft zu Würzburg für hervorragende Leistungen in der Neuroradiologie gestiftet wurde.

Die bisherigen Preisträger sind

G. N. Hounsfield	London
und W. Oldendorf	Los Angeles
R. Djindjian	Paris
K. Decker	München
B. G. Ziedses des Plantes	Bloemendaal
T. Greitz	Stockholm
A. Wackenheim	Straßburg

1957

Die erste Koronarangiographie wird durch F. M. Sones am Menschen durchgeführt.

1958

34. Präsident der DRG
René Du Mesnil de Rochemont

Verdiente deutsche Neuroradiologen

Prof. Dr. med. Andreas Tänzer (1914 – 1981)

Prof. Dr. med. Heinzgeorg Vogelsang (1928 – 1984)

Prof. Dr. med. Kurt Decker (1921 – 1985)

Die erste neuroradiologische Abteilung in Deutschland entstand 1959 in Hamburg mit Andreas Tänzer als Direktor. Er studierte Medizin in Prag und erhielt seine radiologische Ausbildung in Dortmund. Danach fokussierte er sein Interesse auf die Neuroradiologie und beschäftigte sich insbesondere mit der Nativdiagnostik der Schädelbasis, der Orbita, der hinteren Schädelgrube und mit der Myelographie. Unter seiner Leitung entwickelte sich die neuroradiologische Abteilung in Hamburg zu einem herausragenden neuroradiologischen Zentrum in klinischer und wissenschaftlicher Hinsicht. Andreas Tänzer starb völlig unerwartet im Januar 1981 zu einem Zeitpunkt, als er beruflich noch voll aktiv war.

Heinzgeorg Vogelsang wechselte 1961 von der Neuroradiologie der Universitäts-Nervenklinik Frankfurt an die Neuroradiologische Abteilung der neurochirurgischen Universitätsklinik Gießen. Im Jahre 1971 übernahm er die Abteilung Neuroradiologie der Medizinischen Hochschule Hannover, die er bis zu seinem Tod 1984 leitete. Er gilt als einer der Schrittmacher der deutschen Neuroradiologie. Sein wissenschaftliches Hauptinteresse galt insbesondere der Röntgendiagnostik spinaler Erkrankungen, so der selektiven spinalen Angiographie, der therapeutischen Embolisation von spinalen Gefäßmissbildungen und den neuen Myelographietechniken. Er war zudem einer der ersten, der für die zervikale Myelographie die laterale C1/C2-Punktion einführte.

Kurt Decker gilt als der eigentliche Begründer der Neuroradiologie in Deutschland. Er leitete ab 1947 die (neuro)radiologische Abteilung der psychiatrischen Universitätsklinik in München. Nach neurochirurgisch geprägten Aufenthalten 1949 in Bochum-Langendreer (Tönnis), 1951 in Stockholm (Olivecrona) und 1952 in Baltimore (Earl Walker) eröffnete Decker noch im gleichen Jahr eine neurochirurgische Operationseinheit, die bis 1964 bestand. Er beschäftigte sich mit der Radiotherapie, dem gesamten Spektrum der Neuroradiologie und der Weiterentwicklung der Film- und Gerätetechnik. 1960 entstand sein wegweisendes Buch „Klinische Neuroradiologie". Unter seiner Leitung entwickelte sich die Abteilung zu der ersten neuroradiologischen „Schule" in Deutschland, durch die zahlreiche spätere Neuroradiologen gingen (Backmund, Bergleiter, von Einsiedel, Hacker, Wende). Kurt Decker war Gründungsmitglied der Deutschen Gesellschaft für Neuroradiologie. Er starb am 24. Januar 1985 im Alter von nur 63 Jahren.

Zusätzlich verleiht die Deutsche Gesellschaft für Neuroradiologie zum Gedächtnis an Herrn Prof. Dr. Kurt Decker und zur Förderung ihres Faches im deutschsprachigen Gebiet den Kurt Decker-Preis, der von der Deutschen Gesellschaft für Neuroradiologie am 10. Oktober 1986 in Bonn beschlossen und erstmals 1988 in Würzburg verliehen wurde.

Die Deutsche Gesellschaft für Neuroradiologie hat folgende Ehrenmitglieder:

B. G. Ziedses des Plantes . . . . Bloemendaal
W. Frommhold . . . . Tübingen
K. J. Zülch . . . . Köln
K. Kohlmeyer . . . . Wiesbaden
R. Lorenz . . . . Hamburg
F. Heuck . . . . Stuttgart

Der Deutschen Gesellschaft für Neuroradiologie gehören derzeit 442 Mitglieder an, dem Berufsverband Deutscher Neuroradiologen 108 Personen.

1958

A. Senning und R. Elmquist implantieren in Stockholm den ersten Herzschrittmacher.

1958

I. Donald, J. Mac Vicar und T. G. Brown publizieren ihre Arbeiten zur Bestimmung abdomineller Massen mithilfe von gepulstem Ultraschall.

Prof. Dr. med. Sigurd Wende (1924 – 1991)

Sigurd Wende hat zweifelsfrei einen wesentlichen Anteil an der Etablierung der Neuroradiologie in Deutschland. Neben seiner wissenschaftlichen Aktivität standen insbesondere seine berufspolitischen Aktivitäten im Vordergrund. Er spezialisierte sich zunächst auf die Neuropsychiatrie, bevor die Zusammenarbeit mit Kurt Decker in ihm das neuroradiologische Interesse weckte. 1968 wurde er zum Direktor der neu gegründeten neuroradiologischen Abteilung der Universität in Mainz berufen. Sigurd Wende war Gründungsmitglied der Deutschen Gesellschaft für Neuroradiologie. Zudem war er einer der ersten Herausgeber der Zeitschrift „Neuroradiology". Die größte Ehre im beruflichen Leben von Sigurd Wende war zweifelsfrei seine Präsidentschaft des 11. Symposium Neuroradiologicum (Neuroradiologischer Weltkongress) in Wiesbaden 1978.

Prof. Dr. med. Rudolf Bergleiter (1920 – 1998)

Rudolf Bergleiter entdeckte seine Zuneigung zur Neuroradiologie in Köln, und zwar in der Klinik für Neurologie (Zülch) und der Klinik für Neurochirurgie (Tönnis). 1955 etablierte er die Neuroradiologie an der Universitätsklinik in Freiburg. Sein wissenschaftlicher Schwerpunkt lag in der Untersuchung von Erkrankungen des intrakraniellen Gefäßsystems und er war einer der ersten Neuroradiologen, der Embolisationen von arteriovenösen Malformationen vornahm. Bergleiter leitete nach seiner universitären Zeit einflussreiche neuroradiologische Abteilungen an großen städtischen Kliniken außerhalb der Universität, insbesondere in Stuttgart und in Ravensburg.

Prof. Dr. med. Joseph Wappenschmidt (1924 – 1999)

Joseph Wappenschmidt war ab Dezember 1951 in der neurochirurgischen Abteilung der Chirurgischen Universitätsklinik Bonn unter der Leitung von Professor Röttgen tätig. Es folgten zwei Jahre neurologische und sechs Jahre neurochirurgische Ausbildung an den Bonner Universitätsklinken. Nach dieser Zeit widmete er sich der Neuroradiologie und wurde 1960 von Röttgen zum Leiter der neuroradiologischen Abteilung der zwischenzeitlich gegründeten Neurochirurgischen Universitätsklinik ernannt. Nach dem Umzug auf den Venusberg wurden die radiologischen Abteilungen der Neurochirurgie, Neurologie und Psychiatrie unter seiner Leitung vereint und gehörten organisatorisch bis zu seiner Emeritierung 1989 zur neurochirurgischen Universitätsklinik. Er beschäftigte sich während seiner wissenschaftlichen Laufbahn insbesondere mit der Gefäßdarstellung und den Gefäßkrankheiten. Er war einer der ersten Neuroradiologen in Deutschland, der sich mit der superselektiven Angiographie und mit interventionellen Techniken auseinandersetzte. Er gehörte zu den Gründungsmitgliedern der Deutschen Gesellschaft für Neuroradiologie.

Prof. Dr. med. Maschallah Nadjmi (1929 – 2000)

Maschallah Nadjmi nahm 1955 seine ärztliche Tätigkeit unter Tönnis in der neurochirurgischen Klinik der Universität Köln auf und promovierte dort im Jahre 1959 (Gutachter Tönnis und Zülch). Seit dem 1. September 1957 war er am Universitätsklinikum in Würzburg in der neurologischen Klinik unter Schaltenbrand tätig, wo er 1971 die Facharztanerkennung für Nervenheilkunde und 1983 für Radiologie erhielt. 1972 wurde er zum Leiter der Neuroradiologie ernannt, die 1977 den Status einer selbständigen Abteilung der Universität Würzburg erhielt. Nadjmi erkannte früh das Entwicklungspotenzial der Computertomographie und machte Würzburg neben Frankfurt und Mainz zu einem der ersten deutschen CT-Standorte. Die Einführung der digitalen Subtraktionsangiographie schlug sich in einem von ihm verfassten Lehrbuch nieder. Maschallah Nadjmi war Gründungsmitglied und einer der ersten Präsidenten der Deutschen Gesellschaft für Neuroradiologie (1973-1974). Mit besonderem Stolz erfüllte ihn die Ausrichtung des Kongresses der European Society of Neuroradiology 1988 in Würzburg.

1959

Einführung des bis heute eingesetzten oralen iodhaltigen Kontrastmittels Gastrografin durch Schering, Berlin

1960

35. Präsident der DRG
Rolf Glauner

Helfen PET und fMRT das philosophische Leib-Seele-Problem zu lösen?

Ansgar Beckermann, Bielefeld

Neue bildgebende Verfahren wie PET und fMRT haben besonders in der kognitiven Neurobiologie eine große Zahl neuer Erkenntnisse ermöglicht. Man versteht heute sehr viel besser als noch vor ein paar Jahren, welche Zentren im Gehirn an welchen kognitiven Prozessen beteiligt sind und wie diese Zentren zusammenwirken. Hat dies auch philosophische Auswirkungen? Sind wir durch diese Erkenntnisse der Lösung des Leib-Seele-Problems vielleicht etwas näher gekommen?

Höchstens ein kleines Stück. Denn bildgebende Verfahren informieren uns doch nur recht ungenau über das, was im Gehirn vorgeht. Sie messen eher grobe Daten – die lokale Intensität von Hirndurchblutung und Hirnstoffwechsel oder Schwankungen im Sauerstoffgehalt des Bluts und Unterschiede im lokalen Blutfluss. Sie zeigen also keineswegs, welche einzelnen Neuronen feuern, sondern nur welche Hirnregionen besonders aktiv sind – genauer: in welchen Hirnregionen der Stoffwechsel besonders intensiv ist. In vielen Fällen zeigen sie sogar nur Differenzen spezifischer Aktivitätsgrade.

Wenn wir Bilder wie die Abbildung 1 sehen, ⟶01 wissen wir daher vielleicht, ob jemand ein Wort hört oder ob er es sieht. Vielleicht wissen wir auch, ob es sich um ein neutrales oder um ein emotional aufgeladenes Wort handelt. Aber die Bilder sagen uns nicht, ob es sich um das Wort „Hand" oder das Wort „Hund" handelt. Mit anderen Worten: Bildgebende Verfahren sind weit davon entfernt, uns vollständig und im Detail über alles zu informieren, was im Gehirn vorgeht.

Doch damit ist das Problem nur verschoben. Denn hinter der Ausgangsfrage steckt ja die viel allgemeinere Frage: Ließe sich das Leib-Seele-Problem lösen, wenn wir vollständig über alles informiert wären, was sich in unseren Hirnen abspielt? Wenn wir zu jedem Zeitpunkt genau wüssten, welche der gut 10 Milliarden Neuronen in unserem Hirn feuern und wie die synaptischen Verbindungen zwischen diesen Neuronen im Detail aussehen, könnten wir daraus ohne jede weitere Hilfe erschließen, was zu diesem Zeitpunkt in unserem Bewusstsein vorgeht – was wir denken, fühlen und erleben?

Nehmen wir ein ganz anderes Beispiel, um zu klären, worum es geht. Kochsalz besteht aus Natrium- und Chloratomen, d.h. genauer: aus Natrium- und Chlorionen. Natriumatome besitzen in ihrer äußersten Schale nur ein einziges Elektron, das leicht abgespalten werden kann. Chloratome dagegen besitzen in ihrer äußersten Schale sieben Elektronen; diese Atome sind „bestrebt", ihre äußerste Schale mit einem weiteren Elektron aufzufüllen, um so auf die Idealzahl von acht Elektronen zu kommen.

Wenn Natrium- und Chloratome miteinander reagieren, geschieht deshalb Folgendes. Das Natriumatom gibt sein äußerstes Elektron ab, und dieses Elektron wird vom Chloratom aufgenommen. ⟶02

So entstehen positiv geladene Natrium- und negativ geladene Chlorionen, die sich aufgrund der zwischen ihnen bestehenden elektromagnetischen Anziehungskräfte in einer Gitterstruktur anordnen. ⟶03

Hilft uns dieses Wissen, wenn es um die Frage geht, warum Kochsalz unter normalen Bedingungen fest und wasserlöslich ist? Offenbar ja. Denn aus den angeführten Fakten und den allgemeinen Naturgesetzen folgt, welche

01 Aktivitätszentren beim Hervorbringen, Sprechen, Hören und Sehen von Wörtern

---

1960

K. Silbermann, SRW, Erlangen, gelingt mit der Entwicklung der RTM-Verbundanode eine bedeutende Innovation in der Röntgenröhrentechnik.

1960

U. Henschke begründet die Afterloadingtechnik.

$_{11}$Na $_{11}$Na $_{11}$Na$^+$ $_{11}$Na$^-$

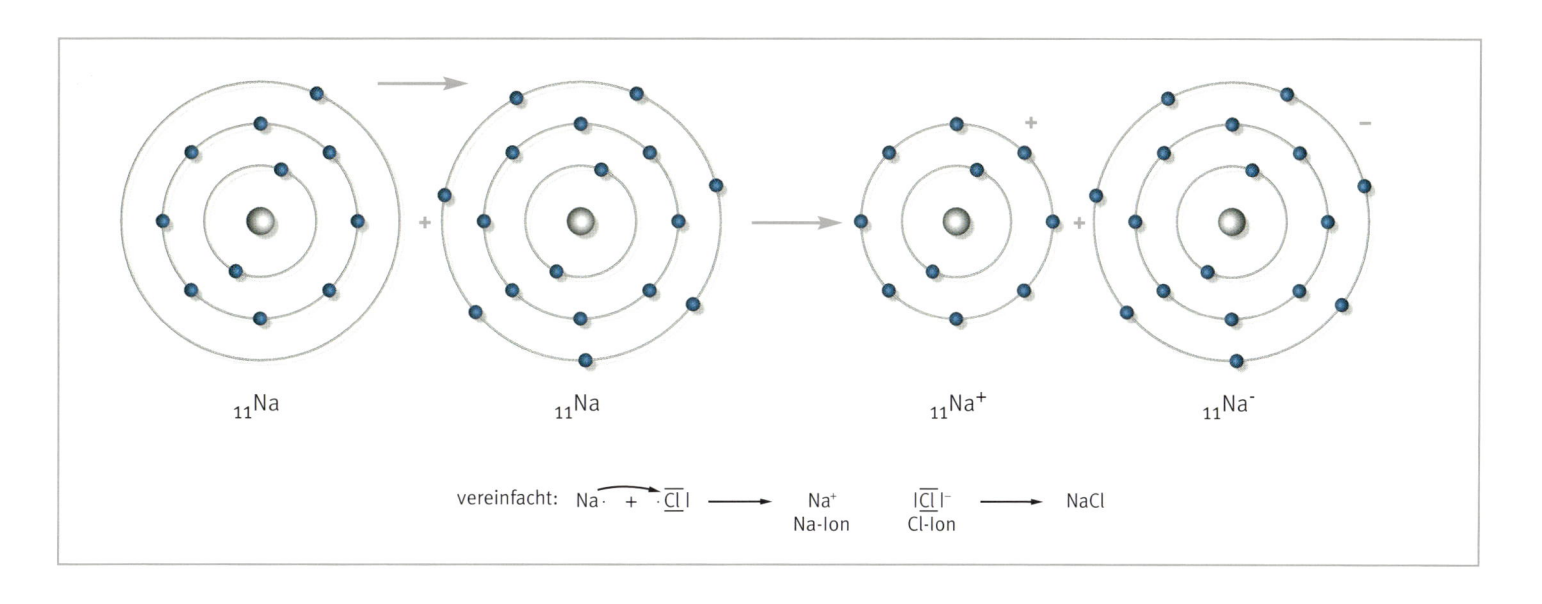

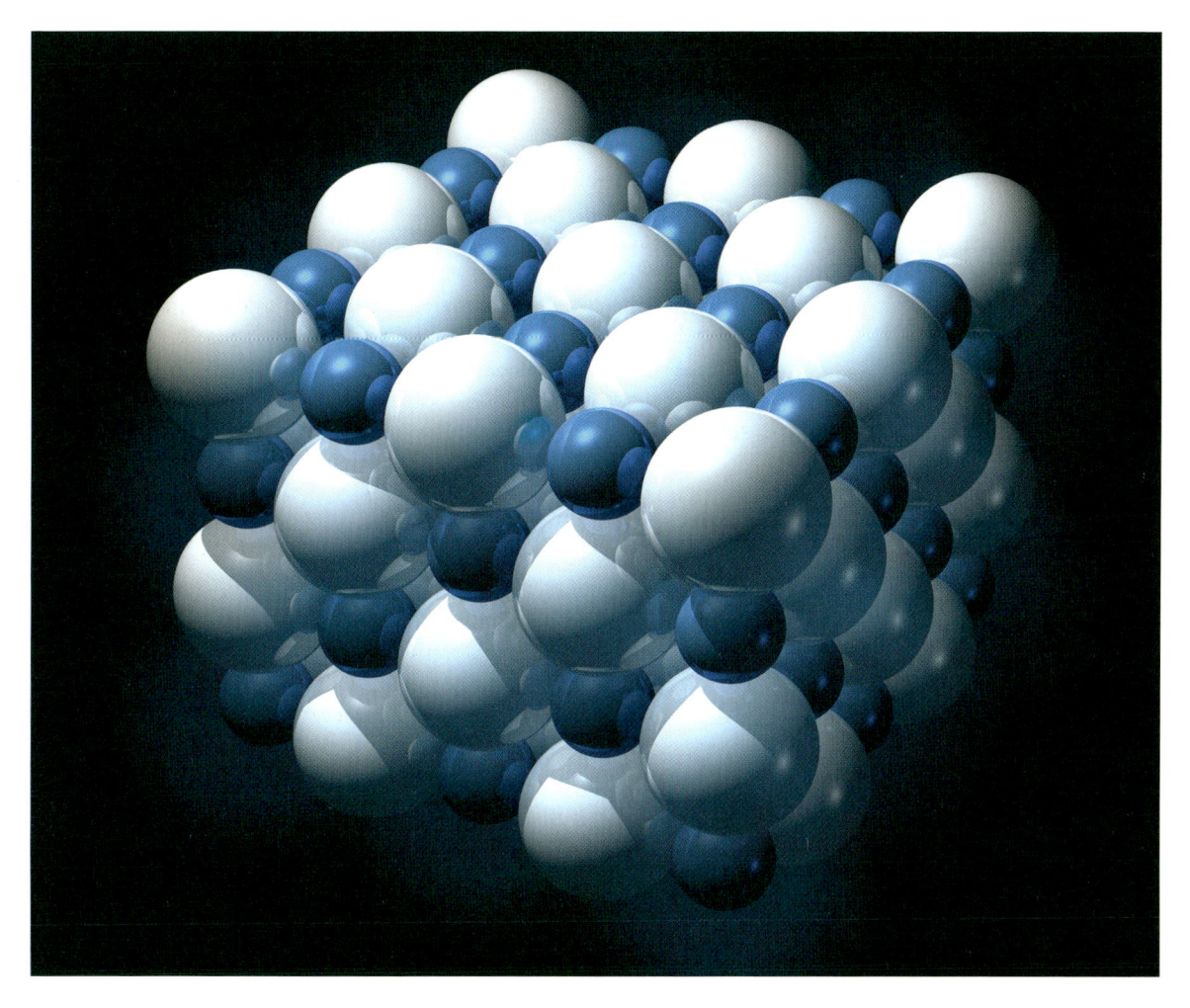

vereinfacht: Na· + ·$\overline{\underline{Cl}}$| ⟶ Na$^+$ |$\overline{\underline{Cl}}$|$^-$ ⟶ NaCl
Na-Ion Cl-Ion

02 Ionenbindung zwischen Natrium- und Chloratomen
03 Kochsalzgitter

1960

In der Bundesrepublik Deutschland wird die erste Strahlenschutzverordnung erlassen.

1960

DuPont entwickelt den ersten Film auf Polyesterbasis.

Anziehungskräfte zwischen den Natrium- und Chlorionen bestehen. Und diese Kräfte erklären, warum Kochsalz unter normalen Bedingungen fest ist. Sie sind nämlich so groß, dass die einzelnen Ionen an ihren relativen Positionen „festgezurrt" sind. Wenn sich ein Stück Kochsalz bewegt, bewegt es sich daher immer als ganzes. Die Ionen verändern ihre relativen Positionen nicht, und deshalb behält das ganze Stück Kochsalz seine Form. Die starken Anziehungskräfte sind auch dafür verantwortlich, dass es immer eines gewissen Kraftaufwands bedarf, um ein Stück Kochsalz zu zerteilen. Mit anderen Worten: Aus den allgemeinen Naturgesetzen ergibt sich, welche Kräfte zwischen den Natrium- und Chlorionen wirken, aus denen Kochsalz besteht. Und aus diesen Kräften folgt, dass sich Ionengitter aus Natrium- und Chlorionen genau so verhalten, wie dies für feste Körper charakteristisch ist. Und warum ist Kochsalz wasserlöslich? Das liegt zum einen wieder daran, dass Kochsalz aus einem Gitter von positiv und negativ geladenen Ionen besteht. Zum anderen liegt es an der Dipolstruktur von H_2O-Molekülen. Denn aufgrund dieser Struktur können H_2O-Moleküle die einzelnen Ionen aus ihrer Position im Gitter herauslösen, was bewirkt, dass sich jedes Stück Salz unter normalen Bedingungen langsam in Wasser auflöst. Würde uns eine vollständige Kenntnis aller neuronalen Vorgänge in unseren Gehirnen auf dieselbe Weise in die Lage versetzen zu verstehen, was in unserem Bewusstsein vorgeht – warum wir traurig sind, über ein mathematisches Problem nachdenken oder uns an unsere Großmutter erinnern? Viele Philosophen haben das bezweifelt. Leibniz erläutert seine Zweifel mit einer Geschichte, die Peter Bieri so adaptiert hat:

Stellen wir uns vor, ein menschliches Gehirn sei maßstabgetreu so weit vergrößert, daß wir in ihm umhergehen könnten wie in einer riesigen Fabrik. Wir machen eine Führung mit, denn wir möchten wissen, woran es liegt, daß der entsprechend vergrößerte Mensch, dem das Gehirn gehört, ein erlebendes Subjekt mit einer Innenperspektive ist. Der Führer, ein Gehirnforscher auf dem neuesten Stand des Wissens, hat Zeit und ist bemüht, uns alles zu zeigen und alle Fragen zu beantworten.[1]

Er erklärt uns, wie Neuronen funktionieren, wie sie miteinander verschaltet sind, welche Neuronen gerade feuern und ob und in welchem Maße ihr Feuern synchronisiert ist. Doch all dies scheint unsere Frage nicht zu beantworten, warum dieses neuronale Geschehen mit bestimmten mentalen Ereignissen verbunden ist.

Wir können uns ohne weiteres vorstellen, daß hier drin alles genau so wäre, wie es ist, ohne daß der Mensch, in dessen Kopf wir sind, auch nur den Schatten eines Erlebnisses hätte. Nichts an dem, was uns gezeigt worden ist, scheint es notwendig zu machen, daß da einer etwas erlebt: nicht die Art des Materials, nicht der Aufbau der Fabrik, nicht die chemischen Reaktionen, nicht die elektrischen Muster. Es dünkt uns in gewissem Sinne zufällig, daß da nun auch noch ein erlebendes Subjekt auftaucht; es ist, als sei es nur einfach drangepappt. Und wir wissen: Dieser Eindruck der Zufälligkeit ist einfach ein Symptom dafür, daß wir den Zusammenhang nicht verstanden haben.[2]

Ist dieser Eindruck berechtigt? Oder ergibt sich aus dem, was sich im Gehirn einer Person abspielt, nicht doch mit einer gewissen Zwangsläufigkeit, was diese Person denkt, fühlt und erlebt? Wenn man sich auf das Bild, das Leibniz und Bieri zeichnen, einlässt – auf das Bild eines Gehirns, das so vergrößert ist, das man in ihm herum spazieren kann –, scheint ihre Antwort prima facie äußerst plausibel. Was auch immer wir in diesem Gehirn finden werden, nichts scheint uns zu verraten, was im Bewusstsein der entsprechenden Person vorgeht. Aber das ist vielleicht ein Fehlschluss der falschen Perspektive. Denn es geht sicher nicht nur um das, was sich im Gehirn selbst abspielt, sondern auch darum, wie das Gehirn auf Außenweltreize reagiert und welche Bewegungen vom Gehirn initiiert werden. Eines ist somit klar. Es reicht nicht aus, nur zu wissen, was im Gehirn vorgeht; man muss auch die Peripherie des Gehirns kennen – die Sinnesorgane, mit denen es verbunden ist, und die Motorik, die es steuert. Ja, man muss sogar wissen, auf welche Weise die äußere Umwelt die Sinnesorgane beeinflusst und welche Effekte die motorischen Bewegungen in dieser Umwelt hervorrufen. Genau dies ist es ja auch, was die kognitive Neurobiologie untersucht – das Gehirn als Schaltstelle zwischen sensorischem Input und motorischem Output. Wenn wir aber nicht nur das Gehirn der Person vollständig kennen, sondern auch umfassend darüber informiert sind, wie die Umwelt über die Sinnesorgane auf dieses Gehirn einwirkt und wie die vom Gehirn initiierten Bewegungen ihrerseits auf die Umwelt wirken, dann – und das wird oft übersehen – wissen wir sehr viel mehr, als das Leibnizsche Bild vermuten lässt. Dann kennen wir nämlich auch die kausale Rolle aller neuronalen Vorgänge. Wir wissen, durch welche Umweltreize sie hervorgerufen werden, welches Verhalten sie bewirken und wie sie mit anderen neuronalen Vorgängen interagieren. Und damit sind wir dem Geist schon ein ganzes Stück näher gekommen.

Viele Philosophen (und ich selbst gehöre zu dieser Gruppe) sind nämlich der Meinung, dass es sich zumindest bei Überzeugungen und Wünschen um funktionale Zustände handelt, die allein durch ihre kausale Rolle charakterisiert sind – durch die externen Ursachen, durch die sie hervorgerufen werden, das Verhalten, das sie selbst verursachen, und die kausalen Interaktionen zwischen ihnen und anderen Zuständen derselben Art. Für diese Annahme spricht z.B. die folgende Überlegung. Nehmen wir an, eine Person sei in einem Zustand, der zu folgendem (unter anderem verbalen) Verhalten führt: Auf den sensorischen Input hin, der das Herannahen einer Straßenbahn signalisiert, beschleunigt sie ihre Schritte, so dass sie tatsächlich noch einsteigen kann; nachdem sie Platz genommen hat, sagt sie: „Gott bin ich froh, dass ich die Bahn noch erreicht habe; jetzt komme ich noch pünktlich zur Vorlesung"; und befragt, warum sie denn so schnell gelaufen sei, antwortet sie: „Ich wollte die Bahn noch unbedingt erreichen".

Ist es wirklich sinnvoll anzunehmen, dass diese Person nicht den Wunsch hatte, die Straßenbahn zu erreichen? Gehen wir also einmal davon aus, dass Überzeugungen und Wünsche tatsächlich allein durch ihre kausale Rolle charakterisiert sind. Was ergibt sich daraus für das Verhältnis von Hirn und Geist? Ganz einfach. Wenn wir im Hirn einer Person einen neuronalen Zustand finden, der genau die kausale Rolle spielt, durch die die Überzeugung, dass es draußen regnet, charakterisiert ist, dann bedeutet das zwangsläufig, dass diese Person glaubt, dass es draußen regnet. Und wenn wir im Hirn

1961

36. Präsident der DRG
Robert Prévot

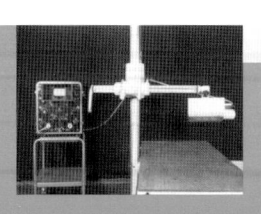

1961

R. Soldner, W. Krause, Siemens UB Med, Erlangen, entwickeln mit dem Vidoson den ersten Ultraschall Real-Time Scanner.

einer Person einen neuronalen Zustand finden, der genau die kausale Rolle spielt, durch die der Wunsch, reich zu werden, charakterisiert ist, dann bedeutet das zwangsläufig, dass diese Person den Wunsch hat, reich zu werden. Mit anderen Worten: Wenn wir nicht nur über das aktuelle neuronale Geschehen im Hirn einer Person vollständig informiert sind, sondern auch über die kausalen Rollen aller neuronalen Vorgänge, die sich in diesem Hirn abspielen, dann können wir daraus ohne Weiteres erschließen, welche Überzeugungen und Wünsche diese Person hat. Insoweit würde uns eine vollständige Kenntnis aller neuronalen Vorgänge in unseren Hirnen also tatsächlich auf genau dieselbe Weise in die Lage versetzen zu verstehen, was wir denken und wünschen, wie uns die vollständige Kenntnis der Eigenschaften von Natrium- und Chloratomen dazu befähigt zu verstehen, warum Kochsalz fest und wasserlöslich ist.

Doch das löst unser Problem nur zum Teil. Auch wenn eine große Zahl von Philosophen heute der Meinung ist, dass zumindest Überzeugungen und Wünsche allein durch ihre kausale Rolle charakterisiert werden, dann sind mindestens ebenso viele davon überzeugt, dass sich der qualitative Charakter bewussten Erlebens nicht in kausalen Rollen einfangen lässt – wie es ist, eine süße Birne zu schmecken, wie es ist, lauten Donner zu hören, oder wie es ist, eine leichte Übelkeit zu spüren. Warum ist das so? Denken wir etwa an Farbeindrücke. Wenn wir einen roten Apfel sehen, entsteht in uns ein Roteindruck, der uns unter anderem dazu bringt, auf die Frage, welche Farbe der Apfel hat, mit „rot" zu antworten. Und entsprechend führen grüne Gegenstände – Gurken, Frösche, Blätter – zu Grüneindrücken, die bewirken, das wir auf entsprechende Fragen mit „grün" reagieren. Nun hat sich aber schon John Locke gefragt, ob es nicht sein könne, dass bei zwei Menschen die Farbeindrücke systematisch vertauscht sind.[3] Reife Tomaten führen bei dem einen zu Roteindrücken, bei dem anderen aber zu Grüneindrücken. Und Gurken bei dem einen zu Grüneindrücken, bei dem anderen jedoch zu Roteindrücken. Das Problem ist, dass wir das „von außen" nicht erkennen können. Beide antworten auf die Frage, welche Farbe Tomaten haben, mit „rot". Denn der eine hat gelernt, Roteindrücke mit diesem Wort auszudrücken, während der andere das Wort „rot" mit Grüneindrücken verbindet. Offenbar scheint es also wirklich möglich, das Farbeindrücke systematisch vertauscht sind. Wenn das möglich ist, kann es dann nicht aber sogar sein, dass Tomaten bei dem einen zu einem Roteindruck führen, bei dem anderen aber zu einem Zustand, der überhaupt keine Erlebnisqualität besitzt? Auch dieser Zustand führt dazu, dass die Person die Frage nach der Farbe von Tomaten mit „rot" beantwortet; er hat also dieselbe kausale Rolle wie der Roteindruck der ersten Person. Aber für die zweite Person gibt es kein Wie-es-ist, in diesem Zustand zu sein. Diese Überlegung führt letzten Endes zur Frage nach der Möglichkeit philosophischer Zombies. Das sind Wesen, die sich in allen Situationen genau so verhalten wie ein Mensch, die aber „innerlich" nichts empfinden, deren mentale Zustände niemals mit einer Erlebnisqualität verbunden sind. Viele Philosophen glauben, dass solche Wesen möglich sind. Und sie schließen daraus, dass wir selbst dann nicht ohne Weiteres sagen können, was jemand erlebt und fühlt, wenn wir sowohl über das aktuelle neuronale Geschehen im Hirn dieser Person als auch über die kausalen Rollen aller neuronalen Vorgänge vollständig informiert sind, die sich dort

abspielen. Aber diese Auffassung ist sehr umstritten. Immerhin entsteht bei philosophischen Zombies das schon von Locke beschriebene epistemische Problem, wie man denn herausfinden kann, wer ein Zombie ist und wer nicht. Wohl gemerkt, ein solches Wesen verhält sich in allen Situationen genau so wie ein Mensch. Es sagt also auch immer das, was wir Menschen sagen würden. Wenn es in dem Zustand ist, der unserem Hunger entspricht, tut es also nicht nur, was wir tun, wenn wir Hunger haben; es sagt auch Dinge wie „Ich habe schrecklichen Hunger" und „Ich muss jetzt unbedingt zuerst etwas essen". Ist es wirklich sinnvoll, von jemandem, der sich in allen Dinge genau so verhält und der genau dasselbe sagt wie wir, zu behaupten: Nein, der hat gar nicht „wirklich" Hunger? Letzten Endes ist die philosophische Diskussion zu dieser Frage offen. Und damit ist auch offen, ob du Bois-Reymond zumindest im Hinblick auf qualitatives Erleben Recht hatte, als er schon 1872 behauptete:

Dies [...] Unbegreifliche ist das Bewußtsein. Ich werde jetzt, wie ich glaube, in sehr zwingender Weise dartun, daß nicht allein bei dem heutigen Stand unserer Kenntnis das Bewußtsein aus seinen materiellen Bedingungen nicht erklärbar ist, was wohl jeder zugibt, sondern daß es auch der Natur der Dinge nach aus diesen Bedingungen nicht erklärbar sein wird.
(Du Bois-Reymond 1872)

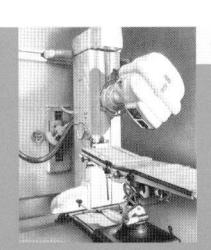

1961

J. Becker führt am Czerny-Krankenhaus für Strahlenbehandlung der Universität Heidelberg grundlegende wissenschaftliche und klinische Untersuchungen zu einer effektiven Supervolttherapie mit schnellen Elektronen und ultraharten Röntgenstrahlen durch.

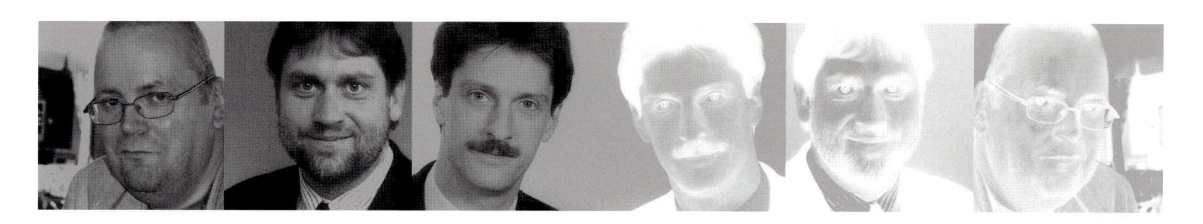

Nur einen Tag lang – Ephemera aus der Radiologie

Adrian M.K. Thomas, London
Uwe Busch, Remscheid
Bernd Tombach, Münster

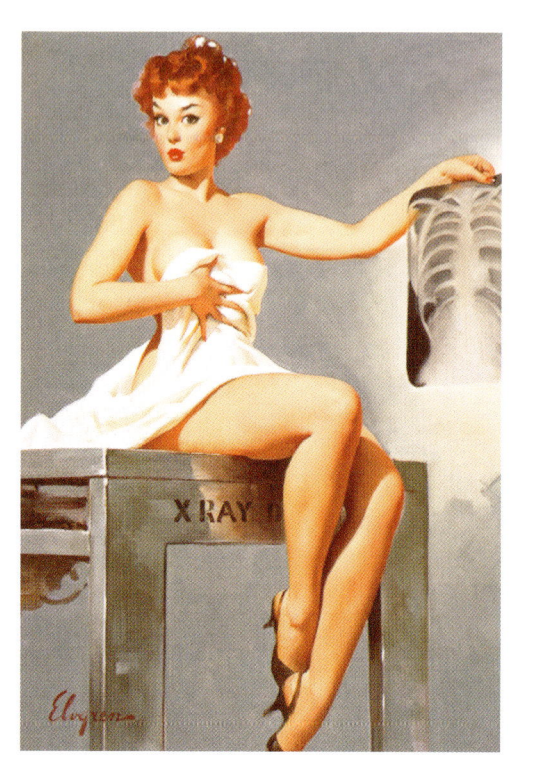

Seit ihrer Entdeckung durch Wilhelm Conrad Röntgen sind Röntgenstrahlen ein Objekt allgemeiner Faszination – einer Faszination, die bis heute nichts von ihrer Strahlkraft eingebüßt hat. Als wahre Fundgrube für Radiologie-Historiker erweisen sich Ephemera. Bei diesem Sammelsurium von „Eintagsfliegen" handelt es sich um Objekte wie Broschüren, Sammelkarten oder Eintrittskarten — Material also, das bei systematischen Sammlern kaum Beachtung und noch seltener den Weg in die Bibliotheken und Museen findet.

Maurice Rickards, Gründer der Ephemera Society in Großbritannien, definiert Ephemera als „die unwichtigen und vergänglichen Dokumente des alltäglichen Lebens." Doch gerade vermeintliche Belanglosigkeiten wie diese sagen oft mehr über das Phänomen der Röntgenstrahlen aus als die meisten der länger lebenden Zeugnisse. Wer unter die Oberfläche des Anekdotischen und Souvenirhaften dringt, gewinnt tiefere Einsichten in die Sozialgeschichte der Medizin. Objekte, die aus tagesaktuellem Anlass entstanden sind, sprechen Bände über die von den Strahlen verursachten Träume und Ängste der Vergangenheit.

Einer der ersten Wissenschaftler des 20. Jahrhunderts, die den Wert gedruckter Ephemera erkannten, war John Johnson, dessen Sammlung heute in der Bodleain Bibliothek in Oxford aufbewahrt wird. Sammelkarten, Postkarten, Werbematerial und Cartoons machten anschaulich, wie die Menschen zu gewissen Zeiten über Röntgenstrahlen dachten. Bei keinem Objekt waren Röntgenabteilungen oder Gesundheitsämter die Urheber, alle stammten vielmehr aus nicht wissenschaftlichen Quellen. Gerade deshalb konnten die Exponate gut verständlich machen, was „Otto Normalverbraucher" von der neuen Technologie erwartete oder befürchtete.

Während philatelistisches Material öfters zu sehen ist, sind solche Ephemera auch unter Radiologen weitgehend unbekannt. Dabei verströmen diese Objekte nicht nur einen originellen Charme, sondern sind auch sozialgeschichtlich hoch interessante Zeitdokumente.

Es fällt auf, dass gewisse Themen immer wiederkehren. Röntgenstrahlen erinnern uns beispielsweise an die unangenehme Wahrheit, dass wir alle lebende Skelette sind. Auch das bildhübscheste Mädchen ist im Grunde nichts weiter als ein Knochengerippe, wie die amerikanische Postkarte von 1958 die Unwissenden belehrt. In geformten Kunststoff gegossen findet sich die Mahnung: „All the beauty of the world, 'tis but skin deep." Alle Schönheit der Welt liegt nur an der Oberfläche, und darunter ist der Verfall vorgezeichnet. Dieses Thema, das unsere Selbstwahrnehmung empfindlich stört, findet man sehr häufig in den frühen Jahren der Radiographie. Ein zweites Hauptmotiv dreht sich um die Tatsache, dass die Röntgenstrahlen uns erlauben, genau das zu sehen, was eigentlich versteckt sein sollte. Das „unsichtbare Licht" offenbart viele Dinge, die man sehen muss: Knochenbrüche oder Krankheiten. Aber es macht auch Dinge sichtbar, die vielleicht besser verborgen blieben.

1962

F. H. C. Crick, J. D. Watson und M. H. F. Wilkins erhalten den Nobelpreis für Physiologie und Medizin für die Entdeckung der molekularen Struktur der Nukleinsäuren und ihrer Bedeutung für die genetische Informationsübertragung in lebender Substanz.

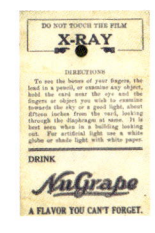

Röntgenstrahlen zeigen mehr, als gut für uns ist. Eine Erfahrung, die Dr. Xavier, gespielt von Ray Milland in dem Kultfilm „Der Mann mit den Röntgenaugen" aus dem Jahre 1963, zum Verhängnis wird. Der Zollbeamte entdeckt die Schmuggelware, und der Ehemann kommt seiner untreuen Ehefrau auf die Spur. Ephemera haben aber zugleich auch Bildungscharakter. Sammelkarten, wie sie die französischen Verbraucher in Schokoladenpackungen fanden, zeigten Röntgenapparate und gaben einen Einblick in die Technik. Die bildungsbeflissenen Illustrationen könnten auch aus einem Radiologie-Lehrbuch stammen, mit Schokoladenwerbung haben sie wenig zu tun. Die Karte der Firma Suchard zeigt ein Portrait von Röntgen und einen frühen Röntgenapparat. Als Röhre ist eine einfache Glasbirne dargestellt, Beispiele von Röntgenaufnahmen hängen an den Wänden.

1962

37. Präsident der DRG
Werner Teschendorf

1962

J. C. Kendrew und M. Perutz erhalten den Nobelpreis für Chemie für Röntgenstrukturuntersuchungen globulärer Proteine.

Philippe Suchard (1797-1884) eröffnete 1825 seinen ersten Süßwarenladen in Neuachtel in der Schweiz. Um 1880 legte Suchard die ersten Sammelkarten auf. Sie wurden ein Riesenerfolg und sind noch heute unter Sammlern begehrt. Eine seiner Sammelkarten zeigt neben der Illustration der Anfertigung einer Handaufnahme auch das Porträt Röntgens. Nicht immer sind Röntgengeräte auf den Bildern korrekt wiedergegeben. So hat der Gestalter der französischen Karte „les Rayons X" vermutlich nie im Leben ein Röntgengerät zu Gesicht bekommen. Denn der Patient, der gerade geröngt wird, hat allen Grund, erstaunt drein zu schauen: Seine Hand liegt auf der verkehrten Seite des fluoreszierenden Schirms! Das anzüglichen Potenzial der Röntgenstrahlen und mithin ihre Fähigkeit, auch intimste Details preiszugeben, dokumentiert sich u.a. in dem Cartoon aus dem Jahr 1899, der Damen vorschlägt, ein Metallkleid zu tragen, gewissermaßen als züchtiges Bollwerk gegen die schamlosen Anwender der neuen Röntgenstrahlen. Die um 1910 entstandene mechanische Postkarte „X STRAHLEN" zeigt erst ein wohlanständiges und korrekt gekleidetes Paar am Strand. Zieht man an einer Lasche, werden Röntgenstrahlen aktiviert, und plötzlich verschwinden die Kleider – das Paar steht bloß noch in Badeanzügen da. Manchmal sind intime Details nicht schicklich. So zeigt sich die junge Dame wenig erfreut über das Resultat der neuartigen Röntgenaufnahmen, die ihr der Verlobte zum Geschenk gemacht hat.

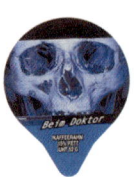

Die Anwendungsmöglichkeiten der Röntgenstrahlen wurden in den frühen Jahren nur wenig verstanden. Man ging allen Ernstes davon aus, dass man im Jahr 2000 Einbrecher mit Röntgenstrahlen durch Wände entdecken könne, was in etwa der Vorstellung gleicht, man wolle mit Röntgenstrahlen in Lastwagen versteckte blinde Passagiere aufspüren. Ein Gedicht auf der Rückseite dieser Karte widmet sich solch kühnen Träumen:

Verbesserte Röntgenstrahlen im Jahre 2000.

Halt, wer bricht bei mir ein?
denkt sich Rentier Reichenstein.
Denn mein Geldspind knackt gar sehr,
Schnell die Röntgen-Strahlen her!
Diese sind doch wunderbar,
Alles sieht man deutlich klar
Durch die meterdicke Wand
Hat die Diebe er erkannt.
Schnell geht er zur Polizei
Diese kommt und 1 2 3
Eh's die Strolche sich gedacht
Sind in Fesseln sie gebracht.

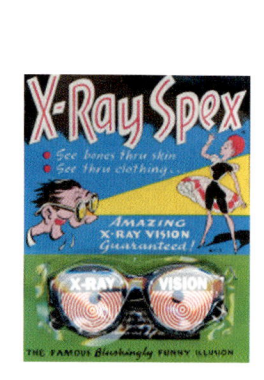

1962
B. Rajewski wird zum ersten Präsidenten der European Association of Radiology (EAR) gewählt und bekleidet dieses Amt bis 1967.

1962
R. L. Egan beschreibt den ersten Einsatz der Mammographie als Screening-Untersuchung.

Sogar eine neugierige Concierge versetzen Röntgenstrahlen ohne weiteres in die Lage, die Post der Hausbewohner zu lesen, ohne sie öffnen zu müssen. Ganz ohne Zweifel bedienen sich auch Behörden der Röntgenstrahlen, um verdächtige Post zu prüfen. Als Verkaufsschlager aber gilt ein „Umschlag-Röntgen-Spray", das Umschläge unsichtbar und ihren Inhalt lesbar machen kann. Dieses Spray wird heute noch über Ebay angeboten. Und kein Artikel über Röntgenstrahlen ohne den Mann aus Stahl: Superman Clark Kent mit Röntgenblick oder Röntgenbrille. Diese wird in Superman-Comic-Heften angeboten und soll den Eindruck erwecken, man könne damit durch Kleider sehen.

Zu den Klassikern der Ephemera gehört der Pinguin auf der Verpackung eines britischen Penguin-Schokoriegels. Er benutzt einen Röntgenapparat, um den eben verspeisten Fisch zu inspizieren. Die Illustration ist zeitgenössisch, doch der Apparat stammt aus den 1930er Jahren. Dieses Stück Papier beweist, dass Ephemera nicht identisch sind mit schlechter Qualität und schlechtem Geschmack. Denn die Verpackung hat ein gutes Design, die Herstellung ist keineswegs billig, und man hat sich offensichtlich viele Gedanken über die Illustration gemacht. Dennoch bleibt es ein Verpackungspapier und damit ein Wegwerfprodukt.

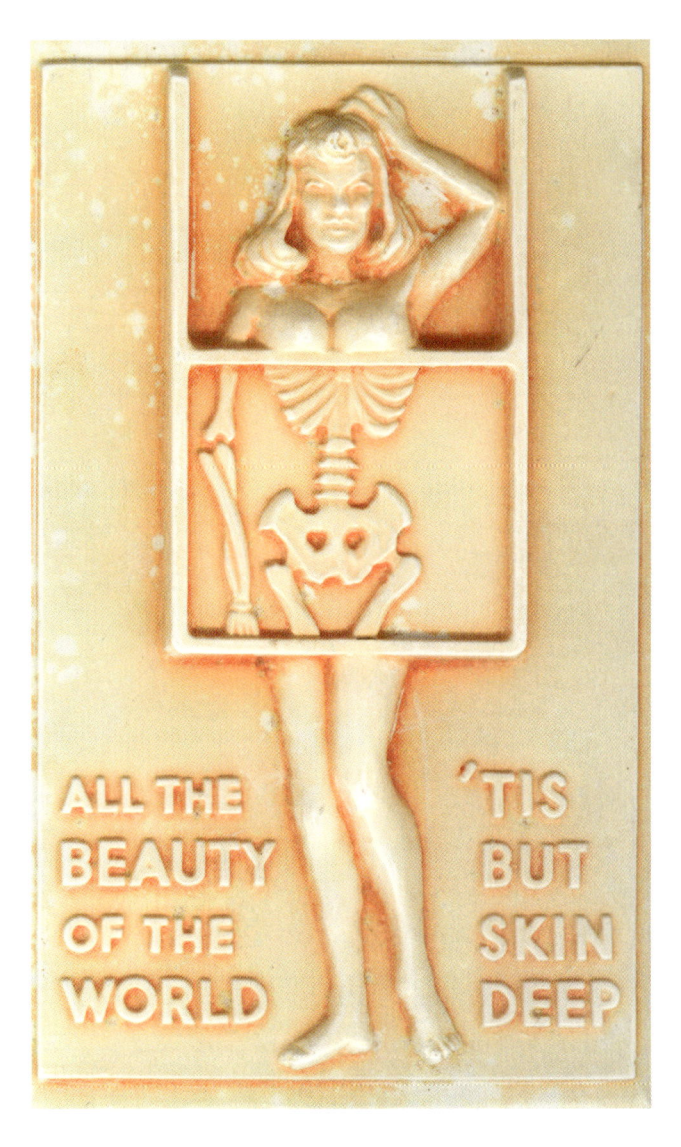

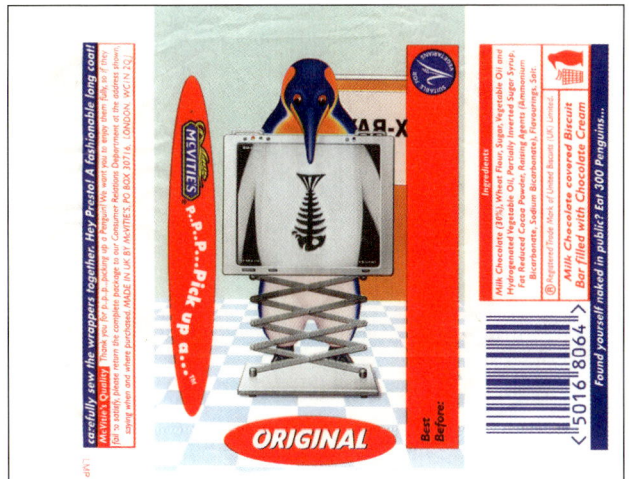

Das Interesse an Ephemera ist bis zu den Universitäten vorgedrungen. 1993 wurde das Centre for Ephemera Studies an der Universität Reading gegründet, denn „im Laufe der Jahre sind zahlreiche Ephemera-Sammlungen aufgetaucht – Etiketten, Eintrittskarten, Formulare, Handzettel, Nachrichten, Briefpapier, Werbematerial – Dinge, denen zumeist ein kurzes Leben zugedacht war, die aber im Rückblick ein Stück Zeitgeschichte repräsentieren." Aktive Ephemera-Gesellschaften gibt es heute in Großbritannien und Nordamerika.

„ ... die Ephemera von heute sind die Beweise von morgen ..."

1962

Am 15. Dezember wird die (EAR) als Schirmherrin der nationalen europäischen radiologischen Gesellschaften von Boris Rajewsky (Max Planck Institut, Frankfurt, BRD) und Charles Marie Gros (University of Strasbourg, Frankreich) gegründet.

Pädiatrische Radiologie

Gabriele Benz-Bohm, Köln
Ernst Richter, Hamburg

Die Pädiatrische Radiologie ist ein eigenständiges Spezialgebiet mit seit 42 Jahren bestehenden nationalen und internationalen Gesellschaften und der eigenen internationalen Zeitschrift „Pediatric Radiology". Sie ist ein Schwerpunkt (=Teilgebiet) der Diagnostischen Radiologie.

Geschichte der Pädiatrischen Radiologie in Deutschland

Die Pädiatrische Radiologie hat eine lange Tradition. Bald nach ihrer Entdeckung wurden Röntgenstrahlen auch auf Kinder angewendet. In Deutschland nahmen sich zunächst besonders Pädiater dieser neuen diagnostischen Methode an. Schon bald entstanden Bücher über die Röntgendiagnostik und -therapie im Kindesalter, so von Reyher 1912, Becker 1931, Engel und Schall 1933. In den USA erschien 1945 die erste Auflage des pädiatrisch-radiologischen Standardwerkes von Caffey.

Die Pädiatrische Radiologie entwickelte sich in Deutschland aus der Pädiatrie und wurde erst später bei rasanter Entwicklung der Technik der Radiologie angegliedert. In anderen Ländern wie z.B. in den USA oder in Frankreich entstand die Pädiatrische Radiologie von Anfang an aus der Radiologie und wurde schon frühzeitig in großen pädiatrischen Zentren mit eigenen, personell und apparativ angemessen ausgestatteten pädiatrisch-radiologischen Instituten praktiziert. In Deutschland dagegen wurde die Pädiatrische Radiologie überwiegend von kleineren Einheiten getragen, mit geringerer Ausstattung. Zum Teil waren und sind die deutschen Pädiatrischen Radiologen „Einzelkämpfer".

Zu den „Pionieren" der Pädiatrischen Radiologie, welche dieses Fach in Deutschland begründet und ständig gefördert haben, gehören Kl.-D. Ebel, H. Fendel, W. Holthusen, H. Kaufmann, M.A. Lassrich und E. Willich, im weiteren auch W. Schuster. 1991 wurde Professor Willich Ehrenmitglied der Deutschen Röntgengesellschaft.

01 Sonographische Untersuchung des Gehirns bei einem Frühgeborenen
02 Intrakranielles extracerebrales Hämatom. Neugeborenes, Z.n. VE. Transkranielle Sonographie

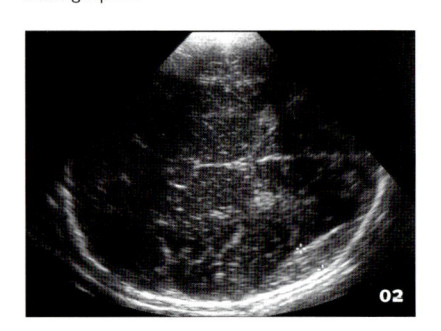

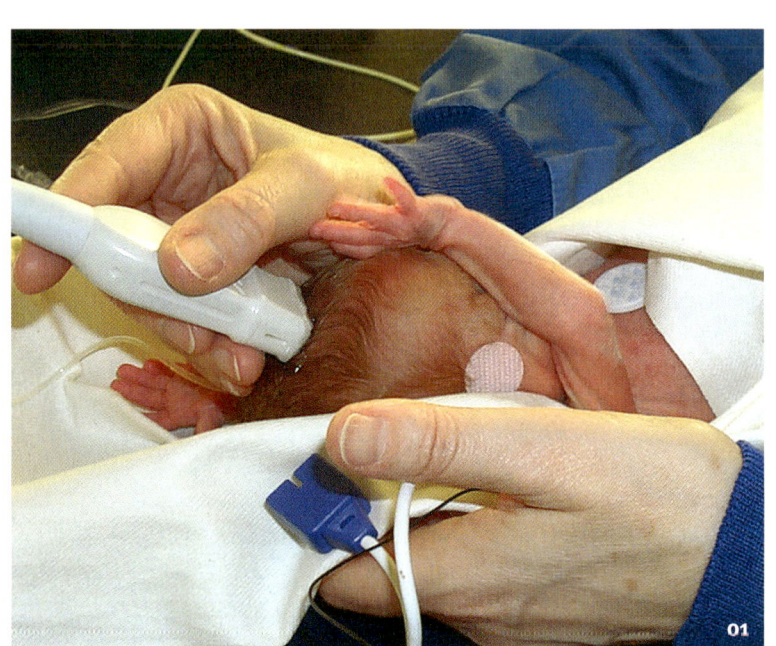

1963
38. Präsident der DRG
Robert Bauer

1963
Gründung der Internationalen Gesellschaft für pädiatrische Radiologie mit Sitz in der Bundesrepublik Deutschland

Nationale und internationale pädiatrisch-radiologische Gesellschaften wurden gegründet. So schlossen sich 1963 die Pädiatrischen Radiologen der deutschsprachigen Länder zusammen, vereint mit zahlreichen Mitgliedern anderer westeuropäischer Länder. Zunächst entstand eine Arbeitsgruppe, dann die „Gesellschaft für Pädiatrische Radiologie". In diesem Herbst wird die 42. Jahrestagung, verbunden mit dem 25. Fortbildungskurs, in Bonn (L. R. Schmidt, R. Tietze) stattfinden. In der früheren DDR nahm die Pädiatrische Radiologie eine ähnliche Entwicklung: Pädiatrische Radiologen (u. a. G. Berger, D. Hörmann, Frau I. Nitz, H. J. Preuss, E. Rupprecht, Frau H. Wiersbitzky) schlossen sich zusammen, es entstanden pädiatrisch-radiologische Sektionen der Radiologischen und Pädiatrischen Gesellschaften. Europaweit gründeten Pädiatrische Radiologen ebenfalls im Jahre 1963 die „European Society of Pediatric Radiology" (ESPR). Der Jahreskongreß dieser europäischen Gesellschaft wurde viermal in Deutschland ausgetragen, nämlich 1968 in Hamburg (M. A. Lassrich), 1979 in Köln (Kl.-D. Ebel), 1990 in München (H. Fendel) und 2004 in Heidelberg (J. Tröger). Alle 5 Jahre kommen die Pädiatrischen Radiologen zu einem weltweiten gemeinsamen Kongreß (International Pediatric Radiology, IPR) der ESPR und der nordamerikanischen Society for Pediatric Radiology (SPR) zusammen. Professor Lassrich wurde 1996 als „Pioneer of Pediatric Radiology" auf dem IPR-Kongreß in Boston geehrt. Der jährlich von der ESPR ausgerichtete Fortbildungskurs (European Course of Pediatric Radiology) fand 1996 in Köln statt (Frau G. Benz-Bohm, E. Richter).

Organisation der Pädiatrischen Radiologie in Deutschland
Mit der Weiterbildungsordnung von 1988 wurde die Pädiatrische Radiologie Teilgebiet der Radiologischen Diagnostik. Sie ist als Schwerpunkt der Radiologie zum einen im Vorstand der Deutschen Röntgengesellschaft vertreten (E. Horwitz, Krefeld), zum anderen mit einer Arbeitsgemeinschaft „Pädiatrische Radiologie" (Frau B. Stöver, Berlin). Diese organisiert jährlich eine Fortbildung für Radiologen in Pädiatrischer Radiologie.

Die Gesellschaft für Pädiatrische Radiologie (GPR) stellt die Vereinigung der Pädiatrischen Radiologen der deutschsprachigen Länder dar, ihre Mitglieder kommen überwiegend aus Deutschland, der Schweiz, Österreich, Belgien und den Niederlanden.

Voraussetzung für die Anerkennung als Pädiatrischer Radiologe ist die abgeschlossene Weiterbildung in Radiologie und eine dreijährige Weiterbildung bei einem dazu ermächtigten Pädiatrischen Radiologen, wovon ein Jahr während der Facharztausbildung bereits möglich ist. Wahlweise wird ein Jahr Pädiatrie oder Kinderchirurgie angerechnet.

Besonderheiten der Pädiatrischen Radiologie (Abb. 01 bis 08)
Für Kinder müssen bildgebende Verfahren sowohl in der Diagnostik als auch bei interventionellen Maßnahmen speziell angepaßt werden. Hierbei sind personelle, apparative und bauliche Voraussetzungen unabdingbar. Planung, Methodenwahl, Handhabung und Einstellung der Geräte müssen entsprechend dem Alter des Kindes variiert werden. Der gesamte Untersuchungsablauf muß kindgerecht erfolgen.

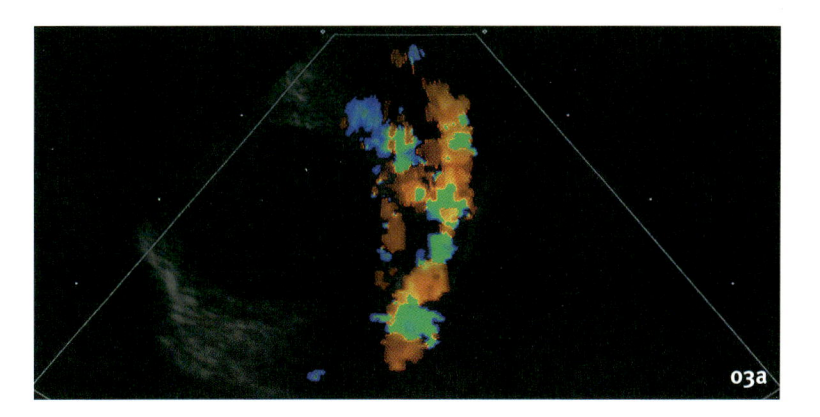

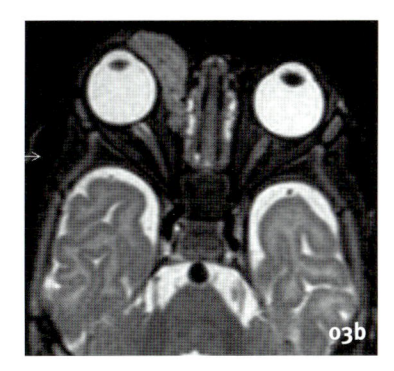

03 Intraorbitales high-flow-Hämangiom. 3 Monate alter Säugling
a) FKDS
b) MRT T2w axial

04 Hypertrophe Pylorusstenose. 3 Wochen alter Säugling. Sonographie

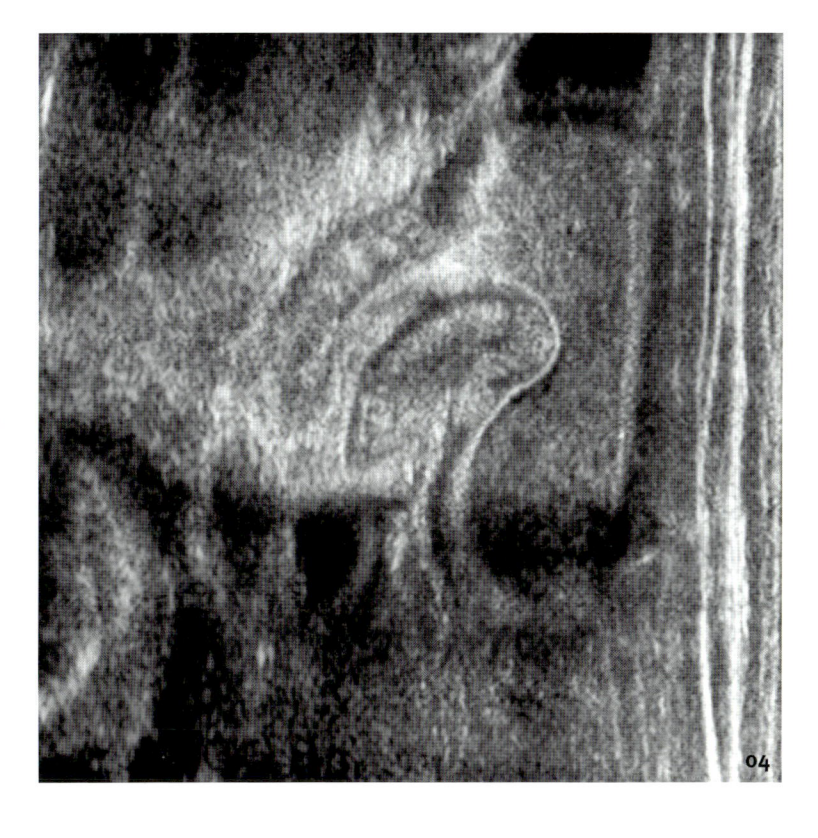

1964

39. Präsident der DRG
Josef Becker

1964

D. C. Hodgkin erhält den Nobelpreis für Chemie für die Bestimmung verschiedener biologisch wichtiger Substanzen mit Röntgenstrahlen.

Mangelnde Kooperation besonders der kleinen Kinder erfordert eine Anpassung des Untersuchungsganges mit höherem Zeitaufwand und z.T. umständlicher Anwendung von Hilfsgeräten.
Dies kann nur gewährleistet werden, wenn sowohl ärztliches als auch medizinisch-technisches Personal ausreichend zur Verfügung steht und spezielle pädiatrisch-radiologische Kenntnisse und Erfahrung besitzt.

Spezialgebiete der Erwachsenenradiologie beziehen sich auf bestimmte Organe oder Organsysteme. Die Pädiatrische Radiologie hingegen ist eine organübergreifende Allgemeinradiologie für Kinder aller Altersstufen, mit dem großen Spektrum von extremen Frühgeborenen bis zu Adoleszenten. Deshalb setzt die Pädiatrische Radiologie Fachwissen und Erfahrung nicht nur auf dem Gebiete der Radiologie, sondern auch der Pädiatrie voraus. Allein die außerordentlichen Größenunterschiede sind in der Erwachsenenradiologie unvorstellbar. Vergleicht man beispielsweise ein 700 g schweres Frühgeborenes mit einem kräftigen Jugendlichen von 70 kg, so besteht ein 100facher Gewichtsunterschied! Neugeborene, Säuglinge und ältere Kinder haben zum Teil andere Krankheiten als Erwachsene. Im frühen Kindesalter befinden sich die Organe in einer rasanten Entwicklung. So zeigen viele pathologische Veränderungen – bedingt durch den jeweiligen Entwicklungszustand – völlig andere Manifestationen und Verläufe als im Erwachsenenalter. Störungen der Entwicklung, wie z.B. angeborene Dysplasien, vererbte Mißbildungssyndrome sowie prä- und perinatal erworbene Störungen führen zu den mannigfaltigsten Fehlbildungen.
Diese Besonderheiten müssen bei der bildgebenden Diagnostik und bei den interventionellen Maßnahmen berücksichtigt werden, damit der mögliche Nutzen größer ist als der mögliche Schaden. Keine radiologische Untersuchung an Kindern darf Routine sein.

Es ist das Verdienst von Helmut Fendel, den auch besonders für das Kindesalter wichtigen Begriff der „Efficacy" (Auswirkung) als Auswahlkriterium für bildgebende Verfahren zu propagieren. Aus der Anwendung einer bildgebenden diagnostischen Methode ergibt sich nur dann ein Nutzen, wenn dieses Verfahren eine Auswirkung besitzt auf

- die Diagnosestellung,
- die vorgesehene Patientenbetreuung und -behandlung,
- den endgültigen Heilerfolg,
- das allgemeine Wohl.

Dem Strahlenschutz kommt die entscheidende Rolle zu (ALARA-Prinzip – as low as reasonably achieveable), da kindliche Organe besonders strahlensensibel sind. So hat die ENPR (European Network of Pediatric Radiology, ehem. Lake Starnberg Group) europäische Richtlinien erarbeitet (European Guidelines on Quality Criteria for Diagnostic Radiographic Images in Paediatrics 1996). Mit der Entwicklung der Mehrschicht-CT sind pädiatrisch orientierte dosisreduzierte Protokolle dringend erforderlich geworden. Die Richtlinien für bildgebende Diagnostik in den jeweiligen onkologischen Studienprotokollen werden überwiegend von Pädiatrischen Radiologen erstellt, die Untersuchungen von ihnen als Referenzradiologen überprüft und ausgewertet. Die Leitung der Strahlenschutzkommission liegt derzeit in Händen der Pädiatrischen Radiologen (Frau B. Stöver). In der Pädiatrischen Radiologie sollten gezielt solche Methoden zur Anwendung kommen, die keine

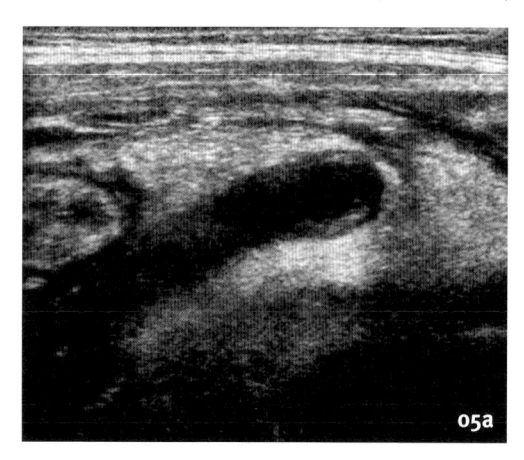

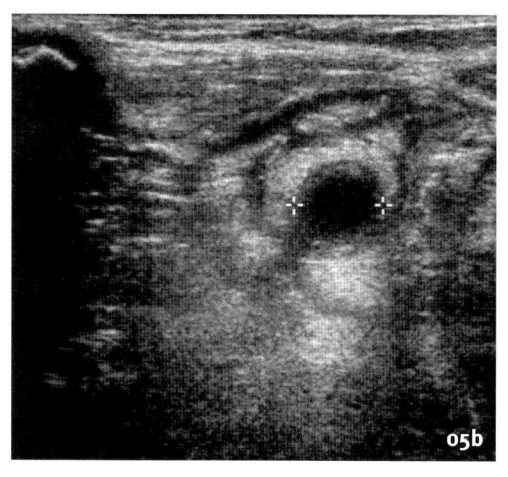

05 Akute Appendizitis. 16-jähriges Mädchen. Sonographie
a) Längsschnitt
b) Querschnitt

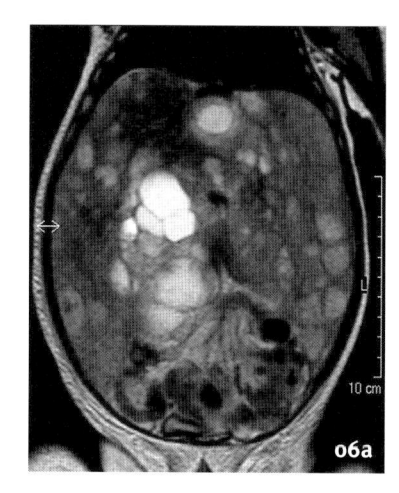

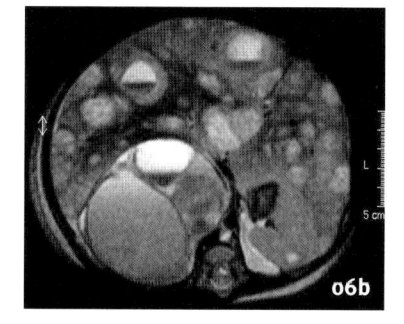

06 Neuroblastom 4s. 7 Monate alter Säugling. MRT
a) T2w coronal
b) T2w axial

1964

Das deutsche Krebsforschungszentrum wird in Heidelberg gegründet.

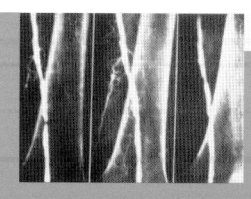

1964

C. T. Dotter und M. P. Judkins stellen ihre Methode der transluminalen Angioplastie vor.

07 Unilateral fusionierte Niere links mit kaudaler Ektopie des rechten Anteils. VUR 3° bds 17-jähriges Mädchen. MCU
08 Korbhenkel-Phänomen hinweisend auf eine Kindesmißhandlung. 8 Monate alter Säugling. Seitliche Röntgenaufnahme des rechten Knies

ionisierende Strahlung benötigen, wie Sonographie und Magnetresonanztomographie. Die Ultraschalldiagnostik – schon frühzeitig von R. D. Schulz in die Pädiatrische Radiologie eingeführt – hat hierbei einen besonderen Stellenwert. So hat sie das diagnostische Vorgehen grundlegend verändert und macht als Basisuntersuchung einen großen Teil der Arbeitsbelastung des Pädiatrischen Radiologen aus.

Derzeitige Situation der Pädiatrischen Radiologie in Deutschland

In Deutschland besteht ein Mangel an hauptamtlich tätigen Pädiatrischen Radiologen und an pädiatrisch-radiologischen Funktions- und Ausbildungsstätten. Pädiatrische Radiologie wird in wenigen eigenständigen Abteilungen und überwiegend in Funktionseinheiten geleistet, welche insgesamt den Bedarf an notwendiger pädiatrisch-radiologischer Krankenversorgung, Forschung, Lehre und Fortbildung nicht decken können. Ihre Anzahl ist zu gering, die personellen, apparativen und baulichen Ausstattungen sowie die finanziellen Ressourcen sind ungenügend. Zusätzlich werden zur Zeit die bestehenden pädiatrisch-radiologischen Funktionseinheiten quantitativ und qualitativ reduziert. Einzelne Pädiatrische Radiologen arbeiten in Radiologischen Gemeinschaftspraxen.

Ungefähr jeder 7. Einwohner in Deutschland ist jünger als 15 Jahre, aber nur etwa jeder 110. Radiologe ist hauptamtlich pädiatrisch-radiologisch tätig. Etwa 62 Radiologen stehen zur Versorgung von 1 Million Einwohnern zur Verfügung. Gleichzeitig versorgen weniger als 5 hauptamtliche Pädiatrische Radiologen 1 Million Kinder. So wird die weitaus überwiegende Zahl der Kinder von Allgemeinradiologen untersucht, von denen die meisten keine oder nur eine unzureichende Ausbildung in Pädiatrischer Radiologie erhalten haben.

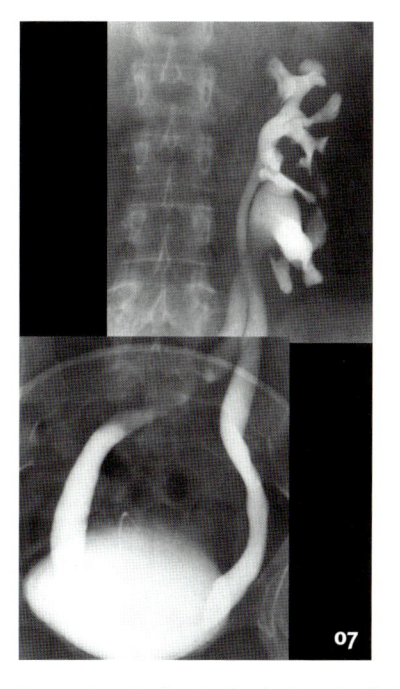

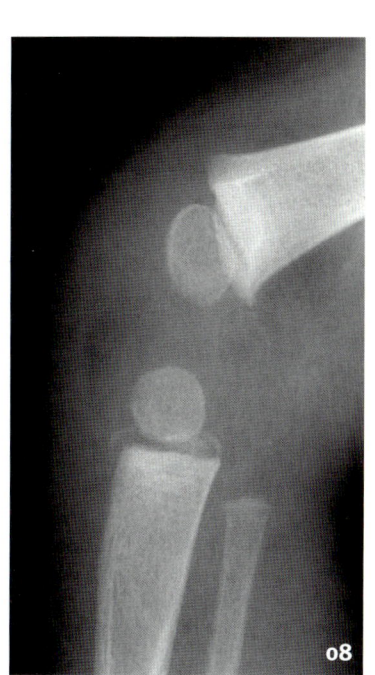

Kenntnisse in der Pädiatrischen Radiologie sind nach den jüngsten Richtlinien für die Facharztanerkennung in Diagnostischer Radiologie nicht mehr erforderlich, dies steht in krassem Gegensatz zu den Nachbarländern Schweiz und Österreich.

Die Geräte für Computertomographie, Kernspintomographie und nuklearmedizinische Untersuchungen stehen in der Regel nicht oder nur selten in Kinderradiologischen Funktionseinheiten, sondern in allgemeinradiologischen Instituten zur Verfügung. Untersuchungen besonders im frühen Kindesalter sind dadurch erschwert und verlaufen oft nicht optimal.

Forderungen an die Zukunft

Entscheidungsträger müssen erkennen, daß Investitionen für Kinder Investitionen in die Zukunft unseres Landes sind. Kinder machen 14,3 % unserer Bevölkerung aus, sie stellen jedoch 100 % unserer Zukunft dar. Kinder sind keine „kleinen Erwachsenen", die ohne weiteres im Rahmen der Allgemeinradiologie mitversorgt werden können, vielleicht noch mit „kleinerem Aufwand", nämlich mit kleineren, billigeren Geräten, mit weniger Personal und geringerem Kostenaufwand. Wie in anderen Ländern wären ausreichend große Kinderzentren mit angemessen ausgestatteten pädiatrisch-radiologischen Funktionseinheiten optimal. Wenn schon keine eigenen Geräte zur Verfügung stehen, dann sollten genügend Pädiatrische Radiologen zur Indikationsstellung, für die Beratung beim Untersuchungsablauf und bei der Interpretation der Ergebnisse zur Verfügung stehen. Fortschritte sind diesbezüglich nur zu erwarten, wenn Pädiatrische Radiologen und Allgemeinradiologen in engster Kooperation Wege suchen und Möglichkeiten realisieren, um die pädiatrisch-radiologische Versorgung unserer Bevölkerung zu verbessern.

1964
A. M. Cormack publiziert seine theroetischen Überlegungen zur Computertomographie.

1965
40. Präsident der DRG
Alfons Jakob

MTA in der Radiologie

Anke Ohmstede, Oldenburg
Ulla Roth, Mainz

Bedeutende naturwissenschaftliche Entwicklungen vor mehr als 100 Jahren wie die Entdeckung der Röntgenstrahlen durch Wilhelm Conrad Röntgen und die bakteriologischen Forschungen von Robert Koch bildeten die Grundlage für den MTA-Beruf.

Nun ist der Beruf aber nicht aus dem Bedürfnis der Ärzte nach medizinischem Hilfspersonal entstanden, sondern steht im engen Zusammenhang gesellschaftlicher Veränderungen und der Umstellung der Wirtschaft auf industrielle Produktionsweisen im 19. Jahrhundert. Zu der damaligen Zeit gab es für Frauen nur wenige Ausbildungsmöglichkeiten und es war nicht unbedingt üblich, dass Frauen – außer im eigenen Haushalt – arbeiteten. Wenn berufstätig, dann arbeiteten Frauen aus der unteren Schicht als Fabrikarbeiterin oder Magd, während Frauen aus bürgerlichen Kreisen als Gouvernante, Wirtschafterin oder Lehrerin arbeiteten.

Ein Wegbereiter qualifizierter Frauenerwerbstätigkeit war Wilhelm Adolph Lette mit der Gründung des Lette-Hauses in Berlin 1866. Der „Lette-Verein zur Förderung höherer Bildung und Erwerbstätigkeit für das weibliche Geschlecht" in Berlin nahm 1868 erstmals das Fach „Photographie" in seinen Lehrplan auf.

Am 29. Januar 1896 war die Geburtsstunde des MTA-Berufes an der Lette-Schule in Berlin. 17 Frauen begannen eine Ausbildung als Röntgenphotographin.

Die erste Absolventin Paula Chelius erhielt im Krankenhaus Eppendorf in Hamburg eine Stelle im Röntgenlabor als „Wissenschaftliche Hilfsarbeiterin an medizinischen Instituten". Die Stellenangebote mehrten sich und als besonders attraktiv galt, dass an staatlichen Instituten den weiblichen Hilfskräften Pensionsberechtigung zuerkannt wurde, damals eine große Errungenschaft für die Frauen.

Marie Kundt, Nichte des Physikers August Kundt (Lehrer von W. C. Röntgen), von 1913 bis zu ihrem Tod 1932 Leiterin der Photographischen Lehranstalt des Lette-Vereins, bewirkte, dass Laborfächer wie Histologie, Mikroskopie und Klinische Chemie in den Lehrplan aufgenommen wurden. Sie ist gewissermaßen die „Urmutter" des MTA-Berufes beider Fachrichtungen. Damals war die Berufsbezeichnung der ausgebildeten Frauen alles andere als einheitlich. Man sprach von photographischer Schwester, Röntgenphotographin oder Röntgenschwester.

Erst ein Erlass 1921 in Preußen legte die Ausbildungsdauer für Labor und Röntgen auf 2 Jahre fest, mit abschließender staatlicher Prüfung. Die Berufsbezeichnung lautete „Technische Assistentin an medizinischen Instituten".

Die Röngenschwester, ihr Röngtenkabinett oder warum junge Frauen lieber in die Laboratoriumsmedizin strömten

Zu Beginn des 20. Jahrhunderts schildert Leonie Moser, eine der ersten Röntgenschwestern in der Schweiz, anschaulich die Atmosphäre, die ein Röntgenkabinett vermittelte: „Der in grün-schwarzer Farbe getönte Röntgenraum mit seinen stets verdunkelten Fenstern war von einer Stimmung beherrscht, wie sie uns etwa in einer Katakombe befällt. Man musste schon hineintreten, um bei der düsteren Beleuchtung das Chaos von Schalttischen und Maschinengehäusen differenzieren zu können. Eingepfercht in diesen

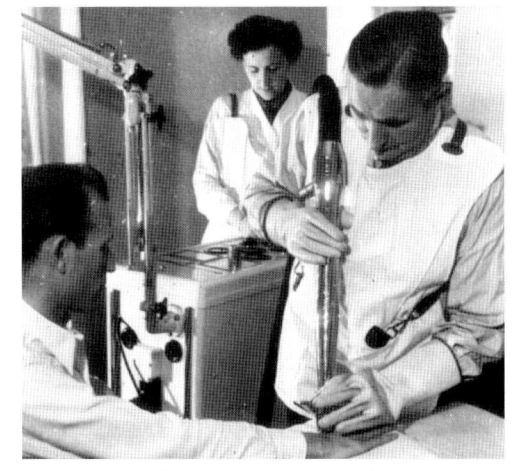

01 Oberflächentherapie mit dem Chaoulgerät

1966
41. Präsident der DRG
Heinz Oeser

1967
42. Präsident der DRG
Hanno Poppe

Raum, dessen Fenster zum Schutz der temperatur- und feuchtigkeitsempfindlichen Röhren nur anläßlich der samstäglichen Reinigung geöffnet werden durften, hatte die Assistentin ihre Arbeit zu verrichten. Ihr oblag die Wartung und Pflege der Geräte und Röhren, die Vorbereitung und Lagerung des Patienten, die Bedienung der Geräte bei Aufnahmen und Bestrahlungen entsprechend den Anweisungen des Arztes – vielfach auch in dessen Abwesenheit –, das Entwickeln, Trocknen und Putzen der Platten, das Schreiben der Befunde, die Archivierung der Aufnahmen und schließlich noch die Korrespondenz des Arztes".

Die Zahl der täglich gelungenen Aufnahmen hing im Wesentlichen von der gefühlsmäßig richtigen Einschätzung der Strahlenqualität ab. Um diese Arbeit leisten zu können, waren Kenntnisse, Erfahrungen, Geduld und Ausdauer erforderlich. Bis in die vierziger Jahre war der Strahlenschutz teils aus Unkenntnis und teils aus Bequemlichkeit völlig unzulänglich. Aufgetretene Röntgenschädigungen und gesundheitliche Beeinträchtigungen machten den Beruf wenig attraktiv. Aus Strahlenangst sind viele der wissenschaftlich interessierten jungen Mädchen in den dreißiger Jahren in die Laboratoriumsmedizin geströmt.
Kein Wunder! Aber trotzdem entwickelte sich die Radiologie weiter. Die Ausbildungsstätten mussten reagieren und nahmen Strahlenschutz und Strahlenschutzvorschriften in ihren Lehrplan auf. Und aus heutiger Sicht betrachtet würde eine Ärztliche Stelle wohl kaum eine „gefühlte Dosis" akzeptieren und hier dringend eine Aktualisierung der Fachkunde im Strahlenschutz fordern.

MTA – ein Mangelberuf mit Programm und langer Tradition
Damals wie heute existiert ein Mangel an MTA und Bezahlung und Konkurrenz mit anderen Berufsgruppen war auch in den dreißiger Jahren des letzten Jahrhunderts ein großes Thema. Viele Krankenschwestern wurden auf Veranlassung ihrer Mutterhäuser in der Röntgenologie angelernt. Es wurden zwar T.A. eingestellt, aber aus Sparsamkeitsgründen wurde von ihnen verlangt, geeignete Schwestern in der Röntgentechnik anzulernen. Es liegt auf der Hand, dass dies Ansinnen den Berufsstand der T.A. nicht förderte. Lehnten sie es ab, wurden sie entlassen. Sie wurden aber auch entlassen, wenn sie der Aufforderung nachkamen, nämlich dann, wenn eine Schwester erfolgreich angelernt wurde.

Mit der Verordnung von 1940 wurde die Ausbildung medizinisch-technischer Gehilfinnen (einjährige Ausbildung) und medizinisch-technischer Assistentinnen (zweijährige Ausbildung), die Berufsbezeichnung MTA und die vorbehaltenen Tätigkeiten gesetzlich verankert. Die Gründe für den Erlass lagen vor allem in den verschiedenen Ausbildungen in Deutschland. Es gab Laboratoriumsassistentinnen, Röntgenassistentinnen und Labor- und Röntgenassistentinnen. Für den Gesetzgeber waren zwei Aspekte maßgebend: die Deckung des sehr großen Bedarfs an Hilfskräften für die Radiologie und die Beschränkung der Dauer und der Kosten der Ausbildung auf ein Mindestmaß. Die Tatsache, dass praktische Ärzte, kleine Krankenhäuser und kleinere Gesundheitsämter geringere Anforderungen an die medizinischen Hilfskräfte

02 Filmbetrachtung nach der Trocknung (60er Jahre)
03 MTAR am ADC System (2004)

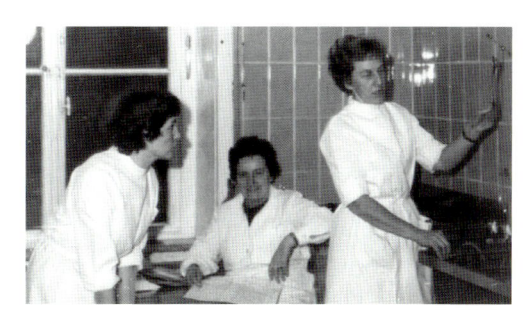

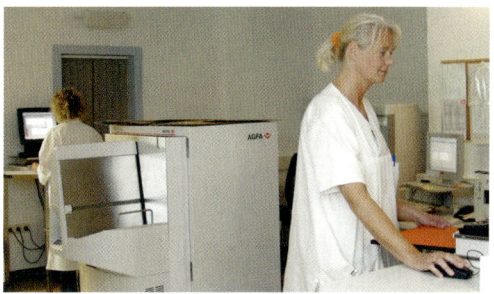

stellten, ebnete den Weg für die med.-techn. Gehilfin. In den Übergangsbestimmungen wurde für Laboratoriumsassistentinnen, die in der Radiologie arbeiten wollten, ein einwöchiger Vorbereitungslehrgang für die sogenannte Röntgenschutzprüfung festgelegt. Historisch betrachtet, hat sich viel verändert, aber einiges kommt uns doch bekannt vor. Der Mangel an MTAR ist auch im 21. Jahrhundert geblieben. Ist es politischer und ärztlicher Wille, dass ca. 66% der Röntgenaufnahmen aus Kostengründen von Nicht-MTAR hergestellt werden?

Das Berufsbild und die Anforderungen an die Berufsausübung waren immer eng an die technische Entwicklung und an die Anforderungen der Radiologen gekoppelt. Durch den Einsatz von Belichtungsautomaten ab Mitte der fünfziger Jahre schien auch die MTA überflüssig zu werden. Der Radiologe H. Schinz schrieb 1958 in einer Ärztezeitschrift:
„[...] dass die Kunst, gute Röntgenbilder herzustellen heute Dank der Fortschritte leicht geworden sei, weshalb diese Aufgabe gut ausgebildeten Röntgengehilfinnen überlassen werden kann."
Und Herr Prof. Zimmer-Brossy vermerkt im Umgang der MTA mit Ärzten:
„[...] Im Teamwork eines Röntgeninstituts ist der Arzt die Hauptperson, die Röntgenassistentinnen haben dafür zu sorgen, dass er diese Stelle voll und ganz einnehmen kann. Sie müssen ihn in seiner Tätigkeit röntgentechnisch, organisatorisch und administrativ unterstützen. Die Assistentin hat sich seinen Anordnungen zu unterziehen. [...] Sie sorgt dafür, dass die Anamnese richtig aufgenommen wird und vermerkt Besonderheiten, die ihr bei einem Patienten aufgefallen sind. Dadurch kann sie dem Röntgenarzt bei seiner Diagnosestellung behilflich sein. Sie unterstützt den Chef, wo sie nur kann, und räumt alles aus dem Wege, was ihn diagnostisch zu einer Fehleinschätzung führen könnte."

1967
A. Margulis prägt den Begriff Interventionelle Radiologie zur Beschreibung minimalinvasiver Eingriffe mit Hilfe von radiologischen Methoden.

1967
C. Barnard führt in Kapstadt die erste Herztransplantation durch.

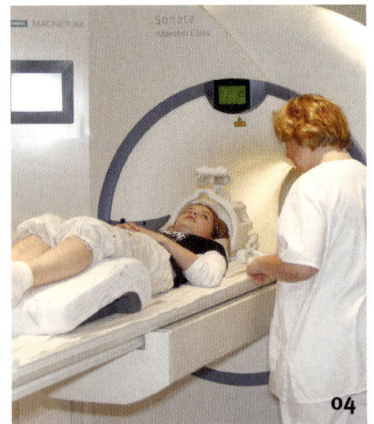

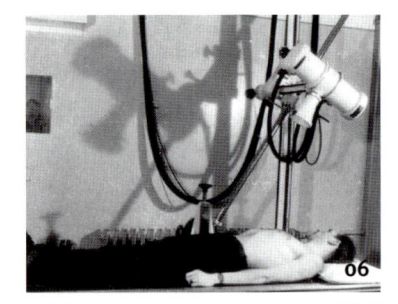

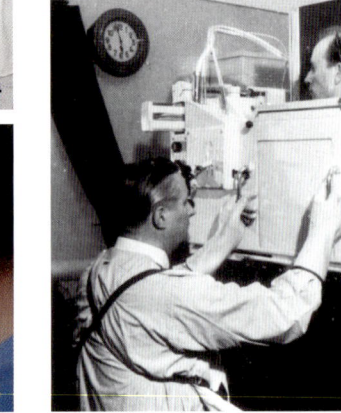

04 MTAR am MRT (2004)
05 MTAR am CT (2004)
06 Tomographie (60er Jahre)
07 Durchleuchtung (60er Jahre)

Und immer wieder wurde das MTA Gesetz novelliert
1958 wurde der Beruf der Medizinisch-technischen Gehilfin wieder abgeschafft, aber es blieb bei der gemeinsamen Ausbildung Laboratoriumsmedizin und Radiologie. Zusätzlich musste nach der Ausbildung ein halbjähriges Praktikum absolviert werden, über dessen Wert man streiten konnte.

Die Realität hatte das Gesetz schnell eingeholt. In den meisten Krankenhäusern wurde die Doppelqualifikation auf Grund der organisatorischen Abläufe nicht gebraucht. Hinzu kam, dass die technische Entwicklung in der Radiologie, Nuklearmedizin und Strahlentherapie schon in den sechziger Jahren eine Anpassung der Ausbildung an die neuen Technologien dringend notwendig machte.

Einmalig in der Geschichte des MTA-Berufes ist die Demonstration ⟶ **08** von ca. 1500 MTA am 3. September 1970 in Hamburg für eine bessere Ausbildung auf europäischem Niveau, Aufstiegsmöglichkeiten und gerechteren Arbeitsbedingungen. Einmalig und ungewöhnlich deshalb, weil „höhere Töchter" eigentlich nicht demonstrierten. Aber vielleicht hat die APO-Zeit auch bei den MTA Spuren hinterlassen. 1972 wurde die Ausbildung in Radiologie und Laboratoriumsmedizin getrennt. Allerdings musste das erste Semester von beiden Fachrichtungen gemeinsam absolviert werden, die Ausbildung blieb auf 2 Jahre beschränkt, das halbjährige Praktikum viel zum Glück weg. Immerhin konnten sich die Ausbildungsstätten jetzt für 3 Semester auf die Fachausbildung konzentrieren. Seit dieser Zeit spricht man von DEGRO – AG MTAR und MTAL.

1993 erfolgte die bislang umfassendste Änderung der Ausbildung. Nach der Wiedervereinigung von West- und Ostdeutschland war eine Novellierung erforderlich geworden. Die Ausbildungen erfuhren eine weitere Trennung, die Ausbildungszeit wurde auf 3 Jahre verlängert. Dies war schon in der damaligen DDR seit den 70er Jahren der Fall. Seitdem gibt es 4 MTA-Berufe der Fachrichtungen Radiologie, Laboratoriumsmedizin, Veterinärmedizin und Funktionsdiagnostik.

Die Trennung in 4 Berufsbilder macht den hohen Grad der Spezialisierung deutlich, um den Anforderungen in der Medizin gerecht zu werden. Europäisches Niveau haben wir allerdings immer noch nicht erreicht. Im Gegenteil, als größtes Land in der europäischen Union sind wir mehr oder weniger abgehängt worden und erhalten nur durch eine weitere Ausbildung, verbunden mit hohen Kosten, eine Anerkennung und Erlaubnis in den europäischen Ländern.

Die organisierte MTA
Das „höhere Töchter Image", dass noch bis in die 70er Jahre bestand, hat sich durch die Emanzipationsbewegung und ein sich entwickelndes eigenes Berufsverständnis aufgelöst.

Dazu beigetragen haben die MTA selber, indem sie sich eine eigene Stimme gaben. Zwar wurde schon 1919 der BOTAWI (Bund der Organisationen technischer Assistentinnen an wissenschaftlichen und industriellen Instituten) gegründet, aus dem sich dann 1922 der „Verband technischer Assistentinnen" (V.T.A.) abspaltete. Aber erst der Zusammenschluss von 4 kleineren Verbänden am 30. August 1969 zum dvta mit heute ca. 20 000 Mitgliedern führte dazu, Arbeitsbedingungen, Prüfungskriterien, gesetzliche Bestimmungen, Weiterbildungsregularien und vieles andere für medizinische Assistentinnen und Assistenten auszuarbeiten. Bei den Gesetzgebungsverfahren wie MTA-Gesetz und Strahlenschutzverordnungen bringen die MTAR ihre Vorstellungen ein, erarbeiten Lösungen zu dringenden Fragen, um im Sinne des Patientenschutzes bei der Anwendung von ionisierenden Strahlen auch in gesetzlicher Hinsicht einen aktiven Beitrag zu leisten.

Mit der Gründung von MTA-Vereinigungen bzw. Arbeitsgemeinschaften in der Deutsche Röntgengesellschaft (DRG-VMTB), Deutsche Gesellschaft für Radioonkologie (DEGRO-AG MTB) und Deutsche Gesellschaft für Nuklearmedizin (DGN-AG MTM) haben die MTAR auch eine Stimme in den wissenschaftlichen Fachgesellschaften erhalten. Durch die Integration in den Fachgesellschaften haben MTAR die Möglichkeit, im engen Dialog mit den Ärzten auf ihre Belange hinzuweisen und gemeinsam Veränderungen umzusetzen. Ein Blick nach England zeigt – trotz aller Unterschiedlichkeit im Berufsbild –, dass sich diese Zusammenarbeit erfolgreich gestaltet und wir hier auf einem richtigen Weg sind.

1968
G. N. Hounsfield entwickelt den ersten experimentalen CT zur Vermessung anatomischer Präparate.

1968
Erste perkutane Angioplastie (PTA) – die Wiederöffnung eines verschlossenen arteriellen Gefäßes mit einem Katheder.

MTAR mit steigendem Selbstbewusstsein in das „pixel-Zeitalter"
KIS, RIS, PACS, DICOM, IHE, neue Begriffe, die sich dahinter verbergenden Funktionalitäten auf administrativer und organisatorischer Seite sind hinzugekommen. Ohne diese IT basierte Unterstützung ist die Arbeit rund um eine radiologische Untersuchung mit ihren digitalen Bilddaten nicht mehr vorstellbar.

Insofern haben auch die MTA-Schulen eine große Verantwortung, denn sie legen den Grundstock für den verantwortungsvollen und kompetenten Umgang mit den Patienten und der Technik.

Es gibt wohl kaum einen Beruf, der naturwissenschaftliche Grundlagen und Medizintechnik, deren diagnostische und therapeutische Anwendung am Menschen in diesem Praxisbezug bietet.

Unser Berufsbild ist aber nicht nur vom technischen Wandel geprägt, sondern auch die Rolle der Frau hat sich in unserer Gesellschaft deutlich geändert. Heute dürfte wohl keine Schulleitung ihre Aufnahmebedingungen an ein Haushaltsjahr mit folgender Begründung knüpfen wie 1968:
„Gute Röntgenassistentinnen sind selten, und dafür gibt es mehrere Gründe. Ein Großteil von ihnen wird schnell weggeheiratet. Ihre Zahl ist so groß, dass der kluge und menschenfreundliche Leiter einer rheinischen MTA-Schule die Aufnahme vom Nachweis eines Haushaltsjahres abhängig machte. Die Ärzte, die eine Assistentin heiraten, sollten schließlich nicht völliger hauswirtschaftlicher Unkenntnis ausgeliefert sein."
Scheinbar waren MTA zu der Zeit von einem eigenem Berufsverständnis weit entfernt und ihre berufliche Kompetenz reduzierte sich auf ihre Qualitäten als zukünftige Ehefrau eines Arztes. Dies wurde auch gefördert, da Lette eine Schule für höhere Töchter war und über diesen Umweg auch der akademische Familienanschluss eingefädelt werden konnte.

Heute kommen MTAR aus allen gesellschaftlichen Schichten und es ist kein reiner Frauenberuf mehr. Erfreulicherweise haben viele junge Männer in den vergangenen Jahren diesen Beruf entdeckt.

In den europäischen Ländern ist das schon lange der Fall, der Anteil der Männer ist proportional umgekehrt zu dem Anteil der Frauen in Deutschland. Interessanterweise sind auch Ausbildung, Aufstiegschancen und die Möglichkeit der akademischen Bildung bei unseren europäischen Nachbarn besser entwickelt. Ketzerisch gefragt, liegt das an der männlichen Dominanz in dem Beruf? Die mangelnden Aufstiegschancen – außer Lehre und Leitung – und die Tarifstruktur des öffentlichen Dienstes geben kaum Anlass zur Freude. Der antiquierte Eingruppierungskatalog des BAT von 1972 hat leider nicht die rasante Entwicklung durchlaufen wie die technische Entwicklung und die gestiegenen Anforderungen an die MTAR. Dies mag auch ein Grund sein, warum gut ausgebildete und erfahrene MTAR in die Industrie gehen, um die immer zahlreicher werdenden Entwicklungsmöglichkeiten zu nutzen.

Im radiologischen Alltag sind MTAR die Berufsgruppe, die mit den Kompetenzen auf den Gebieten der Radiologischen Diagnostik, Nuklearmedizin und Strahlentherapie die Brücke für den Patienten zur Technik baut. Gemeinsam mit den Radiologen und Medizinphysikexperten stehen sie für Qualität, vernünftigen Einsatz der Ressourcen und für ein menschliches Miteinander in unserer technisierten Welt.

08 Demonstration der MTA 1970 in Hamburg für bessere Ausbildung, Aufstiegschancen und Arbeitsbedingungen

09 „kalter" Selbstversuch, MTAR-Schüler üben den Umgang mit einer Doppelkopf-Gammakamera
10 MTAR erklärt Panoramaaufnahme (2004)
11 MTAR in der konventionellen Diagnostik (2004)

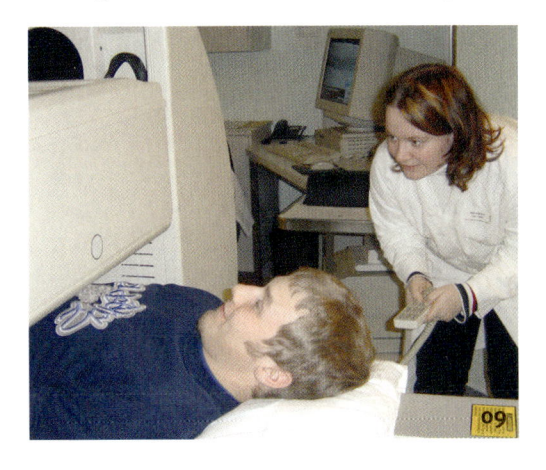

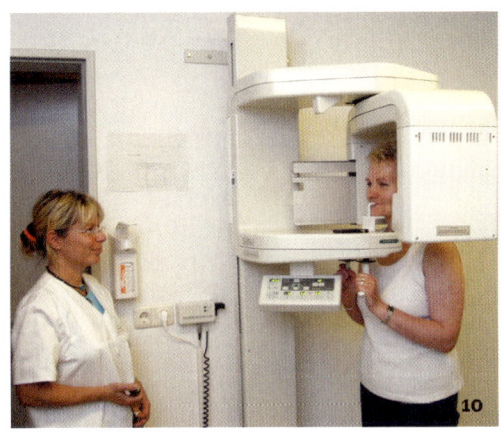

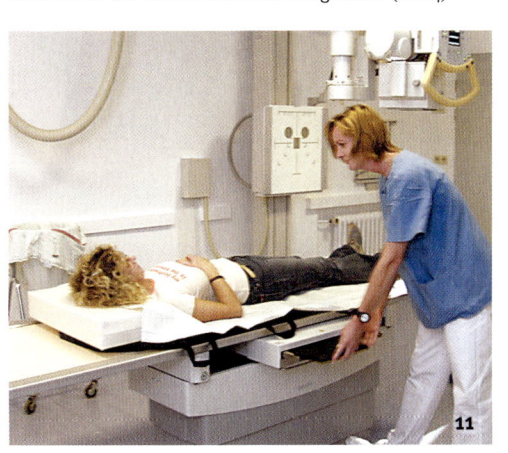

1968
D.E. Kuhl und R.Q. Edwards benutzen erstmals einen Computer zur Berechnung transversaler Schichten in der Nuklearmedizin.

1969
Gründung der Deutschen Gesellschaft für Medizinische Physik (DGMP)

Geschlechterverhältnisse zur Zeit der Rationalisierung in der Röntgenologie

Arne Hessenbruch, Cambridge, Massachutts

Die Rolle der Frau in der Röntgenologie entwickelte sich zu Zeiten der Weimarer Republik besonders brisant: In dieser Periode expandierte der Röntgenbetrieb so umfangreich, dass viele Krankenhäuser zentralisierte Röntgeninstitute bauen ließen. Hierbei wurde die Arbeitsteilung in solcher Weise vorangetrieben, dass eine oder mehrere Frauen angestellt werden konnten. Dieser Aspekt der Röntgentherapie innerhalb der Gynäkologie ist in sofern besonders auffällig, da es sich hierbei um ein Fach mit ausschließlich weiblichen Patienten handelte.

Diese hervorstechende Entwicklung der Arbeitsteilung wurde im Jahre 1929 etwas überspitzt von Dr. August Schönfeld, Primarius des Krankenhauses der Stadt Wien, zusammengefasst:

„Die ersten Werkstätten der Röntgenologen befanden sich im Anfang der Röntgenzeit (mancherorts auch heute noch) in so bescheidenen Räumen, dass man diese nur zu Unrecht mit dem Namen „Röntgenzimmer" belegte. Der schlechteste Winkel des Hauses, der von niemandem mehr einer Benützung würdig befunden wurde, wurde und wird leider noch dem Röntgenologen zugewiesen. Die kleinen, oft winzigen Räume müssen sich früher oder später allmählich, nach Raumvergrößerung ringend, zum Röntgenlaboratorium, und schließlich zum Röntgeninstitut erweitern. Das Größerwerden des Röntgenraumes, die schließlich notgedrungen sich erweiternde Vermehrung der Räume, bedingte auch das Zuwachsen an Hilfspersonal für den Röntgenologen. Im Anfange war dieser Chefarzt und zugleich Assistent, Herr und Diener in einer Person, er war auch gleichzeitig Photograph und Mechaniker, Archivar und Registrator, er musste den Betrieb mehr oder weniger systematisch (meist das letztere) persönlich führen [...]. Später wurde in Folge des lawinenartigen Anschwellens der Zahl der Röntgen bedürftigen Patienten, Röntgenschwestern, Photographen, Befundschreiber, Skizzenzeichner, Röntgentechniker etc. notwendig [...]. Das Plattenarchiv füllte sich und heischte nach größeren Räumen. Die stetig steigende Zahl der verbrauchten Platten, Filme, Röhren etc. machte den Betrieb zu einem kostspieligen."

Die Röntgenstrahlen fanden gleich nach ihrem bekannt werden im Jahre 1896 medizinische Anwendung. Die aus dem gleichen Jahr stammende Zeitschrift mit dem Titel „Fortschritte auf dem Gebiete der Röntgenstrahlen" legt von einer gewissen Popularität Zeugnis ab. Nichtsdestotrotz kann man in der Tat von einer schnellen Entwicklung während und nach dem Ersten Weltkrieg reden. Das wachsende Volumen der „Fortschritte" und das noch raschere Wachsen der Zeitschrift „Strahlentherapie", die Einführung vieler Zentralinstitute, die Neugründung einer Ausbildung für Röntgenassistentinnen, die Zusammenschließung von Röntgenologen in Wirtschaftsvereinen, und die Durchführung von Tarifverhandlungen mit den Krankenkassen in dieser Zeit deuten alle auf dieses Anschwellen hin.

Der vielleicht prominenteste Verfechter des zentralisierten Röntgenbetriebes war der Redakteur der „Fortschritte" und Röntgenarzt am St. Georgs Krankenhaus in Hamburg, Heinrich Ernst Albers-Schönberg. Im Jahre 1915 wurde an diesem Krankenhaus ein „Röntgenhaus" ⟶1 errichtet, das Patienten von jeder anderen Abteilung des Krankenhauses empfing.

1970
P. H. Heintzen, Kiel, entwickelt die erste Volumetrieeinheit mit automatisierter, digitaler Auswertung biplaner Video- und/oder Kineangiokardiogramme.

1971
43. Präsident der DRG
Walter Frommhold

Albers-Schönberg hatte auf diese Organisationsform hingearbeitet, um die Etablierung der Röntgenologie als Fach zu unterstützen. Röntgenologie wurde in der hier behandelten Zeit nie zum medizinischen Pflichtfach an deutschen oder österreichischen Universitäten und der praktizierende Arzt behielt trotz viel Kritik auch das Recht, Röntgenstrahlen in seiner Praxis zu verwenden. Albers-Schönberg beschrieb sein Röntgenhaus in einem schön illustrierten Buch, das auch propagandistisch für die zentrale Rolle der Röntgenologie im Krankenhauswesen wirken sollte. Sein Beitrag zur Professionalisierung der Röntgenologie ist in dieser Hinsicht sehr erfolgreich gewesen; das Hamburger Institut wurde in den 1920er Jahren zum Vorgänger vieler ähnlich organisierter Röntgeninstituten an deutschen Krankenhäusern, an welchen in der Tat die Arbeit lawinenartig anschwoll. Weiterhin blieben aber auch Kleinbetriebe von Privatärzten (und sogar Laien) bestehen, die allerdings in ihrer Rentabilität bedroht waren „wegen ihrer relativ geringen, nur intermittierenden Benutzung bei hohen Reparatur- und Unterhaltungskosten." Im Röntgenhaus hingegen wurden die Apparate ausgelastet. Hier fehlte es nicht an Patienten und viele Röntgenröhren konnten gleichzeitig aus einer Kraftzentrale betrieben werden. ⋯⋯>2 Im Therapieraum 1 erkennt man, ⋯⋯>3 dass nicht weniger als vier Patienten gleichzeitig behandelt werden konnten. Der zweite Therapieraum war für Patienten erster Klasse, welche eine Einzelbehandlung und die Fürsorge des Arztes vorzogen. Wie unten beschrieben wird, schafften die Schienen und Raster in Therapieraum 1 delegierbare Routinearbeit.

Die Entwicklung zum Großbetrieb hin hat aber nicht nur einen Einfluss auf die Arbeitsverteilung gehabt, sondern auch auf die Art der Behandlung der Patienten. Und in der Röntgentherapie waren die meisten Patienten weiblich, was sich beispielsweise in den zahlreichen Röntgentarifen für Frauenbehandlungen (Epilationsbestrahlungen (meist gegen Bartwuchs), Gebärmutterbestrahlung, und Röntgensterilisation der Eierstöcke) niederschlug. Vor allem der Gebärmutterkrebs spielte in dieser Zeit eine bedeutende Rolle in der Röntgenologie. Die Heilungsraten, die für diese Krankheit behauptet wurden, waren besonders beeindruckend, und außerdem wirkten Strahlen selbst bei nicht mehr heilbaren Geschwülsten palliativ und Gestank verhindernd. Diese Erfolge waren um so bedeutender, weil Krebs eine um sich greifende Krankheit war, wie etwa AIDS in den 1990er Jahren. Gegen Ende der Weimarer Republik sind mehr Menschen an Krebs als an Tuberkulose gestorben. Ob dies daran liegt, dass es mehr Krebskranke gab, oder ob ihre Erfassung effizienter wurde, sei dahingestellt.

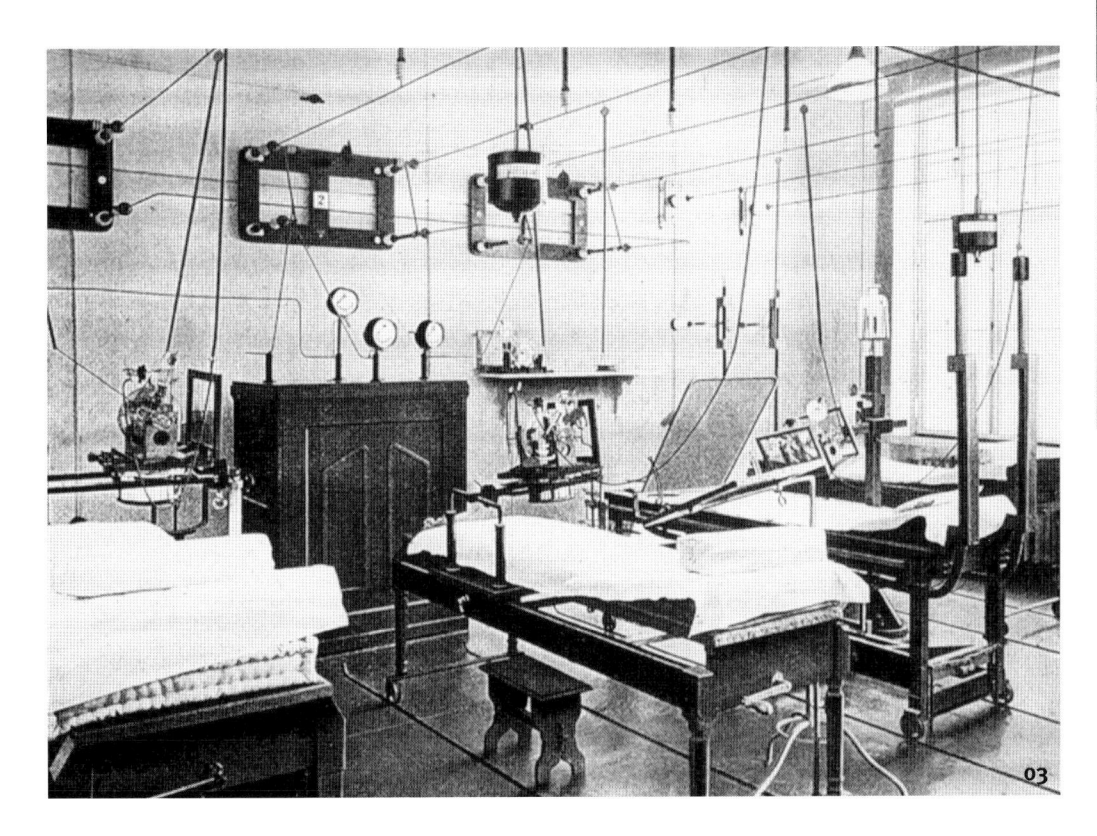

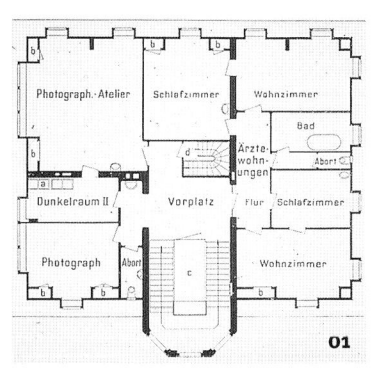

1971

R. Damadian berichtet über die Möglichkeit des Tumornachweises mit Hilfe der Kernspinresonanz.

1971

Siemens entwickelt den ersten Bildverstärker mit CsJ-Eingangsschirmen.

Auf jeden Fall hatte die Reorganisation der Krebserfassung und -fürsorge in der Weimarer Republik Einfluss auf das Verhältnis zwischen Frau und Staat. In der hygienischen Volksbelehrung wurde Krebs in das Thema „Mutter und Kind" zentral hineingefügt. Die Erfassung von Krebskranken geschah hauptsächlich durch Hebammen, Fürsorgerinnen und Gemeindeschwestern. Auch die „nachgehende Fürsorge" war von besonderer Bedeutung, denn verschollene Patienten machten die Statistiken über die Erfolgsquoten der Behandlungen unsicher.

Die Erfassung der Krebskranken und die Entwicklung vielversprechender strahlentherapeutischer Krebsbehandlung führten ebenfalls zu einer Zunahme der röntgenologischen Arbeit. Im Folgenden werde ich diese Arbeit aus der Sicht der Röntgenschwester beschreiben, um mich dann der Umdefinierung des (meist weiblichen) Patientenkörpers in der Therapie zuzuwenden.

In der arbeitsgeteilten Welt der zentralisierten Röntgeninstitute war die Arbeit der Assistentinnen klar umschrieben. Sehr viele Aspekte der täglichen Arbeit wurden durch die apparative Entwicklung zur Routine. So wurden die Positionen der Betten, Röhren und Filme mit Rastern festgelegt und damit auch leichter bestimmbar. Es wurden Automatisierungen durchgeführt, wie etwa die alleinige Einschaltbarkeit der Röntgenröhre bei richtiger Anbringung der Sicherheitsveranstaltungen (bzw. Strahlenfilter) oder auch ein Klingelton, der die Assistentin auf die erfolgte Verabreichung der Strahlendosis aufmerksam machte. In den Tarifen, die zwischen der Deutschen Radiologischen Gesellschaft und dem Verband der Krankenkassen ausgehandelt wurde, ist der Wert der ärztlichen Arbeit säuberlich von der der Assistentinnen getrennt: auf der einen Seite gab es das ärztliche Honorar, auf der anderen die Unkosten. Die Arbeit der Assistentin ist hier unter die gleiche Rubrik gesetzt wie die Materialunkosten. Sie ist in diesem Zusammenhang als Teil der Apparatur zu sehen. Diese passive Rolle der Assistentin wird auch bei der Festlegung der Verantwortung bei Unfällen deutlich. Sicherheitsvorkehrungen wurden allgemein in den Tarifverhandlungen festgelegt und die Krankenkassen senkten die Versicherungsprämien nur wenn solche Vorkehrungen durchgeführt wurden. Verantwortung wurde ebenfalls in Gesetz und Tarifverhandlungen festgelegt. Beispielsweise war bei einem Unfall auf Grund falsch zeigender Apparate letztendlich der Arzt verantwortlich. Er musste also ständig die Apparate prüfen und nacheichen lassen, und er durfte nicht ohne weiteres auf die Röntgenschwester vertrauen. In diesem Zusammenhang wurde sie wie ein Instrument angesehen.

Die Festlegung von Kompetenz und Verantwortung definierte eine Arbeitsnische für Frauen: eine untergeordnete Arbeit mit klaren Aufgaben und verhältnismäßig wenig Lohn (im Vergleich zum Arzte). Es war ja auch ein Beruf, der dem der Krankenschwester nahe stand. Die Natürlichkeit dieser Arbeitsverteilung wurde mit der damaligen Auffassung der weiblichen Natur nahe gelegt, und gegen Ende der Weimarer Republik mehren sich in der Zeitschrift Röntgen-Praxis solche Argumente:
„Im Ganzen genommen ist es aber nicht die stärkste Seite der Frauennatur, das Wesen der technischen Vorrichtungen so zu durchdringen, dass sie in diesem Punkte (Störung der elektromedizinischen Apparatur) [...]. An dieser allgemein bestätigten und in der natürlichen Anlage der Frau verankerten Tatsache wird keine noch so intensive Vorbildung der Röntgenschülerin etwas Wesentliches ändern können.
Es entgeht dem Auge des Beobachters nicht die Tatsache, dass alle Befriedigung und alle fleißigste Arbeit auch den glücklichsten unter diesen Mitarbeiterinnen nicht über den bewusst oder unbewusst empfundenen Verlust der eigenen Familie als deutsche Frau und Mutter hinweghelfen kann."

Zusammenfassend kann man also sagen, dass bezahlte Frauenarbeit neu in der Röntgenologie entstand, und dass ihre Art weitgehend von der Arbeitsteilung und der dabei entstehenden unterschiedlichen Wertung von Frauen- und Männerarbeit bestimmt wurde. Dabei spielte die kaum bezweifelte Ansicht, dass Frauen für untergeordnete Arbeit von Natur aus geeignet waren, eine Rolle.

Die Entwicklung der Röntgenologie hatte aber nicht nur einen Einfluss auf die Möglichkeiten der Frauen auf dem Arbeitsmarkt. Das Geschlechterverhältnis spiegelt sich auch darin wider, dass meist weibliche Patientinnen strahlentherapeutisch behandelt wurden. Die vielen neuen Techniken, die eine schnelle Behandlung der immer steigenden Patientenzahl gewähren sollten, beeinflussten auch das Patientenbild.

Die vielleicht den Produktionsverhältnissen in Fabriken ähnlichste Therapieform wurde am Gynäkologischen Institut in Erlangen entwickelt, und hier wurde das neue Patientenbild besonders deutlich. Das Institut arbeitete eng mit Röntgengeräte produzierenden Firmen zusammen, was für die Fabrik ähnliche, therapeutische Routine nicht unwichtig gewesen sein darf. In Erlangen wurde die fortgeschrittensten Techniken zur Strahlenerzeugung und Dosierung verwendet, und in der weiteren radiologischen Welt wurde die Erlangener Methode oft mit „wissenschaftlich" bezeichnet. Viele Radiologen besuchten Erlangen, um die dortige Praxis zu studieren.

Die Erlanger Gynäkologen, Seitz und Wintz, arbeiteten mit sehr hohen Dosen, die in nur einer Sitzung verabreicht wurden. Sie konnten dadurch die sonst übliche, ständige, klinische Kontrolle durch die teure ärztliche Arbeitskraft ausschalten. Die Problemstellung wurde jetzt nur noch am Rande zu einer klinischen (nämlich die Diagnose und die Lokalisierung des Geschwulstes) und hauptsächlich zu einer physikalisch-technischen. Seitz und Wintz definierten das Problem wie folgt: Es bedarf eine genügend hohe Strahlenmenge, um eine Krebszelle zu töten. Aber welche Dosis ist ausreichend, und wie kann man die Verabreichung der nötigen Dosis technisch durchführen? Seitz und Wintz stützten sich in der Beantwortung der ersten Frage auf eine mit ihren eigenen Patienten durchgeführte Statistik, deren Ergebnis war, dass jede Krebskategorie eine tödliche Dosis hatte. So war diese beispielsweise für Karzinome gleich 100-110 % der Hauterythemsdosis und für Sarkome 80 %. Dies galt, und das war die entscheidende Behauptung, unabhängig von Alter, Geschlecht, Konstitution oder was auch immer die Individualität eines Patienten ausmachen könnte. Laut der Erlanger Problemstellung kann man, nachdem man die Krebskategorie diagnostiziert und ihre Lage festgestellt hatte, jeden Patienten gleich behandeln. Die weitere Behandlung konnte also an die Assistenz abdelegiert werden, die wiederum auf das Minimum reduziert war. Der Patient musste festgeschnallt, die Röhre und das Messgerät in die richtige Position gebracht und die Röhre an- und ausgeschaltet werden. Die Methode war sehr schnell, man konnte viele Patienten behandeln, und man konnte bei den festgelegten Tarifen recht viel Geld von den Krankenkassen bezahlt bekommen.

Das Erlanger Schnellverfahren gefiel nicht allen. Die Kritik einiger Radiologen und Chirurgen führte zu expliziten Aussagen zum Patientenbild (und ich erinnere daran, dass die Erlanger Methode in einer gynäkologischen Abteilung entwickelt wurde, wo also alle Patienten weiblich waren), die deswegen hier ausgeführt werden soll.

Guido Holzknecht war einer der Röntgenpioniere, der von der Eliminierung der klinischen Kontrolle aus dem Behandlungsverfahren beunruhigt war. Er befürchtete, wie so manche Ärzte, dass „Kurpfuscher" ohne klinisches Wissen Strahlentherapie durchführen konnten. Die Rhetorik, die er entwickelte, beschäftigte sich mit dem Unterschied zwischen dem Menschen als Maschine und als Organismus, und gleichzeitig auch mit der Grenzsetzung zwischen Physik und Chemie auf der einen Seite und Biologie auf der anderen: „Nein, man kann wirklich an ihr nicht festhalten, an dieser nur rechnenden, aller biologischen, pathologischen, ärztlichen Zweifel und Bedenken baren, man muss schon sagen, von allen guten Geistern verlassenen Methode, an diesem Ingenieurgeist in der Medizin."

Holzknecht griff die Seitz- & Wintz'sche Statistik auf und führte die angeblich fehlende Berechtigung des Begriffes der „tödlichen Dosis" an. Er argumentierte, dass man qualitative Veränderungen in der Zelle betrachten sollte und nicht nur Hyper- und Hypobiosis: „Biologie treiben! Pharmakodynamik und Toxikologie der Röntgenstrahlen!"

Friedrich Dessauer dagegen, Leiter des Frankfurter Instituts für Medizinische Physik, sprach die Sprache der Physik. Er ließ in seinem Institut einen Simulationsversuch durchführen, in dem „angenommen wurde, dass bezüglich Elektrolyse, der Körper durch einen Aufbau mit Elektrolyt plus Kolloid, plus Membrane angenähert werden könne." Der Chirurg Lothar Heidenhain war über diese Annäherung sehr aufgebracht: „Dessauers Argumentation zeigt, dass man nie versuchen sollte, den Einfluss der Umgebung auf den durch uns unbekannten Gesetzen bestimmten organischen Körper mechanisch zu messen." Dessauer antwortete: „Heidenhain wird sicher mit mir übereinstimmen, dass die Gesetze der Physik und Chemie auch für die Biologie Geltung haben, und dass physikalische und chemische Versuche, welche den Zuständen im lebenden Organismus approximieren, erlaubt sind? Sonst wäre ja jede biologische Forschung extra corpus unmöglich." Aber Heidenhains Antwort lautete: „Biologische Forschung ist nur am biologischen Objekt möglich; Untersuchungen an nicht-körperlichen Objekten (Dessauers Elektrolyt + Kolloid + Membrane) sind physikalische oder physiko-chemische, aber nicht biologische Untersuchungen." Dessauer und Heidenhain konnten sich also nicht einigen, ob der menschliche Körper den selben Gesetzmäßigkeiten folgt als die Maschine, und, was für die Praxis der Röntgenologie gleichbedeutend war: sie waren sich darin uneinig, ob man den Patientenkörper wie am Fließband einer fabrikmäßigen Logik unterziehen konnte. Und um noch mal darauf hinzuweisen, das hochtechnologische, arbeitsgeteilte Schnellverfahren wurde hauptsächlich an gynäkologischen Abteilungen durchgeführt. Dieses Patientenbild ist auch in erster Linie eine Auffassung des Frauenkörpers. Der Erfolg des Schnellverfahrens bedeutet also auch gleichzeitig eine Unterstützung der Auffassung des (Frauen-) Körpers als den physikalischen Gesetzen gehorchende Maschine.

Zusammenfassend kann man sagen, dass die Röntgenologie auf verschiedenen Ebenen auf das Geschlechterverhältnis eingriff. Die immer weiter getriebene Arbeitsteilung in der Röntgenologie bot neue Möglichkeiten der bezahlten Frauenarbeit. Dabei war die kulturelle Umschreibung dieser Arbeit deutlich von der sozialen Rolle der Frau bestimmt. Gleichzeitig taten die neuen Möglichkeiten ihres dazu, die soziale Rolle der Frau im kleinen zu verändern. Der Fall der Röntgenologie zeigt aber auch, wie mit dem Frauenkörper umgegangen wurde, und er zeigt soziale Grenzen für die Individualität, die man (in fast ausschließlich von Männern geschriebenen Texten, die das historische Material liefern) Patientin und Röntgengehilfin zuschrieb.

Die Röntgenologie ist während der Weimarer Republik zu einem wirklich bedeutenden Wirtschaftszweig geworden. Die Entwicklung hin zur Mechanisierung und Massenbehandlung der röntgenologischen Praxis fällt in eine Zeit, die gesellschaftsweit eine solche Entwicklung erfuhr. Das röntgenologische Schnellverfahren ähnelt in vielerlei Hinsicht den Neuentwicklungen in den Fabriken, wie etwa die Dosierung nach Zeit. Es ist vielleicht auch kein Zufall, dass die hoch mechanisierte Röntgenbehandlung in Deutschland entwickelt wurde, wo die Kriegsreparationen, die durch Exporte finanziert werden mussten, zu besonders gründlicher Rationalisierung führte. Was allgemein für die Massenproduktion gilt, gilt auch für die Entwicklung der Röntgenologie: Es wurde in Maschinerie investiert und versucht, die laufenden Unkosten niedrig zu halten. Die Bedeutung der Buchhaltung schnellte damit an.

Mit dem Historiker Detlev Peukert könnte man somit dieses Essay als einen Versuch sehen, „soziokulturelle Phänomene wie etwa der Rationalisierung in ihren Widersprüchen und mit ihren Gegenströmungen in den verschiedenen Sphären der geschichtlichen Wirklichkeit aufzuspüren: im Arbeitsleben, in der Veränderung der Geschlechtsrollen, im politischen und philosophischen Denken und in den Entwürfen der Architekten und Dichter."

DANKSAGUNG Dr. Andrea Herzog für ihre wertvolle Mithilfe, ohne die ich nie mit der neuen deutschen Rechtschreibung zurechtgekommen waere.

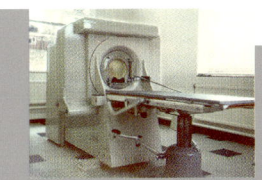

1973

G. N. Hounsfield publiziert seine Arbeiten zur Entwicklung der Computertomographie.

1973

P. Lauterbur veröffentlicht seine Arbeiten zur MRT-Bildgebung.

Röntgenverfolgung – Radiologie im Dritten Reich

Ernst Klee, Frankfurt

Zur 36. Tagung der Deutschen Röntgengesellschaft (DRG) überreichte die Dr. C. Schleussner Fotowerke GmbH den Teilnehmern die „Lebenserinnerungen" von Alban Köhler, Untertitel: „Röntgenarztes Erdenwallen". Das schmale Werk von 1954 enthält keine Zeile über die Zeit des Nationalsozialismus, obgleich der Röntgenpionier (1874-1947) in dieser Zeit sein Fach vertreten hatte.

Noch 1980 werden in der Festschrift „Fünfundsiebzig Jahre Deutsche Röntgengesellschaft" NS-Medizinverbrechen ebenso beschwiegen wie die Verstoßung der jüdischen Kollegen. Es heißt lapidar: „Besondere Bedeutung bekam die Röntgenologie im Rahmen der vorbeugenden Gesundheitspflege, insbesondere zur Früherkennung der Tuberkulose."

Die Ächtung und Ausschaltung jüdischer Ärzte wurde 1933 in einem geradezu unheimlichen Tempo vollzogen. Am 21. März 1933 unterstellen sich der Deutsche Ärztevereinsbund wie der Hartmann-Bund dem von Hitler ernannten Reichskommissar für die ärztlichen Spitzenverbände Gerhard Wagner. Die Ärzteverbände fordern (Münchner Medizinische Wochenschrift vom 31.3. 1933), „beschleunigt dafür Sorge zu tragen, dass aus Vorständen und Ausschüssen die jüdischen Mitglieder ausscheiden und Kollegen, die sich innerlich der Neuordnung nicht anschließen können, ersetzt werden."

Nur eine Woche später, am 1. April 1933, inszeniert die NSDAP den so genannten Judenboykott. Gerade Arztpraxen sind Objekte der Judenhatz. So dringen am Morgen des 1. April 1933 SA-Stürme in Berliner Krankenhäuser ein. Sie holen jüdische Ärzte selbst aus den Operationssälen und verschleppen sie in eine ehemalige Kaserne in der General-Pape-Straße, ein SA-Folterzentrum.

Wiederum nur eine Woche später, am 7. April 1933, wird das Gesetz zur Wiederherstellung des Berufsbeamtentums verkündet. Beamtete jüdische Ärzte und Hochschullehrer sind zu entlassen. Die Verordnung über die Kassenzulassung vom 22. April 1933 regelt den Ausschluss der praktischen Ärzte.

Die Ausgrenzung wird begleitet von Häme, Spott und Hass von Kollegen. Ein Opfer der Pogromstimmung wird Professor Paul Krause, Direktor der Medizinischen Universitätsklinik Münster. ⟶ 01 Er sieht sich einem Kesseltreiben ausgesetzt, an dem sein Oberarzt beteiligt ist: Robert Gantenberg, Gaufachschaftsberater des NS-Ärztebunds, Führer des lokalen SA-Sanitätssturms, Vertrauensmann der NSDAP-Reichsleitung. Krause erschießt sich am 7. Mai 1933 im Wald von Frücht, unweit von Bad Ems.

Die Röntgenologie war 1933 eine noch junge Wissenschaft. Die Röntgenologen kämpften um die Anerkennung als eigenständiges Fach. Vielleicht ein Grund, völkische Nützlichkeit unter Beweis zu stellen. Eine Gelegenheit dazu bot bald das „Gesetz zur Verhütung erbkranken Nachwuchses", am 14. Juli 1933 beschlossen und am 1. Januar 1934 in Kraft gesetzt. Als „minderwertig" oder „erbkrank" deklariert und zu sterilisieren waren danach psychisch Kranke, Hilfsschüler, Epileptiker, Körperbehinderte, Taube, Blinde, Menschen mit Veitstanz (Chorea Huntington), auch Alkoholiker.

1973

A. Ganssen, Erlangen, entwickelt das erste medizinische NMR-Analysegerät zur Untersuchung von Blut und anderen Körperflüssigkeiten und Gewebeproben.

1973

Durch die Entwicklung von Seltene-Erden-Verstärkerfolien können etwa 50% der Dosis eingespart werden.

Unfruchtbarmachungen per Röntgenstrahlen waren allerdings zunächst verboten, da unter anderem die Erfolgsaussichten gering eingeschätzt wurden. Die 5. Verordnung zur Ausführung des Sterilisierungsgesetzes vom 25. Februar 1936 änderte die Praxis. Namhafte Röntgenologen beteiligen sich ab 1936 an der Sterilisierung, freiwillig, denn kein Arzt wurde gezwungen, man musste sogar eigens zugelassen („ermächtigt") werden. Die zweite Auflage (1936) des „Gesetzes zur Verhütung erbkranken Nachwuchses" enthält ein Verzeichnis jener Institute und Ärzte, die zur Durchführung von Unfruchtbarmachungen „ermächtigt" sind.

Ermächtigt sind die Größen ihres Faches wie Karl Frik, Chefarzt der Röntgenabteilung am Berliner Krankenhaus Moabit, Vorsitzender der Deutschen Röntgen-Gesellschaft (1939 Ordinarius und Direktor des Röntgen-Instituts der Charité). Ermächtigt wurden ebenso: Professor Robert Janker, Direktor des Röntgeninstituts der Chirurgischen Universitätsklinik Bonn (1939 Militärärztliche Akademie, beratender Röntgenologe beim Heeressanitäts-Inspekteur), der Strahlengenetiker Arthur Pickhan, Leiter des Strahlen-Instituts Cecilienhaus Berlin (unter anderem Mitherausgeber der Zeitschrift „Strahlentherapie"), Rudolf Grashey, Lehrstuhlinhaber in Köln, der zweite überhaupt in Deutschland zugelassene Ordinarius für Röntgenologie (Herausgeber der Zeitschrift „Fortschritte auf dem Gebiet der Röntgenstrahlen" und Mitglied der NSDAP ab 1937), der Hamburger Radiologe Hermann Holthusen (ab 1955 Ehrenvorsitzender der Deutschen Röntgengesellschaft).

Der Röntgenologe Georg August Weltz ⟶02 experimentierte dagegen auf dem Gebiet der Luftfahrtmedizin. Weltz, ab 1937 im Beirat der Deutschen Röntgen-Gesellschaft, war Dozent der Universität München und leitete ab 1941 das Institut für Luftfahrtmedizin der Luftwaffe. Er beteiligte sich 1942 an Versuchen in Dachau (Luftwaffenforschung „Magen-Darm-Kanal im Unterdruck"). Weltz nahm im Oktober 1942 an der Tagung „Seenot-Winternot" in Nürnberg teil, auf der tödliche Menschenversuche zur Unterkühlung (im KZ Dachau) referiert wurden. Weltz hielt ein Referat mit dem Titel „Erwärmung nach lebensbedrohlicher Abkühlung". Er wurde 1947 im „Nürnberger Ärzteprozeß" freigesprochen und 1952 außerplanmäßiger Professor für Röntgenphysiologie sowie Röntgenfacharzt in München.

An der Tagung Seenot-Winternot nahm auch der Röntgenologe Werner Knothe ⟶03 teil, Obmann der Lehrbeauftragten für Luftfahrtmedizin an den deutschen Hochschulen. Knothe war zu dieser Zeit Oberstabsarzt und Kommandeur der Sanitäts-Versuchs- und Lehrabteilung der Luftwaffe in Jüterbog. Er verlor 1945 seine Ämter, wurde 1950 Leiter des Röntgeninstituts am Krankenhaus Bethanien in Hamburg und war später Vorsitzender der Norddeutschen Röntgengesellschaft.

Wie in allen medizinischen Fächern gab es auch unter den Radiologen bekennende Nationalsozialisten. Zu ihnen zählt Leonhard Grebe, ⟶04 ab 1923 Direktor des Röntgenologischen Forschungs-Instituts Bonn (1933 NSDAP, Blockleiter, Abteilungsleiter in der Ortsgruppe, 1935 Führer des NS-Dozentenbunds). Auch René Du Mesnil de Rochemont, ab 1932 Dozent in Gießen, war 1933 der SA und 1937 der NSDAP beigetreten. Er wurde 1938 Extraordinarius in Marburg. Hans von Braunbehrens war 1933 der SS (Oberscharführer) und 1937 der NSDAP beigetreten, gehörte auch dem NS-Ärztebund an. Er wurde 1938 Dozent in Freiburg. 1944 außerordentlicher Professor (1945 Amtsenthebung, 1954 Lehrstuhl in München).

Als Röntgenfacharzt ließ sich 1949 in Hildesheim der ehemalige SS-Hauptsturmführer Alexander Berg nieder. Er war 1933 der NSDAP und der SS beigetreten und betätigte sich ab 1939 als Sanitätsarzt der Waffen-SS und als Sachbearbeiter für Volksmedizin im Persönlichen Stab Reichsführer-SS (Heinrich Himmler). Er war 1942 Co-Autor des Buches „Das Antlitz des germanischen Arztes in vier Jahrhunderten". 1963 wurde Berg Privatdozent für Medizinhistorik in Göttingen.

Als Gegner und Opfer des Nationalsozialismus stellte sich 1961 im Jahrbuch der Max-Planck-Gesellschaft der Strahlenbiologe Boris Rajewsky ⟶05 dar. Der Leiter des Instituts für Physikalische Grundlagen der Medizin (ab 1937

1974

Okuda entwickelt in Japan den flexiblen „Chiba"-Katheder, mit dessen Hilfe das Risiko von Gefäßverletzungen bei der perkutanen transhepatischen Cholangiographie (PTC) deutlich verringert wird.

1974

Der erste Lehrstuhl für Strahlentherapie wird am 1. August an der medizinischen Fakultät der Universität zu Köln eingerichtet. Zum ersten Direktor wird H. Sack berufen.

Kaiser-Wilhelm-Institut für Biophysik) war 1933 der SA, 1937 der NSDAP und 1939 dem NS-Dozentenbund beigetreten. Im Urteil der Nazis an der Frankfurter Universität galt er als „ganz ausgezeichneter Nationalsozialist". Rajewski, 1945 zunächst interniert, machte Karriere: Direktor des Max-Planck-Instituts für Biophysik, kommissarisch Direktor des Universitäts-Röntgeninstituts, Vorsitzender des Wissenschaftlichen Rats der Max-Planck-Gesellschaft, 1949 Rektor, 1953 Großer Verdienstorden der Bundesrepublik, Vorsitzender der Deutschen Röntgengesellschaft.

Ein besonders überzeugter Nazi war der Röntgenologe und SA-Oberführer Jost Walbaum, seit 1930 Mitglied von NSDAP und SA, Stadtarzt und Leiter des Gesundheitsamts Berlin-Tiergarten. Dezember 1939 wurde er Gesundheitsführer im Generalgouvernement (Polen) im Range eines Gesundheitsministers. Er war verantwortlich für die Ghettos in Warschau, Lublin und Lodz. Walbaum war im Oktober 1941 auf der Arbeitstagung Gesundheitswesen in Bad Krynica: „Es gibt nur zwei Wege, wir verurteilen die Juden im Ghetto zum Hungertode oder wir erschießen sie. Wenn auch der Endeffekt derselbe ist, das andere wirkt abschreckender." Walbaum machte nach 1945 keine Karriere, er wurde homöopathischer Arzt in Hannover-Vinnhorst.

Die „erste Großdeutsche Tagung" der Röntgenologen hatte im Juli 1938 in München stattgefunden. Bewegt wird die Einverleibung Österreichs gewürdigt. Hauptredner (Thema „Röntgenkunde und Volksgesundheit") ist SA-Sanitäts-Brigadeführer Kurt Blome, zu dieser Zeit Beauftragter des Reichsärzteführers für ärztliche Fortbildung. Thema der Tagung ist der Kampf der „Nurröntgenologen" gegen die „Auchröntgenologen".

Das Hauptreferat hält Hans Holfelder, **06** ein international anerkannter Fachmann. Er tritt mit Schärfe für die Selbstständigkeit des Faches ein, das bis dahin kaum eigene Lehrstühle und eigenständige Institute vorzuweisen hat. Auch auf der letzten Tagung vor dem Krieg, vom 24. bis 27. Mai 1939 in Stuttgart, kämpft wiederum Holfelder an vorderster Front. Das erklärt wohl, warum seine Nazi-Aktivitäten von der deutschen Röntgenologie nie durchleuchtet wurden.
Hans Holfelder wurde am 22. April 1891 in Nöschenrode, Kreis Wernigerode, als Sohn eines Sanitätsrats geboren. 1926 war er in Frankfurt am Main Direktor der Röntgendiagnostischen Abteilung der Chirurgischen Universitätsklinik geworden. 1927 wurde er außerordentlicher und 1929 ordentlicher Professor für Allgemeine Klinische Röntgenkunde (auch er zur Sterilisierung ermächtigt).

Trotz zahlreicher Publikationen und akademischer Ehrungen startet Holfelder eine zweite Karriere: Er wird SS-Standartenführer, Gründer und Führer eines SS-Röntgensturmbanns zur Totalerfassung der Bevölkerung. Holfelder: „Letztes Ziel ist die Aufnahme eines Röntgenkatasters des ganzen deutschen Volkes." (Zentralblatt für die gesamte Radiologie, 1939) Holfelder entwickelt Reihenuntersuchungen mit speziellen kleinformatigen Aufnahmen. Zum ersten Großeinsatz nutzt er 1938 den NSDAP-Reichsparteitag. Untersucht werden über 10000 SS-Männer. Bereits ein Jahr später haben Holfelder und sein Oberarzt Friedrich Berner über 900000 Menschen erfasst. In nur vier Monaten wird der ganze Gau Mecklenburg mit 650000 Menschen durchleuchtet. Die Auswertung der Röntgenbilder übernimmt Oberarzt Berner. Ein Mann, der den Schritt von der Erfassung der „Minderwertigen" zur Vernichtung der „Minderwertigen" vollzieht.

Friedrich Berner, 1904 in Zwickau geboren, war 1933 der NSDAP und 1934 der SS beigetreten. Nach Stellen am Stadtkrankenhaus Erfurt (1935) und am Städtischen Krankenhaus Mainz (1936) war er 1938 ans Röntgen-Institut der Universität Frankfurt gekommen. Er habilitiert sich 1940 mit einer Arbeit über die Wirkung von Röntgenstrahlen auf den Mineralstoffwechsel von Einzellern. Vom 15. Mai bis zum 31. Dezember 1941 ist er Direktor der Vergasungsanstalt Hadamar. Hier werden fast täglich Menschen antransportiert, entkleidet, auf eine glaubhafte Todesursache untersucht und in einer als Duschraum getarnten Gaskammer ermordet.

Während Berner im Sommer 1941 in Hadamar Menschen in die Gaskammer schickt, ist Holfelder zu dieser Zeit in Norwegen. In Bergen trifft er SS-Obersturmführer Bruno Beger, **08** Rassenkundler in Himmlers SS-Ahnenerbe (zur Erforschung von „Raum, Geist, Tat und Erbe des nordrassigen Indogermanentums"). Beger hat von diesem Treffen am 30. Juni 1941 seinem Chef Himmler berichtet, Titel: „Rassenkundliche Untersuchungen im Rahmen der Reihenuntersuchungen des Röntgensturmbannes von SS-Standartenführer Holfelder." Holfelder plane, heißt es da, „in einem Jahr das ganze norwegische Volk vom 11. Lebensjahr aufwärts" aufzunehmen. Beger und Holfelder vereinbaren, die Reihenuntersuchungen mit der „rassenkundlichen Erfassung" der Norweger zu kombinieren. Später soll ganz Europa folgen.

Geplant sind Vermessungen, Schätzungen der Rassenzusammensetzung und fotografische Aufnahmen. Beger: „Die Spiegelaufnahme des Kopfes (später, wenn die Bevölkerung mehr Vertrauen gewonnen hat, vielleicht auch der ganzen unbekleideten Gestalt) nach dem von SS-Standartenführer Holfelder bereits entwickelten Spiegelreihenaufnahme-Verfahren. Es gestattet die Aufnahme von Vorder-, Seiten- und Rückeneinsicht des Kopfes, bzw. der Gesamtgestalt in einem Bilde." Zuvor steht aber die Totalerfassung der Deutschen an: „Dazu werden 36 Röntgentrupps jeweils in zwei Schichten eingesetzt."
Der Anthropologe Beger widmet sich nach seiner Norwegenreise wieder seinem Projekt Rassen und Kampf. Er wird später schaurige Berühmtheit erlangen, weil er im Juni 1943 in Auschwitz jüdische Häftlinge für eine Skelettsammlung des Straßburger Anatomen Hirt selektiert, die später im

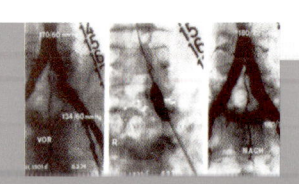

1974

A. Grüntzig entwickelt die perkutane transluminale Ballondillatation (PTA).

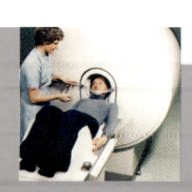

1974

Siemens entwickelt als erster traditioneller Röntgengerätehersteller den Kopf-CT SIRETOM.

07 Robert Janker im Gespräch mit Kurt Blome, der zum Tode verurteilt wurde. Blome wollte Röntgenstrahlen für Euthanasiezwecke einsetzen.
© Ullstein - Ullstein Bild, Bildnr. 00258865

08 Bruno Beger, Mitglied der SS-Forschungsgemeinschaft – Ahnenerbe – wurde wegen Beihilfe zum Mord an 86 Menschen zu einer dreijährigen Freiheitsstrafe verurteilt.
© Ullstein - dpa (85), Ullstein Bildverlag, Bildnr. 00293739

09 Ärzteprozess Nürnberg, 19.7.1947, Verhandlung im Justizpalast; Karl Gebhardt bei seinem Schlusswort
Quelle: Bayerische Staatsbibliothek München

KZ Natzweiler in der Gaskammer ermordet werden. Dokumente zur weiteren Tätigkeit von Holfelder sind rar. Sicher ist, dass im Sommer 1942 fünf Röntgenzüge im Protektorat Böhmen und Mähren eingesetzt sind. Sie arbeiten mit den Rasseprüfern von Himmlers Rasse- und Siedlungshauptamt (RuSHA) zusammen, die, so Reinhard Heydrich in einem Bericht vom 18. Mai 1942 an Martin Bormann, „die gesamte Bevölkerung einer Reihenuntersuchung unterziehen". Von dieser als Röntgenuntersuchung getarnten Rassenmusterung berichtet auch SS-Obersturmführer Dr. med. Erich Hußmann (stellvertretender RuSHA-Leiter in Prag) im Juni 1942 auf einer Tagung der Kreisreferenten des Rassenpolitischen Amtes und des Gaugrenzlandamtes Niederdonau auf der Schulungsburg Wasserburg bei St. Pölten.

Dokumentiert ist Holfelders Tätigkeit im Reichsgau Wartheland. Am 1. Mai 1942 schreibt Reichsstatthalter Arthur Greiser an Himmler, die Sonderbehandlung (Ermordung) von rund 100 000 Juden sei demnächst abgeschlossen. Er bittet, „mit dem vorhandenen und eingearbeiteten Sonderkommando im Anschluss an die Judenaktion den Gau von einer Gefahr befreien zu dürfen, die mit jeder Woche katastrophalere Formen annimmt." Gemeint sind 35 000 Polen mit offener Tuberkulose. Die Tbc-Kranken sollen im Vernichtungslager Chelmno mittels Gaswagen ermordet werden. Greiser: „Die effektiv immer größer werdenden Gefahrenmomente sind auch von dem Stellvertreter des Reichsgesundheitsführers Pg. Professor Dr. Blome sowie von dem Führer Ihres Röntgen-Sturmbanns, SS-Standartenführer Professor Dr. Holfelder, erkannt und gewürdigt worden." Blome hatte wegen der mangelnden Geheimhaltung jedoch Bedenken bekommen und seine Zustimmung versagt. Greiser ist enttäuscht, wie er Himmler im November 1942 schreibt, da er „mit Herrn Dr. Blome ebenso wie mit Herrn Professor Holfelder den gesamten Verfahrensweg in monatelanger Vorarbeit geprüft, geklärt und geebnet hatte."

Holfelder sollte 1944 die Röntgenradiologische Abteilung am Zentralinstitut für Krebsforschung in Posen bekommen. Im Januar 1944 wird er zum Führer beim Stab des SS-Oberabschnitts Warthe ernannt. Die Dienstalterliste des SS-Personalhauptamts vom November 1944 gibt als Dienststelle das Reichssicherheitshauptamt an, zur Zeit Kommandeur SS-Röntgensturmbann. Am 15. Dezember 1944 stirbt Holfelder vor Budapest den Kriegstod. Sein Oberarzt Berner, der ihn 1942 am Frankfurter Röntgen-Institut vertreten hatte, endet am 2. März 1945 als Hauptsturmführer des SS-Röntgensturmbanns Posen bei Warthestadt (Wronka).

1975

44. Präsident der DRG
Wolfgang Frik

1975

T. Almen entwickelt das erste klinisch verwendbare, wasserlösliche, nichtionische Kontrastmittel.

Zur Rolle der Medizinphysik

Horst Lenzen, Münster
Achim Stargardt †, Aachen

Die Aufregung mag wohl groß gewesen sein im Frühjahr 1905 in Berlin, als bekannt wurde, dass der Ehrengast der Veranstaltung nicht erschienen war. Die Veranstaltung war der 1. Deutsche Röntgenkongress, und der fehlende Ehrengast war kein geringerer als Wilhelm Conrad Röntgen, der Nobelpreisträger und Entdecker der X-Strahlen. Er scheute öffentliche Auftritte dieser Art und hatte kurzerhand abgesagt. Mit diesem peinlichen Zwischenfall begann die Koexistenz von Radiologen und Physikern. Nein, sie war nie einfach die Beziehung zwischen den pragmatischen Medizinern und den theoretischen Naturwissenschaftlern und doch war sie extrem fruchtbar. Zwar wurde auch in vielen anderen medizinischen Gebieten die Kombination von naturwissenschaftlichen und ärztlichen Erkenntnissen zum Motor des Fortschrittes. Hierzu zählen Watson u. Crick mit der Entdeckung der DNS, Hoffmann mit der Erfindung des Aspirin und Ruska mit der Entwicklung des Elektronenmikroskops.

Doch kaum eine andere medizinische Disziplin als die Radiologie hat in so enger Symbiose mit Physikern und Ingenieuren gelebt und hierdurch bemerkenswerte Erfolge erzielt. Als Beispiele seien neben Röntgen, Coolidge für die Entwicklung der Glühkathode, Brown mit seinem ersten medizinischen Ultraschallgerät, Cormack und Hounsfield mit ihrer Entwicklung des Computertomographen, und natürlich die Nobelpreisträger für Medizin des Jahres 2003 Lauterbur und Mansfield genannt, die mit ihrer Entwicklung der Magnet-Resonanz-Tomographie eine wahrhafte Revolution in der medizinischen Bildgebung einleiteten.

01 Die Physiker Friedrich Dessauer und William Coolidge im Gespräch

---

1976

P. Mansfield und A. Maudsley publizieren ihre Arbeiten zum „echo planar imaging", eine mathematische Operation, welche die schnelle Bildanalyse mithilfe von Fourier-Transformationen bei der MRT ermöglicht.

1976

P. Strecker, Freiburg, und E. Müller, Stuttgart, werden mit der Boris-Rajewski-Medaille der EAR ausgezeichnet.

03 Bernhard Walter, Hamburger Pionier auf dem Gebiet der Physik der Röntgenstrahlen und Mitbegründer der Deutschen Röntgengesellschaft 1905

02 Walter Friedrich gilt als Mitbegründer der modernen Biophysik. Seine Arbeiten auf den Gebieten der Wellennatur der Röntgenstrahlen, der Geschwulsterkrankungen, der Strahlenschäden, der Radioonkologie und Dosimetrie wurden Grundlage vieler Disziplinen.

05 Hermann Behnken gilt als einer der bedeutenden Wegbereiter der modernen Dosimetrie. 1925 definierte er die Dosiseinheit „Röntgen" als Einheit für die Ionendosis.

04 Boris Rajewski hat nicht nur bedeutende biophysikalische Forschung betrieben; er hat die Biophysik – den Vorstellungen seines Lehrers Friedrich Dessauers folgend – als interdisziplinären Bereich von Physik und Medizin begründet. Dem ersten in Frankfurt am Main errichteten Lehrstuhl und Institut für Biophysik sind inzwischen viele andere in der ganzen Welt gefolgt.

Es wäre müßig, alle Arbeiten von Naturwissenschaftlern in Forschung und Industrie aufzuzählen, ohne deren Beitrag das allgemeine Ziel einer Krankenversorgung auf hohem Niveau mit bestmöglicher Lebensqualität für den Patienten nicht erreichbar wäre. Moderne Medizin ohne Natur- und Ingenieurwissenschaft ist undenkbar.
Unsere Fachgesellschaft war sich der Potentiale und der gemeinsamen Interessen von Medizinphysikern und Ärzten immer bewusst. Bereits bei der Gründung der Vorläuferorganisation der „Röntgenvereinigung zu Berlin" im Jahre 1898 wählten die damaligen Mitglieder den Physiker Walter Wolf (1862-1908) zu ihrem ersten Vorsitzenden.

Und auch bei Gründung der DRG im Jahre 1905 gehörte mit Bernhard Walter (1861-1950) ein renommierter Medizinphysiker zu den Gründungsvätern. Dr. Charles Lester Leonard, Vorsitzender der American Röntgen Ray Society, drückte als Gastredner auf dem 1. Deutschen Röntgenkongress im April 1905 in Berlin seine Hochachtung gegenüber der Leistung eines Physikers für die Medizin in überschwänglichen Worten aus: „No name is more universally honored, no more widely known in modern medical science than that of Röntgen." Röntgen selbst hat zwar die Ehrenmitgliedschaft in der DRG angenommen, der Einladung als Ehrengast zum Röntgenkongress blieb er aber, wie oben erwähnt, fern. Bereits während des Gründungskongresses

1976

W. M. Lipscomp Jr. erhält den Nobelpreis für Chemie für die Bestimmung der Struktur von Boranen mithilfe der Röntgen-Kristallographie und die Klärung der damit verbundenen Probleme der chemischen Bindung.

1976

P. Heintzen und sein Team publizieren ihre Arbeiten zur digitalen Videoangiokardiographie.

wurde mit der Bildung der „Kommission zur Festsetzung fester Normen für die Messung der Intensität der Röntgenstrahlen" der Grundstein für die klinische Dosimetrie und den Normenausschuss Radiologie gelegt.

In den Anfängen der Radiologie war es durchaus nicht unüblich, die Verantwortung für die komplexe Anwendung der Strahlen und damit die Leitung von Röntgeninstituten in Krankenhäusern Physikern und nicht Ärzten zu übertragen. So z.B. Wilhelm Mayer im Baseler Bürgerspital oder Walter Friedrich. Die gemeinsamen Ziele von Medizinphysikern und Ärzten kamen durch eine Forderung von Bucky und Levy auf dem Röntgenkongress 1921 etwas ins Wanken. Sie sprachen sich in einer Grundsatzdiskussion entschieden gegen den Einsatz von Physikern im Unterricht aus. Ob dies Ausdruck einer versuchten Lösung von den Erfinderzwergen war, oder bereits ein Ausblick in die Moderne, und somit auf das Unvermögen von Ingenieuren und Physikern, verständliche Bedienungsanleitungen für ihre Geräte zu schreiben, bleibt unklar. Die Mitglieder der Gesellschaft schienen sich der Meinung der beiden Pioniere aber nicht anzuschließen, sonst hätten sie nicht den 19. Röntgenkongress 1928 unter die Präsidentschaft von Walter Friedrich (1883-1968), Professor für Medizinische Physik und Direktor des Instituts für Strahlenforschung an der Universität von Berlin, gestellt. Im Gedenken an ihn verleiht unsere Gesellschaft alljährlich den Walter-Friedrich-Preis. Er berücksichtigt insbesondere die Gemeinsamkeit von Physik, Technik, Biologie und Medizinische Radiologie.

Friedrich war es auch, der bei Gründung der Medizinisch-Wissenschaftlichen Gesellschaft für Radiologie in der DDR 1954 ihr Gründungspräsident wurde. Die Erfahrung der DRG mit Medizinphysikern als Kongresspräsidenten schien so schlecht nicht zu sein. Zumindest hat sie auch in der Folge immer wieder Naturwissenschaftler mit dieser Aufgabe betraut. Zu ihnen zählte der Mitentwickler der Dosiseinheit „Röntgen" Hermann Behnken (1939) und sogar zweimal in Folge Boris Rajewsky (1956 und 1957).

In dieser Phase der Medizinischen Physik war ihr Wirken in Deutschland aber meist auf Forschungsinstitute und die Industrie begrenzt. Klinisch tätige Physiker und Ingenieure betraten in größerer Zahl erst mit der modernen Strahlenschutzgesetzgebung das Feld. Die Strahlenschutzverordnung von 1960 forderte nach Zwischenfällen bei strahlentherapeutischen Maßnahmen diese in Zukunft durch Physiker begleiten zu lassen. Bald wurde aber auch die Bedeutung naturwissenschaftlicher Kompetenz in diagnostischen Abteilungen deutlich. Viele wissenschaftliche Organisationen gehen derzeit davon aus, dass neben der Genetik die medizinische Bildgebung die Herausforderungen für dieses Jahrhundert in der Medizin darstellt. Um diese Herausforderungen zu bestehen, sind interdisziplinäre Ansätze unerlässlich. Dies wurde nicht nur von der Radiologie erkannt. Kardiologie, Neurologie und Psychiatrie sind neue innovative Betätigungsfelder für Medizinphysiker in der medizinischen Bildgebung. Ihre Aufgaben liegen in Forschung und Entwicklung, Patientenversorgung und Lehre. Die Berufsbezeichnung Medizinphysiker subsumiert Physiker und Ingenieure mit speziellen Kenntnissen in der Medizinischen Physik. Eine rechtlich bindende Definition fehlt, da bis heute trotz vieler Vorstöße kein Medizinphysikergesetz verabschiedet wurde. Leider ein Zeichen unzureichender Berufspolitik in den vergangenen Jahren. Organisiert sind die Medizinphysiker in der Deutschen Gesellschaft für Medizinische Physik (DGMP), in der Deutschen Gesellschaft für Nuklearmedizin (DGN), der Deutschen Gesellschaft für Radioonkologie (DEGRO) und der DRG. Die Vielfalt der Zugehörigkeiten zeigt zwar die Neigung der Physiker, eng mit ihren medizinischen Partnern organisiert zu sein, verdeutlicht aber gleichzeitig die Uneinheitlichkeit dieser kleinen Berufsgruppe. Die DGMP wurde 1969 mit 87 Mitgliedern gegründet und zählt heute 1170 Physiker und Ingenieure zu ihren Mitgliedern. Damit stellt sie das organisatorische Flaggschiff der Medizinischen Physik dar. Auf europäischer Ebene werden die Medizinphysiker von der European Federation of Organisations for Medical Physics (EFOMP) vertreten.

In unserer Gesellschaft nimmt sich die Zahl von 203 Medizinphysikern gegenüber einer Gesamtmitgliederzahl von 5 300 eher bescheiden aus. In der offiziellen Mitgliederstatistik wird zwar die Zahl der im Mutterschutz befindlichen Mitglieder ausgewiesen, die Medizinphysiker hingegen werden nicht erwähnt. Dafür ist man sich aber bei der Besetzung des Vorstandes der Tatsache bewusst, dass der Name unserer Gesellschaft Deutsche Röntgengesellschaft und nicht Radiologengesellschaft lautet und wählt satzungsgemäß einen Naturwissenschaftler in den Vorstand. Immer schon gab es in der DRG eine eigene Sektion Physik, Technik und Strahlenbiologie. Diese wurde im Rahmen einer Neuorganisation 1998 in die Arbeitsgemeinschaft Physik und Technik in der bildgebenden Diagnostik (APT) umgewandelt. Mit Gründung der Arbeitsgemeinschaft wurde der Grundstein für eine rege Fortbildungsaktivität und viele Sonderveranstaltungen auf dem Deutschen Röntgenkongress gelegt. Viele Positionen in öffentlichen Gremien, Normenausschüssen und der Strahlenschutzkommission sind heute durch Mitglieder der APT besetzt. Hierdurch ist es möglich, bereits im Vorfeld von Neuerungen in Gesetzgebung und Normung medizinische Interessen zu vertreten und auf die Umsetzbarkeit der Forderungen hinzuarbeiten. Dies ist ein direkter Beitrag zur Kostenstabilisierung im Gesundheitswesen.

Werden in der Normung oder Gesetzgebung unnötig hohe Hürden aufgebaut, so kann dies in erheblichem Maße die Kostenschraube in die Höhe treiben. Andererseits wirken fehlende Standardisierungen häufig monopolbildend und preistreibend. Kliniken und Ärzteschaft sind also gut beraten, hier die Lobbyarbeit der Medizinphysiker zu unterstützen und nicht Normungsarbeit als notwendiges Übel abzutun. Strahlentherapie, Nuklearmedizin und Röntgendiagnostik zählen zu den klassischen Tätigkeitsbereichen für klinisch tätige Medizinphysiker. Diese Bereiche werden sich aber in den nächsten Jahren erweitern und durchmischen. In der radiologischen Diagnostik trägt der Medizinphysiker Verantwortung für die Bereiche Strahlenschutz, Bildqualität, Optimierung, quantitative Auswerteverfahren und Qualitätssicherung. Die steigende Spezialisierung und Technisierung in der Medizin wird den Bedarf an Medizinphysikern weiter steigern. Ziel muss es sein, höchste berufliche Qualifikation zielgerecht einzusetzen und die Ressource Mensch nicht durch fachfremde Aufgaben zu verschwenden. Nur mit einer effizienten Arbeitsteilung zwischen Ärzten, Medizinphysikern und MTR's werden große Abteilungen in Zukunft ökonomisch arbeiten können. Bei der Arbeit in den Kliniken reicht es heute nicht mehr, sich hinter Strahlenschutz und Qualitätssicherung zu verstecken. Gefragt sind Generalisten, die sich in gleicher Weise dem Großgeräte- und Servicemangement, der Aus- und

1977

M. Friedrich, Berlin, entwickelt spezielle Weichstrahl-Streustrahlen-Raster für die Mammographie.

1977

A. Gruentzig führt die erste percutane transluminale Kornarangiographie bei einem wachen Patienten in Zürich durch.

Fortbildung, dem IT-Management und der Optimierung und Entwicklung von Untersuchungsverfahren verschreiben. Die Einbindung von Modalitäten in PACS-Strukturen setzt heute nicht nur IT-Kenntnisse, sondern vor allem umfassende Kenntnisse über Untersuchungsabläufe, Bildqualitätsparameter und Qualitätsmessverfahren voraus. Dieser Wissensumfang wird meist vom Hersteller der Einzelprodukte nicht vorgehalten. Neben physikalisch-technischen Fragen müssen sich Medizinphysiker auch den wirtschaftlichen Problemen stellen und Lösungen anbieten. Die Laufzeit medizinischer Großgeräte hat sich heute auf 6-8 Jahre verkürzt. Jährliche Investitionen in Millionenhöhe setzen saubere betriebswirtschaftliche Analysen und kaufmännischen Ideenreichtum voraus. Servicekosten können heute leicht 7-stellige Beträge im Jahresbudget einer Röntgenabteilung annehmen und gehören zu den Sorgenkindern der Klinikleitung. Durch eingehende Fehlerursachenermittlung, adaptierte Wartungsverträge und einem geschickten Firstlineservice lassen sich diese Beträge heute erheblich reduzieren. Gerade letzterer ist im Zeitalter der DRG's und verkürzten Liegezeiten von erheblicher Bedeutung. Nicht der Wartungsvertrag (zwischen 9 und 16 Uhr) erhöht die Uptime der Geräte, sondern umfassendes Know How vor Ort, das rund um die Uhr zur Verfügung steht.

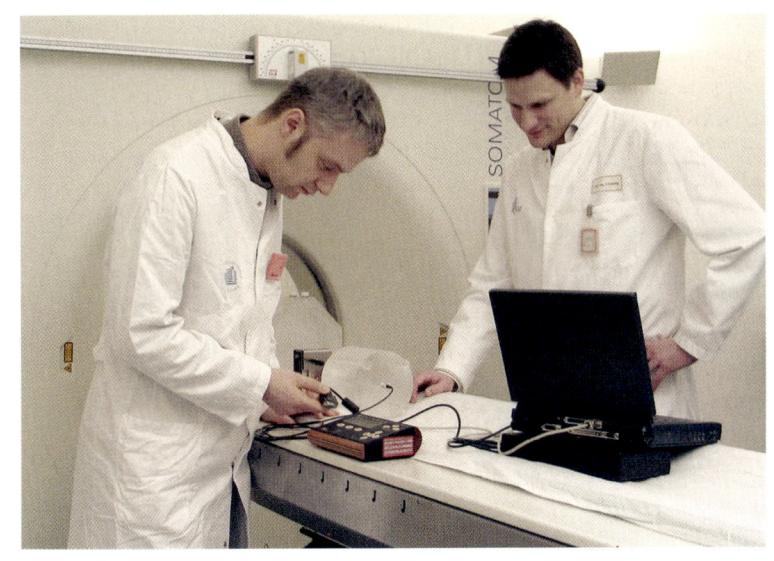

06 Physiker am CT

Diese Potentiale haben radiologische Praxen längst erkannt und haben in vielen Fällen Physiker oder Ingenieure als Praxismanager angeworben. Unter dem Stichwort „Insourcing" werden Medizin-Physikalische Dienstleistungen zunehmend auch umliegenden kleineren Häusern angeboten und vermarktet. Vermarktet werden auch die durch Medizinphysiker garantierte Sicherheit von medizinischen Geräten und der Strahlenschutz. Sie finden als Marketinginstrument Einzug in die Werbung der Kliniken. Gut geführte Medizin-Physikalische Abteilungen sind heute keine ungeliebten Cost Center, sondern selbstbewusste Dienstleistungs- und Profit Center.

Die medizinische Bildgebung hat in den vergangen 3 Jahrzehnten eine rasante Entwicklung erlebt. Ultraschall, Computertomographie und Magnetresonanztomographie konnten im Zusammenspiel von Naturwissenschaft und Medizin ungeahnte Einblicke in den Körper liefern. Neue Detektoren können heute den Film komplett ersetzen. Die Strahlenexposition pro Aufnahme konnte seit der Entdeckung der Röntgenstrahlen um 99% gesenkt werden. Diese Entwicklungen werden in den nächsten Jahren fortschreiten. Molekulare und funktionelle Bildgebung sind hierfür zwei charakteristische Beispiele. Leider sind wir zur Realisierung dieser Aufgaben in Deutschland schlecht gerüstet. Mit lediglich drei Lehrstühlen für Medizinische Physik können wir im Bereich Forschung keinesfalls in Konkurrenz zu amerikanischen Imaging Centern treten, die wahre Fabriken medizin-physikalischen Wissens zu sein scheinen. Auch ist die Ausbildung des Nachwuchses durch diese desolate Situation nicht gesichert. Dies wird auch nicht dadurch ausgeglichen, dass sich in den letzten Jahren diverse Fachhochschulen und Aufbaustudiengänge des Problems der Lehre angenommen haben. Bereits 1997 hat die Strahlenschutzkommission auf den dringenden Bedarf an Medizinphysikern in einer Empfehlung zur Ausbildung hingewiesen. Europa weist im Mittel pro eine Million Einwohner 1,0 Medizinphysiker in der Röntgendiagnostik aus. In Österreich, Italien und Frankreich liegt die Zahl sogar doppelt so hoch. Deutschland bildet hier mit 0,4 Medizinphysikern eines der Schlusslichter. Mit dieser geringen Zahl nähern wir uns einer kritischen Masse, ab der die Ausbildung junger Physiker und Ingenieure nicht mehr gewährleistet werden kann. Zwar ist die Situation in der Strahlentherapie mit 5,3 Medizinphysikern pro eine Million Einwohnern sehr viel günstiger, doch ist diese Tätigkeit in den letzten Jahren derart unattraktiv gemacht worden, dass sich junge Physiker lieber um gut honorierte Industriepositionen bemühen, statt die unattraktiven Aufstiegschancen deutscher Krankenhäuser zu akzeptieren. Dies hat in den vergangen Jahren zu erheblichen Engpässen bei der Besetzung offener Stellen geführt. Noch schlimmer sieht es im Bereich der Strahlenforschung aus. Mittelkürzungen und Institutsschließungen haben die Zahl der wissenschaftlich aktiven Medizinphysiker erheblich reduziert.

Mit großer Sorge weisen auch die GSF, der Fachverband für Strahlenschutz, die DGMP und die DRG auf diese besorgniserregende Situation hin. In europäischen und internationalen Gremien zum Strahlenschutz sind deutsche Fachleute praktisch nicht mehr vertreten. Damit kann Deutschland seine Positionen zu internationalen Vereinbarungen nicht mehr vertreten und muss sich den Direktiven anderer Länder beugen. 110 Jahre nach Entdeckung der Röntgenstrahlen mit allen nur erdenklichen Ehrungen eines deutschen Physikers für seinen revolutionären Beitrag in der Medizin droht Deutschland, den internationalen Anschluss in der Strahlenforschung zu verlieren.

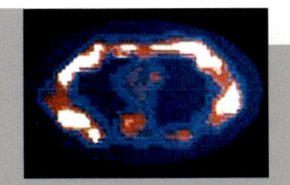

1977
R. Damadian publiziert den ersten MRT Scan des Thorax in Höhe T 7/8. Die Aufnahmezeit betrug 4:45 Stunden.

1978
I. R. Young und H. Clow vom EMI gelingen die ersten MRT-Schichtbilder des menschlichen Gehirns.

Strahlentherapie in Deutschland – Der Kampf der kleineren Schwester

Hans-Peter Heilmann, Hamburg

Radioonkologie im 21. Jahrhundert.

Eine leider alltägliche Situation: Ein Patient sitzt beim Arzt und wartet in großer Unruhe auf das Ergebnis der Untersuchung. Schließlich erscheint der Professor und sagt: „Sie sehen meinem Gesicht an, daß ich Ihnen gern etwas besseres mitteilen möchte."

Das war sie also, die Diagnose: Krebs![1] Der Patient, der dieses Erlebnis schilderte, litt an einem inoperablen Karzinom des Rachens und wäre früher ein Todeskandidat gewesen. Dank der modernen Strahlentherapie gelang es, den Tumor so weit zur Rückbildung zu bringen, daß der Patient operiert und nachbestrahlt werden konnte. 14 Jahre später schrieb der ehemals Kranke einen Bericht über seine Heilung.

Die Strahlentherpie, heute Radioonkologie, mit Chirurgie und Chemotherapie eine der Säulen der erfolgreichen Krebsbehandlung unserer Tage, ist für knapp die Hälfte aller geheilten bösartigen Tumoren verantwortlich oder mitverantwortlich.[2] Umgerechnet auf die einzelne Behandlung bzw. den einzelnen Patienten ist sie darüber hinaus eine der wirtschaftlichsten Behandlungsmethoden des Krebses. Im Gegensatz zu dieser immensen Bedeutung steht das Ansehen der Radioonkologie in der Öffentlichkeit und selbst in Fachkreisen. In der Bevölkerung verbinden sich mit der Strahlentherapie so negativ belegte Vorstellungen wie Strahlen, Radioaktivität, Krebs und Unheilbarkeit. In Fachkreisen besteht häufig Unverständnis, daß eine so kleine Spezialität so teure Geräte beansprucht und damit die Budgets anderer Fachabteilungen mindert. Daß die Radioonkologie im Gegensatz zu anderen Disziplinen kaum Fördermittel von der Industrie erhält, ist ebenfalls wenig bekannt.

Wie ihre große Schwester, die Röntgendiagnostik, hatte die Strahlentherapie seit Erfindung der Röntgenstrahlen um ihre Anerkennung und Selbständigkeit zu kämpfen.

01 Feierliche Eröffnung des Röntgen-Ehrenmals, das 1936 von der DRG gestiftet wurde, auf dem Gelände des AK St. Georg
02 Prof. Dr. Horst Sack
03 Prof. Dr. Hermann Holthusen
04 Prof. Dr. Eberhardt Scherer

1978
Das Westdeutsche Tumorzentrum wird in Essen gegründet. Zum ersten Direktor wird E. Scherer berufen.

1978
Umbenennung der 1972 gegründeten „Deutschen Arbeitsgemeinschaft für Ultraschalldiagnostik DAUD e.V." in „Deutsche Gesellschaft für Ultraschall in der Medizin DEGUM e.V."

Geschichtliche Entwicklung

Bereits kurze Zeit nach Erfindung der Röntgenstrahlen wurden diese nicht nur zur Diagnostik, sondern auch zu Behandlung benutzt. In den Jahren 1896 bis Anfang des 20. Jahrhunderts erschienen bereits eine Vielzahl von Publikationen über Therapie mit Röntgenstrahlen, z. B. bei Psoriasis, Naevus, Lupus, Mucosis fungoides, aber auch bei der Behandlung oberflächlich gelegener Geschwülste. Als Albers-Schönberg 1905 das erste zentrale Röntgeninstitut in Deutschland am Krankenhaus St. Georg in Hamburg gründete, waren Therapien mit den neuen Strahlen bereits ein fester Bestandteil der Aufgaben des Instituts. 1912 entstand die Fachzeitschrift STRAHLENTHERAPIE. Bereits 1914 wurde eine Gesellschaft für Strahlentherapie gegründet, und 1917 diskutierte man den Vorschlag, Abteilungen für Strahlendiagnostik und Abteilungen für Strahlentherapie zu schaffen.

Das neue Fach machte nicht nur auf dem diagnostischen, sondern auch auf dem therapeutischen Sektor schnelle Fortschritte. Zwei Konzepte lagen im Wettstreit: die Einzeitbestrahlung und die fraktionierte Bestrahlung, bei der kleine Strahlendosen an mehreren Tagen in einem längeren Zeitraum verabreicht wurden. Die fraktionierte Bestrahlung setzte sich schließlich durch, nicht zuletzt aufgrund der bahnbrechenden Erfahrungen von Coutard an Hals-Nasen-Ohren-Tumoren, veröffentlicht 1929.[3] In der Folgezeit zeigten strahlenbiologische Forschungen, daß die Toleranz des Normalgewebes wesentlich von der Höhe der Einzeldosis abhing.

Die technischen Möglichkeiten der Strahlentherapie erweiterten sich schnell. Auf der einen Seite entwickelte man sehr weiche Röntgenstrahlen zur Behandlung oberflächlicher Geschwülste und Hautkrankheiten, auf der anderen Seite versuchte man mit harten Röntgenstrahlen von 400 bis 1000 kV die Eindringtiefe der Strahlung zur Behandlung tief gelegener Krankheitsherde zu verbessern.

Trotz oder auch gerade wegen der erstaunlichen Möglichkeiten der diagnostischen und therapeutischen Radiologie hatte das Fach ständig mit seiner Anerkennung zu kämpfen. Auf dem 12. Kongreß der Deutschen Röntgengesellschaft 1920 in Berlin wurde hart um die Selbständigkeit der Radiologie gestritten. Die großen medizinischen Fachdisziplinen wehrten sich gegen die Gründung selbständiger radiologischer Abteilungen und versuchten alles stattdessen Unterabteilungen unter ihrer Regie an ihren Kliniken einzurichten. Damit hängt es wahrscheinlich zusammen, daß die Gesellschaft für Strahlentherapie 1922, nur 8 Jahre nach ihrer Gründung, sich mit der Deutschen Röntgengesellschaft vereinigte, vermutlich, um gemeinsam die Belange der Radiologie stärker vertreten zu können. Erst 1935 entstanden die ersten Fakultäten für Röntgenologie und Strahlenheilkunde an deutschen Universitäten. Der Streit war jedoch nicht beendet. Noch auf dem Röntgenkongreß 1939 erklärten führende Vertreter aus Chirurgie und Gynäkologie, daß selbständige Röntgenabteilungen inakzeptabel wären. Dies veranlaßte den Schweizer Radiologen Schinz zu der Feststellung: „Warum wird das der Radiologie in Deutschland, dem Land von Wilhelm Conrad Röntgen, angetan?" Die wissenschaftliche Entwicklung der Strahlentherapie in den 30er Jahren war neben den erwähnten technischen Fortschritten geprägt durch Erkenntnisse der Strahlenbiologie, z. B. der Konstruktion von Dosiswirkungskurven durch Holthusen,[4] durch die Einführung der Nahbestrahlung (Chaoul)[5], durch die ersten Bewegungsbestrahlungen (Du Mesnil)[6] und zunehmende Zahlen von geheilten Tumorpatienten.[7]

Ein weiteres bedeutendes Ereignis ist aus dieser Zeit zu berichten: Auf Initiative der Deutschen Röntgengesellschaft wurde 1936 im Krankenhaus St. Georg in Hamburg das Ehrenmal für die Röntgenologen und Radiologen aller Nationen errichtet, →01 die in Unkenntnis der schädigenden Wirkung der Strahlen zu Beginn des Jahrhunderts erkrankten und meist ihrer Krankheit erlagen. Dieses Ehrenmal existiert noch heute.

Wie andere Disziplinen auch stand die Strahlentherapie in der Zeit des Nationalsozialismus vor großen Problemen. Viele Kollegen verloren aus rassischen Gründen ihre Stellung, die glücklicheren von ihnen konnten auswandern. So verlor die St. Georger Strahlentherapie Anna Hamann, die sich unter anderem in der Radium-Dosimetrie und der Entwicklung der Hamburger Methode der Therapie des Cervix-Karzinoms verdient gemacht hatte. Sie setzte ihre Tätigkeit in den USA fort und stiftete nach dem Krieg den Anna-Hamann-Fond, der Stipendien gewährt für junge Radiologen aus Deutschland und Amerika, um sich gegenseitig kennenzulernen.

Ein Beispiel für die Fehlentwicklungen dieser Zeit ist die Tatsache, daß die therapeutischen Möglichkeiten der Röntgenstrahlen zur politisch indizierten Röntgen-Kastration mißbraucht wurden!

Während man schon Anfang des 20. Jahrhunderts eigene Abteilungen für Strahlentherapie gefordert hatte, dauerte es – im Gegensatz zu Frankreich, Skandinavien und den USA – in Deutschland lange, bis eigenständige Strahlentherapieabteilungen entstanden. 1955 wurde im Virchow-Krankenhaus in Berlin eine Abteilung Radiodiagnostik und eine Strahlentherapieabteilung gegründet, 1957 teilte Holthusen →02 in St. Georg die Radiologie in ein diagnostisches und ein therapeutisches Strahleninstitut (später Albers-Schönberg-Institut für Röntgendiagnostik und Hermann-Holthusen-Institut für Strahlentherapie). Im Katharinen-Hospital in Stuttgart wurde die Strahlentherapie nach dem Wiederaufbau 1964 zur selbständigen Abteilung.

1971 teilte Scherer →03 in Essen die Diagnostik ab und schuf die erste vorwiegend therapeutisch ausgerichtete Strahlenabteilung an einer deutschen Hochschule. Die erste selbständige Abteilung nur für Strahlentherapie an einer deutschen Universität entstand 1974 in Köln, als Ordinarius wurde Horst Sack →04 berufen.

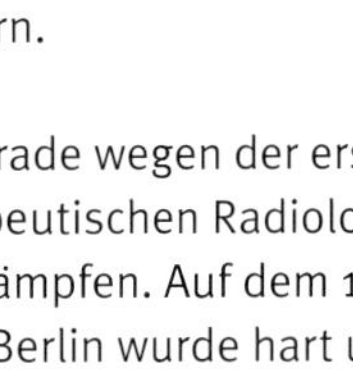

1979

45. Präsident der DRG
Josef Lissner

1979

G. N. Hounsfield und A. M. Cormack erhalten den Nobelpreis für Physiologie und Medizin für die Entwicklung der Computertomographie.

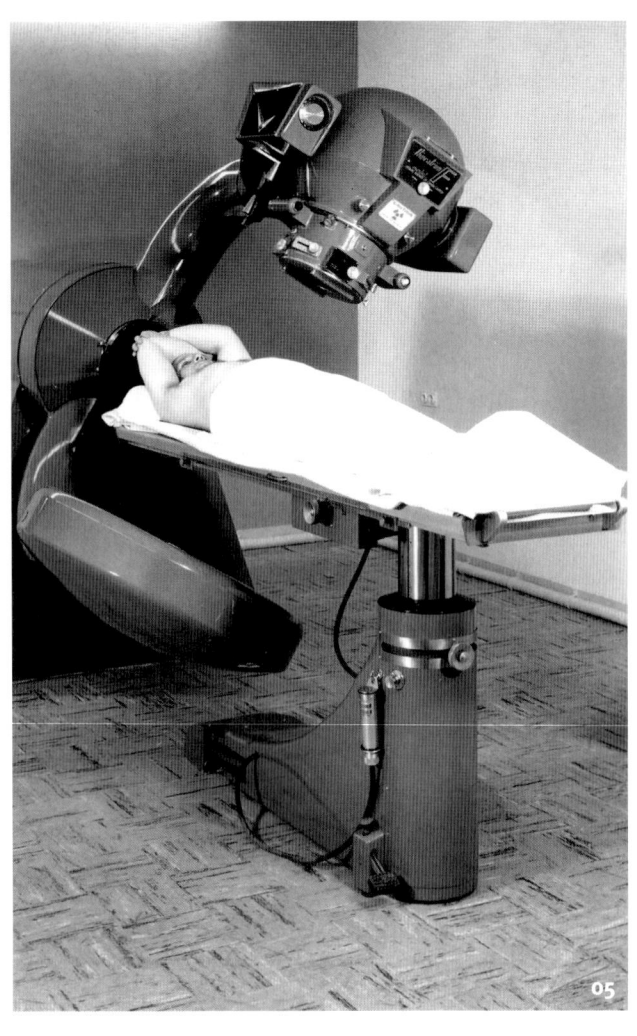

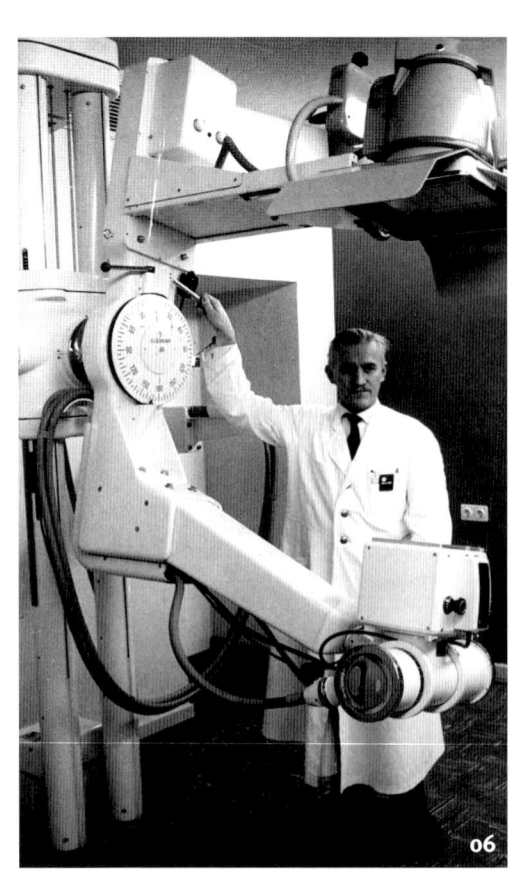

05 Kobalt-Bestrahlungsgerät „Theratron", das erste Kobalt-Gerät der Strahlentherapieabteilung des AK St. Georg
06 Prof. Dr. med. Friedrich Gauwerky, an einem der ersten Simulatoren zur Bestrahlungsplanung
07 Strahlengeschützter Arbeitsplatz, auf dem hinter Bleiglas Kobalt-60-Perlen zur intrakavitären Behandlung des Endometrium-Karzinoms lagern

In der Folgezeit verselbständigte sich die Strahlentherapie an vielen Kliniken und Universitäten, und es wurden die ersten Praxen für Strahlentherapie gegründet. Das Konzept der radiologischen Unterabteilungen an Universitätskliniken der großen Fächer hielt sich am längsten in der Gynäkologie in Form der Abteilungen für gynäkologische Radiologie. Diese waren zunehmend therapeutisch ausgerichtet, betrieben jedoch auch eine Basis-Röntgendiagnostik. Ausnahme war die Strahlentherapie Würzburg, die noch lange als Unterabteilung der HNO-Klinik firmieren mußte.

Zeitgleich mit der zunehmenden Eigenständigkeit der Strahlentherapie verlief eine stürmische technische Entwicklung. Durch die Einführung von Tele-Kobalt-Geräten, ⇢**05** Betatrons und Linearbeschleunigern standen immer härtere Strahlen zur Verfügung, die die Eindringtiefe der Strahlung und dadurch die Behandlungsmöglichkeiten verbesserten. Die Strahlenabteilung des Klinikums Berlin-Buch (DDR) gehörte zu den ersten, die die Dosisverteilung der Kobalt-Strahlung mit elektronischen Rechenmaschinen ermittelten.[8] Als weitere Besonderheit dieser Klinik sind die Erfahrungen mit Neutronenstrahlung an Bronchus-Karzinomen zu nennen.[9] Während man in Deutschland lange an die Verschiedenartigkeit der relativen biologischen Wirksamkeit (RBW) von Röntgenstrahlen und Elektronenstrahlen glaubte und deshalb das Betatron bevorzugte, setzte man in England und den USA auf das Konzept der Linearbeschleuniger mit ihrer hohen Dosisleistung und den dadurch verbesserten therapeutischen Möglichkeiten. Der Linearbeschleuniger setzte sich schließlich auch in Deutschland durch. Ein erster 6-MV-Beschleuniger wurde 1973 in Essen in Betrieb genommen, 1974 bekam die Tübinger Strahlenklinik den ersten 10-MeV-Beschleuniger mit der Möglichkeit der Photonen- (Röntgenstrahlen-) und Elektronen-Bestrahlung. Die Vorteile der Linearbeschleuniger (hohe Dosisleistung, scharfe Ausblendung des Strahlenbündels, hohe Photonenenergien, große Zuverlässigkeit) führten dazu, daß im letzten Viertel des 20. Jahrhunderts überall in Deutschland die bis dahin dominierenden Tele-Kobalt-Geräte durch Beschleuniger ersetzt wurden.

In Deutschland gewann man aufgrund des Fehlens von hohen Strahlenenergien vor und nach dem 2. Weltkrieg Erfahrungen mit der Bewegungsbestrahlung, während im angelsächsischen Raum die Stehfeldbestrahlungen bevorzugt wurden. In der heutigen Strahlenbehandlung spielt die Bewegungsbestrahlung (Intensitätsmodulierte Bestrahlung) eine hervorragende Rolle. Dieser Weg der deutschen Strahlentherapie war somit zukunftsweisend. In den Jahren nach dem Krieg dominierten in Deutschland zwei Methoden

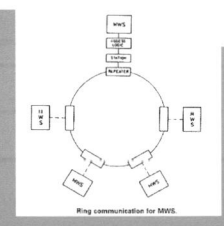

1979
H. Lemke, Berlin, veröffentlicht erste Arbeiten zu PACS.

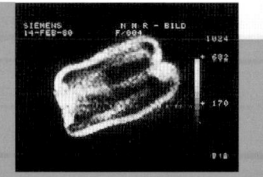

1979
Das Team um A. Oppelt nimmt bei Siemens in Erlangen das erste MRT-Bild (Paprika) in Deutschland auf.

der Behandlung des Cervix-Karzinoms, die Münchner Methode[10] und die Hamburger Methode.[11] Sie unterschieden sich durch Art und Dauer der Radium-Einlagen. Aufgrund der hohen Strahlenbelastung für das Personal suchte man nach Alternativen und fand sie in der Nachladetechnik, bei der die Strahlenquelle erst dann in den Körper der Patientin eingeführt wird, wenn der Applikator bereits an den vorgesehenen Ort verbracht wurde. Dies erfolgte in den USA lange manuell. Eine der ersten Publikationen über maschinelles Afterloading stammt aus der DDR.[12] Die Methode des maschinellen Afterloading ist inzwischen ausgefeilt und wird nicht nur zu Behandlung von Gebärmutterkrebs, sondern in Kombination mit externer Strahlentherapie bei einer Vielzahl von Tumoren angewandt.

Die Strahlentherapie entwickelte sich zunehmend zu einer der Hauptdisziplinen im Management von Geschwulstkrankheiten, der Onkologie. Die schon immer enge Kooperation mit den chirurgischen Fächern wurde ergänzt durch vielfältige Kontakte zur medizinischen Onkologie. Immer häufiger setzte man Kombinationen von Strahlentherapie und Chemotherapie sowohl therapeutisch als auch adjuvant (postoperativ) ein. Der Bedeutung der Strahlentherapie in der Tumorbehandlung folgend entstand der Begriff der Radioonkologie.

Verständlicherweise versuchten die Strahlentherapeuten (Radioonkologen) ihre Belange nicht nur in der Deutschen Krebsgesellschaft, sondern auch in ihrer Fachgesellschaft, der Deutschen Röntgengesellschaft (DRG), zu vertreten. So wurde 1973 in der DRG unter Vorsitz von Gauwerky ⟶ 08 die „Arbeitsgemeinschaft Strahlentherapie" gegründet. Im Rahmen der Neustrukturierung der DRG entstand 1981 die „Sektion Radioonkologie" der DRG unter dem Vorsitz von Sauer. ⟶ 09

Die weit überwiegende Zahl der Mitglieder der DRG war und ist jedoch diagnostisch tätig. Nachdem die Radiologie ihre Selbständigkeit gegenüber anderen Disziplinen nun endgültig durchgesetzt hatte, vertrat die DRG aus dem o.g. Gründen überwiegend die Belange der diagnostischen Radiologie, die Radioonkologie fand trotz aller Bemühungen um ein gemeinsames Vorgehen von seiten der Strahlentherapeuten nicht die genügende Selbständigkeit innerhalb der DRG. Gemessen an den großen Fächern Innere Medizin und Chirurgie ist die Radiologie ein relativ kleines Fach, das seine Selbständigkeit schwer genug erkämpft hatte. Dies spricht dafür, daß Diagnostiker, Therapeuten (und auch Nuklearmediziner) gemeinsam im politischen Raum ihre Interessen vertreten. Als aber für die Radioonkologie wesentliche berufspolitische Entscheidungen von der DRG ohne Beteiligung der Strahlentherapeuten getroffen wurden, sah die Mehrheit der therapeutischen Kollegen keine andere Möglichkeit als die Abtrennung von der DRG und die Gründung einer eigenen Gesellschaft. So wurde 1995 die „Deutsche Gesellschaft für Radioonkologie" (DEGRO) gegründet. Erster Präsident war Bamberg. ⟶ 10 Inzwischen ist diese Gesellschaft die anerkannte Vertretung der Deutschen Radioonkologen. Sie hat seitdem 10mal ihren Jahreskongreß durchgeführt, an dem heute über 2000 Teilnehmer aus dem In- und Ausland teilnehmen.

08 Prof. Dr. Friedrich Gauwerky
09 Prof. Dr. Rolf Sauer
10 Prof. Dr. Michael Bamberg

Nachdem die therapeutischen Radiologen nun endlich auch ihre Selbständigkeit im Bereich der Kliniken und der Fachgesellschaften errungen haben, ist erfreulicherweise wieder eine zunehmende Kooperation und Freundschaft zwischen der DRG und der DEGRO zu beobachten.

Probleme der Radioonkologie in Deutschland heute
Es ist eine alte Erfahrung, daß neue Probleme auftreten, wenn man glaubt, alle Probleme gelöst zu haben. Von den eingangs erwähnten Image-Problemen abgesehen haben die deutschen Strahlentherapeuten endlich alles erreicht, worum sie gekämpft haben. Worum geht es heute?
Zwei Entwicklungen gefährden das Fach erneut:
Durch die zunehmende Zahl radioonkologischer Abteilungen und die Einführung eines Arztes für Radioonkologie sind viele qualifizierte junge Radioonkologen weitergebildet worden. Da nicht alle an den Kliniken bleiben können, suchen sie nach Möglichkeiten der Niederlassung. Diese berufliche Alternative wird unterstützt durch die Gesetzgebung. Der §116 des SGB V besagt, daß Kliniken bzw. Klinikärzte von den kassenärztlichen Vereinigungen zur ambulanten Strahlentherapie nur ermächtigt werden dürfen, wenn keine ausreichenden Möglichkeiten im niedergelassenen Bereich vorhanden sind. Die große Zahl radioonkologischer Praxen führt nun dazu, daß Klinik um Klinik ihre Ermächtigung verliert. Da die Strahlentherapie überwiegend ambulant durchgeführt werden und eine nur stationäre Behandlung weder wirtschaftlich betrieben noch dem Patienten zugemutet werden kann, hat ein Sterben selbst renommierter Strahlentherapiekliniken eingesetzt. Sie werden geschlossen oder in Praxen am Krankenhaus umgewandelt. Die Versorgung der Patienten kann noch solange aufrecht erhalten werden, wie qualifizierte Radioonkologen in den Praxen tätig sind. Da aber die Praxen aus wirtschaftlichen Gründen im Regelfall keine Weiterbildung betreiben, ist der Zeitpunkt abzusehen, an dem keine entsprechend weitergebildeten therapeutischen Radiologen mehr zu Verfügung stehen werden.

Die DEGRO kämpft deshalb zur Zeit um Möglichkeiten, die Kliniken und damit die Weiterbildung im Fach Radioonkologie zu erhalten. Ob dies durch guten Willen aller Beteiligten und Nutzung der Möglichkeiten des §140 SGB V gelingen wird, muß die Zukunft zeigen.

1980

W. Frommhold, P. Gerhardt und H. Uhl werden mit der Boris-Rajewski-Medaille der EAR ausgezeichnet.

Strahlung – Ein zweischneidiges Schwert

Horst Jung, Hamburg

Die vorliegende Festschrift wäre unvollständig, ohne auf die dunkle Seite der Strahlenanwendung einzugehen. Denn nach dem Prinzip „keine Wirkung ohne Nebenwirkung" muss in der Radiologie der Nutzen eines jeden diagnostischen Informationsgewinns mit einem untrennbar damit verbundenen Risiko erkauft werden. Obwohl die Strahlenrisiken besser erforscht und besser bekannt sind als alle anderen Umweltrisiken zusammengenommen, haftet der Strahlung etwas Unheimliches an. Man kann sie weder sehen noch fühlen oder schmecken, und dennoch weiß jeder, dass Röntgenstrahlen Körperzellen schädigen können. Mangels eigener Wahrnehmungsfähigkeit tappt der Mensch im Dunkeln und neigt dazu, die Risiken überzubewerten.

Warum haben Röntgenstrahlen überhaupt schädliche Wirkungen? Im Gegensatz zu anderen Strahlenarten wie beispielsweise sichtbares Licht oder Mikrowellen, die ebenfalls zu den elektromagnetischen Strahlen gehören, ist die Energie der Röntgenstrahlen mehr als 1000-mal größer als die Energie einer chemischen Bindung. Folglich können Röntgenstrahlen Elektronen aus Molekülen „herausschlagen". Dies nennt man eine Ionisation, und deshalb zählen die Röntgenstrahlen zu den ionisierenden Strahlen. Schließlich kommt es zum Bruch der chemischen Bindung. Das Entscheidende bei der schädlichen Wirkung von Röntgenstrahlen ist nicht die insgesamt zugeführte Energie. Diese ist sehr klein; eine tödliche Strahlendosis bewirkt nur eine Temperaturerhöhung von einem Tausendstel Grad. Entscheidend ist vielmehr die Energie der einzelnen Quanten, die zu einer dauerhaften Veränderung von biologisch wichtigen Makromolekülen führen kann.

Für die Entstehung biologischer Strahlenschäden sind Strukturveränderungen der DNA (=Trägermolekül der Erbinformation) von alleiniger Bedeutung. Der überwiegende Anteil (ca. 99,9%) dieser DNA-Schäden kann durch zelleigene Enzyme repariert werden. Doch gelegentlich kommt es vor, dass ein Schaden nicht oder falsch repariert wird. Dies kann fatale Folgen für die Zelle haben.

Die häufigste Folge einer bleibenden DNA-Schädigung besteht darin, dass die betroffene Zelle ihre Fähigkeit zur Zellteilung verliert und anschließend zugrunde geht: Es kommt zum Zelltod. Dieser Prozess der Zellabtötung wird bei der Strahlentherapie bösartiger Tumoren gezielt ausgenutzt. Allerdings sind hierzu extrem hohe Strahlendosen erforderlich. Diese Art der Strahlenschädigung tritt bei der diagnostischen Anwendung von Röntgenstrahlen – von Unfällen abgesehen – nicht auf.

Als äußerst seltene Folge einer DNA-Schädigung kann es vorkommen, dass eine Zelle trotz Veränderung ihrer Erbinformation sich weiter teilen und damit die veränderten Eigenschaften auf ihre Nachkommen übertragen kann. War eine Körperzelle betroffen, spricht man von einer Transformation, die zu einer Krebserkrankung führen kann. Hat die Veränderung in einer Keimzelle stattgefunden, kommt es zur Mutation, die in zukünftigen Generationen zu Erbschäden führen kann. Diese beiden Arten von Schäden werden als stochastische Strahlenschäden bezeichnet. Sie sind für die Gesundheitsgefährdung im Bereich niedriger Strahlendosen von alleiniger Bedeutung.

1980
In Erlangen werden erstmals in Deutschland Versuche zur medizinischen MRI-Bildgebung unternommen.

1981
H. Lieven und E. Hilger werden mit der Boris-Rajewski-Medaille der EAR ausgezeichnet.

Unsere Kenntnisse über das Strahlenkrebsrisiko beim Menschen stammen aus langjährigen Beobachtungen großer Patientengruppen nach medizinischer Strahlenanwendung und insbesondere der Überlebenden der Atombombenexplosionen von Hiroshima und Nagasaki. Die Resultate aller Studien, die von der internationalen Strahlenschutzkommission (ICRP) zusammenfassend bewertet wurden, zeigen Folgendes:

- Bei Erhöhung der Strahlendosis nimmt die Häufigkeit von Strahlenkrebs zu. Dieser Zusammenhang wird auch für kleine und kleinste Strahlendosen angenommen; d.h. man geht davon aus, dass die Zunahme proportional zur Dosis und ohne Schwellenwert erfolgt. Dies bedeutet, dass jede Strahlendosis – und sei sie noch so klein – mit einem angebbaren Risiko verbunden ist. Ein Strahlenrisiko von exakt Null ist nur für die Dosis Null zu erwarten. Vieles spricht für diese Annahme, streng bewiesen ist sie allerdings nicht. Dennoch stellt sie die Grundphilosophie des gesamten Strahlenschutzes dar. Auch die hier berechneten Risiken beruhen auf dieser Annahme.

- In der Regel dauert es viele Jahre oder Jahrzehnte, bis eine strahleninduzierte Krebserkrankung auftritt. Für Leukämie liegt die mittlere Latenzzeit bei etwa 15 Jahren, für die übrigen Krebserkrankungen bei über 40 Jahren.

- Die verschiedenen Organe bedingen höchst unterschiedliche Risiken. Eine höhere Strahlenempfindlichkeit weisen das rote Knochenmark, Dickdarm, Lunge, Magen und die weibliche Brust auf. Mittlere Risikowerte wurden für Blase, Leber, Speiseröhre und Schilddrüse ermittelt. Haut und Knochenoberfläche bedingen nur ein geringes Strahlenrisiko, während im Muskelgewebe nach Bestrahlung praktisch überhaupt keine bösartigen Geschwülste entstehen.

Die durch einzelne radiologische Untersuchungsverfahren bedingten Risiken hängen davon ab, welche Organe von der Strahlung getroffen werden und wie hoch die Strahlendosis in jedem Organ ist. Durch umfangreiche Erhebungen ist bekannt, wie hoch in Deutschland die Dosis für eine typische Untersuchung im Durchschnitt ist. Mit diesen Dosiswerten wurden Risikoabschätzungen vorgenommen. Je nach der Höhe des Risikos lassen sich mehrere Gruppen unterscheiden (Tabelle). Risiko bezeichnet hier die Wahrscheinlichkeit, dass die strahlenexponierte Person irgendwann im Leben an einer strahleninduzierten Krebskrankheit stirbt. Die aufgeführten Risiken gelten für einen gesunden Menschen im mittleren Lebensalter. Für Kinder sind die Risiken etwa 3-mal höher, für ältere Menschen jenseits des 65. Lebensjahres liegen sie 5-mal niedriger. Bei der Mammographie ist die Altersabhängigkeit noch stärker ausgeprägt.

Was sagen die in der Tabelle aufgeführten Risiken aus? Die Risiken der Gruppe 1 und 2 entsprechen der Wahrscheinlichkeit, im kommenden Monat (Gruppe 1) bzw. im kommenden Jahr (Gruppe 2) vom Blitz erschlagen zu werden. Kein Mensch, der sich nicht gerade in einem heftigen Gewitter befindet, macht sich Gedanken über dieses potentielle Risiko. Dies zeigt ganz deutlich, dass der wissenschaftliche Begriff Risiko nicht gleichbedeutend mit einer realen Gefährdung ist.

Eine konventionelle Basisuntersuchung der Lunge, die üblicherweise aus 2 Aufnahmen besteht (Gruppe 3), ist mit einer Risiko-Relation von 1 : 100 000 (oder 0,001%) verbunden. Dies besagt, dass durch 100 000 Lungenuntersuchungen eine tödlich verlaufende Krebserkrankung induziert wird. Bei gleicher Strahlenexposition sind zwar alle 100 000 Patienten a priori dem gleichen Risiko ausgesetzt, doch wird nur ein einziger im Verlauf von einigen Jahrzehnten von dem Schaden betroffen.
Wen es trifft, ist nicht vorauszusagen. Deshalb werden diese Strahlenschäden als stochastische (d.h. zufallsmäßig verteilte) Schäden bezeichnet. Und deshalb kann die Frage „Bin ich gefährdet?" auch beim allerbesten Willen nicht mit Ja oder Nein beantwortet werden. Man kann dem Patienten immer nur eine Wahrscheinlichkeit nennen, womit er sich nicht selten allein gelassen fühlt.

Vielleicht kann ein Vergleich mit dem allgemeinen Krebsrisiko das Risiko einer Lungenuntersuchung veranschaulichen. Heute stirbt jeder Vierte an einer Krebserkrankung. Dies bedeutet ein Risiko von 25%. Durch eine Röntgenuntersuchung der Lunge (Risiko 0,001%) erhöht sich somit das Risiko des strahlenexponierten Patienten, im Verlauf des Lebens an Krebs zu sterben, rechnerisch von 25% auf 25,001%. Dies ist eine wirklich minimale Zunahme des individuellen Risikos, insbesondere wenn man bedenkt, dass es dem einzelnen an die Hand gegeben ist, durch eine entsprechende Lebensweise sein Krebsrisiko auf 20% zu verringern oder auf 30% zu erhöhen.

Die Risiken der Gruppe 5 entsprechen etwa dem Risiko, innerhalb eines Jahres einen tödlichen Verkehrsunfall zu erleiden. Im Jahre 2003 starben in Deutschland 6842 Personen bei Verkehrsunfällen. Bei 82 Millionen Einwohnern entspricht dies einem Todesrisiko von 1 : 12 000. Allerdings sind diese Risiken nur zahlenmäßig ähnlich. Denn ein Verkehrsunfall wirkt sich unmittelbar aus, die Strahlenexposition jedoch erst in einigen Jahrzehnten.

Strahlenrisiken verschiedener radiologischer Untersuchungsverfahren

Gruppe	Art der Untersuchung	Risiko
1	Hand, Zahn, Knochendichtemessung	1 : 10 Millionen
2	Ellenbogen, Knie	1 : 1 Million
3	Lunge (2 Aufnahmen), Halswirbelsäule, Schädel	1 : 100 000
4	Brustwirbelsäule, Hüfte, Mammographie	1 : 40 000
5	Lendenwirbelsäule, Bauchraum (Übersicht), Venendarstellung (Bein), Harntrakt, Computertomographie (CT) des Kopfes	1 : 10 000
6	Magen und Dünndarm (mehrere Aufnahmen und Durchleuchtungen), CT der Wirbelsäule	1 : 2 000
7	Dickdarm und Schlagader (mehrere Aufnahmen und Durchleuchtungen), CT-Brustkorb, CT-Bauchraum	1 : 1 000

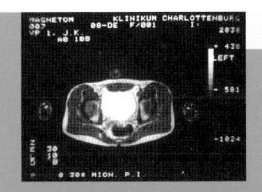

1982
H. J. Weinmann, Schering Berlin, führt erste experimentelle Untersuchungen zu paramagnetischen Kontrastmitteln in der MRT am Forschungs-MRT in Erlangen durch.

1983
J. A. Parker und sein Team publizieren ihre Arbeiten über die erste rein digitale nuklearmedizinische Abteilung.

Je höher das Strahlenrisiko einer Untersuchung ist, um so sorgfältiger und strenger muss die Indikation gestellt werden. Der Arzt muss sich im Klaren darüber sein, welche diagnostische Fragestellung präzise beantwortet werden soll. Außerdem muss er sich fragen, welchen Nutzen der strahlenexponierte Patient aus der Untersuchung zieht. Hierbei ist auch das Risiko des Patienten durch die Erkrankung in die Überlegung mit einzubeziehen. Denn bei einem Schwerkranken, der beispielsweise ein 50%iges Risiko hat, die nächsten 10 Jahre nicht zu überleben, hat ein zusätzliches Strahlenkrebsrisiko von 0,1% (1 : 1000) in 40 Jahren eine wesentlich geringere Bedeutung als bei einem jungen gesunden Menschen.

Die genetischen Wirkungen einer Bestrahlung bestehen in der Erzeugung von Mutationen in den Keimzellen, die zu vererbbaren Strahlenschäden führen. Das genetische Strahlenrisiko ist bei gleicher Dosis etwa 10-mal geringer als das Krebsrisiko. Deshalb wird heute im Strahlenschutz in erster Linie das Krebsrisiko berücksichtigt. Dennoch gilt der Grundsatz, die Strahlenexposition der Keimdrüsen möglichst zu vermeiden, um das Risiko von Erbkrankheiten in den zukünftigen Generationen so gering wie möglich zu halten.

Generell darf man Risiken nicht isoliert betrachten, sondern muss sie stets im Zusammenhang mit dem Nutzen einer Maßnahme sehen. Folglich verlangt der Gesetzgeber, dass vor jeder Untersuchung, die mit einer Strahlenexposition verbunden ist, Nutzen und Risiko gegeneinander abzuwägen sind. Denn ohne einen Nutzen ist jedes Risiko – und sei es noch so klein – inakzeptabel. Die Anwendung der Röntgenstrahlen in der Medizin hat nach Einschätzung des Strahlenpioniers Friedrich Dessauer „ohne Lärm und Aufhebens mehr Menschenleben gerettet als die beiden Weltkriege gefordert haben." Und jeder Chirurg kann bestätigen, dass viele lebensrettende Operationen unterbleiben würden, wenn nicht vorausgegangene Röntgenuntersuchungen eine klare Diagnose ermöglicht hätten. Allerdings liegen über den Nutzen kaum verlässliche Zahlenangaben vor. Dies gilt übrigens nicht nur für die Röntgendiagnostik. Dies hängt wohl in erster Linie damit zusammen, dass die Methoden zur Quantifizierung eines Nutzens relativ wenig entwickelt sind, während uns zur Schadensmessung ein hoch entwickeltes Instrumentarium zur Verfügung steht. Es erscheint mir außerordentlich dringlich, die diesbezüglichen methodischen Lücken zu schließen.

Jede Untersuchung, die mit einer Strahlenexposition verbunden ist, erfordert eine strenge Indikationsstellung. Hierbei ist zunächst zu prüfen, ob eine Strahlenexposition überhaupt notwendig ist.
Wenn dies der Fall ist, dann gilt das Minimierungsgebot, wonach die Strahlenexposition so gering wie möglich zu halten ist. Dies dient dem Zweck, das Gesamtrisiko – korrekter wäre zu sagen: den Gesamtschaden – in unserer Bevölkerung so weit wie möglich zu reduzieren. Denn auch verschwindend kleine individuelle Strahlenrisiken summieren sich bei einer Bevölkerung von 80 Millionen zu erschreckenden Gesamtzahlen.

Hieraus ergibt sich die Forderung, die Gesamtexposition durch Röntgenuntersuchungen zu verringern. Dies kann zum einen dadurch geschehen,

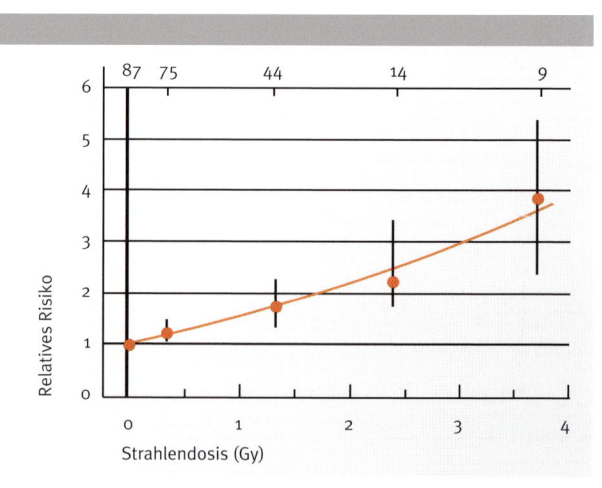

01 Dosiswirkungskurve für das Auftreten (Inzidenz) strahleninduzierter Mammakarzinome bei Tuberkulose-Patientinnen nach sehr häufigem Durchleuchten (durchschnittlich 88-mal). Aufgetragen ist das relative Risiko über der Strahlendosis der Brust. Die Fehlerbalken bezeichnen die 95%-Konfidenz-Intervalle der Kurvenanpassung. Die Zahlen am oberen Bildrand geben die Anzahl der insgesamt aufgetretenen Mammakarzinome wieder.

dass der Dosisbedarf der einzelnen Untersuchung weiter verringert wird, indem der Qualitätssicherung weiterhin große Aufmerksamkeit geschenkt wird. Noch wirksamer ist jedoch eine Reduzierung der Untersuchungszahlen. Im internationalen Vergleich liegt Deutschland, was die Häufigkeit der Röntgenuntersuchungen (ohne Zahnröntgen) angeht, auf einem Spitzenplatz. Je 1000 Einwohner pro Jahr werden in Belgien 1290 Röntgenuntersuchungen durchgeführt, in Deutschland 1240, in Japan 1160, in Kanada 1050, in der Schweiz 1040, in Frankreich 990 und in den USA 800. Deutlich niedriger liegen die Niederlande mit 530, Schweden mit 520 und Großbritannien mit 460 Untersuchungen. Und dabei ist der medizinische Standard in einigen der letztgenannten Ländern nicht unbedingt schlechter als hierzulande. Allerdings ist in diesem Zusammenhang die Tatsache aufschlussreich, dass es in den Ländern mit niedriger Untersuchungsfrequenz keine Teilgebietsradiologie gibt.

1983

Fuji Film Japan stellt das erste Speicherfoliensystem (SLSL) vor.

1985

46. Präsident der DRG
Gerd Friedmann

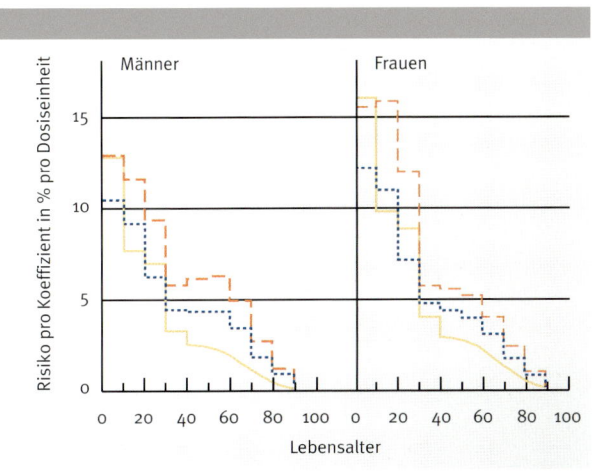

02 Altersabhängigkeit des Strahlenkrebsrisikos. Aufgetragen sind die Koeffizienten für das Lebenszeitrisiko für Mortalität durch strahleninduzierte Krebserkrankungen (einschließlich Leukämie) bei Exposition in verschiedenem Lebensalter. Die Stufen in den Kurven resultieren aus der Zusammenfassung der Daten für 10-Jahres-Intervalle. Aufgetragen sind die von verschiedenen Kommissionen empfohlenen Risiko-Koeffizienten: Committee on Biological Effects of Ionising Radiations (BEIR) des National Research Council, USA; National Radiological Protection Board (NRPB), UK; und International Commission on Radiological Protection (ICRP). Das Risiko ergibt sich durch Multiplikation von Risiko-Koeffizient und Strahlendosis.

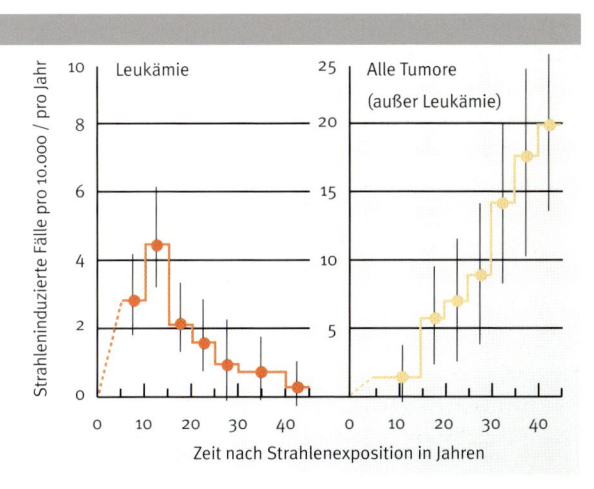

03 Zeitlicher Verlauf des Auftretens von strahleninduzierten Tumoren und Leukämien. Aufgetragen ist die über die Spontanrate hinausgehende zusätzliche Krebsrate (Mortalität) bei den Atombomben-Überlebenden. Die Fehlerbalken geben den statistischen 90%-Vertrauensbereich wieder.

Nur ein Viertel aller Röntgenaufnahmen werden hierzulande von Radiologen gemacht, drei Viertel gehen auf das Konto der Teilgebietsradiologen. Studien haben gezeigt, dass ein Arzt, der ein eigenes Röntgengerät betreibt, den Patienten etwa dreimal häufiger röntgt, als ein Arzt ohne Röntgengerät den Patienten zum Radiologen überweist. Vom Standpunkt des Strahlenschutzes wäre es somit durchaus sinnvoll, Indikation und Röntgenuntersuchung zu trennen. Dadurch gäbe es nicht nur einen zusätzlichen Kontrollmechanismus, sondern auch die Chance, Geräte nach dem neuesten technischen Stand einzusetzen, was in einer radiologischen Fachpraxis häufiger anzutreffen ist.

Jede Strahlenexposition ist mit einem angebbaren Risiko verbunden. Deshalb verbietet die Strahlenschutzgesetzgebung jede unnötige Strahlenexposition. Ist eine Strahlenanwendung erforderlich, muss die Strahlendosis so gering wie möglich gehalten werden. Ein Risiko von exakt Null gibt es bei keiner menschlichen Tätigkeit. Insofern wurden die Strahlenrisiken hier nicht mit einem hypothetischen Null-Risiko verglichen, sondern mit anderen Risiken, denen wir täglich ausgesetzt sind.

Der beste Strahlenschutz besteht darin, eine nicht notwendige Röntgenuntersuchung zu unterlassen. Das größte Risiko geht der Patient ein, wenn eine notwendige Untersuchung unterbleibt. Und die alltägliche Mühe des Radiologen besteht darin, das eine vom anderen zu unterscheiden. Der Patient sollte über den diagnostischen Wert einer vorgesehenen Untersuchung und das damit verbundene Risiko in möglichst verständlicher – und möglichst verständnisvoller – Form aufgeklärt werden. Es ist wenig hilfreich, das Strahlenrisiko zu bagatellisieren oder medienwirksam zu übertreiben. Vielmehr geht es um eine ausgewogene Einschätzung des Strahlenrisikos, wobei zu hoffen ist, dass dadurch bei vielen Patienten Ängste nicht nur abgebaut werden, sondern vielleicht gar nicht erst entstehen.

1985

R. Frahm entwickelt am Max-Planck-Institut für Biophysik der Universität Göttingen zunächst mit stimulierter Echotechnik und später mit Kleinwinkelanregung die schnelle Bildsequenz FLASH (Fast Low Angle Shot).

1985

A. Oppelt (Siemens UB Med Erlangen) entwickelt die FISP-Messsequenz für die MRT. (Fast Imaging by Steady State Precession)

50 Jahre Faszination molekularer und zellulärer Strahlenforschung

Christian Streffer, Essen

Wenige Jahre nach der Entdeckung der Röntgenstrahlen trat die überraschende, durchschlagende biologische Wirkung dieser Strahlung zutage. Es wurden die ersten therapeutischen Anwendungen und biologischen Untersuchungen durchgeführt. Es wurde die hohe Strahlenempfindlichkeit der lymphatischen und der proliferierenden Zellen erkannt. Damit begann ein Kapitel biologischer Forschung, die zum einen Grundlagen für das Verständnis der Mechanismen der Strahlenwirkung bei der Tumortherapie und der Diagnostik und zum anderen für die Entdeckung vieler grundlegender biologischer Phänomene und Strukturen wichtige Beiträge geliefert hat. Entwicklungen dieser Art während der letzten 50 Jahre sollen im Folgenden kurz skizziert werden.

Im Jahre 1953 publizierten Watson und Crick ihre Arbeiten über die molekulare Struktur der DNA und die damit verbundenen genetischen Implikationen. Das Modell der helikalen Verknüpfung von zwei Polynukleotidsträngen, das heute zum Allgemeingut der Bildung gehört, ist auf der Basis von Röntgenstrukturanalysen kristalliner DNA entwickelt worden. Aus der Erkennung der helikalen Struktur der DNA mit zwei Ketten wurde zugleich das geniale Konstrukt der Natur evident, das eine Selbstverdopplung der DNA (Replikation) mit identischer genetischer Information ermöglicht. Die Röntgenstrukturanalyse hat sich in den letzten Jahrzehnten zu einer derartigen Vollkommenheit entwickelt, sodass die räumliche Anordnung einzelner Atome in komplexen Strukturen analysiert werden kann. Da nicht nur die räumliche Auflösung verbessert, sondern auch die Aufnahmezeit eines Röntgenspektrums enorm verkürzt worden ist, können ebenfalls kinetische Vorgänge z. B. in aktiven Zentren von Enzymen untersucht werden. ⤑01 So sind die katalytischen Prozesse von Enzymen, die Bindung von Substraten an Proteinen u.a. komplizierte Strukturen unmittelbar einer Analyse zugänglich geworden. Es ergeben sich durch derartige Methoden für die Zukunft auch ganz neue Möglichkeiten der spezifischen Entwicklung von Pharmaka. Wenige Jahre nach der Entdeckung der DNA-Struktur wurde gezeigt, welche prinzipiellen molekularen Veränderungen nach einer Einwirkung von ionisierenden Strahlen in der DNA auftreten können. Lange Zeit hatte man geglaubt, dass die genetische Konstanz der Lebewesen sowohl des Individuums während seines gesamten Lebens als auch der Population einer Spezies über viele Generationen durch die molekulare Stabilität der DNA selbst erreicht wird. Eventuelle Veränderungen der DNA z. B. durch Strahlen würden dann entweder den Untergang der betroffenen Zelle oder eine Mutation bewirken. Im Jahre 1958 gelang es, eine sehr strahlenempfindliche Mutante des Bakteriums E. coli zu isolieren. Es wurde bald vermutet, dass bei dieser Mutante ein besonderes Enzym-System ausgefallen sei, dass den resistenteren Bakterien die Möglichkeit gibt, Strahlenschäden in der DNA zu reparieren.

Dieses erstaunliche Prinzip wurde dann Anfang der sechziger Jahre nachgewiesen. Es hat sich in den letzten Jahrzehnten zu einem der aufregendsten Kapitel der molekularen Biologie entwickelt und die Strahlenbiologie hat hier ganz wichtige Impulse geliefert. Es sind in den letzten Jahrzehnten vielfältige Wege und Mechanismen für die Reparatur solcher Schäden in allen lebenden Zellen einschließlich menschlicher Zellen beobachtet worden. Die genetische Konstanz ist also ganz generell nicht der Stabilität des DNA-

01 Räumliche Struktur eines komplexen Proteins (Hefe Proteasom) mit mehreren Polypeptidketten (unterschiedliche Farben)
(zur Verfügung gestellt von R. Huber, Martinsried)

1985
H. A. Hauptmann und J. Karle erhalten den Nobelpreis für Chemie für die Entwicklung direkter röntgenkristallographischer Verfahren zur systematischen Bestimmung von Kristallstrukturen.

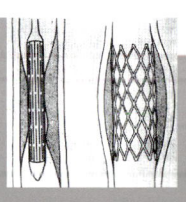

1985
J. C. Palmaz und sein Team führen erste Tierexperimente mit erweiterbaren intrahepatischen portocavalen Stents durch.

Moleküls an sich sondern den Reparatur-Prozessen zu danken, die mit hoher Effizienz immer wieder Fehler ausmerzen und damit die genetische Integrität herstellen. Alleine die ständige Kontrolle der DNA mit mehreren Milliarden Bausteinen in jedem Zellkern ist eine phantastische Leistung, da täglich mehrere hundert Schäden in jeder Zelle durch endogene Prozesse auftreten. In allen lebenden Zellen eines Organismus können Strahlenschäden der DNA innerhalb von wenigen Stunden zu einem ganz erheblichen Teil repariert werden. Allerdings wird es nach Bestrahlung in Abhängigkeit von der Dosis immer Restschäden oder auch Falschreparaturen (misrepair) geben. ⟶02 Bei der Strahlentherapie von Tumoren werden immer wieder Patienten mit einer hohen Strahlenempfindlichkeit beobachtet, bei denen sich eine Bestrahlung wegen der starken Nebenwirkungen verbietet. ⟶03

Es hat sich gezeigt, dass dieses Phänomen auf Störungen der DNA-Reparatur zurückzuführen ist und dass diese Variabilität in erheblichem Maße genetisch determiniert ist. Menschen mit schwerwiegenden Fehlern in diesen Reparatursystemen zeigen häufig nicht nur eine erhöhte Strahlenempfindlichkeit sondern auch Fehlentwicklungen des Hirnes, vermehrt Krebs und Einschränkungen des Immunsystems. Es handelt sich also um Prozesse, die für die Entwicklung und Aufrechterhaltung individuellen Lebens von entscheidender Bedeutung sind und nicht nur bei der Reparatur von Strahlenschäden eine Rolle spielen. Bei einigen genetisch bedingten Erkrankungen ist es mit Hilfe strahlenbiologischer, zellulärer Forschung gelungen, die molekularen Ausfälle zu beschreiben, die betroffenen Gene zu isolieren und bei wenigen Erkrankungen, z. B. Ataxia telangiectasia, auch die Mechanismen weitgehend zu klären.

Von derartigen Ausfällen einzelner Gene haben wir mehr über diese erstaunlichen Naturphänomene gelernt als von den voll funktionsfähigen Systemen, die in ihrer Regulation außerordentlich komplex sind. Die individuellen Unterschiede in der Strahlenempfindlichkeit sind also zumindest teilweise durch die Variabilität der Reparaturprozesse bedingt. Für die Strahlentherapie von Tumoren kann dieses eine große Rolle spielen. Eine wichtige Aufgabe der Strahlenbiologie wird es in Zukunft sein, die individuellen Unterschiede der Strahlenempfindlichkeit schneller und frühzeitig vor der Therapie zu analysieren und damit die Tumortherapie durch Modifizierung der Therapiemodalitäten stärker zu individualisieren. Bisher gelingt es nur, die Individuen mit extrem hoher Empfindlichkeit rechtzeitig zu erkennen. Sollte man darüber hinaus auch die resistenteren Patienten entdecken können, so könnte man diesen Patienten höhere Strahlendosen verabreichen und damit die Therapie erheblich verbessern.

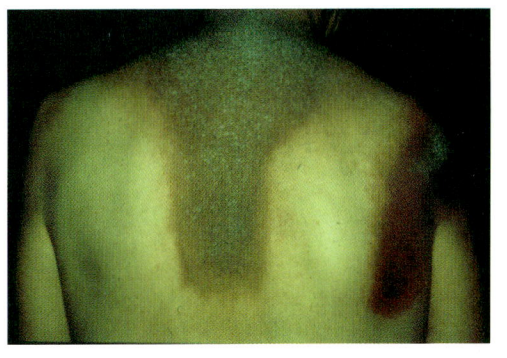

02 DNA-Reparatur-Kinetiken menschlicher Lymphozyten nach Bestrahlung mit 2 Gy Röntgenstrahlen und anschließender Inkubation bis zu 180 Minuten nach Bestrahlung in vitro. Es sind Lymphozyten von Normalpersonen und zwei Patienten mit hoher Strahlenempfindlichkeit (AT und „severe side effects") untersucht worden.

03 Sehr strahlenempfindlicher Patient mit schweren Nebenwirkungen während einer Strahlentherapie wegen eines Ösophagus-Karzinoms

1985

L. Tabar und sein Team weisen die Effizienz des Mammographiescreenings zur Reduktion der Mortalität bei Mammakarzinomen nach.

1987

Gründung des Deutschen Informationszentrums für Radiologie (D.I.R.) als exklusive Vertretung niedergelassener Radiologen

Andererseits gibt es besonders therapieresistente Tumorzellen mit einem hohen DNA-Reparaturvermögen. Hier können dicht ionisierende Strahlen (mit hohem LET), wie schwere Ionen oder Neutronen, von großer Bedeutung sein, da bei diesen Therapiemodalitäten die DNA-Reparatur sehr stark eingeschränkt und damit die Strahlenempfindlichkeit resistenter Tumoren beträchtlich gesteigert wird. Die Auswahl der Patienten für diese sehr teuren Therapien auf der Basis strahlenbiologischer Forschung wäre sehr hilfreich. Ein weiteres Phänomen, das für die biologische Forschung eine zentrale Rolle einnimmt, ist die Zellproliferation und ihre Regulation. Ebenfalls vor 50 Jahren ist zum ersten Mal durch strahlenbiologische Arbeiten beschrieben worden, dass lebende Zellen einen Generationszyklus mit vier distinkten Phasen durchlaufen und dass die Regulation der Zellvermehrung über diesen Zyklus abläuft. ┄┄▸04 So wird die Entwicklung eines Säugers von der einzelligen Zygote bis zum Neugeborenen durch Vermehrung, Differenzierung und Migration von Zellen geprägt. Alle drei Phänomene sind eng miteinander verbunden und sehr strahlenempfindlich. Wachstum von menschlichen Geweben einschließlich von Krebs geht durch Zellvermehrung vonstatten. Ionisierende Strahlen können einen Block in zwei der vier Phasen des Zellzyklus setzen und die Zelle gewinnt offensichtlich durch diese Verzögerungen Zeit, um Strahlenschäden zu reparieren. Bei der molekularen Aufklärung dieser Vorgänge der Regulation, ┄┄▸04 die in den letzten Jahren erhebliche Fortschritte gemacht hat, haben Arbeiten aus strahlenbiologischen Laboratorien erhebliche Beiträge geliefert. Es hat sich gezeigt, dass die Regulation sowohl der DNA-Reparatur als auch des Zellzyklus und ihre Auswirkungen auf biologische Abläufe eng miteinander verknüpft sind. Diese Prozesse haben ferner sowohl für die Krebstherapie als auch für die Entwicklung eines Krebs durch ionisierende Strahlen aber auch durch andere Agenzien erhebliche Bedeutung. Mit der Aussage, dass die Schäden ionisierender Strahlen statistisch im Genom verteilt sind, haben Strahlenbiologen leider früher zu der irrigen

einschließlich Misrepairs. Dabei treten immer wieder komplexe Strahlenschäden auf, deren ursprüngliche Informationen nicht wieder hergestellt werden können. Für die Expression der biologischen Effekte sind bestimmte, spezifische Gene bzw. Genorte in höherem Maße als andere betroffen. So ist bei tierexperimentellen Untersuchungen gefunden worden, dass Missbildungen, die wegen einer genetischen Prädisposition „spontan" (ohne Einwirkung einer exogenen Noxe) in Mäusen vermehrt sind, durch ionisierende Strahlen in der Präimplantationsphase besonders ansteigen. Ebenso nehmen Krebse mit einer genetischen Prädisposition stärker zu als Krebse ohne genetische Komponente. Dieses ist sowohl im Tierexperiment als auch bei Menschen nach Bestrahlung beobachtet worden. Bei Kindern, die eine genetische Prädisposition für Retinoblastome haben, werden vermehrt Zweit-Tumoren nach einer Strahlentherapie der Augentumoren beobachtet, die insbesondere im Bindegewebe, der Muskulatur und dem Skelett des bestrahlen Körpervolumens auftreten.

Damit werden Beobachtungen bestätigt, die Muller bereits 1927 bei seinen klassischen genetischen Untersuchungen gemacht hat: „All in all, then, there can be no doubt that many, at least, of the changes produced by X-rays are of just the same kind as the ‚gene mutations' which are obtained, with so much greater rarity, without such treatment [...]." Offensichtlich haben die Gene, in denen auch ohne Bestrahlung Mutationen auftreten, eine höhere Vulnerabilität gegenüber ionisierenden Strahlen. Bestrahlung erhöht daher die Mutationsfrequenzen in diesen Genen besonders. Seit Jahrzehnten ist bekannt, dass ionisierende Strahlen Chromosomenbrüche, sogenannte Chromosomenaberrationen, verursachen. Derartige Phänomene sind an vielen Zellsystemen in einem weiten Dosisbereich und nach Exposition durch verschiedene Strahlenarten berichtet worden. Die Untersuchungen haben sich fast immer auf die erste mitotische Zellteilung und in wenigen Fällen auf die zweite und dritte Zellteilung nach Bestrahlung konzentriert.

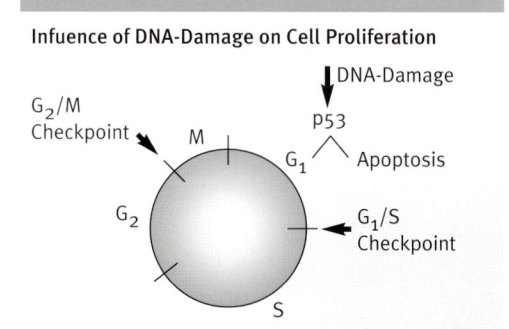

04 Zyklus der Zellproliferation mit den vier Zyklusphasen (G1, S, G2 und M), „Checkpoints" nach Bestrahlung und Regulation durch p53

Aussage beigetragen, dass Strahlung unspezifisch in ihrer Wirkung ist. Neuere Untersuchungen ergeben dagegen starke Hinweise, dass die Strahlenschäden im Genom nicht statistisch und zufällig verteilt auftreten. Sicherlich findet die physikalische Absorption der Strahlenenergie selbst und damit die primäre Strahlenschädigung statistisch verteilt, allerdings in Clustern, statt. Anschließend kommt es jedoch zu einer sehr komplexen biologischen Prozessierung der DNA-Schäden unter Einbeziehung der Repair-Prozesse

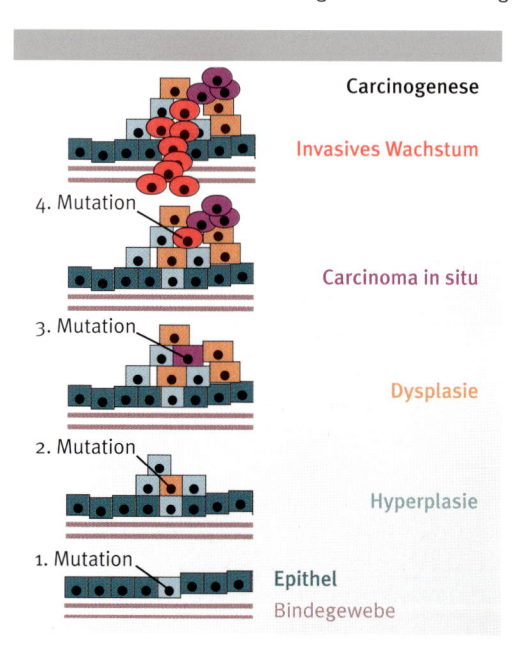

05 Schematische Darstellung der Karzinogenese, mehrstufiges Konzept von Mutationen

1988

47. Präsident der DRG
Paul Gerhardt

1988

J. Deisenhöfer, R. Huber und H. Michel erhalten den Nobelpreis für Chemie für die Bestimmung des dreidimensionalen Aufbaus eines Reaktionszentrums der Photosynthese eines Bakteriums mithilfe der Röntgenstrukturanalyse.

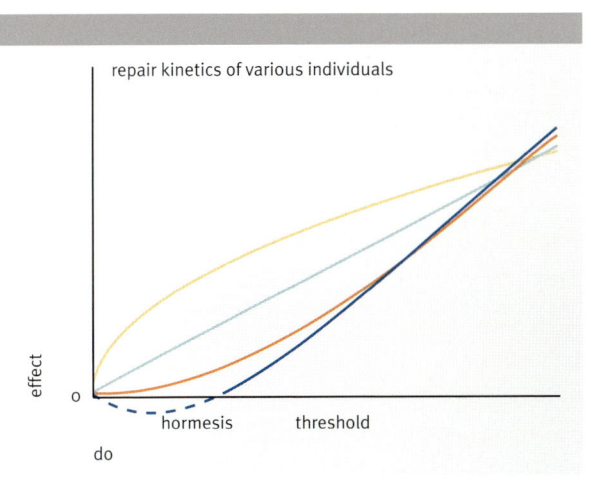

06 Lineare Dosiswirkungsbeziehung im niedrigen Dosisbereich durch Extrapolation ohne Schwellendosis und mögliche Modifikation durch komplexe biologische Prozesse

Es bestand die allgemeine Auffassung, dass in den überlebenden Zellen keine weiteren Chromosomenbrüche auftreten, da sie nur dann als Stammzelle bei der Zellerneuerung fungieren können. Daher rief es starkes Erstaunen hervor, dass die Frequenz an Chromosomenaberrationen in Fibroblasten von Feten, die im Stadium der einzelligen Zygote, also viele Zellgenerationen früher, bestrahlt wurden, erhöht war. Diese Chromosomenaberrationen konnten nicht mehr direkt von einem Chromosomenbruch, der unmittelbar durch die Strahlung verursacht worden war, stammen. Aus der bestrahlten Zygote hat sich schließlich ein vollständiger Fetus entwickelt, ein Zeichen, dass die Klonogenität der bestrahlten Oozyte erhalten blieb. Danach liegt eine strahlenbedingte Schädigung des Genoms vor. Es wurden in den Zellen dieser Feten aufgrund unbekannter Mechanismen neue Chromosomenaberrationen gebildet, die nur als Induktion einer genomischen Instabilität interpretiert werden kann. Diese strahleninduzierte genomische Instabilität kann auf die nächste Mäusegeneration übertragen werden. Die genomische Instabilität nach Bestrahlung ist in den letzten Jahren in vielen biologischen Systemen bei Säugern beobachtet worden.

Die Induktion der genomischen Instabilität durch Strahlung ist offensichtlich von außerordentlich großer Bedeutung für die Entwicklung solcher Strahlenschäden, bei denen mehrere Mutationen in der Entwicklungskette aufeinander folgen müssen, um zur Manifestation des Strahleneffektes zu kommen. Dieses gilt für die Entwicklung von Krebs, ⟶**05** aber offensichtlich auch für die Expression von genetischen Mutationen und Fehlbildungen während der pränatalen Entwicklung, die mit genetischen Prozessen verbunden sind.

Phänomene der genetischen Prädisposition und die Entwicklung der genomischen Instabilität bilden Kernstücke biologischer Strahlenforschung, die sowohl in die experimentelle Strahlentherapie von Tumoren als auch in die Risikoforschung einmünden. Die Bedeutung für die Tumortherapie ist bereits angesprochen worden. Die Strahlenbiologie hat insbesondere Kenntnisse und Methoden zur Verfügung zu stellen, um die Variabilität der individuellen Strahlenempfindlichkeit und die Heterogenität menschlicher Tumoren besser zu erfassen und für die individuelle biologische Therapieplanung einzusetzen. Dabei müssen in Zukunft verbesserte diagnostische Verfahren zur Verfügung gestellt werden, um die Entscheidung, welche Therapiemodalität die optimalste für einen individuellen Tumorpatienten ist, zu treffen.

Die Strahlenbiologie hat jedoch auch in der Risikoforschung, wie bereits erwähnt, wichtige Aufgaben zu erfüllen. Am vordringlichsten ist es, die Dosiswirkungsbeziehungen im niedrigen Dosisbereich vor allem für die Krebsverursachung zu evaluieren. Experimentelle Untersuchungen während der letzten Jahre haben ergeben, dass die primären Prozesse der Krebsentstehung sich eindeutig von denjenigen der gentoxischen Substanzen unterscheiden. Während die Reaktionen von chemischen Substanzen mit den DNA-Molekülen im niedrigen Dosisbereich zu singulären Schäden in den Polynukleotidketten führen, treten die Schäden nach der Strahlenexposition sehr häufig in komplexen Schadensclustern auf, deren Reparatur erschwert ist (siehe oben). Dieses ist besonders nach der Einwirkung von Strahlung mit hohem LET der Fall. Dagegen sind die weiteren Schritte der Krebsentwicklung, die auf die Initiation und die maligne Zelltransformation folgen, ähnlich oder sogar identisch bei ionisierenden Strahlen und vielen gentoxischen Substanzen. Die Form der Dosiswirkungsbeziehung der Krebsverursachung wird im niedrigen Dosisbereich jedoch durch die Vorgänge der Initiation und Zelltransformation entscheidend bestimmt. Der Verlauf der Dosiswirkungsbeziehungen im niedrigen Dosisbereich, ⟶**06** der sehr intensiv in wissenschaftlichen Gremien aber auch in der Öffentlichkeit diskutiert wird, wird wohl nicht durch epidemiologische Untersuchungen sondern durch die Aufklärung der Mechanismen bestimmt werden können. Diese Prozesse können durch eine Reihe biologischer Phänomene modifiziert werden, die heute intensiv mit molekularen und zellulären Untersuchungen bearbeitet werden. Es sind dies vor allem die bereits besprochenen DNA-Reparaturprozesse und die genomische Instabilität, aber auch der „Adaptive Response" (Resistenzsteigerung durch geringe Strahlendosen), die Apoptose (zellulär gesteuerte Zellabtötung über Prozesse der Signaltransduktion) und „Bystander Effekte", bei denen Strahlenreaktionen auch in den nicht durch die Strahlung getroffenen Zellen auftreten und die sich z. B. durch veränderte Genexpressionen manifestieren.

Die Regulation dieser biologischen Phänomene und die zugrunde liegenden Mechanismen sind bisher in weiten Bereichen ungeklärt. Hier liegen große Herausforderungen für die Strahlenbiologie. Die Implikationen, die diese biologischen Vorgänge auf die Entwicklung von Krebs, Mutationen und Entwicklungsschäden haben, sind offene Fragen, deren Lösung nicht nur für die Aufklärung der Strahlenwirkung wichtig ist, sondern darüber hinaus weitreichende Bedeutung für die Erkennung der biologischen Mechanismen allgemein hat. Für die Risikoforschung ist die Erhellung dieser Probleme unumgänglich.

1989

Beginn der MR-Angiographie. Es werden zunächst Sequenzen eingesetzt, bei denen das strömende Blut deutlich mehr Signal als das umgebende Gewebe aufweist.

1989

W. Frik wird mit der Boris-Rajewski-Medaille der EAR ausgezeichnet.

Aus der Praxis für die Praxis –
Ein Jahrhundert Normierungsarbeit in der Deutschen Röntgengesellschaft

Bernd Seidel, Erlangen
Gerhard Kütterer, Erlangen

Eine Norm beschreibt die allgemein anerkannten Regeln der Technik, „deren Befolgung mit guten Gründen nahegelegt wird und deren Nichtbefolgung ein schlechtes Gewissen hervorrufen kann", wie es Friedrich Gauwerky auf der Eröffnungssitzung des Deutschen Röntgenkongresses 1977 ausdrückte. In diesem Sinne wurden röntgenologisch tätige Ärzte schon seit 1898 und die Deutsche Röntgengesellschaft (DRG) nach ihrer Gründung 1905 auf dem Gebiet der Normung aktiv. Die damals unter dem Begriff „Sammelforschung" zusammengefassten Arbeiten der DRG mündeten in Empfehlungen für die Praxis, die lange vor der Gründung von Normenorganisationen im Jahre 1917 einen einer Norm vergleichbaren Charakter hatten.

Die ersten in Normen niedergelegten Erkenntnisse der noch jungen radiologischen Wissenschaft befassten sich mit den dringendsten Fragen der Sicherheit, nämlich Hochspannungs- und Strahlenschutz. Die Einhaltung dieser Normen trug entscheidend dazu bei, dass heute elektrische Unfälle nicht mehr vorkommen, die Strahlenexposition sowohl des Patienten als auch die des Arztes und der Assistenz deutlich reduziert wurde und Strahlenunfälle vermieden werden können. Damit dienen Normen nicht nur der Gewissensberuhigung, sondern stellen das technische Gewissen schlechthin dar.

Im Laufe der Zeit sind weitere wichtige Fragestellungen hinzugekommen, die in Normen für die Qualitätssicherung, Begriffsbestimmung, Leistungsmerkmale und neuerdings auch für das Qualitätsmanagement ihre Antwort finden. Neue Technologien wurden entwickelt, die beispielsweise in der Nuklearmedizin, der Ultraschalldiagnostik und der Magnetresonanztomographie eingesetzt werden und in deren Folge nicht nur die Anzahl der Normen anstieg, sondern auch deren Komplexität zunahm. Die Geschwindigkeit des technischen Fortschrittes erfordert es, die Effektivität des Normungsprozesses ständig zu erhöhen. Zudem erfüllt die Normung aber auch neue Aufgaben: Der Abbau von Handelhemmnissen im Zuge der Globalisierung und die Deregulierung durch Umsetzung europäischer Richtlinien beruhen auf einer zunehmenden internationalen und europäischen Normungsarbeit.

Die Gründung der „Normenstelle der Deutschen Röntgengesellschaft", des heutigen „Normenausschusses Radiologie (NAR)" durch die DRG im Jahre 1927 war ein historischer Schritt, dessen Bedeutung für die Radiologie seitdem noch gestiegen ist. Heute ist der NAR für etwa 150 Normen verantwortlich, die von 250 ehrenamtlichen Mitarbeitern aus allen an der Normung interessierten Kreisen (Ärzte, Medizinphysiker, Assistenz, Angehörige von Forschungsinstituten, von Herstellern und des Handels, von Behörden und von Sachverständigenorganisationen) in acht Arbeitsausschüssen gepflegt und weiterentwickelt werden. Derzeit wird etwa die Hälfte aller Normungsprojekte für den radiologischen Bereich auf internationaler Ebene bei IEC (International Electrotechnical Commission) und bei ISO (International Standardization Organization) entwickelt. Der NAR bringt dort die deutsche Meinung ein, vertritt die deutschen Belange und arbeitet aktiv an den internationalen Projekten mit.

1990
W. Kalender, W. Seißler, E. Klotz und P. Vock publizieren ihre Arbeiten zur Spiral-Computertomographie.

1990
J. Lissner, München, wird zum Ehrenmitglied der Radiological Society of North America (RSNA) ernannt.

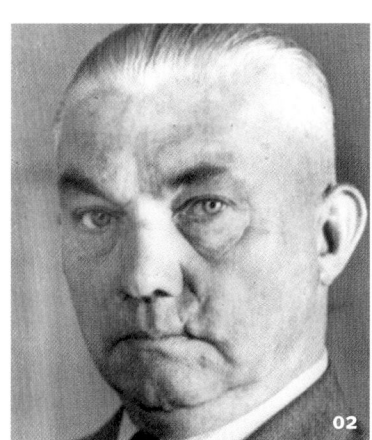

01 Dr. Ing. H. von Buol,
Vorsitzender der Normenstelle der DRG, heute NAR, 1927-1940
02 Prof. Dr. Dr. A. Esau,
Vorsitzender der Deutschen Strahlen-Normungsstelle, heute NAR, 1940-1945
03 Prof. Dr. H. Holthusen,
Vorsitzender des FNR, heute NAR, 1951-1960
04 Dipl. Ing. H. Graf,
Vorsitzender des FNR, heute NAR, 1960-1963

Den Nutzen der Normung in Zahlen auszudrücken, ist wegen der Komplexität der Wirkungsmechanismen einer Norm (Einfluss auf Sicherheitsbelange, den freien Handel, Vereinheitlichungsbestrebungen, Qualitätssicherung etc.) oft schwierig. Das DIN Deutsches Institut für Normung e.V. hat im Jahre 2000 in einer Studie über den „Gesamtwirtschaftlichen Nutzen der Normung" festgestellt, dass der volkswirtschaftliche Nutzen von Normen in Deutschland mehr als 15 Milliarden Euro im Jahr beträgt, das sind etwa 1% des Bruttosozialproduktes. Anschaulicher zeigt die Entwicklung des NAR den Nutzen und die Bedeutung der Normung für die Radiologie, gespiegelt an den Fortschritten radiologischer Techniken.

Radiologische Diagnostik

Nach der Entdeckung der Röntgenstrahlen im Jahre 1895 stand die diagnostische Anwendung der „neuen Art von Strahlen" im Mittelpunkt. Erste Normen befassten sich nicht mit der Leistungsfähigkeit und der Qualität derartiger Geräte, sondern zunächst aufgrund aufgetretener Strahlenschäden mit dem Strahlenschutz und wegen häufiger elektrischer Überschläge und Unfälle mit der elektrischen Sicherheit. Diese wie auch der Strahlenschutz entwickelten sich zu eigenständigen Zweigen der Normung. Die erste Norm im heutigen Sinne, die das Risiko elektrischer Unfälle vermeiden half, war die Norm DIN RÖNT 1 „Vorschriften für den Hochspannungsschutz in medizinischen Röntgenanlagen" von 1930.

Nachdem die dringendsten Sicherheitsfragen gelöst waren, traten Normen zur Beschreibung von Kennmerkmalen medizinisch genutzter diagnostischer Einrichtungen und deren Qualitätssicherung in den Mittelpunkt der Normungsarbeit. Die sogenannte „Neue Röntgenverordnung (RöV)" von 1987 führte dazu, dass die Normenreihe DIN 6868 „Sicherung der Bildqualität in röntgendiagnostischen Betrieben" zur Umsetzung der RöV im praktischen Betrieb entwickelt wurde. Diese Normenreihe ist heute noch von großer Bedeutung und wird neuerdings durch internationale Normen der Reihe DIN EN 61223 ersetzt bzw. ergänzt. Die Zahl der Normen hat sich wegen der „Digitalisierung" der klassischen Röntgendiagnostik und wegen neuer diagnostischer Verfahren weiter erhöht.

1991
48. Präsident der DRG
Horst Sack

1991
P. E. Peters, Münster, wird Honorary Lecturer bei European Congress of Radiology (ECR).

05 Prof. Dr. F. Gauwerky,
Vorsitzender des FNR bzw. NAR, 1963-1981
06 Prof. Dr. W. Frik,
Vorsitzender des NAR, 1981-1988
07 Prof. Dr. H. Sack,
Vorsitzender des NAR, 1988-1991
08 Prof. Dr. M. Reiser,
Vorsitzender des NAR, 1992-1995
09 Prof. Dr. K. Mathias,
Vorsitzender des NAR seit 1995

Das Normungsinteresse in der radiologischen Diagnostik konzentriert sich heute auf Verfahren wie die Mammographie, die Computertomographie, die Sonographie und in jüngster Zeit auch auf die Magnetresonanztomographie.

Strahlenschutz

1909 wurde bei der Deutschen Röntgengesellschaft ein „Sonderausschuss für die Beurteilung forensischer Fälle" gegründet. Die von diesem erarbeiteten Thesen wurden bereits ein Jahr später verabschiedet (Gocht, 1910). Sie betonen die Verantwortlichkeit des Arztes bei der Anwendung der Röntgenstrahlen in Diagnostik und Therapie, für seine eigene Weiterbildung, für die Fachkenntnisse seiner Angestellten und für den Strahlenschutz der Patienten wie der Angestellten. 1930 lag die erste eigentliche Strahlenschutz-Norm, DIN RÖNT 2 „Vorschriften für den Strahlenschutz in medizinischen Röntgenanlagen", vor.

Diese Norm kann als Vorläufer der späteren Norm DIN 6812 „Medizinische Röntgenanlagen bis 300 kV – Regeln für die Auslegung des baulichen Strahlenschutzes" angesehen werden. Im Zuge der Umsetzung europäischer Richtlinien sowie der Novellierung der Röntgenverordnung und Neufassung der Strahlenschutzverordnung im Jahre 2002 erfolgte wegen der darin enthaltenen Senkung der Grenzwerte der Strahlenexposition für beruflich Strahlenexponierte und Einzelpersonen der Bevölkerung erneut eine Revision dieser Norm.

Dosimetrie

Eng verbunden mit dem Strahlenschutz und eine seiner Voraussetzungen ist die Messung der Dosis ionisierender Strahlung. Auch die Bedeutung eines sicheren Dosierungsverfahrens, d.h. der zuverlässigen Messung der Strahlungsintensität, der Strahlungshärte und der Dosis als Grundvoraussetzung für eine erfolgreiche und reproduzierbare Strahlentherapie, wurde sehr früh erkannt. 1907 stellte die von der Deutschen Röntgengesellschaft eingesetzte „Kommission zur Festsetzung fester Normen für die Messung der Intensität der Röntgenstrahlen" Arbeitsergebnisse vor (Wertheim-Salomonson, 1907). Es wurden Methoden der direkten Messung (z.B. Messung der durch Röntgenstrahlung erzeugten Fluoreszenz oder Phosphoreszenz, der Wirkung

1991
R. R. Ernst erhält den Nobelpreis für Chemie für Beiträge zur Entwicklung der hochauflösenden Kernresonanzspektroskopie (NMR).

1991
Als erstes filmloses Krankenhaus wird das SMZO in Wien eingerichtet.

auf photographische Materialien, ihre chemische, photoelektrische, ionisierende oder thermische Wirkung) und der indirekten Messung (z.B. Messung der Stromstärke oder der primären Energie) bewertet. Es hat Jahrzehnte gedauert, bis die wissenschaftlichen Grundlagen so weit erarbeitet waren, damit verlässliche Normen entstehen konnten. Heute liegen eine Reihe nationaler wie auch internationaler bei IEC und ISO entwickelter Normen vor, die dosimetrische Größen definieren, Verfahren zu deren Messung beschreiben und Anforderungen an Dosimeter festlegen. Eine bedeutende Überarbeitung erfuhren alle diese Normen durch die Einführung neuer Dosisbegriffe durch die ICRP (International Commission on Radiological Protection) im Jahre 2000.

Strahlentherapie
Wesentlich für die Gründung eines eigenen Arbeitsausschusses für Strahlentherapie im NAR im Jahre 1981 war die Gründung der Sektion „Strahlentherapie und Onkologie" der DRG. In der Niederschrift zur Gründungssitzung wurde der Hoffnung Ausdruck gegeben, „dass die deutsche Strahlentherapie zunehmende nationale und internationale Ausstrahlungskraft gewinnen möge." Diese Hoffnung wurde voll erfüllt.

Normen sind unverzichtbar für den Betrieb von Therapieeinrichtungen. Die heute in erster Linie international unter deutscher Mitwirkung bei IEC erarbeiteten Normen gelten beispielsweise der Sicherheit und den Eigenschaften von Elektronenbeschleunigern mit Mehrelementblenden, der Mehrquellen-Stereotaxi („Gamma-knife"), ferngesteuerter, automatisch betriebener Afterloading-Geräte für die Brachytherapie und von Verifikationssystemen. Normen für die fluenzmodulierte Strahlentherapie und für Portal Imaging sind in Arbeit.

Nuklearmedizin
Bereits seit Gründung des NAR im Jahre 1927 gab es eine Arbeitsgruppe, die sich mit dem Strahlenschutz bei der Anwendung radioaktiver Stoffe befasste. Die Einführung der Szintillationskamera („Gamma-Kamera") im Jahre 1958 und der gewachsene Normungsbedarf auf nuklearmedizinischem Gebiet führten 1967 zur Gründung des Arbeitsausschusses „Medizinische Anwendung radioaktiver Stoffe", der später in „Nuklearmedizin" umbenannt wurde.

Die Normung auf diesem Gebiet wird heute entscheidend durch die Einführung tomographischer Verfahren bestimmt. So stehen derzeit Normen für SPECT (Single Photon Emission Tomography) und PET (Positron Emission Tomography) auf dem Arbeitsprogramm. Normen zu diesen Verfahren entstehen hauptsächlich auf internationaler Ebene bei IEC unter aktiver Mitwirkung der Experten des NAR.

Begriffe
Eindeutig definierte Termini sind für die Kommunikation innerhalb eines Fachgebietes und für seine Weiterentwicklung von grundlegender Bedeutung. „Der bei den Deutschen so bald populär gewordene Terminus ‚Röntgenstrahlen' macht ihrer Pietät gegen große Männer mehr Ehre, als derjenigen gegen ihre Muttersprache. Nicht Röntgenstrahlen sind es, sondern Röntgen's oder Röntgen'sche Kraftstrahlen. Noch schlimmer sind die Bildungen ‚röntgenisieren, röntgenen, röntgoskopieren, Röntgogramm'" (Büttner und Müller, 1897). Diese kurzen kritischen Anmerkungen lassen bereits die Schwierigkeiten und den Diskussionsbedarf erahnen, der mit der Festlegung und der Definition von Begriffen nahezu immer verbunden ist.

Heute sind in Normen des Normenausschusses Radiologie etwa 4 200 definierte Begriffe festgelegt, ein Zeichen für die rasante Entwicklung und die zunehmende Komplexität des Faches.
Bis vor einigen Jahren konnten unterschiedliche radiologische Einrichtungen als eigenständige, in sich abgeschlossene Systeme betrachtet werden. Mit der Einführung digitaler Verfahren der Bildgewinnung, der Bildverarbeitung, der Bildübertragung und der Bildarchivierung bekommt der Systembegriff eine völlig neue Bedeutung. Wie vor 100 Jahren ist die Normung auch heute noch gefordert, wenn es darum geht, allgemein anerkannte Regeln für die Sicherheit und Qualität solcher Systeme zu entwickeln.

Der Normenausschuss Radiologie ist seit seiner Gründung 1927 ein Ausschuss der Deutschen Röntgengesellschaft und des DIN Deutsches Institut für Normung e.V., die finanzielle Trägerschaft der Geschäftsstelle des NAR liegt beim Fachverband Elektromedizinische Technik des Zentralverbandes der Elektrotechnik- und Elektronikindustrie (ZVEI). Der NAR wird sich auch in Zukunft gemeinsam mit der Deutschen Röntgengesellschaft und deren assoziierten Fachgesellschaften Deutsche Gesellschaft für Medizinische Physik, Deutsche Gesellschaft für Nuklearmedizin und Deutsche Gesellschaft für Radioonkologie sowie allen anderen interessierten Kreisen den fachspezifischen Normungsaufgaben stellen. Unter dem bewährten Leitsatz „Nicht normen, was möglich, sondern, was nötig ist" wird der NAR weiter bestehen. Wenn es ihn nicht gäbe, müsste man ihn erfinden.

1993

E. Zeitler, Nürnberg, wird Honorary Lecturer beim ECR.

1993

W. Wenz, Freiburg, wird die Goldmedaille des ECR verliehen.

Unsichtbare Körper –
Röntgenstrahlen und die literarische Imagination

Gunnar Schmidt, Hamburg

Jenseits der Sichtbarkeit

Mehr-Sehen, Neu-Sehen, Anders-Sehen – kaum eine Abhandlung über die Geschichte der Röntgenstrahlen und -fotografie versäumt es, die neue Medientechnologie als Erlöserin einer Sichtbarkeit zu feiern, die bis dahin an die Gesetze des natürlichen, protheselosen Auges gefesselt war. In der Radiographie mit Röntgenstrahlen kulminiert eine Entwicklung, die sich seit dem ersten Drittel des 19. Jahrhunderts vollzogen hatte: Die Medien des Sehens (z.B. Fotografie, Stereoskop, Mikroskop) und die Entdeckungen der Wahrnehmungsphysiologie hatten im Gleichschritt die Beschränkung der visuellen Wahrnehmung offengelegt. Stellte sich die traditionelle Fotografie als Aufklärungsmedium gegenüber dem Äußeren dar,[1] trat am Ende des Jahrhunderts die Röntgen-Fotografie an, um das Verschlossene ins Licht zu bringen. Die Technologien der Sichtbarmachung hatten zu ihrer Apotheose gefunden. Das Sichtfeld schien zur Panvision geweitet, was futuristische Utopien des Erkennens initiierte.[2]

Im Schatten der neuen Sichtbarkeit wurde auch das Thema der Unsichtbarkeit mitgeführt. Diesem Aspekt sollen die folgenden Ausführungen gelten. Dabei soll nicht die Unsichtbarkeit der Strahlen im Zentrum stehen, die in der ersten Zeit nach der Entdeckung den Wissenschaftlern ein Rätsel war und in der kulturellen Fantasie wirkmächtige Spuren des Unheimlichen hinterlassen hat.[3] In den Fokus nehme ich jene Unsichtbarkeit in der Ästhetik des Röntgenbildes, die mit dem Mehr-Sehen einhergeht. Denn die Enträumlichung und Transparentmachung des Körpers im Bild werden mit einer weitgehenden Beseitigung des natürlichen Sichtbarkeitsreichtums erkauft. Auf dieses Faktum anspielend schreibt der Ingenieur und Erfinder Alan Archibald Campbell Swinton 1896 in einem blumigen Stil: „The veil of flesh may now at will be withdrawn". Und Hamlet zitierend: „The ‚too too solid flesh' had virtually ‚resolved itself into dew' at the magic touch of the Röntgen rays."[4]

Die Wahrnehmung des aufgelösten Körpers und der Diskurs darüber blieben nicht auf die Wissenschaftssphäre beschränkt; ein direkter und indirekter Transfer in die Literatur fand statt.[5] Die Aufnahme wissenschaftlicher Sachverhalte in den Kosmos der Literatur folgt nicht einer einfachen Übernahme; ihre Rolle ist nicht die des Multiplikators von Wissen. Anders als in der rationalen Wissenschaftskultur werden hier Fantasien, Unsicherheiten, Emotionen und Affekte bearbeitet. Das Terrain der Literatur ist der (irrationale) Unterboden einer Kultur, die entscheidend auf Wissenschaft gründet. Am bekanntesten ist wohl die Röntgenszene in Thomas Manns *Der Zauberberg*. Hier wird das Röntgenbild als Mementomori-Motiv aufgewertet. Weniger beachtet wird für gewöhnlich der Unsichtbarkeitsaspekt, den Hans Castorp ebenfalls aufspürt. Ähnlich wie Swinton sieht Castorp „durch die Kraft des Lichtes, das Fleisch, worin er [Hans Castorp] wandelte, zersetzt, vertilgt, zu nichtigem Nebel gelöst."[6] Die Spukhaftigkeit, von der bei Thomas Mann die Rede ist, folgt nicht

1993

G. Friedmann und F. Heuck werden mit der Boris-Rajewski-Medaille der EAR ausgezeichnet.

1994

49. Präsident der DRG
Karl-Jürgen Wolf

jener im Märchen oder Mythos, in denen der Topos der Unsichtbarkeit eine lange Geschichte hat. Bereits Autoren des 19. Jahrhunderts setzen auf eine wissenschaftlich durchwirkte Fantastik, um die phantasmatische Wirksamkeit von realen Erfindungen und Entdeckungen auszuweisen. Auch nach 1895 greift die Fiktion die Phänomene der Strahlenphysik und des Lichts auf. Sie spielt mit diesen wissenschaftlichen Versatzstücken, um eine binnenliterarische Glaubwürdigkeit zu generieren. Die (Falsch-)Rezeption von Wissen durch Literatur, der freie fiktionale Entwurf von Erkenntnissubjekt, -objekt und Technologie sowie die Überhöhung ins Fantastische mögen unter wissenschaftshistorischem Gesichtspunkt irrelevant sein, weil sie nicht zum System Wissenschaft gehören. Zweifelsohne wirken sie aber mit am Aufbau einer allgemeinen kulturellen Semantik, in der Wissenschaftsdiskurs, Popularisierung und Literatur zusammenspielen.

H.G. Wells: das verkehrte Röntgen-Experiment

Der Autor, der das Röntgen-Paradigma als erster aufgegriffen und die Transparentmachung des Körpers bis zur Unsichtbarkeit zum dramatischen Kern eines Romans gemacht hat, ist H.G. Wells. Bereits 1897 erscheint *The Invisible Man*. Im Zentrum dieser Geschichte wie aller anderen, die im Folgenden behandelt werden, steht die moralische Korruptheit eines Wissenschaftlers, der seine Erfindungen und Entdeckungen zu unheilvollen Machtausübungen nutzen will. Die Unsichtbarkeit wird erhöht zur Allegorie des antiaufklärerischen Menschen, der eben nicht Licht ins Dunkel bringen will. Ich werde diese ethische Dimension vollständig vernachlässigen und mein Augenmerk allein auf die literarische Konstruktion des Körpers und seine Semantik richten.

Wells war bekanntlich ein in den Naturwissenschaften ausgebildeter Autor. Diese Affinität ist im Text deutlich ausgeprägt. In der Mitte des Romans wird über drei Kapitel die Wissenschaftsfiktion entfaltet, wobei die Übernahmen aus der Wissenschaftswirklichkeit unübersehbar sind. Der unsichtbare Wissenschaftler Griffin schildert seinem ehemaligen Studienkollegen Kemp, welche Wege ihn zu seinen Experimenten geführt haben. In diesem Dialog wird das Thema des Lichts erörtert, zunächst noch ganz im Sinne einer Physik des 17. und 18. Jahrhunderts, die sich um Brechung und Reflexion gekümmert hat. Doch dann injiziert Wells die röntgensche Entdeckung in das alte Paradigma und vollzieht einen epistemischen Wandel. Durch eine einfache Umkehrung wird die Logik der Röntgen-Entdeckung in die Erzählung eingearbeitet: Sind es bei dem Forscher in Würzburg Strahlen, die weder refraktieren noch reflektieren, wird in der fantastischen Fiktion hingegen ein Körper modelliert, der das normale Licht weder bricht noch zurückwirft. In der frühen Wissenschaftsliteratur wird zuweilen auf die Transparenz der Qualle hingewiesen, um das noch rätselhafte Phänomen der Transparenz mit dem Alltagsverständnis koppeln zu können.[7] In der Realität wird also genau die Verkehrung vollzogen, die Wells literarisch nutzt. So inkorrekt dieser Vergleich unter physikalischem Gesichtspunkt ist, er fungiert als Plausibilisierungsstrategie. Wells folgt in seinem Text dieser Strategie und weist der Figur des Dr. Kemp die Rolle zu, die neue Unsichtbarkeitstechnologie erklärbar zu machen. In einem inneren Monolog sagt er: „Is there such a thing as an invisible animal? In the sea, yes, thousands! millions! All the larvae, all the little nauplii and tornarias, all the microscopic things, the jelly-fish."[8]

Wells Inspiration durch die Röntgenikonographie wird an Stellen seines Textes deutlich, wo er den Übergang von der Transparenz zur Unsichtbarkeit expliziert. Als habe er die Ausführungen von Archibald Campbell Swinton gelesen, lässt der Autor seine Figur sagen: „One could make an animal – a tissue – transparent! One could make it invisible"![9] Auch die Versuchsanordnung ist unverkennbar dem zeitgenössischen Labor abgeschaut, in dem mit hohen Spannungen und Entladungen gearbeitet wurde. Die literarische Sprache maskiert nur wenig den realen Versuch; statt Entladungsröhren sind es bei Wells „two radiating centres of a sort of ethereal vibration."[10] Griffin erwähnt in diesem Zusammenhang sogar den deutschen Forscher: „No, not these Röntgen vibrations [...]."[11] – wobei er durch die Verneinung gerade die Nachbarschaft und sinnhafte Anschließbarkeit an die wissenschaftliche Aktualität außerhalb des Textes herstellt. Auch Griffin setzt sich wie Röntgen den Vibrationen aus, mit dem Resultat, dass er eine Bildlichkeit beschreibt, die unverkennbar jener der Röntgenfotografie ähnelt: „I shall never forget that dawn, and the strange horror of seeing that my hands had become as clouded as glass, and watching them grow clearer and thinner as the day went by [...]."[12] Der Topos der durchleuchteten Hand, der die wissenschaftliche wie auch außerwissenschaftliche Publizistik und Ikonographie der Röntgen-Frühzeit beherrschte, wird auch hier in Szene gesetzt. Dass Wells damit jedoch mehr als ein intertextuelles und interikonografisches Spiel betreibt und eine grundsätzliche Neuorientierung des Körper- und Wahrnehmungskonzeptes thematisiert, erhellt sich im Vergleich mit einem weiteren Text.

Jules Verne: vom anatomischen zum energetischen Körper

Nur kurz nach H.G. Wells – nämlich 1898 – beginnt der Pionier der Science-Fiction-Literatur Jules Verne mit der Abfassung seines Romans *Le Secret de Wilhelm Storitz*.[13] In der dramatischen Grundanlage ist der Roman dichotomisch aufgebaut: Ein Wissenschaftler – Wilhelm Storitz – wird als unsympathisch, geheimnisvoll und verschlossen, verbrecherisch und unmoralisch dargestellt. Im Laufe der Erzählung enthüllt sich, dass dieser Storitz im Besitz einer Unsichtbarkeitstechnik ist. Der erzählerische Grundkonflikt beginnt damit, dass er erfolglos um eine junge Frau, Myra Roderich, wirbt. Sein erfolgreicher Gegenspieler ist Markus Vidal, ein Maler. Er ist der Verlobte Myras, ein untadeliger Mensch, liebevoll, sozial integriert. Erzählt wird die Geschichte vom Bruder des Malers, der selbst ein Mann der Technik und Wissenschaft ist. Er schildert allerlei unerklärliche Vorkommnisse, die sich im Verlauf als hinterhältige und rachegeleitete Aktionen des unsichtbaren Storitz erweisen. Jules Verne durchsetzt dabei den ganzen Roman mit Anspielungen auf die Themen Blindheit, Undurchdringlichkeit, Licht, Sehen, Erkennen. Diese Anspielungen fungieren als thematischer Hallraum, in dem allerlei Spekulationen über das Unsichtbare angestellt werden, und auch die Möglichkeit des Okkulten und Übersinnlichen eruiert wird. Schließlich jedoch kulminiert der Diskurs in einen wissenschaftlich-erklärenden des aufgeklärten Erzählers.

Er beginnt seine Ausführungen mit Erläuterungen zum Farbspektrum, um dann auf Phänomene einzugehen, die unverkennbar von den neu entdeckten Röntgenstrahlen inspiriert sind. „Es müssen noch andere für unsere Sinne

---

1994

U. Piepgras, Homburg-Saar, wird zum Ehrenmitglied des RSNA ernannt.

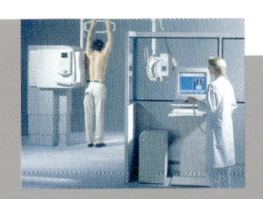

1994

Philips Medizin Systeme stellt den ersten Thoraxarbeitsplatz mit Selendetektorsystem (Thoravision) vor.

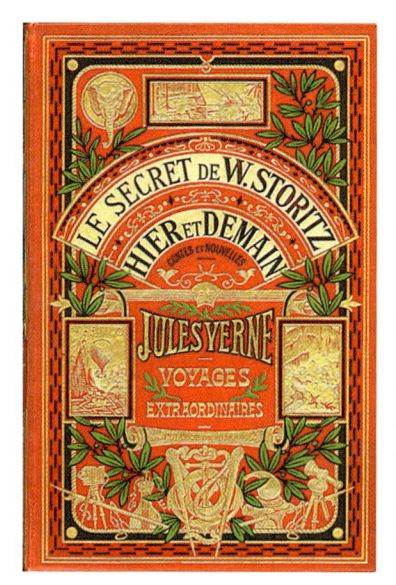

nicht wahrnehmbare Farben existieren. Warum sollten nicht diese Lichtstrahlen, die zur Stunde noch unbekannt sind, von den bekannten Strahlen ganz verschiedene Eigenschaften aufzuweisen haben? Diese können nur eine ganz geringe Anzahl fester Körper durchdringen, z. B. das Glas; vielleicht durchdringen jene alle festen Körper." Um die Unsichtbarkeit Storitz' zu erklären, stellt sich der Erzähler eine Manipulation dieser Strahlen vor, die beim Eintritt in einen Körper das sichtbare Licht zersetzen und beim Austritt so wirken, „als ob der dichte Körper nicht dazwischen läge."[14] Der Roman versäumt es, anders als bei Wells, eine ausführliche literarische Konstruktion der Unsichtbarkeitstechnik zu entwickeln. Er gewinnt jedoch seine Stärke, in dem er die Opposition zwischen Strahlenwissenschaft und Malerei ausspielt und darüber die epistemische Dimension schärfer fasst. Zum Ende des 19. Jahrhunderts beginnt sich nämlich eine Kluft aufzutun, die Verne gespürt haben muss. Die Abbildung des Menschen war ja nicht nur eine Domäne der Kunst, auch in der Medizin des 19. Jahrhunderts spielten anatomische, pathologische und physiognomische Darstellungen eine neue herausragende Rolle.[15] Es galt, die Natur visuell aufzuzeichnen, im Bild registrierbar zu machen und sie auf diese Weise als Objekt des Wissens zu installieren. Die Ikonographie vergegenständlichte die Anschauung und konnte auf diese Weise als unmittelbar kommunizierbar erachtet werden.

In einer Szene des Romans unterhalten sich die Brüder über ein Porträt Myras, das der Maler Markus angefertigt hat. In diesem Dialog wird nicht über Gestaltungsprinzipien oder über künstlerische Imagination debattiert, sondern jener wissenschaftliche Abbildungsanspruch aufgerufen, der typisch für das 19. Jahrhundert ist. Der Maler behauptet paradox: „Es [das Porträt] ist ähnlicher als die Natur selbst!" Und setzt fort: „Manchmal wollte mir scheinen, als ob das Bild unter meinen Händen lebendig würde [...]."[16] Mit dieser Formulierung wird die Distanz zwischen Bild und Abgebildetem gleichsam negiert.

Einige Sätze später resümiert der Ingenieur die Position des Malers: „Die moralischen Eigenschaften fesselten den Bräutigam, die physischen den Künstler, und diese werden ebensowenig von der Leinwand verschwinden, wie jene aus deinem Herzen [...]."[17]

Damit wird der Malerei eine außerordentliche Potenz zugeschrieben: Sie folgt nicht nur der Anatomie auf äußerst getreue Weise, in ihr inkorporiert sich auch ein psychologisches Wissen über das dargestellte Objekt. Sie ist ein Supramedium der Erkenntnis.

Wilhelm Storitz hingegen verfolgt den anderen Weg: Er nimmt Rache am Objekt, in dem er es unsichtbar macht. Er lässt Myra verschwinden, die nun nur noch als „Seele des Hauses" eine schattenlose Existenz führt. Damit wird aber auch ein Körper ausgestellt, der nicht mehr in das alte Schema einer naturphilosophischen Betrachtung sich einfügt. Denn nicht erst mit Röntgen, bereits seit der Mitte des 19. Jahrhunderts wird ein anderer Körper konstruiert – jener der Physiologie. Mit der materialistischen Helmholtz-Schule tritt eine physikalisch geleitete Lehre auf, die nicht mehr auf das Paradigma der Sichtbarkeit, sondern das der Messbarkeit setzt. Ihr ging es um Kräfte, um mechanische, elektrische, magnetische Kräfte, um Licht und Wärme. Nicht die Form, sondern die Transformation spielt hier die Hauptrolle, der Austausch und die Wandlung von Energien. Man schaut nicht mehr, sondern sucht Prozesse im Körper aufzuspüren. Genau das wird von Verne auf fantastische Weise beschrieben: wie ein Körper aufgrund von Energieeinwirkungen sein physiologisches Sein hervorkehrt, ein Sein, das nicht mehr beobachtbar ist. Er erfindet damit eine Situation, in der die Erkenntnis der Physiologie als unheimliches Erzählkonstrukt erfahrbar wird. Unzweideutig favorisiert Verne das alte anatomische Sichtbarkeits- und Visualisierungsparadigma. Der Maler erscheint als jemand, der über den liebenden Blick den Menschen besser und vollständiger erfasst. Der neue Unsichtbarkeitskörper hat etwas Gespenstisches, er ist das Resultat einer kalten Erkenntnis und Experimentierhandlung im Geiste des Physikalismus[18]. Jules Vernes und H. G. Wells' Romane reagieren identisch auf eine wissenschaftliche Kultur, die den Energetismus ins Zentrum der Wissensformierung stellt. Bei Wells wird es ausgesprochen; Griffin, sagt: „I made a discovery in

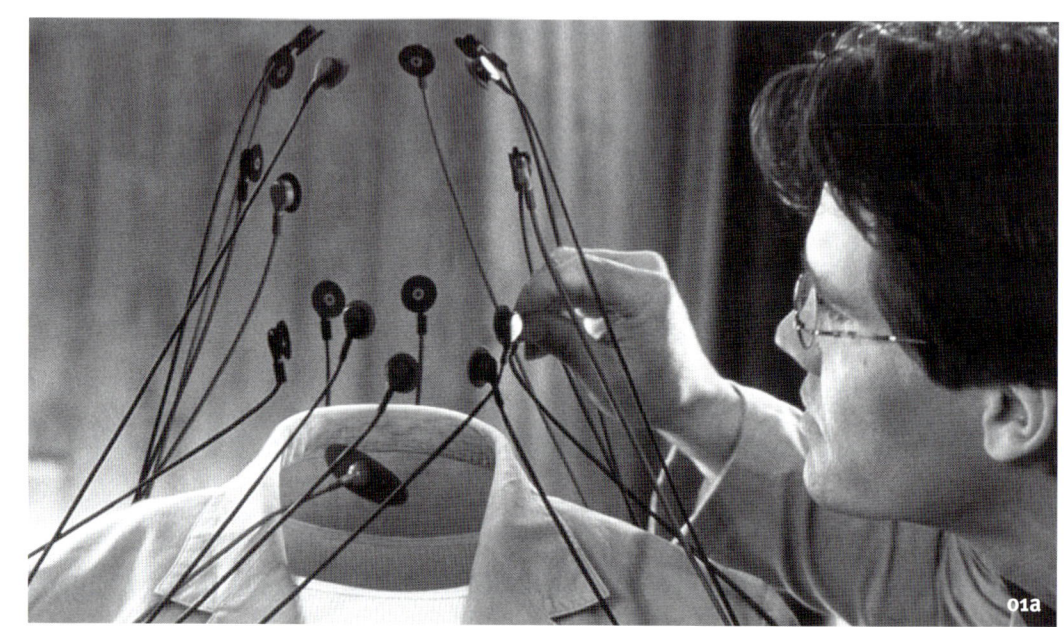

01a

1995

Auf dem ersten Deutschen Kongress für Radioonkologie, Strahlenbiologie und Medizinische Physik im November 1995 in Baden-Baden wird die Deutsche Gesellschaft für Radioonkologie e.V. (DEGRO) gegründet.

1995

E. Zeitler wird mit der Boris-Rajewski-Medaille der EAR ausgezeichnet.

physiology."[19] Auch er beschränkt sich nicht aufs Schauen und Registrieren, er setzt den Körper einem Strahlenfeld aus.

Jack London: Optik versus Physiologie

Das oppositionäre Schema leitet auch die Konstruktion der Kurzgeschichte „The Shadow and the Flash" (1906) des amerikanischen Autors Jack London. Doch bedient sich London nicht des Kontrasts von Bild und Nicht-Bild, er baut einen Gegensatz zwischen Wahrnehmungstäuschung und Körpermanipulation, um die Unsichtbarkeit unter zwei Paradigmen zu stellen. Unverkennbar sind bei diesem Text intertextuelle Einflüsse aus *The Invisible Man* zu registrieren wie auch die Erkenntnisse der Wahrnehmungsphysiologie und der Röntgenphysik. Der Plot: Erzählt wird die Geschichte von Paul Tichlorne und Lloyd Inwood, zwei Männer, die sich fast zwillingsgleich ähneln und dabei von Kindheit an durch eine unbarmherzige Konkurrenzbeziehung miteinander verbunden sind. Beide studieren Naturwissenschaften und treten an einem Punkt in einen wissenschaftlichen Wettbewerb: Nach einer Diskussion über das Phänomen der Unsichtbarkeit beschließen sie, das Rätsel nicht nur theoretisch, sondern auch praktisch zu lösen. Lloyd vertritt eine opto-physikalische Position. Er geht davon aus, dass ein absolut schwarzes Objekt keine visuelle Evidenz im Wahrnehmungsprozess erzeugt. Er arbeitet daran, ein Pigment zu entwickeln, dass eine vollständige Absorption des Lichts bewerkstelligt. Man könnte sagen, dass Lloyd das Prinzip der Tarnung verfolgt.[20] Paul hingegen setzt auf das Prinzip Transparenz, denn das auch vollständig mit schwarzem Pigment getarnte Objekt wirft Schatten und ist daher indirekt wahrnehmbar. Wissenschaftshistorisch ist die Opposition deutlich markiert: Paul verfolgt in der Nachfolge der Röntgen-Entdeckung das ‚fortschrittlichere' Konzept. Ganz im Sinne eines physiologischen Ansatzes greift Paul denn auch experimentell in die Molekularstruktur des Körpers ein. Der Erzähler berichtet hier allein von Injektionen, die dem Objekt verabreicht werden, um die Unsichtbarkeit, also die absolute Transparenz zu bewirken. Wie bei Wells und Verne wird die Logik des Röntgenparadigmas einfach umgekehrt, nicht unsichtbare Strahlen durchqueren den Körper, sondern ein unsichtbarer Körper wird durchlässig für das sichtbare Licht gemacht. Auf der Erzählebene wird die Konkurrenz der Wissenschaftsprinzipien nicht als Überlegenheit oder Unterlegenheit thematisiert, sondern in eine allgemeine Wissenschaftskritik überführt. In einem finalen Zusammentreffen und Kampf der nun unsichtbaren Akteure töten sich die Konkurrenten. Eine Metapher dafür, dass keine der beiden Forschungsleistungen über die andere zu siegen vermag. Der Erzähler endet mit dem pessimistischen Resümee: „I no longer care for chemical research, and science is a tabooed topic in my household. I have returned to my roses. Nature's colors are good enough for me."[21] Mit diesem Schlusssatz und dem Hinweis auf die Farben der Natur wird noch einmal – wie bei Verne – eine idyllische Zeit angerufen, in der die Betrachtung der Natur der direkte Zugang zu ihr war. Gleichzeitig belegt die Geschichte, dass mit den letzten wissenschaftlichen Technologien die Körperwelt ihr Wesen verändert hat. In diesem Sinne ist die Unsichtbarkeit, die die Literatur in Szene setzt, die Chiffre für den Verlust sinnlicher Gewissheit und für einen Auf-Bruch in die Moderne der Ungegenständlichkeit.

01 Standbild aus „Hollow Man", 2000.
Verfilmung von „The Invisible Man"
a) Energie messen
b) Enthüllte Anatomie

1996

Entwicklung des ersten organspezifischen MRT Kontrastmittels AMI 25 (Endorem®, Guerbet; FerridexTM, Berlex) für die Leberdiagnostik

1996

R. W. Günther, Aachen, wird zum Ehrenmitglied des RSNA ernannt.

Eine Akademie für Radiologie

Jürgen Freyschmidt, Bremen

Die Fort- und Weiterbildung hat unter den vielen Aktivitäten der Deutschen Röntgengesellschaft in ihrer 100-jährigen Geschichte immer einen sehr breiten Raum eingenommen. Das lag und liegt daran, dass sich in diesem Fachgebiet eine zumeist konstant rasante klinisch-wissenschaftliche und technische Entwicklung vollzog, dass aber gleichermaßen auch die Radiologie um ihre Anerkennung als klinisches Fach bemüht war. Letzteres konnte insbesondere in der diagnostischen Radiologie nur dadurch erreicht werden, dass die Radiologen mit hoher Professionalität besser waren als Vertreter anderer Fachdisziplinen, die sich auch auf dem Gebiete der Radiologie zu betätigen versuchten.

Noch bis in die 70er Jahre konnte man sich auf dem Gebiete der Radiologie im Wesentlichen auf dem Deutschen Röntgenkongress und den Kongressen regionaler radiologischer Gesellschaften fortbilden, doch war die Fortbildung eher in Haupt- oder Übersichtsreferaten zu einer bestimmten Thematik „verpackt", denen dann kürzere wissenschaftliche Referate oder Vorträge folgten. Als solche bezeichnete „Auffrischkurse", die sich ausschließlich der Fortbildung widmeten, wurden schließlich Ende der 70er und Anfang der 80er Jahre eingeführt und erst Anfang der 90er Jahre offiziell als Refresher-Kurse z.B. in den Programmen der Deutschen Röntgenkongresse bezeichnet, wodurch terminologisch eine Angleichung an internationale Gepflogenheiten vollzogen wurde. Mit der Zeit kristallisierte sich jedoch heraus, dass ein praktizierender Radiologe sein Wissen und seine praktischen Fähigkeiten nur unzureichend auffrischen konnte, wenn – wie oben erwähnt – gesichertes Wissen sozusagen am Rande überwiegend wissenschaftlich orientierter Kongresse und – über die Zeit verteilt – unkoordiniert vermittelt wurde. Es wurde also notwendig, die Fortbildung, das heißt Vermittlung und Aufnahme gesicherten Wissens, als eigenständige Entität zu etablieren.

So wurde in den 70er Jahren der *Ausschuss für Fort- und Weiterbildung* der Deutschen Röntgengesellschaft gegründet, deren Vorsitzender der Autor dieses Artikels von 1979 bis 1983 war. Dieser Ausschuss veranstaltete in den verschiedensten deutschen Städten ein- bis zweitägige Fortbildungen zu verschiedenen Themen. Es wurden vor allem Teilgebiete der diagnostischen Radiologie ausgewählt, die in kleineren und mittleren Krankenhäusern sowie in radiologischen Praxen unterrepräsentiert waren. Die Tätigkeit des Ausschusses wurde dann eingestellt, da nach Ansicht des Vorstandes die Kosten zu hoch waren. Durch die Aktivitäten der Präsidenten Profs. Wolf, Mödder und Kauffmann wurde jedoch der Gedanke einer von der Deutschen Röntgengesellschaft getragenen effizienten Fortbildung wiederbelebt und schließlich in Gestalt einer Akademie für Fort- und Weiterbildung in der Radiologie umgesetzt. Diese Akademie wurde nach entsprechenden Vorarbeiten 1998 gegründet.

Von Anfang an war sich der Vorstand der Deutschen Röntgengesellschaft darüber im Klaren, dass die Etablierung einer Akademie nur in enger Zusammenarbeit bzw. durch gemeinsame Trägerschaft mit dem Berufsverband der Deutschen Radiologen zu bewerkstelligen war.

1997

50. Präsident der DRG
Günter W. Kauffmann

1997

J. Lissner, München, wird mit der Goldmedaille der EAR ausgezeichnet und zum Honorary Lecturer am ECR berufen.

Mitglieder des Gründungsausschusses waren:

Prof. Dr. C. D. Claussen	Tübingen
Dr. J. Fischer	Coesfeld
Prof. Dr. D. Hahn	Würzburg
Prof. Dr. G. Kauffmann	Heidelberg
Prof. Dr. H. J. Klose	Marburg
Prof. Dr. U. Mödder	Düsseldorf
Dr. O. Pohlenz	Hamburg
Prof. Dr. O. H. Wegener	Hamburg
Prof. Dr. J. Wolf	Berlin

Der Akademie für Fort- und Weiterbildung in der Radiologie wurde folgende Arbeitsordnung gegeben:

Präambel
Die Deutsche Röntgengesellschaft (DRG) und der Berufsverband der Deutschen Radiologen (BDR) stimmen überein, dass in naher Zukunft tiefgreifende Umstrukturierungen nicht nur auf dem gesamten Gebiet des Gesundheitswesens, sondern auch auf dem Gebiete der Weiterbildung und der Berufsausübung neue Wege zur Struktur der Fort- und Weiterbildung erforderlich machen. Die Vorstände beider Vereine schlagen deshalb gemeinschaftlich ihren Mitgliedern vor, eine Akademie zu gründen.

§ 1 – Ziel
Ziel und Zweck der Akademie sind die Gestaltung von Fort- und Weiterbildung in der Radiologie in eigener Verantwortung zur Qualitätssicherung.

§ 2 – Organisation
Die Akademie erhält – entsprechend den Arbeitsgemeinschaften – eine eigene Organisationsstruktur innerhalb der DRG.

§ 3 – Aufgaben
Die Inhalte der Fort- und Weiterbildung beziehen sich ganz wesentlich auf die Diagnostische Radiologie mit all' ihren Weiterbildungsthemen einschließlich Grundwissen aus den zuweisenden Fächern. Sie werden ergänzt durch Inhalte der Strahlentherapie, der Nuklearmedizin, Strahlenphysik und -technik, Strahlenbiologie sowie Informatik. Die Themen werden mit nationalen (z.B.: Bundesärztekammer) sowie europäischen Einrichtungen (EAR) abgestimmt.

§ 4 – Leitung
Die Akademie wird durch ein Direktorium geleitet. Das Direktorium hat Richtlinien- und Entscheidungskompetenz für Veröffentlichungen, Konzepte und Durchführung von Veranstaltungen und Zertifizierungen. (abgekürzte Wiedergabe)

§ 5 – Wahl der Leitung des Direktoriums
Bei der Mitgliederversammlung der DRG werden zwei Wahlmitglieder gewählt. Sie sind in getrennten Wahlgängen zu ermitteln. Ihre Amtszeit beträgt 3 Jahre. Wiederwahlen sind möglich. Die Wahlen erfolgen 1 Jahr vor Ende der Amtszeit.

§ 6 – Beirat
a) Aufgabe: Der Beirat berät das Direktorium.
b) Zusammensetzung: Dem Beirat gehören ein Vertreter der Bundesärztekammer und Vertreter der verschiedenen Subspezialitäten der Radiologie (gekürzte Wiedergabe) an.

Koordinator der Gründung und erster Vorsitzender der Akademie von 1998-2000 war Herr Dr. O. Pohlenz, Hamburg, der gemeinsam mit den Herren Prof. Dr. O. H. Wegener, Hamburg (Sprecher des Beirates), Dr. J. Fischer, Coesfeld (BDR), Prof. Dr. S. Feuerbach, Regensburg (Direktorium) und Herrn B. Lewerich (Geschäftsführer der DRG) die entscheidende inhaltliche und funktionelle Aufbauarbeit der Akademie – sozusagen aus dem Nichts – geleistet hat. Dem nachfolgenden Vorsitzenden des Direktoriums der Akademie – und Verfasser dieses Artikels – wurde im Jahre 2000 nach knapp 3-jähriger Aufbauarbeit eine in allen Teilbereichen hervorragend funktionierende Akademie übergeben.

Die Akademie im Kontext der Gesundheitspolitik
Die ärztliche Berufsordnung verpflichtet jeden Arzt (nach § 7) zu einer berufsbegleitenden Fortbildung. Jeder Arzt hat sich in dem Umfange beruflich fortzubilden, wie es zur Erhaltung und Entwicklung der zu seiner Berufsausübung erforderlichen Fachkenntnisse notwendig ist. Ein Großteil der Ärzte und insbesondere der Radiologen ist in Deutschland dieser Verpflichtung in den letzten zwei bis drei Jahrzehnten des 20. Jahrhunderts nachgekommen, doch gab es dafür keine Nachweispflicht. Die ärztliche Fortbildung war also freiwillig, auch in finanzieller Hinsicht.

Anfang der 90er Jahre wurden jedoch von den Krankenkassen und von der Politik zunehmend Forderungen nach einer vom Staat geregelten Fortbildung laut, was auch die Presse mit lebhaftem Interesse aufnahm. 1996 forderte in Cottbus die Gesundheitsministerkonferenz der Länder sogar, die Berechtigung zum Führen von Weiterbildungsbezeichnungen vom Nachweis einer kontinuierlichen Fortbildung abhängig zu machen. Der Entwurf eines Kammergesetzes in Bremen sah sogar vor, dass Teilgebiets- und Zusatzbezeichnungen nur noch für die Dauer von 5 Jahren gelten sollten, es sei denn, der Arzt oder die Ärztin absolviere eine Prüfung oder weist eine regelmäßige Fortbildung nach. Die ärztliche Selbstverwaltung in Form der Landesärztekammern und der Bundesärztekammer gerieten also zunehmend unter Druck und es wurden in einzelnen Kammerbereichen (z. B. Thüringen, Bremen, Bayern etc.) Modellversuche für die Einführung eines freiwilligen Fortbildungszertifikates gestartet. Schließlich beschloß der 102. Deutsche Ärztetag in Cottbus im Mai 1999 Richtlinien für eine zertifizierte Fortbildung. Der Deutsche Senat für Ärztliche Fortbildung erarbeitete unter der Präsidentschaft des Radiologen Prof. Dr. Eckel aus Göttingen einheitliche Bewertungskriterien für den Erwerb *des freiwilligen Fortbildungszertifikates*, die 2001 publiziert wurden. Nicht unerheblichen Anteil an der Erarbeitung dieser Richtlinien hatten zahlreiche medizinisch-wissenschaftliche Fachgesellschaften und Berufsverbände, unter anderem die Akademie für Fort- und Weiterbildung in der Radiologie, die sich bereits im Oktober 1998 auf Initiative des Deutschen Senats für Ärztliche Fortbildung gemeinsam mit Vertretern von inzwischen installierten Fortbildungsakademien der Landesärztekammern in Würzburg getroffen hatten. Bei späteren Treffen dieser Institutionen z.B. in 2001 und 2002 wurde klar, dass die Kammern auf die Unterstützung der Akademien der Fachgesellschaften angewiesen waren, da erstere nur schwer alle Kammermitglieder zu einer zwar zertifizierten, aber letztendlich freiwilligen Fortbildung motivieren konnten. Diese waren besser über Akademien der Fachgesellschaften und Berufsverbände zu „erreichen".

Mit der Einführung eines Fortbildungszertifikates der Ärztekammern und der ihnen zuarbeitenden Fortbildungsausschüsse oder Akademien verschiedener wissenschaftlicher Fachgesellschaften und Berufsverbände vollzog sich in Deutschland etwas, was im außer- und innereuropäischen Ausland schon längst etabliert war, allerdings dort überwiegend auf gesetzlicher und nicht freiwilliger Grundlage, wie z.B. in der Schweiz und in den Niederlanden, wo es seit Anfang der 90er Jahre bereits eine gesetzliche Verpflichtung für Ärzte gab, ihre Fortbildungsaktivitäten nachzuweisen. Schließlich gab der europäische Fachärzteverband (UEMS) Empfehlungen für eine beispielhafte zertifizierte Fortbildung mit dem Ziel, die gegenseitigen Anerkennung von Fortbildungsveranstaltungen zu erleichtern. Diese Empfehlungen sind in die einheitlichen Bewertungskriterien für den Erwerb des freiwilligen Fortbildungszertifikates eingearbeitet.

Die Freiwilligkeit zertifizierter Fortbildung führte nicht nur zu einer Zunahme der Fortbildungsmotivation der Ärzteschaft, sondern auch zu einer sprunghaften Zunahme der durch Akademien der Kammern und Fachgesellschaften zertifzierten Veranstaltungen. Durch das Anerkennungsverfahren für bestimmte Qualitätsstandards der Fortbildungsangebote stieg deren Qualität. Veranstaltungen, bei denen eine (pharmazeutische industrielle) Produktneutralität nicht gegeben war, oder die ohne einen verantwortlichen ärztlichen Leiter geplant waren, wurden nicht mehr anerkannt. Unterstützungen von Fortbildungsveranstaltungen durch Dritte mussten nun für die Kammern offengelegt werden, früher so beliebte „Fortbildungsveranstaltungen" mit ausschließlichen Themen wie „Praxismarketing, Gebührenordnung, EBM oder IGEL-Leistungen" wurden und werden nicht mehr anerkannt.

Ungeachtet der belegbaren Erfolge auf dem Gebiete der Fortbildung durch die Aktivitäten der ärztlichen Selbstverwaltung und der Akademien der verschiedenen Fachgesellschaften, aber auch ungeachtet der Beschlüsse der Gesundheitsminister-Konferenz vom 20. bis zum 21. Juni 2002 in Düsseldorf, die einer Rezertifizierung von Ärzten eher reserviert gegenüber stand, führte dann die Bundesregierung in Abstimmung mit der opositionellen CDU/CSU im Rahmen des Gesundheitsstruktur-Modernisierungsgesetzes (GMG) sozusagen über die Hintertür eine verpflichtende ärztliche Fortbildung ein, die nicht durch die dafür eigentlich zuständige Selbstverwaltung in Form der Ärztekammern, sondern durch die Kassensärztlichen Vereinigungen kontrolliert wird (§ 95d, GMG). So muss ab 1. Januar 2004 ein Vertragsarzt alle 5 Jahre gegenüber dem Zulassungsausschuss (der KVen) den Nachweis erbringen, dass er in dem unmittelbar zurückliegenden 5-Jahreszeitraum seiner Fortbildungsverpflichtung nachgekommen ist, anderenfalls drohen harte Sanktionen, die bis zum Entzug der Zulassung reichen.

Auch für die Fachärzte an Kliniken gibt es ab 1. Januar 2004 eine Fortbildungspflicht (§ 137, Abs.1, Punkt 2), die über die Strukturqualität geregelt werden soll. Durch intensive Bemühungen und gemeinsame Anstrengungen von den Ärztekammern und ihren Akademien sowie der Akademien der verschiedenen Fachgesellschaften (zusammengeschlossen in der Arbeitsgemeinschaft Fachärztlicher Fortbildungsinstitutionen) und des Deutschen Senats für Ärztliche Fortbildung konnte verhindert werden, dass die Ärztekammern die Hoheit über die Anerkennung von Fortbildungszertifikaten verloren. Ohnehin zeichnete sich ab, dass die Kassenärztlichen Vereinigungen damit in vielerlei Hinsicht überfordert gewesen wären. Nach einem Beschluss des Bundesärztetages in Bremen 2004 werden die Kammern wiederum die Akademien der verschiedenen Fachgesellschaften akkreditieren und somit das Zertifizierungsverfahren für fachspezifische Fortbildung mehr oder weniger delegieren. Allerdings ist dieses Verfahren mit bestimmten inhaltlichen und formalen Auflagen verknüpft. (§ 10 der Musterfortbildungsordnung)

Arbeitsweise der Akademie
Neben der Pathologie ist die Diagnostische Radiologie heute schlechthin das wichtigste interdisziplinäre klinische Konsiliarfach. Ohne die bei der Primärdiagnostik und Verlaufsbeobachtung von Krankheitsbildern von Seiten der diagnostischen Radiologie gelieferten Diagnosen ist eine zeitgemäße Arbeit der meisten klinischen Fächer nicht denkbar. Der diagnostische Radiologe trägt also eine außerordentlich hohe Verantwortung, denn aufgrund und mit Hilfe seiner Diagnose werden die therapeutischen Weichen gestellt. Um diesen Anforderungen gerecht zu werden, muss der diagnostische Radiologe sich kontinuierlich fortbilden (CME=Continuing medical education) und zwar nicht nur auf dem methodologisch-technischen Sektor sondern auch im klinischen Bereich, denn dort vollziehen sich gleichermaßen Wandlungen und Fortentwicklungen. Mit diesen muss der Radiologe in einem Maße vertraut sein, dass es ihm ermöglicht, dem aktuellen Erkenntnisstand auf dem jeweiligen Fachgebiet gerecht werdende Diagnosen und Differentialdiagnosen zu stellen. Darüber hinaus ist er heute gefordert, sich auf dem Gebiet der interventionellen Radiologie permanent auf dem neuesten Stand zu halten.

Vor der Gründung unserer Akademie gab es fraglos ausreichend CME-geeignete Veranstaltungen, *nur fehlte eine thematische, zeitliche und regionale Ordnung*. Diese hat sich die Akademie zur Hauptaufgabe gemacht. Es galt und gilt, den diagnostischen Radiologen zu motivieren, regelmäßig an qualifizierten (zertifizierten), langfristig geplanten und über Print-Medien oder Internet zugänglichen Veranstaltungen teilzunehmen. Zu seiner Motivitätssteigerung soll er bei einem Teil dieser Veranstaltungen (Kategorie I-Kurs) jedoch Möglichkeiten zur Mitgestaltung haben.

Diese besteht aus einem Fragebogen, in dem der Teilnehmer die inhaltliche Darstellung des Themas, die Präsentation und Struktur des Vortrages

1999
51. Präsident der DRG
Ulrich Mödder

1999
Gründung des Berufsverbandes der Deutschen Radiologen e.V. (BDR) durch Vereinigung von BVDRN und D.I.R.

qualitativ beurteilen kann, aber auch zur Wichtigkeit des Kursthemas, zur Relevanz für seine praktische Tätigkeit etc. gefragt wird. Mit dieser Evaluierung war der *Kategorie I-Kurs* in Anlehnung an die Modalitäten der amerikanischen Röntgengesellschaft RSNA geboren.

Von Anfang an war klar, dass diese Evaluierung auch rasch zu einer Verbesserung der Referenten-Leistungen führen würde. Alle nicht evaluierten Fortbildungselemente wurden der *Kategorie II* zugeordnet.

In Anbetracht der Fülle der zu erwartenden Daten wurde von Anfang an von den mit der Einrichtung der Akademie unmittelbar befassten Herren Dr. Pohlenz, Prof. Dr. Wegener und dem Geschäftsführer B. Lewerich eine sehr aufwendige und damit auch mit hohen Risiken behaftete elektronische Datenverarbeitungsanlage installiert, mit deren Hilfe jederzeit folgende Informationen zu bekommen sind:

- Die Beurteilung eines Referenten, auch im Vergleich zu anderen, mit Aufzeigen der minimal und maximal erreichbaren Gesamtpunktezahl (siehe ⟶ **01**, nur der Akademie und dem Referenten zugänglich, s.u.)
- Anzahl der pro Zeiteinheit evaluierten Veranstaltungen
- Anzahl der Teilnehmer an der Akademie pro Zeiteinheit
- Aktueller CME-Punkte-Kontostand der Teilnehmer (online über Internet)

Veranstalter, die eine Fortbildung durch die Akademie akkreditiert haben wollen, müssen das Programm bei der Akademie einreichen. Dort wird es von Experten überprüft und es erfolgt eine CME-Punktevergabe nach Kategorie I oder II. Dabei unterscheidet die Akademie entsprechend den Regeln der Ärztekammern zwischen der Teilnahme an interaktiver Fortbildung, bei der die Beteiligung der Zuhörer gefordert ist (z.B. Workshops, Refresher-Kurse, Hands-On-Kurse etc.) und der Teilnahme an allgemeinen wissenschaftlichen Kongressen und der Fortbildung durch Fachlektüre. Für die erste Gruppe erhält der Teilnehmer CME-Punkte der Kategorie I, für die zweite Gruppe CME-Punkte der Kategorie II (s.oben). Teilnehmer an den Kursen der Kategorie I erhalten nur dann CME-Punkte zugewiesen, wenn sie die Bewertungsbögen ausgefüllt und mit ihrem persönlichen Barcode identifizierbar gemacht haben. Wie bereits erwähnt, evaluiert die Akademie nur Kurse, deren Veranstalter sich verpflichten, eine Referentenbeurteilung entsprechend den Vorgaben durchzuführen. Jeder Referent erhält persönlich/vertraulich die Auswertung der Teilnehmerbeurteilung im Vergleich zu allen anderen Referenten im Programm der Akademie. Pro Jahr müssen die Teilnehmer 50 CME-Punkte erwerben, davon 25 CME-Punkte der Kategorie I und 25 CME-Punkte der Kategorie II, wobei 10 CME-Punkte für die Fortbildung durch Fachlektüre vergeben werden.

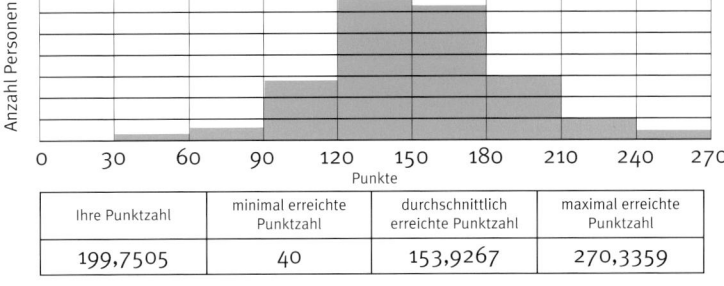

Auswertung Gesamtpunktzahl

Ihre Punktzahl	minimal erreichte Punktzahl	durchschnittlich erreichte Punktzahl	maximal erreichte Punktzahl
199,7505	40	153,9267	270,3359

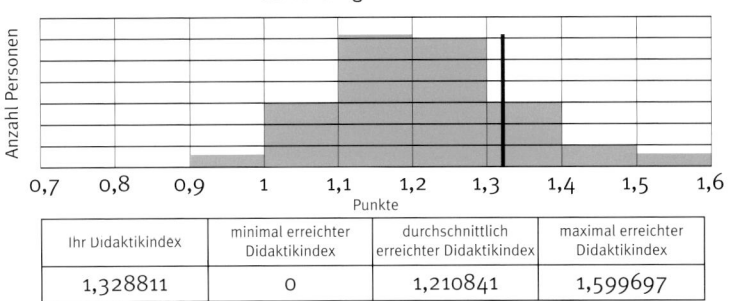

Auswertung Didaktikindex

Ihr Didaktikindex	minimal erreichter Didaktikindex	durchschnittlich erreichter Didaktikindex	maximal erreichter Didaktikindex
1,328811	0	1,210841	1,599697

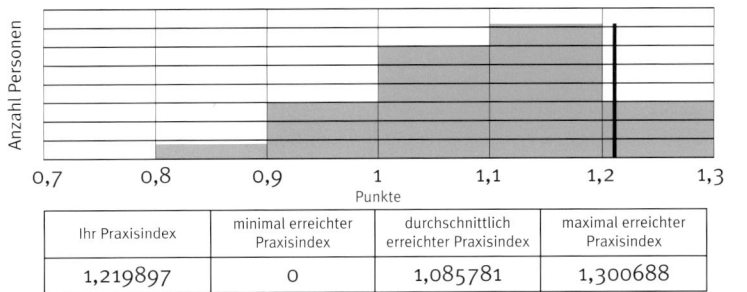

Auswertung Praxisindex

Ihr Praxisindex	minimal erreichter Praxisindex	durchschnittlich erreichter Praxisindex	maximal erreichter Praxisindex
1,219897	0	1,085781	1,300688

01 Zur Evaluation: Auswertung eines Vortrags für den Referenten und den Veranstalter

---

1999

Zeitaufgelöste „4D" MR-Angiographie. Durch sehr schnelle sich wiederholende MRA Sequenzen werden morphologische (Gefäß durchströmt ja/nein) und funktionelle Information (z.B. Flussgeschwindigkeit, Strömungsrichtung) verfügbar.

1999

R. Sauer, Erlangen, wird zum Ehrenmitglied des RSNA ernannt.

Das *Programm der Akademie* ist auf einen 5-Jahres-Zyklus ausgerichtet, innerhalb dessen die Teilnehmer die Kernthemen ihres Bereiches wenigstens einmal in einem Fortbildungskurs aufgefrischt haben sollten. Hat ein Teilnehmer innerhalb eines Jahres die erforderlichen 50 CME-Punkte erreicht, erhält er ein Zertifikat, welches die erfolgreiche Teilnahme bestätigt. Wer über 5 Jahre kontinuierlich die Anforderungen der Akademie erfüllt hat, erhält eine Urkunde über die erfolgreiche Teilnahme am Programm der Akademie. Wie oben bereits erwähnt, werden diese Urkunden von den Kammern und kassenärztlichen Vereinigungen anerkannt. In Zukunft sind sie damit Grundlage zur Erfüllung der Auflagen des § 95 des Gesundheitsmodernisierungsgesetzes für den niedergelassenen Bereich. Aus dem bisher Dargestellten geht zwingend hervor, dass die Arbeit der Akademie sehr kostenaufwendig ist. Daher ist die Teilnahme am Programm der Akademie kostenpflichtig (26 € für Fachärzte, 13 € für Ärzte in der Weiterbildung, 77 € für andere Teilnehmer, die nicht Mitglieder der DRG sind). Die Veranstalter müssen für die sehr aufwendige Auswertung einen Kostenbeitrag an die Akademie entrichten.

Erfolgsbilanz der Akademie

Das motivierende Element der Freiwilligkeit, ein gewisses elitäres Bewusstsein der an der Akademie teilnehmenden Radiologen und die selbstlose Aufklärungsarbeit der Gründer der Akademie brachten diese sehr schnell zu einer im Vergleich zu den Akademien anderer Fachgesellschaften raschen Blüte. Uns wurde auch von Seiten der Kammern eine gewisse Avantgarderolle zuerkannt. Die Daten in den Tabellen 1 und 2 sprechen für sich. ⋯➔**02, 03**
In einem Zeitraum von nur 5 Jahren konnte die Zahl der evaluierten Veranstaltungen von 84 (1999) auf 241 (2003) gesteigert werden. Bis heute beteiligten sich mehr als 2000 Referenten an den Fortbildungskursen der Kategorie I, davon mehr als 1000 mehrfach. Insgesamt wurden bis Ende 2003 mehr als 10000 einzelne Vorträge evaluiert und zertifiziert. Der Anreiz, ein überdurchschnittlicher Referent zu sein, wurde durch den entsprechend umgewidmeten *Felix-Wachsmann-Preis* an die 5 besten Referenten pro Kalenderjahr erhöht. Der Preis beträgt 500 €/Kandidat, Auswahlkriterien sind die Anzahl der von ihnen gehaltenen Vorträge im Rahmen der Akademie und die entsprechende Wertung der einzelnen Vorträge durch die Teilnehmer. Erstmalig wurde der Felix-Wachsmann-Preis auf dem Deutschen Röntgenkongress 2001 verliehen.

Entwicklung der Teilnehmerzahlen	02
1999	780
2000	1950
2001	2500
2002	2930
2003	3460

Bisherige Preisträger des Felix-Wachsmann-Preises waren:

2001	Prof. Dr. Klaus Bohndorf	Augsburg
	PrivDoz. Sabine Kösling	Jena
	Prof. Dr. Mathias Prokop	Wien
	Prof. Dr. Götz Richter	Heidelberg
	PrivDoz. Dr. Axel Stäbler	München
2002	Prof. Dr. Uwe Fischer	Göttingen
	Prof. Dr. Michael Forsting	Essen
	PrivDoz. Dr. Markus Müller Schimpfle	Tübingen
	Prof. Dr. Rüdiger Schulz-Wendtland	Erlangen
	PrivDoz. Dr. Klaus Wörtler	München
2003	Dr. Karin Bock	Marburg
	Prof. Dr. Reiner Erlemann	Duisburg
	Prof. Dr. Werner A. Kaiser	Jena
	PrivDoz. Dr. Burghardt Ostertun	Osnabrück
	Dr. med. Margit Reichel	Wiesbaden
2004	MTRA Irene Keller	Wiesbaden
	Prof. Dr. Johannes Lammer	Wien
	Dr. Patrick Rogalla	Berlin
	Prof. Dr. Cornelia Schaefer-Prokop	Wien
	PrivDoz. Jörn Sandstede	Würzburg

Die Zahl der Teilnehmer wuchs von 780 im Jahre 1999 auf 3460 im Jahre 2003 an. Inzwischen sind ca. 60 % aller Mitglieder der Deutschen Röntgengesellschaft gleichzeitig Teilnehmer an der Akademie. Berücksichtigt man nur die berufstätigen Mitglieder der Röntgengesellschaft, dann erhöht sich dieser Prozentsatz auf 75 %. Bis Ende 2003 haben 203 Teilnehmer bereits 5 Jahre lang jährlich die erforderlichen 50 CME-Punkte nachweisen können und eine entsprechende Urkunde erhalten, 360 Teilnehmer sind 4 Jahre erfolgreich dabei, 300 Teilnehmer haben bereits 2 Jahre und 550 Teilnehmer haben 1 Jahr erfolgreich mindestens 50 CME-Punkte erworben.

Die Anschubfinanzierung der Akademie rekrutierte sich aus Einlagen der Deutschen Röntgengesellschaft und des Berufsverbandes Deutscher Radiologen, sowie aus einem zinslosen Darlehen der Wachsmann-Stiftung und zu einem nicht unerheblichen Anteil aus Spenden von Seiten der Industrie. Inzwischen setzt sich das Einnahmen-Budget im Wesentlichen aus den Teilnehmergebühren, den Einnahmen aus eigenen Veranstaltungen der Akademie und aus den Gebühren von Seiten der Veranstalter, zu einem geringeren Teil aus Spenden (ca. 10 %) zusammen. Das Ausgaben-Budget wird von Personalkosten und Ausgaben für Kurse dominiert.
Das Gesamtbudget liegt über 250000 € und war im Jahre 2003 ausgeglichen.

2000
F. Heuck, Stuttgart, erhält die Goldmedaille des ECR und der EAR.

2000
M. Thelen, Mainz, wird Honorary Lecturer am ECR.

	1999	2000	2001	2002	2003
Monat	Anzahl	Anzahl	Anzahl	Anzahl	Anzahl
Jan	0	5	14	12	10
Feb	2	12	13	14	23
Mrz	1	16	15	17	22
Apr	4	15	14	27	23
Mai	2	16	19	9	20
Jun	7	13	24	27	22
Jul	3	7	6	7	16
Aug	1	1	4	3	6
Sep	20	23	14	29	26
Okt	15	22	28	23	28
Nov	22	30	33	43	39
Dez	7	10	5	7	6
	84	170	189	218	241

03 Evaluierte Veranstaltungen von 1999-2003

Zukunftsperspektiven der Akademie

Für den diagnostischen Radiologen wird die Akademie in Zukunft die erste und wesentliche Anlaufstelle sein, sich das gesetzlich vorgeschriebene Fortbildungszertifikat zu erwerben (bezüglich der engen Zusammenarbeit mit den Kammern auf diesem Sektor siehe oben). Über das bisherige Aufgabenspektrum der Akademie hinausgehend wird die Akademie eine im Jahre 2002 initiierte Internet-basierte Fortbildung ausbauen. Ab 2005 wird sie mit Hilfe eines Expertengremiums die Refresher-Kurse und Workshops auf Deutschen Röntgenkongressen entscheidend mitgestalten. So ist vorgesehen, ganztägige und sich über den gesamten Kongresszeitraum ausdehnende Refresher-Kurse zu einem Schwerpunktthema einzurichten und diese Schwerpunktthemen dergestalt über einen Zeitraum von 5 Jahren zu verteilen, so dass sich daraus ein vollständiges inhaltliches Weiterbildungs-Curriculum zusammensetzt. Das eröffnet auch Ärztinnen und Ärzten in der Weiterbildung eine attraktive Teilnahme. Diese auf den jeweiligen Deutschen Röntgenkongress fokussierte curriculäre Fort- und Weiterbildung soll nicht schwerpunktmäßige Fortbildungsmöglichkeiten auf den verschiedensten regionalen und überregionalen Veranstaltungen verdrängen, sondern sinnvoll ergänzen.

Die bisherige Evaluation (siehe oben) wird – zunächst punktuell – mit einem anonymen Multiplechoiceverfahren ergänzt, um noch objektiver die Qualität des Wissenstransfers beurteilen zu können. Hierzu werden für die einzelnen Schwerpunkte der Fortbildung Gegenstandskataloge erarbeitet, die sich an europäischen Maßstäben orientieren.

2000
R. Günther, Aachen, wird zum Präsidenten der EAR gewählt.

2001
52. Präsident der DRG
Claus Claussen

The mindset is the message – Zur Neukonzeption des Deutschen Röntgen-Museums

Peter Bürger, Wuppertal

Röntgen in einer neuen Dimension

Wilhelm Conrad Röntgen – gebürtiger Remscheider, Erfinder und Forscher von Weltruf, genialer Physiker und Träger des ersten Nobel-Preises. Seine Arbeit revolutionierte die medizinische Diagnostik und wurde zum Wegbereiter multipler hochtechnologischer Anwendungen, die aus dem Alltag der modernen Forschung und Wissenschaft nicht mehr wegzudenken sind. Eine herausragende persönliche und historische Leistung – und doch stehen Leben und Werk des Wissenschaftlers Röntgen für weit mehr: die zeitlose, universelle Botschaft kreativen Denkens, der positiven treibenden Kraft, die hinter allen kulturellen und gesellschaftlichen Entwicklungen ebenso steht wie hinter technologischem Fortschritt und Innovation. Die Freiheit, Bekanntes interdisziplinär zu verknüpfen und daraus Neues zu entwickeln, die Fähigkeit, seine Kenntnisse zu bündeln – z.B. solche aus der Fotografie und Kathodenstrahlforschung für die Entdeckung der X-Strahlen –, qualifiziert ihn als Prototypen des modernen Innovators, macht ihn zur Leitfigur und zum Synonym schöpferischen Denkens.

Auf diese Qualität bauen die Neukonzeption und der Masterplan für das zukünftige Röntgen-Museum auf. 01 Gleichzeitig erweitert es dadurch seine Potenziale in vielerlei Hinsicht: Entstehen wird ein Museum des Forschens und Entdeckens, der Haltung Röntgens verpflichtet, das die Besucher auf eine spannende Erfahrungs- und Erlebnisreise in eine Welt nachvollziehbarer Naturwissenschaft führt. Als moderner Lernort folgt es dem Hands-on-Science-Gedanken. Dadurch lassen sich Freude und Interesse am Erforschen und Experimentieren interaktiv-spielerisch entwickeln und kreative und innovative Fähigkeiten und Potenziale nachhaltig anregen. Schließlich wird das Museum auch als kultureller und gesellschaftlicher Ankerplatz dienen, der eine qualifizierte Plattform für die Begegnung von Forschung, Industrie und Öffentlichkeit bietet.

Paradigmenwechsel als Gewinn

Mit der Neupositionierung verbindet sich ein strategischer Ausbau von Angebot, Bedeutung und Wirkungskreis des Hauses. Damit vollzieht das Röntgen-Museum eine Transformation von einem Spezialmuseum enzyklopädischer Prägung zu einem modernen technisch-naturwissenschaftlichen Themenmuseum.

Diese neue Ausrichtung und Auslegung erschließt einem breiten nationalen und internationalen Publikum die Geschichte und Vielfalt des Themas und lässt es an der Faszination der Anwendungen vom lebensnahen Alltag bis zur Hochtechnologie teilhaben. Darauf aufbauend wird die Auseinandersetzung mit moderner naturwissenschaftlicher Forschung gefördert und das individuelle Interesse beim einzelnen Besucher nachhaltig geweckt. Mit diesem Wechsel erfüllt das Museum seine polare Aufgabe von Bewahrung und Erneuerung. Diese besteht nicht allein in der Rekonstruktion und Erläuterung von Sachzusammenhängen für den Besucher. Sie gibt ihm neben Antworten auch Fragen mit nach Hause und Anstöße, seine Wahrnehmung, sein Denk- und Handlungsvermögen zu erneuern und zu erweitern. Kurz: ein Museum, das den Wissensdurst stillt und Neugier weckt – und hier schließt sich der Kreis zur Persönlichkeit Wilhelm Conrad Röntgens.

01

2001

W. Frommhold, Tübingen, erhält die Goldmedaille des ECR und der EAR.

2001

Die Entschlüsselung und Sequenzierung des menschlichen Genoms ermöglicht zukünftige Perspektiven der molekularen Bildgebung.

Öffnen für die Zukunft

Als Kernzielgruppe stehen Schüler und Auszubildende aller Altersstufen, Jugendliche und Familien im Mittelpunkt des zukünftigen Museumsangebots. Die museumspädagogische Konzeption arbeitet dementsprechend mit einer mehrschichtigen Aufbereitung der Ausstellungsthemen. So ist der bildungs- und altersspezifische Zugang für alle gewährleistet. Von „populärwissenschaftlich" bis „fachspezifisch" stehen die Inhalte auf verschiedenen medialen Ebenen aktiv und interaktiv zur Erschließung bereit. Die museale Umsetzung dafür reicht von speziellen „Forscherpfaden" für Kinder und Jugendliche bis zu multimedialen Datenarchiven für Fachbesucher. Alles mit dem Ziel, den Funken der Begeisterung überspringen zu lassen und große wie kleine Erben im Geiste Röntgens zu gewinnen.

Das Museum neu denken

Um diese Vision Wirklichkeit werden zu lassen, enthält der Masterplan ein von Grund auf neues Vermittlungs- und Ausstellungskonzept zu Inhalten und Präsentation, das einhergeht mit der kongruenten innen- und außenarchitektonischen Überarbeitung des gesamten Gebäudeensembles. Das Museum wird als Ganzes, als Einheit gedacht. Ziel ist eine symbiotisch-synergetische Ergänzung von Ausstellung und Architektur – ein Kosmos, der den Besucher empfängt und einmalige Erlebnischancen bereithält.

Das Museum begegnet seinem Besucher zuerst über die architektonische Erscheinung. Deshalb ist auch beim Röntgen-Museum neben dem Schwerpunkt räumlich-struktureller Maßnahmen eine Aufwertung des Außenbereiches erforderlich.
An erster Stelle steht die Beruhigung des heterogenen Gebäudeensembles, um das Museum für den Besucher als klar identifizierbare Architektur innerhalb der historischen Altstadt von Lennep zu etablieren. ⟶02 Dies leistet eine besondere Betonung der architektonischen Pole, des historischen Patrizierhauses als Solitär und des Hallenbaues in seiner monolithischen Qualität. ⟶03 Mit einer technoiden Metallfassade kommuniziert dieser seine musealen Inhalte nach außen. Ein visuelles Signal, mit dem das Museum einen bewussten baulich-ästhetischen Akzent im städtischen Umfeld setzt. ⟶04

Museen sind spezifische hochkomplexe Systeme. Die Veränderungen im Inneren sind demzufolge tiefer und umfassender. Durch die Erschließung räumlicher Ressourcen mit partiellen baulichen Ergänzungen, durch die Neugliederung der Verkehrsflächen und Nutzungsareale und die Modernisierung der technischen Infrastruktur entsteht ein gänzlich neues Museum mit einem deutlich erweiterten Leistungsprofil – räumlich wie qualitativ. Denn neben der Erweiterung vorhandener Angebote wie Museumsgastronomie und Shop werden dem Besucher zukünftig auch ein Museumskino, ein Museumslabor und ein Wechselausstellungsbereich zur Verfügung stehen. Die räumliche Abkoppelung dieser Bereiche eröffnet dem Museum die Chance, sich zusätzlich als Veranstaltungs-, Informations- und Fortbildungsstätte zu positionieren. An erster Stelle sind hier Industrie, Dienstleister und Institutionen in den Bereichen „Radiologie" und „Bildgebende Verfahren" angesprochen. Für sie stellt das Museum mit seiner umfassenden geschichtlichen Präsentation von Technik und Berufsbild ein hochattraktives Umfeld dar. Ein besonderes Serviceangebot, das in Zeiten knapper kommunaler Budgets und eines zunehmend umkämpften Kultur- und Freizeitmarktes einen zusätzlichen Beitrag zur Wettbewerbsfähigkeit und Zukunftssicherung des Röntgen-Museums leistet.

2002

In Anerkennung seiner herausragenden Verdienste auf dem Gebiet der Radiologie erhält W. Kalender, Erlangen, eine Einladung als Honorary Lecturer des ECR und der EAR.

2002

O. Pohlenz, Hamburg, erhält die Boris-Rajewski-Medaille des EAR.

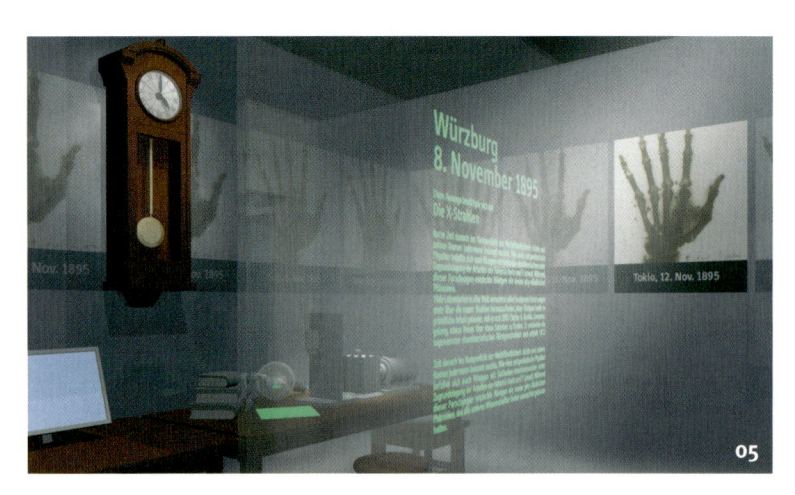

Ganzheitliche Durchdringung

Die inhaltliche und gestalterische Umsetzung des Masterplans basiert auf drei zentralen Leitmotiven: Kreuzungspunkte, Transparenz und Schichtung. Vom Themenfeld Röntgen abgeleitet, definieren sie das Museum im übertragenen Sinn: Als Ort des Anstoßes und der geistigen Begegnung; als Leuchttisch, der Unbekanntes zu erkennen gibt und als Kernbohrung, die materielle und immaterielle Ebenen zur Erforschung bereithält.

Architektur, Ausstellung und Präsentation machen diese Leitmotive erlebbar. Mit raumbildenden Strukturen aus transluzenten und diaphanen Materialien, mit Licht als medialem Träger von Information und Dramaturgie interpretiert das Museum das Prinzip Röntgen auf allen Wahrnehmungsebenen. Eine Atmosphäre assoziativer Qualität, die unsere Sinne anspricht und Emotionen weckt – der Zentralschlüssel für jede Form individuellen Lernens. →05

Eine runde Sache

Werfen wir nun einen detaillierten Blick in das Röntgen-Museum der Zukunft. Der Rundweg, der die Ausstellung für Besucher erschließt, beginnt im Anschluss an Kasse und Shop im Erdgeschoss des Patrizierhauses. Wie eine Zeitmaschine katapultiert das Museum den Besucher direkt zum Höhepunkt von Röntgens beruflichem Erfolg: der Verleihung des Nobel-Preises. →06 Ob als Publikum oder Redner, die Inszenierung ermöglicht es, beide Positionen einzunehmen – und wer am Beifall der Zuhörer Gefallen findet, sollte dies als Anreiz nehmen, Röntgen nachzueifern. Gleich einer filmischen Rückblende führt der Weg dann zum Versuchsaufbau von Würzburg, dem Ursprung der weltverändernden Entdeckung. Hier kann man an der verlängerten „Werkbank" Röntgens Platz nehmen. Im Anschluss gelangt der Besucher in das Studierzimmer →07, wo er Leben und Werk des Wissenschaftlers aus verschiedenen Blickwinkeln betrachten und erkunden kann. Wie überall im Museum, ist man auch hier Autor des eigenen Besuches, kann seine Zugangsebene finden und das Angebot nach individuellem Interesse nutzen.

Über eine Treppe gelangt man in die neu erschlossenen Kellerräume und verlässt damit auch das Initialthema um Röntgen. Mit dessen wissenschaftlichen

07 Das Studierzimmer bringt dem Besucher auch die Inspirationsquellen von Röntgen nahe. Er war Musik- und Literaturliebhaber, begeisterter Bergsteiger, Fotograf und Jäger.

2003
53. Präsident der DRG
Bernd Hamm

2003
J. Lissner, München, wird Ehrenpräsident des ECR.

„Erben", wie Curie und Rutherford an seiner Seite, hat man dort die Möglichkeit, auch tiefer in die Materie einzudringen – zur Röntgenphysik. ⟶**08**
Dieser Wissenskrimi wird um eine Installation zum elektromagnetischen Spektrum ergänzt. Sie bietet einen ganz lebensnahen Zugang vom Sonnenbrand bis zur Mikrowelle. Diese Alltagsbezüge und Fragestrategien sind es, die in allen Ausstellungsbereichen über die individuelle Erfahrung das Interesse wecken und die Auseinandersetzung mit dem Inhalt erleichtern. Nachdem man im Anschluss ein Filmlabor der Pionierzeit passiert hat ⟶**09**, wartet im zweiten Tonnengewölbe die Inszenierung eines historischen Röntgenkellers. In dieser räumlich authentischen Situation können die historischen Exponate ihre Aura intensiv entfalten, und der Besucher wird Teil einer Szenerie aus der „Zauberberg"-Verfilmung des Romans von Thomas Mann. ⟶**10** Aufkommende Fragen werden beantwortet – vorausgesetzt, man begibt sich auf die Suche und wird selbst zum Entdecker.
Aus dem Keller, also aus den Anfängen heraus, führt ein medial inszenierter „Time-Tunnel" zum Mittelbau. ⟶**11** Über diese dramaturgische und zugleich architektonische Verbindung erreichen auch behinderte Besucher die Kellerräume des Patrizierhauses. Nicht nur für den Rundweg ein wegeplanerisches Soll sondern für das ganze Museum! Der Tunnel entlässt den Besucher in den Raum einer stilisierten Krankenstation. Vier Sektionen zeigen die „Karrierephasen" der Röntgentechnik in Krieg und Frieden innerhalb der medizinischen Profession. Militärische Nutzung und Innovation, Volksgesundheit, heilende Strahlen und Kampf dem Krebs sind die inhaltlichen Schwerpunkte der Präsentation.

Die Gestaltung arbeitet bewusst in freier Assoziation mit Fragmenten, Zitaten und Versatzstücken, sie spiegelt Themen wie Verletzung, Krankheit und Heilung. Denn museales Präsentieren heißt auch bewusstes Weglassen, um Konzentration und Raum für individuelle Auseinandersetzung zu schaffen.
Das Erdgeschoss des Hallenbaues setzt den medizinischen Teil der Dauerausstellung mit einer völlig neuen Welt fort. Eine lichte, astral anmutende Hightech-Klinik stellt in einer Raumfolge alle bildgebenden Verfahren der

2003

P. Lauterbur und Sir P. Mansfield erhalten den Nobelpreis für Physiologie und Medizin für ihre Entdeckungen in Bezug auf die Abbildung mit Magnetresonanz.

2004

R. Günther, Aachen, erhält die Goldmedaille des ECR und der EAR.

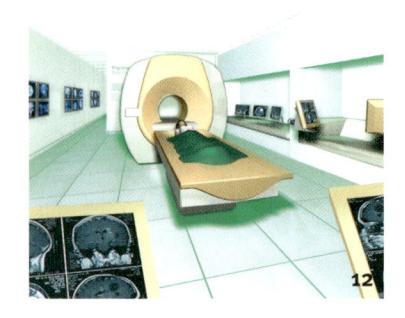

modernen medizinischen Diagnostik vor. →12 Technikgeschichte, Anwendung, Chancen und Risiken – in den Sitzbereichen der „ScienceLounges" kann der Besucher alle Aspekte multimedial erforschen. →13 Parallel dazu stellen moderne Behandlungseinheiten den unmittelbaren Alltagsbezug her. Sie helfen die Geheimnisse der Technik zu durchleuchten und damit Distanz und Berührungsängste gegenüber der modernen Apparatemedizin abzubauen. Eine arbeitsfähige Ultraschalleinheit soll haut- bzw. handnahe Erfahrung bieten: „public understanding by doing"!

Mit medizinischen Zukunftsthemen wie Virtual Reality und Simulation schließt der Themenbereich ab. Über Treppenhaus oder Fahrstuhl gelangt man in die darüber liegende Ausstellungsebene. Die Röntgenanalyse als Schlüssel zur Vergangenheit oder „Rekonstruktionswerkzeug" ist Gegenstand dieser räumlichen und inszenatorischen „Schicht". Die Besucher stoßen auf raumgroße Puzzlestücke, mit deren Hilfe es Anwendungen in Paläontologie, Archäologie und Kunstanalyse zu erforschen und enträtseln gilt: Saurier, Mumien und Meisterwerke. →14

Nach diesem Blick zurück wirft die dritte Ausstellungsebene Schlaglichter auf die Zukunft. Die Faszination der modernen Hightech-Anwendungen ist es, die sich hier dem Besucher eröffnet. In kühl-technoiden Themenlaboren

14 Röntgen als Schlüsssel zur Vergangenheit – das 1. Obergeschoss zeigt anhand von Fallbeispielen den Einsatz moderner Analyseverfahren in verschiedenen Forschungsgebieten. Die Science-Lounges stellen den Besuchern hierzu medial aufbereitetes Detailwissen zur Verfügung.

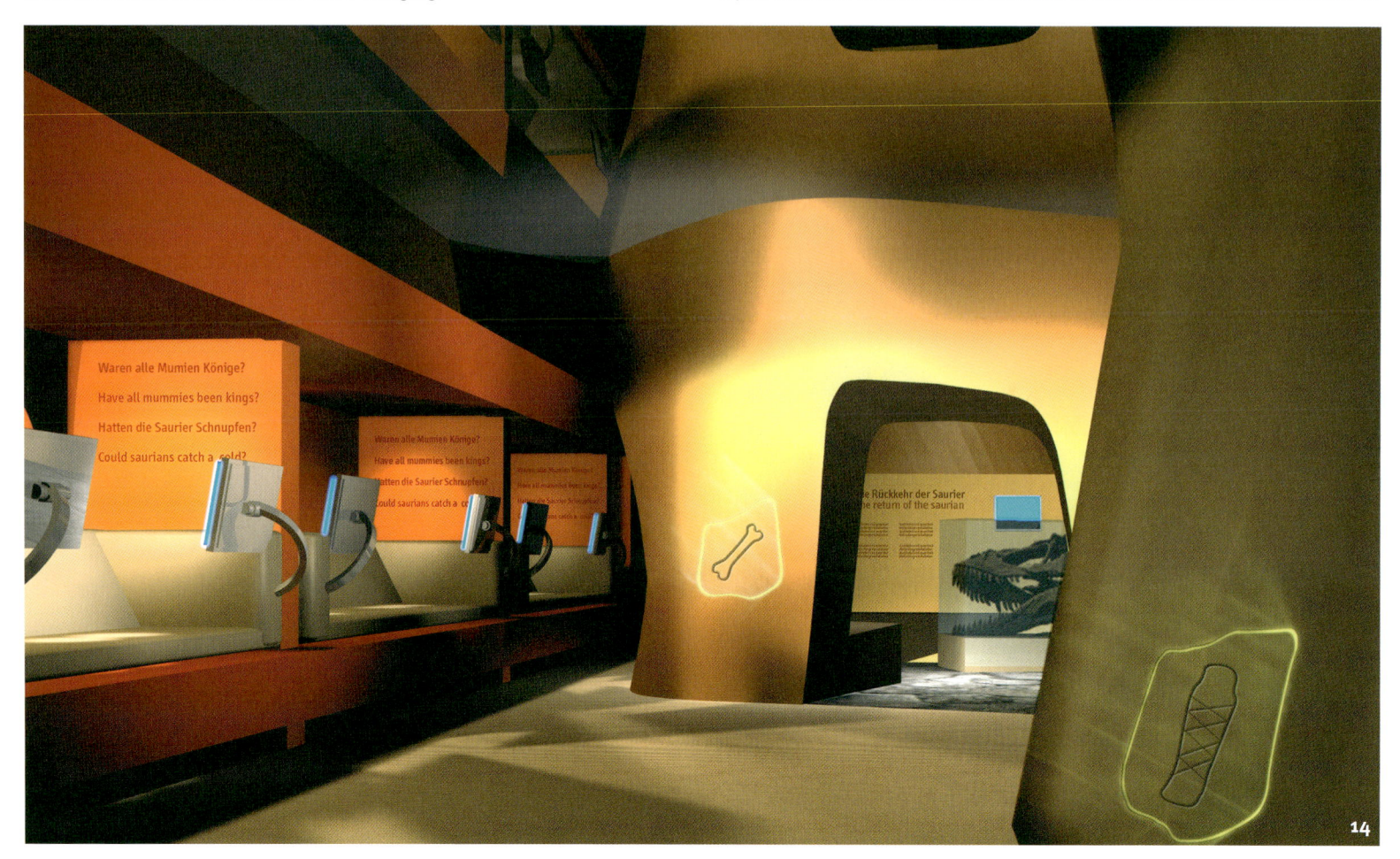

2005

W. M. Dihlmann, Hamburg, erhält die Goldmedaille des ECR und der EAR.

2005

In Anerkennung seiner herausragenden Verdienste auf dem Gebiet der Radiologie erhält J. Debatin, Hamburg, eine Einladung als Honorary Lecturer des ECR und der FAR.

spannt sich ein komplexer Bogen von Mikro- bis Makrokosmos: Drug-Design, Werkstoffentwicklung, Mikrostrukturforschung und Röntgenastronomie – die Reise führt den Besucher bis zum Ursprung unseres Daseins. Das Zentrum dieser Ebene ist als Erweiterungsfläche für Themenschwerpunkte und Sonderausstellungen ausgelegt. ⇢15 Denn neben den naturwissenschaftlichen Feldern sind es auch Kunst, Werbung und Philosophie, die mit und um das Medium Röntgen "spielen". Themen, mit denen das Museum immer wieder neue Impulse setzen kann.

Von diesem "Spielraum" führt ein gläserner Abgang auf die Eingangsebene – eine der wenigen, aber notwendigen architektonischen Ergänzungen, die das Ensemble als Rundgang erschließen. Dort angekommen, lädt das Museumslabor zum Besuch ein. In seiner Funktion als Schaufenster der Ausstellung signalisiert es auch nach außen: Hier ist Anpacken erwünscht! Mit Laborkitteln ausgestattet, wird der Rollentausch perfekt, und man kann als Forscher einfache physikalische und strahlungstechnische Experimente durchführen.

Grenzen überschreiten, etablierte passiv-rezeptive Verhaltensweisen aufbrechen – das ist für das Röntgen-Museum nicht nur Aufgabe, sondern Botschaft und Verpflichtung zugleich. Nicht allein die „Entstehung" von Forschung und Innovation nahe zu bringen, ist das erklärte Ziel, sondern die kreativen Potenziale jedes Einzelnen anzustoßen.

Zum Verarbeiten der vielfältigen Eindrücke bietet sich am Ende des Rundgangs die Museumsgastronomie an. ⇢16 Alle Besucher, deren Wissensdurst nach körperlicher Stärkung neu entbrennt, können ihn dort mit den Filmangeboten des Museumskinos löschen. Von Forschungsbeiträgen bis zu TV-Spots ist auch hier für jeden Geschmack etwas dabei.

Museum mit Mehrwert

Das Röntgen-Museum ist nicht nur eine herausragende Identität bildende Kultureinrichtung und ein substanzielles Element des Marketings für die Stadt Remscheid. Es ist auch eine Institution mit weltweiter Bedeutung für die Werk- und Wirkungsgeschichte Röntgens.

Der Ratsbeschluss der Stadt, von Mitte 2004 an den Masterplan zur Neugestaltung des Röntgen-Museums umzusetzen, ist ein klares Signal dafür, die „Marke Röntgen" zu erhalten, auszubauen und nachhaltig zu sichern.

Nachhaltigkeit, die sich in zweifacher Weise äußert. Denn neben dem Ausbau des Kernproduktes wird mit den Angeboten zu außerschulischem Lernen und Weiterbilden ein aktiver und attraktiver Beitrag zur naturwissenschaftlich-medizinischen Wissenskommunikation geleistet. Dass für die Realisation dieses anspruchsvollen Projektes große personelle und finanzielle Anstrengungen notwendig sind, ist offensichtlich. Als Initiator des Projektes hat die Gesellschaft der Freunde und Förderer des Deutschen Röntgen-Museums mit Unterstützung des Rheinischen Archiv- und Landschaftsverbandes erste Mittel bereitgestellt und dadurch die Neukonzeption ermöglicht. Nach der erfolgreichen Präsentation des Projektes vor Vertretern des Landes NRW ist nun die Aufnahme in das Förderprogramm Regionale 2006 eingeleitet, die die Realisation des ersten Bauabschnittes vorsieht.

Zur Umsetzung des gesamten Masterplans sind Fundraising und Instrumente der Public Private Partnership wie z. B. Themenpatenschaften vorgesehen. Darüber hinaus leistet jegliche ideelle und vor allem materielle Zuwendung einen großen Beitrag zum Erfolg des Projektes. Ein Gewinn wird das Museum insbesondere auch für all jene sein, die in ihrer alltäglichen Arbeit dem Thema verbunden sind und die Akzeptanz der Radiologie in der Bevölkerung verbessert sehen wollen. Eine Aufgabe, die sicher auch im Interesse der Deutschen Röntgengesellschaft liegt und für die das Deutsche Röntgen-Museum in Zukunft ein wichtiger Baustein sein wird.

„Wo ein Begeisterter steht,
ist der Gipfel der Welt."

Joseph von Eichendorff

05. Mai 2005

Festveranstaltung zum 100-jährigen Jubiläum der DRG im Schlüterhof in Berlin.
Den Festvortrag hält P. Fischer: „Der Durchblick des Jahrhunderts –
Welt- und Menschenbild seit den Tagen Röntgens".

Die CD-ROM

Im Innenteil des Umschlages ist eine CD-ROM beigefügt, die den Essayband unter anderem mit interessanten Zeitzeugeninterviews bereichert. Diese CD-ROM ist auf fast allen PCs abspielbar. Um Ihnen die Benutzung zu erleichtern, haben wir alle Funktionen hier noch einmal kurz aufgeführt.
Nach Einlegen der CD-ROM startet diese automatisch. Sollten Sie keinen Acrobat-Reader besitzen, können Sie die notwendige Software gratis downloaden. Alles Weitere erfahren Sie an den entsprechenden Stellen auf der CD-ROM.

Präsidenten

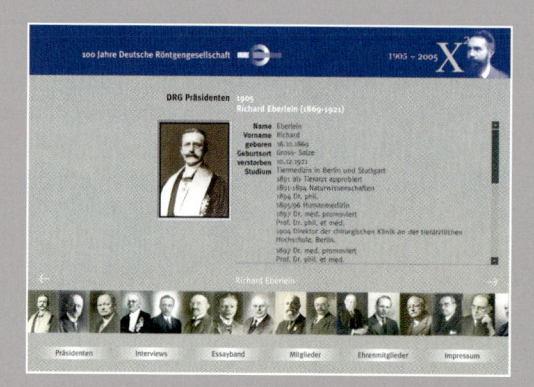

Die DRG-Präsidenten der letzten 100 Jahre
Lernen Sie die Menschen kennen, die die DRG maßgeblich durch die Jahre geleitet haben. Hinter jedem Porträt erscheinen Daten, Fakten und Hintergründe.

Interviews

Zeitzeugen hautnah
Ein Jahr vor Erscheinen dieses Bandes ist ein kleines Team durch Deutschland gefahren, um einige der Pioniere der Radiologie zu treffen. Herausgekommen sind sieben Lebensgeschichten aus erster Hand.

| Essayband | Mitglieder | Ehrenmitglieder |

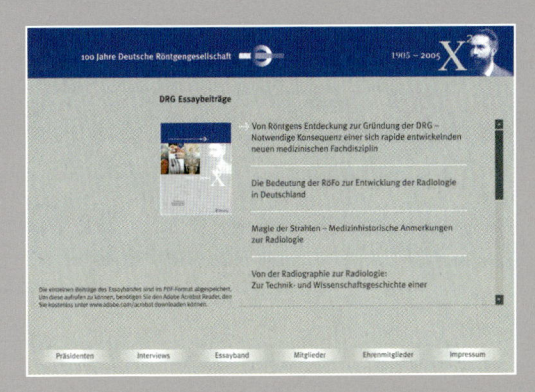

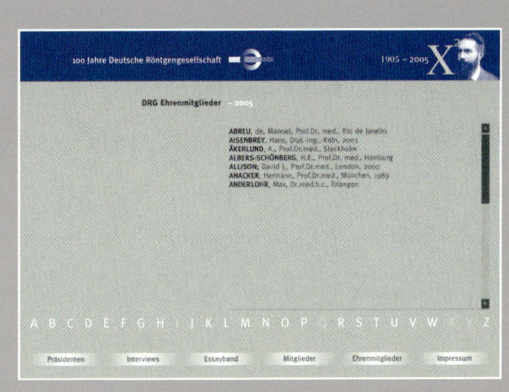

41 Beiträge zum 100. Geburtstag
Aus den verschiedensten Blickwinkeln und Ansichten geben 41 Essayisten ihren Beitrag zum 100-jährigen Bestehen der DRG. Einzelne Beiträge sowie der gesamte Band stehen als PDF-Dateien zum Download bereit.

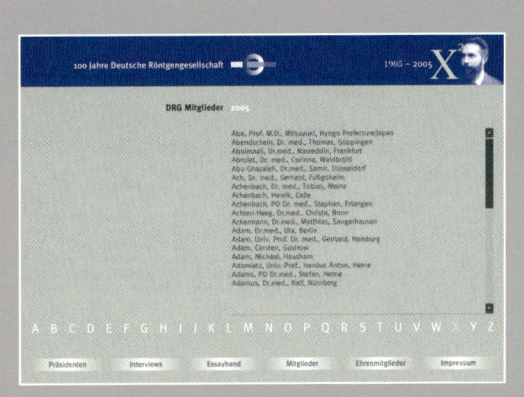

Eine starke Gemeinschaft
Von den Anfängen bis heute ist die DRG stetig gewachsen. Mit ihren über 5000 Mitgliedern vertritt sie die Interessen der Radiologie in Deutschland. Ein alphabetisch sortierter Überblick gibt Auskunft über die aktuellen Mitglieder.

Die Ehrenmitglieder
Mit besonderer Hochachtung ehrt die DRG ihre Ehrenmitglieder. Der aktuelle Stand ist alphabetisch abrufbar.

Autoren

Herr Dr. rer nat habil. Wilfried Angerstein
Stedingerweg 16
10407 Berlin

Herr Prof. Dr. Werner Bautz
Direktor
Universitäsklinikum Inst. Diag. Radiologie
Maximiliansplatz 1
91052 Erlangen

Herr Prof. Dr. Ansgar Beckermann
Fakultät für Geschichtswissenschaft, Philosophie
und Theologie Abteilung Philosophie
Universität Bielefeld
Postfach 100131
33501 Bielefeld

Frau Prof. Dr. Gabriel Benz-Bohm
Kinderradiologie
Institut für Radiol. Diag. Uni Köln
Joseph-Stelzmann-Straße 9
50924 Köln

Herr Dpl. Des. Peter Bürger
bürger albrecht partner +
agentur für kommunikation und design gmbh
Luisenstraße 87a
42103 Wuppertal

Herr Dr. Uwe Busch
Stv. Museumsleiter
Deutsches Röntgen-Museum
Schwelmer Straße 41
42897 Remscheid

Herr Prof. Dr. Claus D. Claussen
Direktor
Radiologische Klinik
Hoppe-Seyler- Straße 3
72076 Tübingen

Frau Dr. Monika Dommann
Historisches Seminar der Universität Zürich
Sozial- und Wirtschaftsgeschichte
Raemistraße 64
CH-8001 Zürich

Herr Dr. Olaf Dietrich
Inst. Klin. Diagnostik
Ludwig-Maximilians-Universität München
Ziemssenstraße 1
80336 München

Herr Prof. em. Ulrich Feine
An der Ochsenweide 14
72076 Tübingen

Herr Prof. Dr. Jürgen Freyschmidt
Direktor
Zentral-Krankenhaus Radiologische Klinik
St.-Jürgen-Straße
28205 Bremen

Herr Prof. Dr. Michael Galanski
Direktor
Med. Hochschule, Diagnost. Radiologie
Carl-Neuberg-Straße 1
30625 Hannover

Herr Prof. Dr. Rolf W. Günther
Direktor
Klinik für radiol. Diagnostik
Pauwelstraße 30
52074 Aachen

Herr Prof. Dr. Bernd Hamm
Direktor
Universitätsklinikum Charité
Schumannstraße 20-21
10098 Berlin

Herrn Prof. Dr. Hans-Peter Heilmann
Kritenbarg 51
22391 Hamburg

Herr Dr. Kurt G. Hering
Chefarzt
Knappschafts-KH, Radio. Klinik
Wiekesweg 27
44309 Dortmund

Herr Dr. Arne Hessenbruch
Dibner Institute, MIT E56-100
38 Memorial Drive
Cambridge, MA 02139, USA

Frau PD Dr. Karina Hofmann-Preiss
Gemeinschaftspraxis
Johannes-R.-Becher-Straße 1
07546 Gera

Herr Prof. Dr. Horst Jung
UK Eppendorf, Inst. für Biophysik
Martinistraße 52
20246 Hamburg

Herr Prof. Dr. Will Kalender
Direktor
Universitäsklinikum, Inst. Med. Phys.
Krankenhausstraße 12
91054 Erlangen

Herr Dipl. Ing. Karl-Friedrich Kamm
Philips Medizin Systeme
Röntgenstraße 24
22335 Hamburg

Herr Prof. Jürgen Klauke
Kunsthochschule für Medien Köln
Peter-Welter-Platz 2
50676 Köln

Herr Dr. Ernst Klee
Alexanderstraße 37
60489 Frankfurt

Herr Prof. Dr. Klaus-Jochen Klose
Direktor
Kliniknik für Strahlendiagnostik
Baldingerstraße
35033 Marburg

Herr Prof. Dr. Alfred Kratochwil
Eslarngasse 19/3/9
1030 Wien

Herr Dipl. Ing. Gerhard Kütterer
Lipsweg 2
91056 Erlangen

Herr Prof. Dr. Heinz Lemke
Im Gut 11
79790 Küssaberg

Herr Dipl. Ing. Horst Lenzen
Ltg. Medizinphysik
Universitätsklinikum,
Inst. Klin. Radiologie
Albert-Schweitzer-Straße 33
48149 Münster

Herr Dr. Wolfgang Langlouis
Simonshofer Straße 53
91207 Lauf

Herr Dr. Hans-Dieter Nagel
Philips Medizin Systeme GMH 20
Röntgenstraße 24
22335 Hamburg

Frau Anke Ohmstede
Leiterin
MTAR-Schule Oldenburg
Brandenburger Straße 19
26133 Oldenburg

Herr Prof. Dr. Heinz-Otto Peitgen
Direktor
MEVIS GmbH
Universitätsallee 29
29359 Bremen

Herr Dr. Michael Peller
Inst. Klin. Diagnostik
Ludwig-Maximilians-Universität München
Ziemssenstraße 1
80336 München

Frau Ulla Roth
Klinik und Poliklinik für Radiologie
Langenbeckstraße 1
55131 Mainz

Herr Prof. Dr. Erich R. Reinhardt
Vorsitzender Bereichsvorstand
Siemens AG Medical Solutions
Henkestraße 127
91052 Erlangen

Interviewpartner

Herr Prof. Dr. Dr. h. c. Maximilian F. Reiser
Direktor Inst. Klin. Diagnostik
Ludwig-Maximilians-Universität München
Ziemssenstraße 1
80336 München

Herr Prof. Dr. Walter Reisinger
Universitätsklinikum Charité
Schumannstraße 20-21
10117 Berlin

Herr Univ.-Prof. Dr. Ernst Richter
Borsteler Bogen 5
22453 Hamburg

Frau Claudia Reiche
Hamburger Berg 22
20359 Hamburg

Herr PD Dr. Gunnar Schmidt
Grindelallee 27 b
20146 Hamburg

Herr Dr. Christian Staehr
Thieme Verlag
Jahnstraße 35
70597 Stuttgart

Herr Prof. Dr. Dr. Heinz Schott
Direktor
Medizinhistorisches Institut
Rheinische Friedrich-Wilhelms Universität
Sigmund-Freud-Straße 25
53105 Bonn

Herr Prof. Dr. Rüdiger Schulz-Wendtland
Radiologisches Institut
Universität Erlangen-Nürnberg
Maximiliansplatz 1
91054 Erlangen

Herr Dr. Ing. Bernd Seidel
Siemens Medical Solutions
Henkestraße 127
91052 Erlangen

Herr Prof. Dr. med. Dr. rer nat Wolfhard Semmler
Leiter Biophysik u. med. Strahlenphysik
DKFZ
Neuenheimer Feld 280
69120 Heidelberg

Herr Dr. rer nat Achim Stargardt †
Universitätsklinikum Aachen
Klinik für Radiologische Diagnostik
Pauwelstraße 30
50057 Aachen

Herr Prof. Dr. Christian Streffer
Institut für Wissenschaft und Ethik
Universität Essen Fachbereich 1
45117 Essen

Herr Prof. Dr. Ulrich Speck
Charité Institut für Radiologie
Schuhmannstraße 20-21
10117 Berlin

Herr PD Dr. Bernd Tombach
Inst. f. Klinische Radiologie
Universitätsklinikum
Albert-Schweitzer-Straße 33
48129 Münster

Herr Dr. Adrian M. K. Thomas
Consultatnt Radiologis Royal Princess Hospital
Department of Nuclear Medicine Princess Royal
University Hospital Orpington
UK Kent BR6 8ND

Herr Prof. Dr. Hermann Vogel
Direktor
AK St. Georg Röntgendiagnostik
Lohmühlenstraße 5
20099 Hamburg

Herr Prof. Dr. Dierk Vorwerk
Chefarzt
Klinikum Ingolstadt GmbH
Krumenauerstraße 25
85049 Ingolstadt

Herr Prof. Peter Weibel
Zentrum für Kunst und Medientechnologie
Lorenzstraße 19
76135 Karlsruhe

Herr Prof. Dr. Friedhelm E. Zanella
Institut für Neuroradiologie
Klinikum der J.W.Goethe-Univeristät
Schleusenweg 7
60590 Frankfurt

Herr Prof. Dr. Friedrich Gudden
Am Veilchenberg 23b
91080 Spardorf

Herr Dr. Otto Pohlenz
Huusbarg 63b
22359 Hamburg

Herr Prof. Dr. Hans-Stephan Stender
Pregelweg 5
30916 Isernhagen

Herr Prof. Dr. Friedrich-Ernst Stieve
Lindenschmidtstraße 45
81371 München

Herr Prof. Dr. Eberhard Scherer
Oelmüllerstraße 2/1
82166 Gräfelfing

Herr Prof. Dr. Eberhard Zeitler
Virchowstraße 13
90409 Nürnberg

Anhang

S. 16-19 **Heinz Schott, Bonn**
Magie der Strahlen – Medizinhistorische Anmerkungen zur Radiologie

Bild 01 Der Weg des magnetischen Fluidums, Zeichnung um 1800, in: H. Schott, Der Wahn in psychiatriehistorischer Perspektive mit einer Bildbetrachtung zum Strahlenmotiv, in: Fundamenta Psychiatrica 3-4 (2003), S. 18-29, S. 21.
Bild 02 Privatsammlung Heinz Schott.
Bild 03 „Strandidyll á la Röntgen". Humoristische Postkarte, Beginn des 20. Jahrhunderts, in: Sternstunden der Medizin. Heilkunde im Wandel der Zeit, hrsg. von R. Toellner, Salzburg 1984, S. 453.
Bild 04 Zeitgenössische Karikatur. Als die Strahlen bekannt wurden, in: K.-H. Volbeding, Röntgen in Deutschland. Ein Radiologe berichtet ..., St. Augustin 1995, Abb. IV.
Bild 04a „Manneskraft und Schaffenstrieb", in: Tanz der Toten – Totentanz. Der monumentale Totentanz im deutschsprachigen Raum, hrsg. vom Zentralinstitut und Museum für Sepulkralkultur, Dettelbach 1998, S. 42.
Bild 05 „Totenorchester", in: Tanz der Toten – Totentanz. Der monumentale Totentanz im deutschsprachigen Raum, hrsg. vom Zentralinstitut und Museum für Sepulkralkultur, Dettelbach 1998, S. 229.
Bild 06 Èchographie, in: Histoire Illustrée de la Radiologie, hrsg. von Guy Pallardy [u.a.], Paris 1989, S. 448.
Bild 07 Design for leaded room for operator's protection (1907), in: R. L. Eisenberg, Radiology. An Illustrated History, St. Louis [u.a.]: Mosby Year Book, 1992, S. 170.
Bild 08 Privatsammlung Heinz Schott.

S. 20-23 **Monika Dommann, Zürich**
Von der Radiographie zur Radiologie: Zur Technik- und Wissenschaftsgeschichte einer Profession

Bild 01 Alte und Neue Welt 10 (1898/99), S. 592.
Bild 02 Jahresbericht der Insel- und Krankenhauskorporation Bern, 1906.
Bild 03 Fortschritte auf dem Gebiete der Röntgenstrahlen 12/3 (1908), S. 148.
Bild 04 Fortschritte auf dem Gebiete der Röntgenstrahlen 12/3 (1908), S. 137.

S. 24-27 **Kurt G. Hering, Dortmund**
Entwicklung der Krankenhausradiologie – Ein Essay

1 Radiologie in der medizinischen Diagnostik – Evolution der Röntgenstrahlenanwendung 1895-1995, hrsg. von G. Rosenbusch, M. Oudkerk, E. Amman, Berlin: Blackwell Wissenschaftsverlag, 1994.
2 H. Goerke, Fünfundsiebzig Jahre Deutsche Röntgengesellschaft, Stuttgart [u.a.]: Thieme Verlag, 1980.

S. 28-31 **Walter Reisinger, Berlin**
Röntgen im Krankenhaus – Die Entwicklung der Röntgenabteilung der Charité von den Anfängen bis heute

- R. Felix, Gedanken zur Geschichte der Röntgendiagnostik in Berlin, Charité-Annalen 13 (1989) Bd. 9, S. 192-206.
- M. Lüning, Das Institut für Röntgendiagnostik an der Charité seit 1945, Charité Annalen 13 (1989) Bd. 9, S. 192-206.
- V. Taenzer, Das Röntgendenkmal in Berlin, Vortrag vor der Berliner Röntgengesellschaft Berlin 1985.
- B. Hamm, W. Reisinger, Röntgendiagnostik in Berlin – Beitrag zur Geschichte der Radiologie 1895 bis 1995, Vortrag auf dem 76. Deutschen Röntgenkongreß Wiesbaden, Mai 1995.
- W. Buchholz, Aufzeichnungen über W. C. Röntgen und über sein Denkmal auf der Potsdamer Brücke in Berlin, Berlin 1985.
- E. Streller, Beitrag zur Geschichte verschiedener Röntgenbüsten, in: Röntgenblätter 8, Heft 5 (1995), S. 147.

S. 46-49 **Erich R. Reinhardt, Erlangen**
Industrielle Forschung in der Radiologie

- Nutzen und Kosten der elektromedizinischen Technik, Fachverband Elektromedinzinische Technik im ZVEI, 1996.
- G. N. Hounsfield, Computerized transverse axial scanning (tomography), in: Br. J. of Radiol. 46 (1973), S. 1016.
- P. C. Lauterbur, Image formation by induced local interaction: examples employing nuclear magnetic resonance, in: Nature 242 (1973), S. 190.
- D. Sander, in: syngo: Die neue Welt der Kommunikation, electromedica 68 (2000) Heft 2.

S. 40-45 **Wolfhard Semmler, Heidelberg**
Radiol. Forschung – Rückblick und Ausblick auf eine faszinierende angewandte wissenschaftliche Disziplin

Bild 04 Copyright von Nature Medicine
Bild 05 Courtesy, H.-P. Schlemmer
Bild 06 M. Kresse et al., IDF

S. 50-53 **Karina Hofmann-Preiss, Erlangen; Wolfgang Langlouis, Lauf**
Entwicklung eines Faches – niedergelassene Radiologie

- Katalog der Firma Reiniger Gebbert und Schall 1898 (RGS Katalog) mit freundlicher Genehmigung der Fa. Siemens.
- Verzeichnis der Ärzte im Deutschen Reiche und deutscher Ärzte im Auslande, Verband der Ärzte Deutschlands zur Wahrung ihrer wirtschaftlichen Interessen, Leipzig-Connewitz 1.1907-6.1922; hier 1.1907.
- Reichs Medizinal Kalender, zweiter Teil, Leipzig: Thieme Verlag, 1935 mit freundlicher Genehmigung des Deutschen Röntgenmuseums Remscheid-Lennep.
- Ärzte-Verzeichnis und Gesundheitswesen der Stadt Frankfurt am Main, Ausgabe Juni 1948 mit freundlicher Genehmigung des Deutschen Röntgenmuseums Remscheid-Lennep.
- Verzeichnis der Ärzte der Kassenärztlichen Vereinigung Bezirksstelle Frankfurt am Main, Stand 1. Dezember 1949 mit freundlicher Genehmigung des Deutschen Röntgenmuseums Remscheid-Lennep.
- Vortrag Dr. E. Bruckenberger, Standortplanung für den wirtschaftlichen Einsatz von Großgeräten – Erfahrungen und politische Implikationen aus Ländersicht, Workshop des AOK Bundesverbandes Kapazitätssteuerung im ambulanten Bereich, Bonn, April 1999. www.bruckenberger.de

S. 54-57 **Claudia Reiche, Hamburg**
Ephemere Körperbilder in Metallsalzen, Gelatine, flüssigen Kristallen, logischen Gattern

1. In der Formulierung Wilhelm Conrad Röntgens.
2. Exemplarisch belegt in: Welt der Physik www.weltderphysik.de/themen/mehr/biologie/medizin/strahlen
3. W. Hagen, Der Okkultismus der Avantgarde um 1900, in: Konfigurationen. Zwischen Kunst und Medien, hrsg. von S. Schade, G. C. Tholen, München 1999, S. 351.
4. So durch Ludwig Büchner, Verfasser des populären Werks „Kraft und Stoff" 1996 in der „Gartenlaube" oder durch den einflussreichen englischen Physiker William Crooke, Präsident der Royal Academie und Erfinder der im Röntgenversuch verwendeten Crooke'schen Röhre.
5. Mit Sigmund Freud gedeutet: den ‚gewachsenen Felsen' des Kastrationskomplexes; vgl. S. Freud, Die endliche und die unendliche Analyse, in: ders., Studienausgabe, Ergänzungsband, Schriften zur Behandlungstechnik, hrsg. von A. Mitscherlich, A. Richards, J. Strachey, I. Gubrich-Simitis, Frankfurt am Main 2000, S. 392.
6. Mitgeteilt in: C. Asendorf, Ströme und Strahlen. Das langsame Verschwinden der Materie um 1900, Berlin 1989, S. 142. Asendorf zitiert aus: O. Meßter, Mein Weg mit dem Film, Berlin 1936.
7. „Der unbewußte Kastrationskomplex hat bekanntlich die Funktion eines Knotenpunkts [...]." J. Lacan, Die Bedeutung des Phallus, in: ders., Schriften 1, hrsg. von N. Haas, Weinheim 1986, S. 121.
8. www.dctp.de/archiv/2002/pw49/supermensch2_3.shtml
9. www.xxp.tv/programm/termine/0,4522,11215,00.html
10. „Innerhalb von fünfzig bis einhundert Jahren wird voraussichtlich eine neue Klasse von Organismen entstehen. Diese Lebewesen werden in dem Sinne künstlich sein, als sie von Menschen gestaltet wurden. Dennoch werden sie sich fortpflanzen und in Formen umwandeln, die anders als ihr Ursprung sind. Sie werden ‚leben', in des Wortes eigentlicher Bedeutung." Zitiert werden James Doyne Farmer und Aletta d'A Belin in: S. Levy, KL – Künstliches Leben aus dem Computer, München 1993, S. 11.
11. Vgl. C. Reiche, ‚Lebende Bilder' aus dem Computer. Konstruktionen ihrer Mediengeschichte, in: BildKörper. Verwandlungen des Menschen zwischen Medium und Medizin, hrsg. von M. Schuller, C. Reiche, G. Schmidt, Hamburg 1998; dies., Technics of Ambivalence and Telepresence, in: C. Reiche, A. Sick (Hgg.), technics of cyber← →feminism ←mode = message→, Bremen 2002; dies., Leben ist (nur) ein Wort? Eingriffe an der Grenze natur- und kulturwissenschaftlicher Verfahren, in: Turbulente Körper, soziale Maschinen. Feministische Studien zur Technowissenschaftsstruktur, hrsg. von J. Weber, C. Bath, Opladen 2003.
12. National Library of Medicine(US) Board of Regents, „Electronic Imaging, Report of the Board of Regents", US Department of Health and Human Sciences, Public Health Service, National Institutes of Health, 1990, NIH Publication S. 90-2197.
13. M. Biel, Die phantastische Schöpfung des ersten (echten) digitalen Menschen, in: P.M. 2 (1996), S. 87.
14. www.nlm.nih.gov/factsheets.dir/visible_human.html

S. 58-61 **Wilfried Angerstein, Berlin; Achim Stargardt †, Aachen**
Geschichte der Gesellschaft für medizinische Radiologie der DDR

- W. Angerstein, Die Entwicklung der Radiologie und der Gesellschaft für med. Radiologie der DDR, in: Radiologia diagnostica 30 (1989), S. 365.
- Kurzchronik der Gesellschaft für Medizinische Radiologie der DDR.
- Mitteilungen der GMR, 1961-1991.

S. 62-65 **Rolf W. Günther, Aachen**
Internationale Beziehungen in der Radiologie

1. H. Goerke, Fünfundsiebzig Jahre Deutsche Röntgengesellschaft, Stuttgart [u.a.]: Thieme Verlag, 1980.
2. E. Kraas, Y. Hiki, 300 Jahre deutsch-japanische Beziehungen in der Medizin, Tokyo, Berlin, Heidelberg: Springer, 1992.
3. W. Wenz, E. Glatt, J. Plingen, Röntgenstrahlen: Durchdringen, Vordringen nach Japan, in: E. Kraas, Y. Hiki, 300 Jahre deutsch-japanische Beziehungen in der Medizin, Tokyo, Berlin, Heidelberg: Springer, 1992, S. 154-162.

S. 66-71 **Jürgen Klauke, Köln; Peter Weibel, Karlsruhe**
Phantomfotographie – Zyklus Prosecuritas

- P. Weibel, Eine postmoderne Bedingung der Fotografie: Variable Zonen der Visibilität, in: Jürgen Klauke „Prosecuritas", hrsg. von H. M. Herzog, Ausstellungskatalog Kunsthalle Bielefeld 1994.

S. 80-83 **Michael Galanski, Hannover; Hans-Dieter Nagel, Hamburg**
Dosisbewusstsein und Dosisreduktion in der Computertomographie

1. Bernhardt et al., in: Z. Med. Phys. 1995; 5: 33-39.
2. Schwing, in: Der Freie Radiologe 1996; 5: 20-21.
3. Dt. Ärzteblatt 1992; 89: C-2368-2368.
4. Scheck et al., in: Radiation Protection Dosimetry 1998; 80: 283-286.
5. Galanski et al., in: Fortschr. Röntgenstr. 2001; 173: R1-R66.
6. Bundesanzeiger Nummer 143 vom 5. 8. 2003, 17503-17504.
7. Stamm et al., in: Fortschr. Röntgenstr. 2002; 174: 1570-1576.
8. Brix et al., in: Eur. Radiol. 2003; 13: 1979-1991.
9. Stamm et al., in: Publikation in Vorbereitung.
10. Nagel et al. 2004. Download: endgültige Fundstelle derzeit noch nicht festgelegt
11. Nagel et al. 1999. Strahlenexposition in der Computertomographie. Frankfurt: ZVEI.

S. 84-87 **Ulrich Speck, Berlin**
Kontrastmittelforschung – Geschichte und Perspektive

1. R. L. Eisenberg, Radiology. An illustrated history, St. Louis [u.a.], Mosby Year Book, 1992.

Anhang

2   W. Schörner, R. Felix, M. Laniado, L. Lange, H.-J. Weinmann, C. Claussen, U. Speck, E. Kazner, Prüfung des Kernspintomographischen Kontrastmittels GadoliniumDTPA am Menschen: Verträglichkeit, Kontrastbeeinflussung und erste klinische Ergebnisse, in: Fortschr. Röntgenstr. 1984; 140: 492.
3   M. H. Strunk, H. Schild, Actual clinical use of gadolinium-chelates for non-MRI applications, in: Eur. Radiol. 2004; 14: 1055-1062.
4   U. Nyman, B. Elmstahl, P. Leander, M. Nilsson, K. Golman, T. Almen, Are Gadolinim-based contrast media really safer than iodinated media for digital subtraction angiography in patients with azotemia? in: Radiology 2002; 223: 311-318.
5   A. S. Lübbe, C. Bergemann, W. Huhnt, T. Fricke, H. Riess, J. W. Brock, D. Huhn, Preclinical experiences with magnetic drug targeting: Tolerance and efficacy, in: Cancer Research 1996; 56: 4694-4701.

- G. Rosenbusch, M. Oudkerk, E. Amman, Radiology in medical diagnostics, in: Evolution of X-ray applications 1895-1995, Berlin: Blackwell Wissenschaftsverlag, 1994.
- K. Urich, Wege und Irrwege der Kontrastmittelforschung. Von Wilhelm C. Röntgen bis heute, Berlin: Blackwell Wissenschaftsverlag, 1995.
- T. Almem, Contrast agent design. Some aspects on the synthesis of water-soluble contrast agents of low osmolality, in: J. theoret. Biol. 1969; 24: 216-226.
- S. A. Schmitz, J. H. Haberle, T. Balzer, K. Shamsi, J. Boese-Landgraf, K. J. Wolf, Detection of focal liver lesions: CT of the hepatobiliary system with gadoxetic acid disodium, or Gd-EOB-DTPA, in: Radiology 1997; 202: 399-405.

S. 90-93   **Klaus-Jochen Klose, Margurg; Heinz-Otto Peitgen, Bremen**
Computer Aided Diagnosis – Probleme und Chancen
- Alle Abbildungen entstammen Forschungsprojekten am Forschungszentrum MeVis, Bremen (www.mevis.de), die durch die Deutsche Forschungsgemeinschaft und das Bundesministerium für Bildung und Forschnung gefördert wurden.

S. 102-105   **Dierk Vorwerk, Ingolstadt; Rolf W. Günther, Aachen**
Entwicklung und Bedeutung der Interventionellen Radiologie in Deutschland
- R. W. Günther, D. Vorwerk, C. Pfannenstiel, Interventionelle Radiologie, in: F. Heuck, E. Macherauch, Fortschritte mit Röntgenstrahlen. Bilanz eines Jahrhunderts. 1895-1995, Heidelberg 1995, S. 237-256.
- G. Kaufmann, K. Post, Leber, Gallenblase und Milz, in: F. Heuck, E. Macherauch, Fortschritte mit Röntgenstrahlen. Bilanz eines Jahrhunderts. 1895-1995, Heidelberg 1995, S. 124-130.
- M. Sage, The history of Neuroradiology: an australian perspective, in: Am. J. Neurorad. 16 (1995), S. 1295-1302.
- E. Zeitler, Herz und Gefäße, in: F. Heuck, E. Macherauch, Fortschritte mit Röntgenstrahlen. Bilanz eines Jahrhunderts. 1895-1995, Heidelberg 1995, S. 138-152.
- D. Vorwerk, Interventionelle Radiologie – Vereint sind auch die Schwachen stark. Editorial, in: Fortschr. Röntgenstr. 174 (2002), S. 385-504.
- R. W. Günther, A. Bücker, G. Adam, Interventional magnetic resonance: Realistic prospect or wishful thinking? in: Cardiovasc. Intervent. Radiol. 22 (1999), S. 187-195.

S. 120-123   **Ansgar Beckermann, Bielefeld**
Helfen PET und fMRI das philosophische Leib-Seele-Problem zu lösen?
1   P. Bieri, Was macht Bewusstsein zu einem Rätsel? (1992), in: Spektrum der Wissenschaft, Heft 10 (1992), S. 48-56, hier S. 50.
2   Ebd., S. 50f.
3   J. Locke, Versuch über den menschlichen Verstand, 4., durchgesehene Auflage in 2 Bänden, Hamburg: Felix Meiner, 1981. Hier Buch 2, Kapitel 32, Abschnitt 15.
- A. Beckermann, Analytische Einführung in die Philosophie des Geistes, 2., überarbeitete Auflage, Berlin: De Gruyter: 2001.
- Emil Du Bois-Reymond, Über die Grenzen der Naturerkenntnis, in: ders., Vorträge über Philosophie und Gesellschaft, Hamburg: Felix Meiner, 1974.

S. 124-127   **Bernd Tombach, Münster; Adrian M. K. Thomas, London; Uwe Busch, Remscheid**
Nur einen Tag lang – Ephemera aus der Radiologie
- Toshiba Medical Systems Journal Nr. 8, Jg. 5 (2003), S. 90-94.
- Fotos: Adrian Thomas Collection

S. 132-135   **Anke Ohmstede, Oldenburg; Ulla Roth, Mainz**
MTA in der Radiologie
- H. Drews, 90 Jahre Entwicklung in der MTA-Ausbildung, Hamburg: SOLDI-Verlag, 1987.
- H. Kurtenbach, C. Neumann, H. Schramm, Gesetz über technische Assistenten in der Medizin mit Kommentar, Stuttgart [u. a.]: Kohlhammer, 1995.
- Zimmer-Brosy: Die Röntgenassistentin und ihr Berufskreis
- L. Moser, K. M. Walther, Ein Leben mit Röntgenstrahlen, Leer 1985.
- B. Senftleben, 100 Jahre MTA – Ein Frauenberuf im Wandel der Zeit von 1896-1996, in: Radiologieassistent 1 (1996).

S. 140-143   **Ernst Klee, Frankfurt**
Röntgenverfolgung – Radiologie im Dritten Reich
- Bayrische Staatsbibliothek München
- 07-09 Ullstein Bild

S. 148-151   **Hans-Peter Heilmann, Hamburg**
Strahlentherapie in Deutschland – Der Kampf der kleinen Schwester
1   H. Bronk, Ohne Hoffnung kein Leben – Erinnerungen eines Krebskranken, Norderstedt: Books on Demand 2005.
2   Deutsche Forschungsgemeinschaft: Bestandsaufnahme Krebsforschung in Deutschland, 1980.
G. A. Glazebrook, Long term cancer control. The impact of radiotherapy in a North American region, in: International Congress of Radiology, Paris 1989.

3   H. Coutard, Roentgentherapy of epitheliomas of the tonsillar region, hypopharynx, and larynx from 1920-1926, in: American Journal of Roentgenology 28 (1932), S. 313-331.
4   H. Holthusen, Erfahrungen über die Verträglichkeitsgrenze für Röntgenstrahlen und deren Nutzanwendung zur Verhütung von Schäden, in: Strahlentherapie 57 (1936), S. 254-269.
5   H. Chaoul, T. Schatter, Die Röntgennahbestrahlung des Rektumkarzinoms, in: Strahlentherapie 73 (1943), S. 554-577.
6   R. Du Mesnil de Rochemont, H. J. Fiebelkorn, Methoden der Rotationsbestrahlung, in: Strahlentherapie 88 (1952), S. 198-205.
7   Hintze (1939) zit. nach H. Goerke, Fünfundsiebzig Jahre Deutsche Röntgengesellschaft, Stuttgart [u.a.]: Thieme, 1980.
8   J. Richter, D. Schirrmeister, Ein Verfahren zur Berechnung der Dosisverteilungen mit digitalen Rechenautomaten, in: Strahlentherapie 123 (1964), S. 45-58.
9   H.-J. Eichhorn, A. Lessel, A comparison between combined neutron- and telecobalt-therapy with tele-cobalt alone for advanced cancer fo the bronchus, in: Br. J. Radiol. 49 (1976), S. 880-882.
10 H. Eymer, J. Ries, Die Ergebnisse der Strahlenbehandlung der Gebärmutterhalskrebse an der Münchner Universitäts-Frauenklinik im Jahre 1934, in: Strahlentherapie 69 (1941), S. 12-16.
11 A. Hamann, A. Göbel, Sechsjahresergebnisse bei der Behandlung der Gebärmutterkrebse im Allgemeinen Krankenhaus zu St. Georg zu Hamburg, in: Strahlentherapie 62 (1938), S. 251-261.
12 F. H. Glaser, G. Rauh, D. Grimm, D. Salewski, C. P. Muth, K. M. Heider, M. Kast, The Decatron, remote-afterloading with high dose rate contact curie therapy, in: Radiobiol.-Radiother. (Berl) 18 (1977), S. 707-716.

S. 164-167 Gunnar Schmidt, Hamburg
Unsichtbare Körper – Röntgenstrahlen und die literarische Imagination

1   Vgl. G. Schmidt, Nach der Natur, in: ders., Anamorphotische Körper, Köln, Weimar, Wien 2001, S. 7-32.
2   Auf diesen letzten Aspekt fokussiert Nancy Knight „ ‚The New Light': X-Rays and Medical Futurism", in: J. J. Corn (Hg.), Imaging Tomorrow, Cambridge, Massachusetts 1986, S. 10-34.
3   A. W. Grove, Röntgen's Ghosts: Photography, X-Rays, and the Victorian Imagination, in: Literature and Medicine, Vol. 16, Number 2 (Fall 1997), S. 141-173.
4   A. A. Campbell Swinton, The Photography of the Invisible, in: The Quarterly Review 183 (1896), S. 501 u. 500.
5   Auch in der Kunstsphäre vollzog sich zeitgleich ein Wandel der Anschauungen, die durch die neuen Strahlen entscheidend mitgeprägt wurden. Ich verweise nur auf den äußerst informativen Aufsatz von Linda Dalrymple Henderson „Die moderne Kunst und das Unsichtbare. Die verborgenen Wellen und Dimensionen des Okkultismus und der Wissenschaften", in: Okkultismus und Avantgarde (Ausstellungskatalog), Ostfildern 1995, S. 13-31. Die Parallelen und Differenzen in der Behandlung durch Kunst und Literatur können im Rahmen meines Aufsatzes leider nicht diskutiert werden.
6   T. Mann, Der Zauberberg (1924), Frankfurt am Main 1996, S. 304.
7   Monika Dommann hat diese Quellen versammelt und dargestellt: M. Dommann, Durchsicht, Einsicht, Vorsicht, Zürich 2003, S. 326.
8   H. G. Wells, The Invisible Man (1897), New York 2002, S. 95.
9   Ebd., S. 104.
10 Ebd., S. 106.
11 Ebd.
12 Ebd., S. 112.
13 Der Roman wurde zu Lebzeiten Vernes nicht veröffentlicht. Michel Verne überarbeitete das Manuskript, der französische Text erschien erst 1910.
14 J. Verne, Wilhelm Storitz' Geheimnis [1910], Berlin, Herrsching 1984, S. 164.
15 Siehe dazu meine Publikationen Anamorphotische Körper. Medizinische Bilder vom Menschen im 19. Jahrhundert, Köln 2001 und Das Gesicht. Eine Mediengeschichte, München 2003.
16 Verne, Geheimnis, S. 40.
17 Ebd., S. 43.
18 Anzumerken ist, dass auch Thomas Mann in seinem Roman Der Zauberberg die Opposition von Röntgenbild und Malerei, von Physiologie und Anatomie thematisiert. Allerdings wird sie bei ihm in der Figur des malenden Hofrats Behrens harmonisiert. Im Kapitel „Humaniora" entfaltet Mann das intrikate und komplizierte Verhältnis von Abbildung, Erkenntnis und Lebendigkeit, von Sichtbarkeit und Unsichtbarkeit.
19 Wells, Invisible Man, S. 103.
20 Neben Jack London haben auch andere Autoren des Fantastischen in ihren Geschichten sich der Unsichtbarkeit durch Tarnung bedient und dabei auf die wissenschaftlichen Erkenntnisse von Optik und Wahrnehmungsphysiologie rekurriert: Ambrose Bierce „The Damned Thing" (1891), Edgar Rice „Burroughs A Fighting Man Of Mars" (1931), Henry Slesar „The Invisible Man Murder Case" (1958).
21 J. London, The Shadow and the Flash (1906), in: B. Davenport (Hg.), Invisible Men, New York 1966, S. 28.

Ehrenmitglieder der Deutschen Röntgengesellschaft

A

Abbreu, de, Manoel, Prof. Dr. med., Rio de Janeiro
Aisenbrey, Hans Dipl.-Ing., Köln, 2003
Äkerlund, A., Prof. Dr. med., Stockholm
Albers-Schönberg, H.E., Prof. Dr. med., Hamburg
Allison, David J., Prof. Dr. med., London, 2000
Anacker, Hermann, Prof. Dr. med., München, 1989
Anderlohr, Max, Dr. med. h.c., Erlangen

B

Baclesse, Francois, Prof. Dr. med., Paris
Baensch, Willy E., Prof. Dr. med., Washington
Baert, Albert L., Prof. Dr. med., Leuven, 1999
Balli, R., Prof. Dr. med., Modena
Bauer, Robert, Prof. Dr. med., Tübingen, 1969
Béclère, Antoine, Prof. Dr. med., Paris
Benassi, E., Prof. Dr. med., Turin, 1963
Bergmann, von, Ernst, Prof. Dr. med., Exz.GenA.a la suite, Berlin
Berven, Elis, G.E., Prof. Dr. med. Dr. med. h.c., Stockholm
Beutel, Alois, Prof. Dr. med., Würzburg
Bissing, J.W. Frhr. von, Dr. rer. pol., Erlangen, 1965
Boijsen, Erik, Prof. Dr. med., Lund, 1985
Boul, von, Heinrich, Dr. rer. nat. h.c., Dr. Ing. E.h., Berlin
Brady, Luther W., Prof. Dr. med., Philadelphia, 1986
Brocher, J.W.E., Prof. Dr. med., Genf, 1973
Bücheler, E., Prof. Dr. med., Hamburg, 2002
Buono, del, Pietro, Prof. Dr. med., Bari
Busi, Aristide, Prof. Dr. med., Rom

C

Camp, John Dexter, Prof. Dr. med., Los Angeles
Case, James Thomas, Prof. Dr. med., Santa Barbara
Chamberlain, William Edward, Prof. Dr. med., Philadelphia
Chiesa, Antonio Prof. Dr. med., Brescia, 2005
Christie, Arthur C., Prof. Dr. med., Crescent City
Coliez, Robert, Dr. med., Paris, 1959
Czembirek, Heinrich Prof. Dr. med., Lainz, 2004

D

Dalla Palma, Ludovico Prof. Dr. med., Trieste, 2003
Delorme, Guy, Prof. Dr. med., Bordeaux, 1985
Dessauer, Friedrich, Prof. Dr. phil. nat., Dr. theol. h.c., Dr. Ing. E.h., Dr. med. h.c., Frankfurt/Main
Diethelm, Lothar, Prof. Dr. med., Mainz, 1983
Dietlen, H., Prof. Dr. med., Saarbrücken
Donner, Martin, Prof. Dr. med., Baltimore, 1989
Duenisch, Oskar, Dr. med. h.c., Erlangen, 1979

E

Eichhorn, Hans Jürgen, Prof. Dr. med., Berlin, 1985
Eiselsberg, Anton Frhr. von, Hofrat, Prof. Dr. med., Wien
Ellegast, Hellmuth H.W., Hofrat, Prof. Dr. med., Salzburg, 1983
Eymer, Heinrich, Prof. Dr. med., München, 1959

F

Fischer, A.W., Prof. Dr. med., Kiel
Fischer, Jürgen, Dr. med., Coesfeld, 2003
Fischgold, Hermann, Prof. Dr. med., Paris, 1971
Forssel, G., Prof. Dr. med., Djursholm
Frey, Walter, Remscheid, 1966
Friedmann, Gerd, Prof. Dr. med., Köln, 1994
Frija, Guy, Prof. Dr. med., Paris, 2001
Frik, Karl, Prof. Dr. med., Berlin
Frik, Wolfgang, Prof. Dr. med., Aachen, 1988
Frommhold, Walter, Prof. Dr. med., Dr. h.c. mult., Tübingen, 1991
Fuchs, Walter A., Prof. Dr. med., Zürich, 1987

G

Gauss, Carl Josef, Prof. Dr. med., Bad Kissingen
Gerhardt, Paul, Prof. Dr. med., Dr. h.c., München, 2000
Glasser, Otto, Prof. Dr. phil., Cleveland/Ohio
Glauner, R., Prof. Dr. med., Stuttgart, 1971
Glocker, Richard, Prof. Dr. phil., Dr. med. h.c., Stuttgart, 1961
Gocht, Hermann, Prof. Dr. med., Berlin
Goerke, Heinz, Prof. Dr. med., Dr. h.c. mult., München, 1990
Götze, Heinz, Dr. phil., Dr. med. h.c. mult., Heidelberg, 1993
Götze, Prof. Dr. med., Erlangen
Golden, Ross, Prof. Dr. med., Dr. med. h.c., Los Angeles
Gottron, Heinrich A., Prof. Dr. med., Mainz
Grashey, Rudolf, Prof. Dr. med., Berlin
Groedel, Franz M., Prof. Dr. med., Dr. rer. nat. h.c., Bad Nauheim
Grössel, Georg C., Leverkusen, 1987
Gros, Charles M., Prof. Dr. med., Straßburg
Gudden, Friedrich, Prof. Dr. rer. nat., Spardorf, 1996
Gyl y Gyl, Carlos, Prof. Dr. med., Madrid

H

Haberer-Kremshohenstein, von, Hans, Hofrat, Prof. Dr. med., Dr. med. h.c., Athen
Haenisch, Fedor, Prof. Dr. med., Hamburg
Hammer, G., Dr. med., Nürnberg, 1965
Hauff, Bruno, Dr. med. h.c. mult., Stuttgart
Hauff, Günther, Dr. med. h.c., Stuttgart, 2001
Hellner, Hans, Prof. Dr. med., Göttingen, 1969
Hering, Kurt Georg Dr. med., Dortmund 2004
Heuck, Friedrich, Prof. Dr. med., Stuttgart, 1988
Hittorf, Joh.W., Prof. d. Physik, Dr. phil., Münster
Holland, Charles Thurstan F.R.C.S., Ch.M., Liverpool
Holthusen, Hermann, Prof. Dr. med., Hamburg
Hounsfield, Sir Godfrey N., Middlesex
Hricak, Hedvig Prof. Dr. med., New York, 2005

J

Jakob, Alfons, Dr. med., Nürnberg, 1986
Jaksch v. Wattenhorst, Rudolf, Ritter, Prof. Dr. med., Prag
Janker, Robert, Prof. Dr. med., Dr. med. h.c., Bonn
Junghanns, H., Prof. Dr. med., Dr. med. h.c., Bad Homburg v.d.H., 1972
Kienböck, R., Prof. Dr. med., Wien
Kirchhoff, Heinz, Prof. Dr. med., Göttingen, 1980
Kirklin, B.R., Prof. Dr. med., Rochester
Köhler, Alban, Prof. Dr. med., Wiesbaden
Kozuka, Takahiro, Prof. Dr. med., Osaka
Kuhrt, Friedrich, Dr. rer. nat., Erlangen, 1991

L

Lacassagne, A.M.B., Prof. Dr. med., Paris
Lahm, Wilhelm, Prof. Dr. med., Braunschweig
Langendorff, Hanns, Prof. Dr. phil. nat., Dr. med. h. c., Freiburg, 1966
Laue, von, Max, Prof. Dr. phil., Dr. rer. nat. h. c., Dr. med.h.c., Dr. Ing. E. h., Berlin
Lauterbur, Paul C., Prof. Dr. med., Urbana/Illinois
Leb, Anton, Prof. Dr. med., Hofrat, Graz
Lenk, Robert, Prof. Dr. med., Tel Aviv, 1961
Levitt, Seymour H., Prof. Dr. med., Minneapolis, 1993
Levy-Dorn, Max, Prof. Dr. med., Berlin
Lissner, Josef, Prof. Dr. med., Dr. h. c., Ebenhausen, 1996
Lossen, Heinz, Prof. Dr. med., Mainz

M

Margulis, Alexander R., Prof. Dr. med., San Francisco, 1982
Marincek, Borut Prof. Dr., Zürich, 2004
Martius, Heinrich, Prof. Dr. med., Dr. med. h. c., Göttingen
Mayer, A., Prof. Dr. med., Tübingen
Mayer, E.G., Prof. Dr. med., Wien, 1967
McCall, Iain W., Prof. Dr. med.,Oswestry, 2002
Meyer, Hans, Hon. Prof. Dr. med., Dr. med. h. c., Dr. rer. nat. h. c., Marburg
Middlemiss John Howard, Prof. Dr. med., Bristol, 1980
Mitchell, Joseph Stanley, Prof. Dr. med., Cambridge, 1967
Moniz, E., Prof. Dr. med., Lissabon
Morison, Woodburg J.M., Prof. Dr. med., Abassia
Mustakallio, Sakari, Prof. Dr. med., Helsinki, 1977
Muth, Hermann, Prof. Dr. rer. nat., Homburg/Saar, 1980

N

Nakaidzumi, M., Prof. Dr. med., Zushi-Shi, 1962
Nissen, Rudolf, Prof. Dr. med., Dres.med.h.c., Basel, 1968
Nobechi, Tokuro, Prof. Dr. med., Tokio, 1985
Nårgaard, Flemming, Prof. D. sc. D. sc., Kopenhagen, 1959

O

Oelssner, Wilhelm, Prof. Dr. med., Erlangen, 1985
Oeser, Heinz, Prof. Dr. med., Berlin, 1983
Oliva, Luigi, Prof. Dr. med., Genua, 1986
Olsson, Olle, Prof. Dr. med., Lund,1967

P

Palmieri, Gian Giuseppe, Prof. Dr. med., Bologna
Pannewitz,von, Günther, Prof. Dr. med., Bielefeld, 1968
Peirce, Carleton Barnhart, Prof. Dr. med., South Burlington, 1959
Perussia, Felice, Prof. Dr. med., Mailand
Petterson, Holger, Prof. Dr. med., Lund, 2002
Pfahler, G.E., Prof. Dr. med., Philadelphia
Pichlmaier, Heinz, Prof. Dr. med., Dr. med. dent., Köln
Plaats, van der, Gerardus J., Prof. Dr. med., Maastricht, 1980
Pokieser, Herbert, Prof. Dr. med., Wien, 1990
Ponzio, Mario, Prof. Dr. med., Turin
Prévôt, Robert, Prof. Dr. med., Hamburg, 1980
Psenner, Ludwig, Prof. Dr. med., Wien, 1980

R

Rajewsky, Boris, Prof. Dr. med., Königstein
Rasad, Baginda Sjahriar, Prof. Dr. med., Jakarta, 1986
Ratkoczy, Nandor, Prof. Dr. med., Budapest
Ratti, Arduino, Prof. Dr. med., Mailand, 1959
Reynolds, Lawrence, Prof. Dr. med., Detroit
Rieder, Hermann, Prof. Dr. med., München GMR. Prof. Dr. med., München
Rienzo, di, Sabino, Prof. Dr. med., Cordoba/Argentinien
Röntgen, Wilhem Conrad, Prof. Dr. phil., München
Ronnen, von, J.R., Prof. Dr. med., Den Haag, 1970

S

Sack, Horst, Prof. Dr. med., Essen 2001
Saldanha, Aleu de Almada, Prof. Dr. med., Lissabon, 1966
Salinger, Hans, Prof. Dr. med., Tel Aviv, 1989
Scherer, Eberhard, Prof. Dr. med., Essen, 1988
Schinz, Hans R., Prof. Dr. med., Dr. med. h. c., Dr. rer. nat. h. c, Zürich
Schjerning, von, Otto, Prof. Dr. med., Berlin
Schmidt, Theodor H., Prof. Dr. rer. nat., Nürnberg, 2002
Schreiber, Hans-Wilhelm, Prof. Dr. med., Hamburg, 1980
Schreus, H.Th., Prof. Dr. med., Düsseldorf, 1959
Seifert, R., Dr.-Ing., Dr. h. c., Hamburg, 1962
Siegelman, Stanley, Prof. Dr., Baltimore 2001
Sievert, Rolf Maximilian, Prof. Dr. phil., Stockholm, 1959
Snelling, Margret, Prof. Dr. med., London, 1980
Steiner, R.E., Prof. Dr. med., London, 1983
Stender, Hans-Stephan, Prof. Dr. med., Hannover, 1988
Stieve, Friedrich-Ernst, Prof. Dr. med., München, 1992
Stuhlinger, E., Dr. rer. nat., Huntsville/Alabama, 1972
Stumpf, Pleikart, apl. Prof. Dr. med., München, 1959

T

Tähti, Esko Erkki, Prof., Helsinki, 1981
Taylor, Lauriston Sale., Dr. sc., Maryland
Teschendorf, Werner, Prof. Dr. med. habil., Funchal/Madeira, 1972
Thelen, ManfredProf. Dr. med., Mainz, 2005
Thurn, Peter, Prof. Dr. med., Bonn, 1992
Tönnis, Wilhelm, Prof. Dr. med., Köln
Turano, Luigi, Prof. Dr. med. h. c., Rom
Tzuzuki, Masao, Prof. Dr. med., Tokio, 1961
Uehlinger, Erwin, Prof. Dr. med., Zollikon, 1969
Uhl, Harald, Dipl.-Phys., Hamburg, 1990
Vallebona, Alessandro, Prof. Dr. med., Genua, 1963
Vieten, Heinz, Prof. Dr. med., Düsseldorf
Vogler, Erich, Prof. Dr. med., Graz, 1979
Voorthuisen, van, Adrianus E., Prof. Dr. med., Oestgeest, 2000

W

Wachsmann, Felix, Prof. Dr.-Ing., München, 1993
Wagner-Jauregg, Julius, Prof. Dr. med., Wien
Walter, B., Prof. Dr. med., Hamburg
Weiss, K., Prof. Dr. med., Wien (verst.)
Wellauer, Josef, Prof. Dr. med., Zürich, 1986
Wenz, Werner, Prof. Dr. med., Freiburg
Wideröe, Rolf, Prof. Dr. Ing. E.h., Dr. med. h. c., Nußbaumen, 1984
Willich, Eberhard, Prof. Dr. med., Heidelberg, 1991
Windeyer, Brian W., Prof., M.B., B.S., Oxford

Z

Zdansky, Erich, Prof., Basel
Zerhouni, Elias Prof. Dr. med., Baltimore
Zsebök, Zoltan Balint, Prof. Dr. med., Budapest
Zuppinger, Adolf, Prof. Dr. med., Bern

**100 Jahre
Deutsche Röntgengesellschaft**

Herausgeber
Werner Bautz, Erlangen
Uwe Busch, Remscheid

Redaktion
bap+ Jens Albrecht
Uwe Busch

Gesamtkonzeption
bap+ Jens Albrecht
bürger albrecht partner GmbH, Wuppertal
www.b-a-p.de

Lektorat
Katja Schettler, Olaf Häckner
Wuppertal

Gestaltung, Satz, EBV
bap+ Jens Albrecht
Andrea Hold-Ferneck, Andreas Gothsch
Wuppertal

Druck
Offsetdruckerei Karl Grammlich GmbH
Pliezhausen

© 2005 Georg Thieme Verlag KG
Rüdigerstraße 14
D–70469 Stuttgart
Telefon + 49 0711 8931-0
www.thieme.de

© 2005 Deutsche Röntgengesellschaft e.V.
Straße des 17. Juni 114
D–10623 Berlin
Telefon + 49 030 916070-0
www.drg.de

ISBN 3-13-142011-1
Printed in Germany

Die Deutsche Bibliothek verzeichnet diese Publikation in der Deutschen Nationalbibliographie; detaillierte bibliographische Daten sind im Internet über http://dnb.ddb.de abrufbar.

Geschützte Warennamen (Warenzeichen) werden nicht besonders kenntlich gemacht. Aus dem Fehlen eines solchen Hinweises kann also nicht geschlossen werden, dass es sich um einen freien Warennamen handele.
Das Werk, einschließlich aller seiner Teile, ist urheberrechtlich geschützt. Jede Verwertung außerhalb der engen Grenzen des Urheberrechtsgesetzes ist ohne Zustimmung des Verlages unzulässig und strafbar. Das gilt insbesondere für Vervielfältigungen, Übersetzungen, Mikroverfilmungen und die Finspeicherung und Verarbeitung in elektronischen Systemen.